최신 경영정보시스템

KB144190

본 연구는 덕성여자대학교 2014년도 교내연구비 지원에 의해 수행되었음.

최신 경영정보시스템

김성철 지음

Σ 시그마프레스

최신 경영정보시스템

발행일 | 2014년 8월 1일 1쇄 발행

저자 | 김성철
발행인 | 강학경
발행처 | ㈜시그마프레스
편집 | 송현주
교정 · 교열 | 김은실

등록번호 | 제10-2642호
주소 | 서울특별시 영등포구 양평로 22길 21 선유도코오롱디지털타워
　　　　　A401~403호
전자우편 | sigma@spress.co.kr
홈페이지 | http://www.sigmapress.co.kr
전화 | (02)323-4845, (02)2062-5184~8
팩스 | (02)323-4197
ISBN | 978-89-6866-198-3

• 이 책의 내용은 저작권법에 따라 보호받고 있습니다.
• 잘못 만들어진 책은 바꾸어 드립니다.

* 책값은 뒤표지에 있습니다.
* 이 도서의 국립중앙도서관 출판시도서목록(CIP)은 서지정보유통지원시스템
홈페이지(http://seoji.nl.go.kr)와 국가자료공동목록시스템(http://www.nl.go.kr/
kolisnet)에서 이용하실 수 있습니다. (CIP제어번호 : CIP2014020838)

"모든 길은 정보로 통한다.**"**

머리말

정 보기술은 우리생활에 즉시성과 실용성을 제공하여 우리 사회의 많은 것을 변화시켜 왔으며, 사회, 문화, 경제, 국제관계, 비즈니스, 생활방식 모든 영역에서 정보와 기술력이 중심이 되고 지식과 서비스가 경쟁력의 근원이 되는 사회를 도래시켰다.

기업 측면에서는 언제 어디서나 서로 접속하여 협업할 수 있는 환경이 조성되었고 자본과 제품의 글로벌화가 가속되어 글로벌 협력과 문제해결의 필요성은 더욱 증대되었다.

산업 간의 경계는 허물어져 산업 간의 협력과 창의적 상호작용으로만이 기업이 경쟁력을 확보할 수 있는 산업도 형성되어 산업의 특성도 변화하였다.

제품 측면에서는 제품의 중심이 하드웨어에서 소프트웨어로 이전되고 소프트웨어가 하드웨어의 경쟁력을 결정지으며 아이디어와 혁신이 제품화되는 시대로 변화하였다.

이러한 변화에 대응하여 기업이나 조직에서 경영정보시스템의 역할은 지속적으로 확대되어 왔으며, 이 책은 기업이나 학생들이 최신 경영정보시스템을 이해하고 이를 전략적으로 활용하는 데 도움이 될 수 있도록 최신 경영정보시스템의 제반 내용에 대하여 기술한다.

정보기술의 도미노적 진화와 가속화되어 가는 디지털 경영환경의 변화에 대응하여 기업이 내외적 환경의 상태를 감지하여 의사결정을 실시간으로 수행하고 프로세스를 지속적으로 개선하며 제품과 서비스를 혁신하여 변화를 관리하는 데 민첩성과 적응력을 제공할 수 있도록 이 책이 실제적인 도움이 되었으면 하는 바람이다.

끝으로 이 책의 출판에 도움을 주신 (주)시스마프레스의 강학경 대표님, 김경임 부장님, 그리고 정성어린 편집으로 수고를 아끼지 않으신 김은실, 송현주 과장님 등 직원분들께 심심한 감사를 드린다.

차례

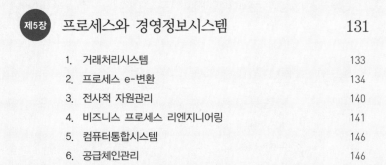

제3부 경영정보시스템

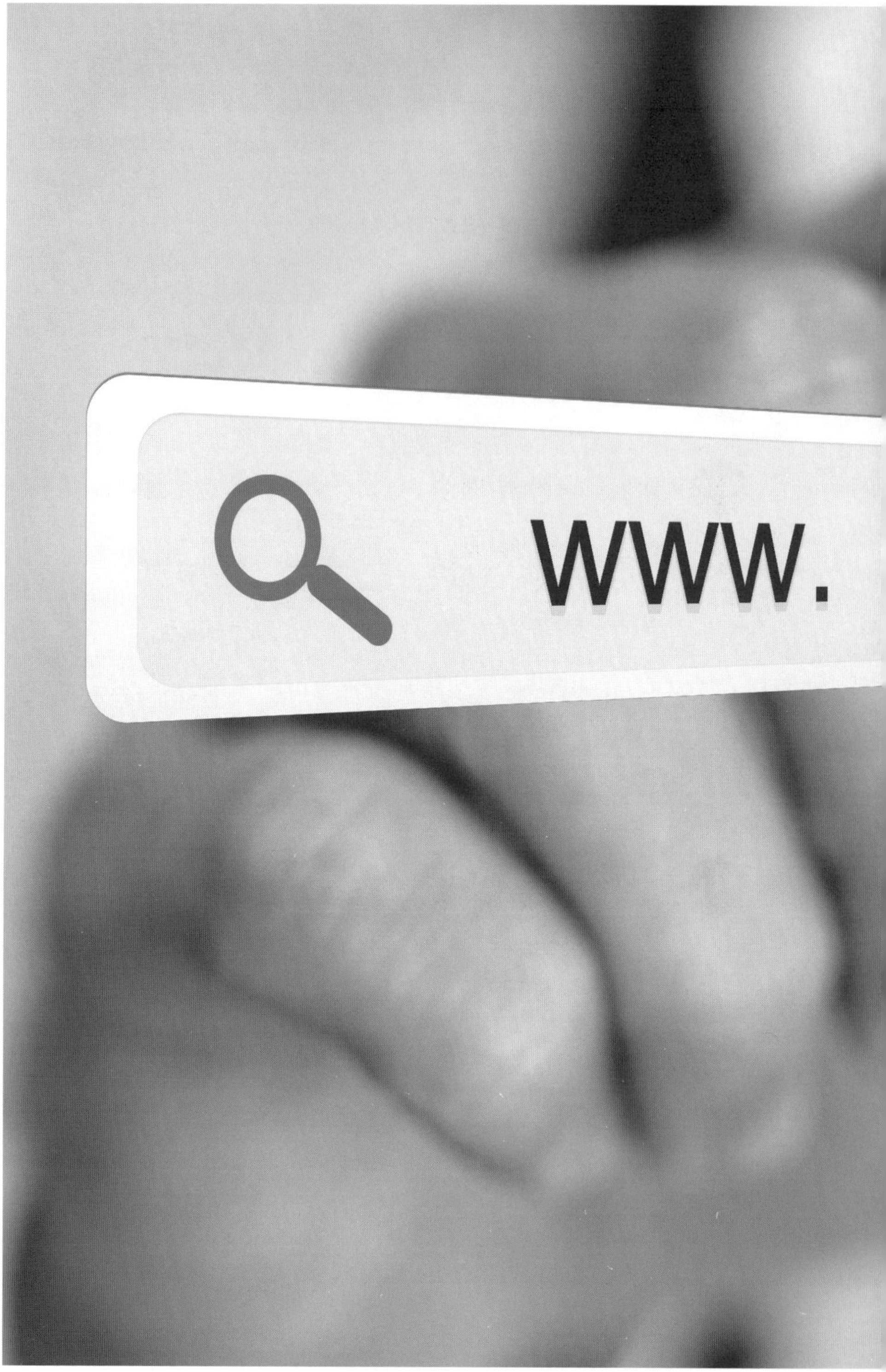
www.

PART 01

개요

Search

일생의 계획은 어릴 때 있고, 일 년의 계획은
봄에 있고, 하루의 계획은 새벽에 있다.
어려서 배우지 않으면 늙어서 아는 것이 없고,
봄에 밭을 갈지 않으면 가을에 바랄 것이 없으며,
새벽에 일어나지 않으면 판단할 바가 없다.

― 공자

정보시스템

소년은 늙기 쉽고 학문은 이루기 어려우니 짧은 시간이라도 가벼이 여기지 말라.

아직 못가의 봄풀은 꿈에서 깨어나지 못했는데, 어느덧 세월이 빨리 흘러 섬돌 앞 오동나무는 벌써 가을소리를 내느니라.

- 주자

경영정보시스템(MIS : management information system)이란 유용한 정보를 필요한 부서나 사용자에게 제공하여 의사결정, 경영방식, 프로세스, 그리고 비즈니스를 지원하는 통합된 인간-기계시스템(man-machine system)을 말한다. 인사, 생산, 마케팅, 재무, 회계, 경영정보와 같은 기업의 모든 기능은 경영정보시스템으로 통합되고, 경영정보시스템과 끊임없이 상호작용하고 적극적으로 활용하는 기업은 개선된 의사결정, 효율적 운영, 새로운 비즈니스의 창출, 친밀한 고객관계를 구축함으로써 훨씬 우수하고 훌륭한 성과를 얻을 수 있을 것이며 조직의 목적도 더 수월하게 달성할 것이다. 그러므로 경영정보시스템을 기반으로 정보를 적절히 활용하는 기업은 성장하고 생존할 것이며 경영정보시스템을 적절히 활용하지 못한 기업은 도태될 것이다.

여기에서 인간-기계시스템이란 경영정보시스템이 인간과 기계의 상호작용으로 구성된 시스템이라는 것으로 인간과 기계의 상대적 우수성이 효율적으로 조화됨으로써 시너지 효과가 증대된다는 것을 강조하는 단어이다. 실제로 컴퓨터는 인간보다 기억능력, 처리능력, 신속성, 정확성이 우수하고 인간은 컴퓨터보다 인식능력, 사고능력, 논리능력, 적응력이 우수하며 인간과 기계와의 상호작용으로 컴퓨터와 인간의 상대적 우수성을 효율적으로 조화시킬 수 있다는 것이다. 이를 좀 더 설명하면 의사결정문제의 분석과정을 컴퓨터로 체계화할 수는 있으나 분석 절차는 인간이 설계해야 하며, 분석 과정을 통제하기 위해서는 의사결정자의 통찰력이나 판단이 필수적으로서 컴퓨터는 의사결정을 지원하나 의사결정자의 판단을 대신할 수 없다는 것이다.

경영정보시스템과 혼용되는 개념으로 e-비즈니스가 있다. 기존의 전산화·정보화를 확대한 개념인 e-비즈니스는 1993년 IBM의 CEO 거스트너(Lou Gerstner)가 처음으로 사용한 용어로서 정보기술(IT : information technology)로 형성된 디지털 환경에서 정보시스템의 지원을 받아 수행되는 조직화, 경영방식, 조정관리, 커뮤니케이션, 그리고 상거래 등 기업업무 전반의 모든 비즈니스 프로세스를 말한다. 그러므로 e-비즈니스는 정보기술과 정보네트워크를 기업 비즈니스 전반에 활용하는 것으로 기업업무 전반의 프로세스를 e-변환(e-transform)하는 포괄적 개념이다. 기업이 제품이나 서비스를 계획하고 생산하고 광고하고 판매하고 유통시키는 모든 경영활동에 있어서 인사, 생산, 마케팅, 재무 등 모든 기능과 조직구조, 의사결정, 거래방식, 그리고 운영의 모든 프로세스를 디지털화하는 것이다. 뿐만 아니라 그 대상을 기업 내부의 프로세스에서 고객, 공급사슬(supply chain), 상거래, 시장으로 확대하고 이들을 통합하는 것도 포함한다. 이는 기업 내부의 e-변환의 골격(backbone)이 되는 전사적 자원관리(ERP : enterprise resource planning)를 통하여 기업의 모든 기능별 프로세스를 유기적으로 통합하고 실시간으로 공유하며 이를 공급체인(supply chain)과 고객관계로 확대하는 것을 말한다. 그러므로 앞으로는 경영정보시스템과 e-비즈니스를 구분 없이 사용한다.

1. 정보

정보(information)란 현재나 미래의 의사결정(decision making)이나 행동에 의미를 갖도록 실제적이거나 지각된 가치가 부여되도록 처리된 자료(data)이다. 이에 반하여 자료는 특정한 의사결정이나 행동에 영향을 주지 못하는 처리되지 않은 문자나 숫자 또는 일련의 사실이나 기록들의 모임이다. 그러므로 정보는 자료와 구분되며 원자재인 자료가 주어진 의사결정에 적합하도록 처리되어 산출된 제품으로 수신자의 의사결정이나 행동에 영향을 주는 일련의 기호들의 모임이라 할 수 있다. 그러므로 일반 시스템이론을 적용하여 경영정보시스템의 역할을 정의하면 입력요소인 자료를 적절히 처리하여 출력요소인 정보를 제공하는 시스템으로 정의할 수 있다.

자료와 정보의 구분은 주어진 의사결정과 관련되어 수반되는 가치의 유무에 의하여 결정되며 정보는 단순한 숫자나 문자의 모임이 아니고 의사결정자가 주어진 환경에서 환경에 대응하여 적절한 의사결정이나 행동을 하는 데 도움을 주어야 한다는 것이다. 예를 들어 슈퍼마켓의 카운터에서 고객이 구입하는 제품에 부착된 바코드(bar code)를 스캔(scan)하면 데이터가 입력되어 고객별 구입액수가 산정되고 제품별 재고가 수정된다. 입력된 데이터는 분석되어 월간 제품별 판매량, 매출액, 고객의 평균 구매액수, 가장 인기 있는 제품 등의 정보를 출력하여 제공한다. 이러한 정보는 마케팅부서 관리자에게는 매우 유용하나 인사부서

관리자에게는 단순한 자료에 불과하다.

정보는 매체의존성, 표현의 다양성, 전환성, 보편다재성 등의 특성을 갖는다. 정보는 문자, 숫자, 음성, 영상, 신문, TV, 옷차림 등 다양하게 매체에 의존하는 형태로 존재하며, 매체와 매체 사이에서 전환되고, 다양하게 표현되는 보편다재성을 갖는다. 정보는 주어진 행동이나 의사결정에 실제적이고 지각된 가치를 제공해야 하므로 정보가 가치를 갖기 위해서는 행동이나 의사결정의 요구에 적절하도록 유용한 형태로 전환되어야 한다.

정보의 질은 주어진 의사결정과 관련되어 상대적으로 정의되며 관련성(relevancy), 정확성(accuracy), 적시성(timeliness)으로 대별될 수 있다. 관련성은 정보의 질을 평가하는 중요한 척도로서 '언제, 어디서, 누가, 무엇을, 어떻게, 왜'라는 의사결정의 요구사항에 도움이 되는 정도를 의미한다. 정확성은 정보는 오류가 없어야 한다는 의미로 원천정보가 의사결정자에게 정확하게 전달되는 것은 매우 중요하다. 그러나 부정확하거나 부족한 자료의 수집, 처리과정 중의 왜곡, 전달과정 중의 오류, 해석에 있어서 편견의 개입 등으로 정확한 정보를 확보하기는 매우 어렵다. 그러므로 의사결정자는 항상 정보의 오류와 그 정도에 대하여 관심을 갖고 가능한 한 정보의 정확성을 확보하기 위한 노력이 필요하다. 적시성은 정보의 장소나 시간과 관련된 효용성을 의미하며 정보가 의사결정자가 필요로 하는 장소와 시간에 적절히 제공되어야 한다는 것이다. 맹인모상(盲人摸象)이란 말이 있다. 인도의 왕이 장님들에게 코끼리를 만져보고 코끼리에 대한 느낌을 묻자 이빨을 만져 본 사람은 큰 무와 같다고 하고, 꼬리를 만진 사람은 굵은 밧줄과 같다고 하고, 발을 만진 사람은 절구통 같다고 하고, 등을 만진 사람은 침대와 같다고 주장했다는 이야기이다. 관련성, 정확성, 그리고 적시성을 만족시키는 질 높은 정보를 확보하는 것은 매우 중요하다. 더욱이 우리의 주위에는 홍수와 같이 많은 정보가 범람하고 있음에도 불구하고 실제적으로 주어진 의사결정에 도움이 되는 양질의 정보를 확보한다는 것은 매우 어려운 일이다.

그러므로 경영정보시스템이 적절한 기능을 수행하기 위해서는 환경으로부터 필요한 자료를 모니터링하고 수집하여 이를 여과하고 적절하게 처리하여 조직화되고 유용한 정보를 필요한 부서나 의사결정자에 제공해야 한다. 또한 기업의 구성원 개개인은 내외적 정보를 적극적으로 경영활동에 활용하려는 정보마인드를 가지고 조직 내에서 산출되는 공식적인 정보뿐만 아니라 내외적 환경에서 도출할 수 있는 다양한 형태의 정보에도 관심을 가지고 이를 수집, 분석, 활용해야 한다. 기업도 조직 내에 정보마인드를 확산시키고, 정보를 체계적으로 수집하여 해당부서에 피드백시키는 정보모니터제도를 활용하여 적극적으로 정보를 활용하기 위해서 노력해야 할 것이다. 결과적으로 자료를 수집하고 수집된 자료를 의사결정에 부합되는 적절한 형태의 정보로 변환시키는 것이 경영정보시스템의 역할이라 할 것이다.

때로는 정보의 부족이 문제가 아니고 인간의 정보처리능력을 초과하는 과잉정보가 문제가 되기도 한다. 정보의 양이 인간의 정보처리능력을 초과하는 경우에는 정보의 과부하현상이 발생하며 정보를 처리하는 능력이 오히려 감소한다. 그러므로 의사결정자는 이러한 과부하 현상에 대처하여 정보를 압축하고 여과하는 과정을 통하여 불필요한 정보를 구분하고 적절히 처리하는 것이 매우 중요하다.

지식

그럼 여기에서 잠깐 정보와 마찬가지로 중요한 지식도 함께 정의하고 가자. 지식은 정보보다 상위개념으로 일정영역의 일반적인 상황에 대하여 평가되고 입증된 객관적 사실, 검증된 진리, 확고하게 납득되는 상황적 내용 등 다양하게 정의되고 있다. 학습과 관계없이 마음속에 이미 존재하는 지식을 선험지(priori knowledge)라 하고 학습의 결과로 얻어지고 축적되는 지식을 후험지(posteria knowledge)라 한다. 후험지는 학습이나 업무경험이 축적되어 획득되는 지식인 경험지(experimental knowledge)와 학습이나 업무의 결과로 나오는 자료 등을 분석하여 추출된 지식인 분석지(analytical knowledge)로 구분되고 이는 더욱 세분화되어 분류될 수 있다. 또한 요약되고 압축되어 의식의 아래 부분에 존재하나 그 내용을 언어로 표현하기 힘든 주관적인 암묵지(tacit knowledge)와 언어의 형태로 표현된 객관적이며 논리적인 디지털의 형식지(explicit knowledge)로 구분될 수 있다. 암묵지는 어머니의 손맛으로 표현되는 김치담그기와 같이 그 내용을 외부로 표현하기 힘든 덩어리 지식이다. 잠재지(implicit knowledge)는 암묵지와 형식지의 중간 형태로 형식화가 가능하나 아직은 형식화되지 않은 지식이다.

반면에 지식의 상위개념인 메타지식(meta knowledge)은 지식에 대한 지식으로 특정한 영역에서 의사결정과 문제해결에 지식을 활용할 수 있도록 역동적 작용을 가능하게 하는 영역종속적인 종합적 사고의 체계이다. 그러므로 메타지식은 우리가 아는 것과 알지 못하는 것에 대한 지식으로 주어진 영역에서 지식을 계획, 모형화, 수정할 수 있도록 하는 지식을 활용하는 지식의 체계이다.

지식경영

지식경영(knowledge management)이란 지식을 기업가치의 근원으로 보고 조직의 핵심자산으로 간주하여 지식의 창출, 형식화, 전파를 통하여 기업의 가치창출 활동을 극대화하고 이를 제품, 서비스, 시스템으로 형상화하여 경쟁력의 확보를 추구하는 경영방식이다. 지식경영의 시초는 1980년대 말 센게(P. Senge)에 의하여 제시된 학습조직이며 1994년 노나

카(I. Nonaka)는 학습조직의 실천전략으로 지식경영을 제시하여 학습조직의 실천을 위한 구체적 방안들을 제시하였다. 결과적으로 지식경영의 목적은 학습조직이다. 지식경영을 효율적으로 실천하기 위해 고려해야 할 4대 요소로는 지식프로세스, 사람, 조직, 정보기술을 들 수 있다.

먼저 지식프로세스란 지식경영에 있어서 지식을 확보하는 절차나 활동으로서 창출(generation), 형식화(codification), 전파(transfer)의 세 과정으로 구성되며 우선순위가 없이 상호 변천과정을 거치면서 발전한다. 창출과정은 지식의 창조(generation), 통합(synthesis), 융합(fusion), 각색(adaptation) 등의 획득과정을 포함한다. 형식화는 지식베이스를 위시하여 매뉴얼, 문서, 수학공식, 프로그램, 그리고 데이터베이스 등의 수단을 통하여 이루어진다. 형식화의 예로서 김치 담그기를 보면 김치 담그는 절차를 유형화하고 표준화하여 각 절차를 기술함으로써 암묵지가 형식지로 형식화된다. 사용되는 재료의 질과 양, 배합비율, 배합절차, 배합시간, 용기의 종류와 질, 숙성기간 등이 다양하게 유형화되고 표준화된다. 전파는 지식을 공유, 축적, 배분하는 등 지식의 이동과 관련된 과정이다. 지식은 개인의 암묵지가 다른 사람에게 전수되어 다른 사람의 암묵지로 변환되는 사회화(socialization), 암묵지가 형식지로 변환되어 전파되는 외부화(externalization), 형식지로 표현된 지식이 개인의 암묵지로 변환되어 실제화되는 내면화(internalization), 그리고 형식지가 확대되어 또 다른 형식지로 변환되는 종합화(combination) 등의 변환과정을 갖는다. 이러한 변환과정을 통하여 개인의 지식인 개인지는 조직 차원의 지식인 조직지로 확산되어 간다.

사람은 지식경영에 있어서 지식프로세스를 주관하는 핵심요소이다. 효율적인 지식경영을 위해서 지식경영을 총괄하는 CKO(chief knowledge officer)의 위상, 리더십, 역할, 자질 등과 함께 지식프로세스와 관련된 모든 지식노동자(knowledge worker)의 질적 중요성은 '모든 것이 사람이다(It's all about people)'라는 맥킨지(Mckinsey & Co.)의 구호를 통해서도 잘 나타난다.

조직은 지식공유시스템으로 지식경영에 있어서 또 하나의 요소이다. 지식경영 전담조직이 구성되고 구성원은 마인드쉐어(mindshare)를 통해서 지식만이 아니라 노하우, 마음, 지혜까지 철저히 공유하는 조직문화 속에 효율적으로 지식을 공유하는 그룹웨어(groupware) 조직 또는 수평적 네트워크 조직이 구축되어야 한다. 지식창출, 가공, 확산을 위한 절차가 수립되어 체계적으로 시행되고 연구활동과 승진 등을 제도적으로 지원하는 지식경영 보상체계가 구축되어야 한다.

정보기술은 지식경영의 핵심기반기술로 활용된다. 정보기술은 지식의 창출, 형식화, 전파로 구성되는 지식프로세스에 있어서 지식창고와 지식공유네트워크를 구축하고 지식지도를 작성하는 등 객관성과 실천전략을 부여하는 기반기술이다. 정보기술은 지식경영을 위한 수평적 네트워크 조직과 그룹웨어 조직을 형성하는 데도 필수적인 기반기술이 된다.

기업은 가치창조 활동을 극대화하는 지식경영으로 기업의 경쟁력을 확보하고자 많은 노력을 기울이고 있다. 드루커(P. Drucker)는 미래 기업의 경제활동의 기본이 되는 자원은 자본, 토지, 노동이 아니라 지식이며 지식은 전통적인 자원과 같은 또 하나의 전통적 생산요소가 아니라 미래의 기업에 있어서 유일하게 중요한 자원이라고 하였다.

The Ugha word for gold translates as 'treasure', but their treasure wasn't gold.
It was knowledge, knowledge was their treasure.

－영화 'Indiana Jones & the Kingdom of the Crystal Skull' 중에서

학습조직

학습조직은 학습이 일상화된 조직이다. 끊임없이 변화하는 환경에 대응하기 위하여 조직은 항상 새로운 것을 학습하여 변화에 능숙한 체질을 구비해야 한다는 것으로 학습은 지식을 창출하기 위한 수단이 된다. 그러므로 학습조직은 끊임없는 학습을 통하여 지식을 개선하고 창출하여 새로운 지식체계를 확보하고 이를 통하여 행동을 변화시키고 새로운 신념과 행동체계를 구축하는 창조적 학습이 일상화된 조직을 말한다. 센게는 제5수련(fifth discipline)에서 학습조직의 기본원칙으로 회사에 대한 이해를 바탕으로, 비전을 함께 공유하며, 선입견을 버리고, 열린 생각을 위해 스스로 노력하며, 팀으로 함께 학습하며 나아갈 것을 제시하였다. 그러므로 학습조직은 비전을 가지고 개방된 사고와 창의성 위에 지식과 정보가 공유되는 지식 인프라를 구축하는 것이다.

지혜

Beyond Knowledge, Stay in Wisdom.

≪마음을 다스리는 법 : 위빠싸나 명상≫
몸과 마음이 어떤 법칙에 따라 움직이는지를 아는 것이 지혜이다.
자신에 대하여 아는 것이 지혜이고, 자신 아닌 것에 대해 아는 것이 지식이다.
마음에 대해 아는 것이 지혜이고, 사물에 대해 아는 것이 지식이다.
행, 불행의 근본 법칙을 아는 것이 지혜이고, 지엽법칙을 아는 것이 지식이다.
직접 보아서 아는 것이 지혜이고, 간접적으로 아는 것이 지식이다.
경험으로 아는 것이 지혜이고, 이론적으로 아는 것이 지식이다.
분명하게 아는 것이 지혜이고, 애매하게 아는 것이 지식이다.
세밀하게 아는 것이 지혜이고, 둔탁하게 아는 것이 지식이다.

－김정빈(둥지 1997)

2. 의사결정

오래전 1994년부터 모 방송국 '일요일 일요일 밤에'에서 방영된 코미디 프로그램 '인생극장'이 있다. 'to be, or not to be'와 같은 선택의 갈림길에서 '그래 결심했어'로 표현되는 한 번의 의사결정으로 한 인간의 인생은 극과 극의 서로 다른 삶을 살아가게 된다. 사람의 인생을 'BCD'로 표현하여 출생(birth)과 죽음(death) 사이에는 선택(choice), 즉 의사결정의 연속이라고 이야기하기도 한다. 사이먼(H. Simon)은 의사결정을 조직차원에서 수행되는 경영활동의 핵심으로 보았으며 경영 또한 의사결정의 연속으로 볼 수 있다. 잘못된 의사결정은 과도한 투자, 자원의 부적절한 배분, 잘못된 제품이나 서비스 믹스, 늦은 반응시간, 고객의 불만족 등으로 생산성을 낮추고 비용을 증가시킬 뿐만 아니라 기업의 성패를 결정한다. 그러므로 조직의 효율성을 높이고 경쟁우위를 확보하는 데 도움이 되도록 의사결정을 지원하는 데 경영정보시스템이 존재하는 목적이 있다. 그러므로 정보의 효용도 이미 지적된 바와 같이 의사결정과 관련하여 상대적으로 결정되며 의사결정에 대한 올바른 이해는 경영정보시스템을 구축하는 데 매우 중요하다. 불확실한 내외적 환경과 여러 가지 문제와 도전에 직면한 현대의 기업환경에서 기업이 직면한 많은 문제와 불확실성을 해결하고 조직의 목적을 달성하고 성장하기 위해서 수행되어야 할 의사결정은 점점 더 복잡해지고 어려워지고 있다.

의사결정은 주어진 문제를 이해하고 해결하기 위하여 환경이 제공하는 제약조건 하에서 실현가능한 대안들을 설계하고 여러 대안들 중에서 최적의 가치를 갖는 대안을 선택하는 과정이다. 의사결정시스템은 주어진 환경에서 실행 가능한 대안들을 설계하고 각 대안이 갖는 결과의 확률을 예견하는 예견시스템(predicting system)과 대안들의 가치를 설정하고 서로 비교하여 선택하는 가치시스템(value system)으로 구성된다.

예를 들면 새로이 공장을 신설할 경우를 보자. 대안으로 규모를 크게 할 것인가, 보통으로 할 것인가, 아니면 작게 할 것인가를 고려해야 한다. 대안의 결과는 불확실성의 원천인 환경이 제공하는 수요에 의하여 결정된다. 초기 투자가 많은 규모가 큰 공장은 수요가 많으면 100억 원의 이익이 예상되나 수요가 보통이라면 30억 원의 이익이 예상되며 수요가 적다면 50억 원의 손실이 발생될 것으로 예상된다. 공장의 규모를 보통으로 하는 경우나 작게 하는 경우에도 마찬가지로 수요에 의하여 결과가 결정되며 각 대안의 수요에 따른 결과를 예견할 수 있다. 만약 수요에 대한 확률을 예견할 수 있어 수요가 클 확률이 0.4, 수요가 보통일 확률이 0.4, 수요가 적을 확률이 0.2라면 각 대안의 기대이익 (expected profit)이 산정되고 비교되어 가장 큰 기대이익을 갖는 대안이 선택된다. 규모나 수요를 예견하는 것은 예견시스템을 형성하고 기대이익을 산정하고 대안을 선택하는 것은 가치시스템을 형성한다.

의사결정과정은 일반적으로 탐색(intelligence) 단계, 설계(design) 단계, 선택(choice) 단계, 실행(implementation) 단계, 피드백(feedback) 단계로 구분한다. 그러나 의사결정과정으로 제시된 다섯 단계는 순차적 과정(sequential process)이 아니고 어느 단계에서라도 문제가 인지되는 경우에는 다시 전 단계로 돌아가는 과정을 반복하는 반복적 과정 (iterative process)이다. 의사결정은 그 자체가 완벽하지 못한 경우가 많고 때로는 시간에 따라 문제의 성격이 변하기도 하여 피드백은 피드백 단계에서만 이루어지는 것이 아니고 어느 단계에서나 필요하다면 수행되는 반복적 의사결정과정이 필요하다.

탐색 단계는 특정 문제를 발견하여 이에 대한 의사결정의 필요성을 인식하고 관련 자료를 수집하고 기회를 탐색하는 단계로서 내외적 환경에 대한 고려가 필요하다. 설계 단계는 탐색 단계에서 수집된 자료를 바탕으로 미래를 예측하고 대안을 설계하여 해결방안을 탐색하는 단계이다. 각각의 대안은 하나의 결과를 갖기도 하고 환경이 제공하는 불확실성에 의하여 복수의 결과를 갖기도 하며 이러한 경우에는 결과들의 발생확률을 추정한다. 선택 단계에는 각각의 대안에 대한 가치를 산정하고 고려되는 여러 대안 중 하나를 선택하는 단계이다. 가상적 상황에 대한 민감도 분석(sensitivity analysis)도 도움이 된다. 실행 단계에는 선택된 대안을 조직에 도입하여 실행에 옮기며 그 결과는 설정된 기준과 비교되어 전 단계로 피드백되는 과정을 갖는다.

3. 의사결정의 종류

합리성

의사결정은 요구되는 합리성(rationality)의 정도에 따라 완전한 합리성을 추구하는 합리모형(rational model)과 제한된 합리성(bounded rationality)에 근거한 만족모형(satisfying model)으로 구분할 수 있다.

합리모형은 이익을 최대화하거나 비용을 최소화하는 최적화모형(optimization model)으로 최적화의 방법과 절차에 중점을 두며 규범적 모형(normative model)으로도 불린다. 경제학이나 계량경영학에서 주로 적용되는 방법으로 선형계획법, 비선형계획법, 네트워크모형, 확률모형, 마코브(markov)모형, 대기이론(queueing theory) 등 다양하다.

만족모형은 의사결정자는 의도적으로 합리적이고자 하나 결국은 제한된 범위 내에서만 합리적일 수밖에 없다고 가정하며 서술적 모형(descriptive model)이라고도 불린다. 실제로 인간은 최적의 결과를 얻을 수 없는 경우가 많다. 인간은 자기 자신에 대하여서도 잘 모를 뿐 아니라 자기가 진정으로 추구하는 것이 무엇인지도 모를 때가 많다. 대안을 탐색하는 과정 중에 목적을 변경하기도 하고, 의사결정의 변수 자체가 대안일 수도 있다. 뿐만 아니라 대안을 모두 평가하려면 너무 많은 시간과 비용이 들기도 한다. 그러므로 만족모형은 의사결정자가 현재의 관행에서 크게 벗어나지 않는 만족할 만한 대안의 수준을 설정하고 설정된 수준에 합당한 대안을 얻으면 탐색과정을 종료하는 의사결정 유형이다. 이러한 의사결정은 우리가 일반적으로 사용하는 의사결정 유형으로 사회심리학 등에서도 많이 적용된다.

我且非我 何憂子財 : 어떠한 내가 진정한 나의 모습인가?

— 법구경

두 스님이 산길을 걸어갔다. 제자 스님이 배가 고파 도저히 걷지 못하겠다고 하소연이다. 그 때 그들 앞에 참외 밭이 나타났다. 스승 스님이 제자 스님에게 저기 가서 참외를 몇 개 따오라고 했다. 워낙 배가 고팠던 제자 스님이 주인 모르게 참외 밭에 들어가서 참외를 따려는 순간 스승 스님이 '도둑이야'하고 외쳤다. 주인이 달려 나오자 제자 스님은 죽어라고 달아났다. 한참 후에 두 스님은 서로 만났다. 스승 스님이 물었다. '조금 전에는 배가 고파서 한 걸음도 걷지 못한다 하더니 잘도 달리더구나. 배가 고파서 한 걸음도 달리지 못한다던 네가 너이더냐. 아니면 잘도 달리던 네가 너이더냐?'

구조화

의사결정은 의사결정의 구조화 정도에 따라 구조적(structured) 의사결정, 반구조적(semi-structured) 의사결정, 비구조적(unstructured) 의사결정으로 구분된다. 구조적 의사결정은 문제의 상황에 대한 이해가 충분하고 의사결정의 절차나 규칙이 잘 정의되어 있는 의사결정의 유형이다. 이에 반하여 비구조적 의사결정은 과거에 발생하지 않은 새로운 의사결정문제로 문제의 상황에 대한 이해가 부족하고 의사결정의 절차나 규칙을 수립하기 어려우나 중요한 문제인 경우이다. 그러므로 특히 의사결정자의 판단이나 직관이 상대적으로 중요하다. 반구조적 의사결정은 두 의사결정의 중간적 성격을 갖는 의사결정의 유형으로 의사결정 단계 중 일부만 구조화되고 의사결정자의 판단이 요구되는 경우이다.

불확실성

의사결정은 환경이 제공하는 불확실성(uncertainty)과 관련하여 확실성 하의 의사결정(decision making under certainty), 위험성 하의 의사결정 (decision making under risk), 그리고 불확실성 하의 의사결정(decision making under uncertainty)으로 구분된다. 확실성 하의 의사결정은 각각의 대안에 대한 정보가 확실하고 정확하여 각 대안이 하나의 결과를 갖는 경우이다. 반면에 위험성 하의 의사결정과 불확실성 하의 의사결정은 환경이 제공하는 불확실성에 기인하여 각 대안은 둘 이상의 결과를 갖는다. 위험성 하의 의사결정은 각 결과에 대하여 확률을 추정할 수 있으나 불확실성 하의 의사결정은 각 결과에 대하여 확률마저 추정하기가 어려운 경우이다.

예로서 새로운 공장의 신축을 계획하는 경우를 보자. 공장의 규모를 큰 경우, 보통인 경우, 그리고 작은 경우를 대안으로 고려한다고 하자. 확실성 하의 의사결정은 만약 공장이 큰 규모이면 이익이 50억, 보통 규모이면 이익이 80억, 작은 규모이면 이익이 15억 정도로 결과가 확실하게 예견되는 경우이다. 그러나 위험성 하의 의사결정이나 불확실성 하의 의사결정에서는 수요라는 불확실성이 존재한다. 위험성 하의 의사결정에서는 수요가 많을 확률 0.4, 보통일 확률 0.3, 적을 확률 0.3을 예견할 수 있다. 이에 따라 규모가 큰 경우에는 수요가 많으면 이익이 100억, 수요가 보통이면 이익 30억, 수요가 적으면 손실이 50억일 것이라고 예견한다. 공장의 규모를 보통으로 하는 경우나 작게 하는 경우에도 수요의 크기에 대한 확률은 동일하나 각 수요에 대한 결과는 별도로 예견되어야 한다. 이에 대하여 불확실성 하의 의사결정에서는 수요의 확률마저 예견할 수 없는 경우이다. 그러므로 규모가 큰 경우를 보면 수요가 크면 이익이 100억, 수요가 보통이면 이익이 30억, 그리고 수요가 적으면 50억의 손실만을 예상할 수 있어 이에 따른 의사결정 기준도 취약할 수밖에 없다.

조직계층

조직의 계층이 높아질수록 권한과 책임이 강화되는 반면 환경이 제공하는 불확실성이나 위험부담도 커져 예측의 정확도는 감소하여 비구조적 의사결정 문제에 더 많이 직면하게 된다. 앤소니(N. Anthony)는 조직계층에 따라 의사결정을 전략계획(strategic planning), 경영통제(management control), 운영통제(operational control)로 구분하였다.

전략계획이란 환경에 대한 이해를 바탕으로 구체적인 목적을 설정하고 설정된 목적을 달성하기 위해서 경영자원을 체계적으로 구축하기 위한 통일되고 포괄적이며 통합된 의사결정이다. 그러므로 이는 변화하는 내외적 경영환경에 대응하여 기업이 설정한 목적을 달성하기 위해서 그 자원을 유용하고 체계적으로 대응하기 위한 최고경영층의 미래지향적 의사결정으로 비반복적(sporadic, infrequent)으로 발생하며 불확실성과 위험부담이 높고 비구조적인 의사결정이다.

경영통제는 부서와 같은 이익중심점에서 수행되는 의사결정으로 구성되며 전략계획에 입각하여 각 부서 단위에서는 더욱 구체적인 계획, 표준, 예산으로 수립하고 이의 성과를 측정하며 계획과 비교하여 통제를 수행하는 중간관리층의 의사결정이다. 전략계획보다 불확실성과 위험부담은 낮고 문제의 구조화의 정도가 높아진다.

운영통제는 조직의 기본업무인 제품이나 서비스의 생산이나 거래처리 등과 같은 일상적인 업무가 효율적으로 운영될 수 있도록 통제하고 지휘감독하기 위한 의사결정이다. 주로 하급관리자가 수행하는 의사결정으로 불확실성은 낮고 구조적인 의사결정 문제가 주를 이룬다.

4. 의사결정의 오류

의사결정은 오류나 문제점을 수반할 가능성을 항상 내포하고 있다. 서로 다른 조직이나 부서는 서로 다른 목표를 가지고 있고 개개인의 지식과 인식은 서로 차이가 있어 잘못된 의사결정의 위험성은 항상 존재한다. 조직 전체로서의 최적화(global optimality)와 개별 사업부나 부서 차원에서 추구되는 부분최적화(suboptimality), 라인과 스태프, 순기능과 역기능, 위험 선호자(risk taker)와 위험 기피자(risk averter) 등 다양한 요소에 의하여 의사결정은 그룹 간의 갈등을 초래하고 오류를 수반한다.

경쟁환경에서 목표가 상충하는 기업들이 의사결정을 수행하는 게임이론(game theory)에서 자주 인용되는 수인의 딜레마(prisoner's dilemma)는 자본주의 시장체제 하에서 합리적인 의사결정자가 자신의 이익을 최대화시키기 위해서 의사결정하고 행동할 때 모두에게는 더 나쁜 결과를 초래할 수 있는 예를 제시하며, 그 결과로 모든 사람이 자신의 이익을 추구하는 시장경제 또한 우리의 사회에 잘못된 영향을 끼칠 수 있음을 예시한다.

수인의 딜레마는 두 명의 범인이 서로 정보를 교환할 수 없는 상태에서 자신의 이익만을 고려하여 의사결정을 할 수밖에 없는 상황을 전제로 한다. 중범을 공모하고 실행한 두 명의 공범은 심문 중 범행을 자백을 하지 않으면 증거가 부족하여 자신들이 저지른 중범의 혐의에서 자유로울 수 있는 상황임에도 불구하고 두 사람은 각각 범행을 자백하고 경우에 따라서는 서로 상대방에 책임을 전가함으로써 모두가 중범에 해당하는 죗값을 치르게 되는 경우를 말한다. 다른 공범자가 자백을 하든 하지 않든 상관없이 자신은 범행을 자백하여 처벌을 줄이는 것이 자신에게 더 유리한 주전략이 되기 때문이다.

의사결정의 오류는 지금까지의 입장을 고수하고 바꾸지 않으려는 정박효과(anchoring effect), 반대로 최근의 정보에 더 비중을 두는 최빈효과(recent effect), 잘못된 결정이나 부정적인 피드백을 무시하고 더 정당화시키려는 몰입상승효과(escalation phenomenon), 현재의 상황을 고려치 않고 과거의 성공을 반복 시도하려는 연상편견(associative bias), 그리고 표현의 차이(poor framing)에 기인하는 등 다양한 원인에 의한다.

정박효과에 의한 의사결정의 오류를 예로 보자. 1941년 12월 7일 새벽 낭만의 하와이 오하우의 와이키키 해변은 싱그러운 해풍의 내음 속에 고요하기만 했다. 나구모 야마모도 일본 해군대장의 지휘 하에 항공모함 6척, 구축함 11척, 전함 2척, 순양함 3척, 잠수함 8척, 비행기 533대로 구성된 일본군은 '도 도 도(기습공격)' 타전을 시작으로 110분 동안 진주만을 기습 공격하였다. 섬광과 굉렬한 폭파 파열음 속에서 미국의 태평양 함대는 괴멸되었고 188대의 비행기가 파괴되고 159대가 손상을 입었으며 3,303명이 전시하고 1,262명이 중상을 입었다. 그러나 '도라 도라 도라(기습성공)'를 발신한 일본군은 29대의 항공기와 100명에도 미달되는 희생으로 진주만에 주둔하던 막강한 태평양 함대를 하루아침에 불구로 만들었다. 이날의 기습공격을 일본은 '하와이 해전'이라고 부르는 데 반하여 미국은 '진주만 공격'으로 이름하고 '진주만을 상기하자(remember the pearl harbor)'며 이 날의 실패를 가슴에 새기며 기억하고 있다.

당시 기습공격이 있기 4시간 전인 03시 40분, 미국 해군은 진주만에 침입한 일본의 잠항정을 발견하고 침몰시켰음에도 불구하고 문제의 심각성을 전혀 인식하지 못하고 06시 45분에야 상부에 보고되어 보고에만 4시간이 넘게 소비되었다. 뿐만 아니라 비행군단까지 목격하고도 이마저도 보고를 소홀히 하여 그 결과로 일본군은 기습에 성공할 수 있었다.

3,000마일이나 멀리 있는 일본군이 진주만을 공격할 수는 없다는 선입견에 사로잡혀 있었기 때문이었다. 이러한 경우는 1990년 8월 2일 이라크의 쿠웨이트 침공에서도 마찬가지로 발생하였다. 대규모의 이라크군 탱크가 쿠웨이트 접경으로 접근하는 것을 쿠웨이트 국경수비대가 감지하고도 설마 이라크가 쿠웨이트를 침공할 것으로는 생각지 못하고 평상적인 훈련이라 생각하여 전혀 대비하지 않았다.

다음은 표현의 차이를 이용하여 잘못된 의사결정을 유도하는 예이다. 봉이 김선달이란 이름은 김선달이 닭 장수에게 닭을 봉이라고 속여 이득을 보았다고 하여 주어진 이름이다. 김선달이 하루는 장터에 구경을 갔다가 닭을 파는 가게를 지나게 되었다. 닭장 안의 많은 닭 중 유난히 크고 좋은 모양으로 확연히 눈에 띄는 닭 한 마리를 보게 되었다. 김선달은 그 닭을 가리키며 주인에게 '저건 봉이지요?'하고 물었다. 주인은 처음에는 아니라고 하다가 김선달이 짐짓 모르는 체 '참 그 봉 멋지다. 봉이 맞지요?'하며 계속 묻자 주인은 나중에는 봉이라고 얼버무렸다. 김선달은 그 닭을 비싸게 사서 그 마을 원님에게 특별히 구입한 봉이라 하며 바쳤다. 닭을 봉이라고 바친 김선달에 화가 난 원님은 김선달의 볼기를 치게 했다. 김선달은 원님에게 자신은 닭 장수에게 속아서 그렇게 되었다고 하자 원님은 닭 장수를 즉시 대령하라고 호령하였다. 그 결과 닭 값과 볼기를 맞은 값으로 김선달은 많은 배상을 받았다. 우리가 풍류시인으로 생각하고 있었던 봉이 김선달은 과연 선인인가 악인인가? 닭 장수가 늙은 노모와 열두 아들딸과 매일매일 끼니 걱정으로 지내는 가난한 촌부라면?

5. 환경

경영은 환경 속에서 투입물을 산출물로 변환시키는 경제적 최적화를 추구하는 과정으로 개방적 조직인 기업에 있어서 환경은 곧 생명이며 경쟁우위(competitive advantage)를 결정짓는 원천이다. 그러므로 기업은 환경이 제공하는 불확실성 속에서 환경의 변화를 감지하고 관리하며 환경을 구성하는 주요 개체와 정보를 공유해야 한다.

환경은 외적환경과 내적환경으로 구분되며 외적환경은 기업에 기회와 위협을 내적환경은 강점과 약점을 제공한다. 기업은 외적환경이 시시각각으로 제공하는 기회와 위협을 포착하고 내적환경이 제공하는 강점과 약점을 파악하여 자원과 능력의 조합을 최대한 효과적으로 이용하여 변화하는 환경에서 기업이 추구하는 목적을 성취할 수 있는 메커니즘을 형성해야 한다. 그러므로 기업은 모든 방법을 동원하여 기업의 행동양식과 경영성과에 영향을 주는 환경의 실체를 지각하고 지각된 환경을 고려하여 기업경영을 수행해야 한다.

외적환경

외적환경은 일반 환경과 경쟁 환경으로 구분된다. 일반 환경은 경제, 사회, 기술, 정치, 그리고 정부 등의 제3세력이 포함되는 거시환경을 말한다. 경제 환경은 경제성장률, 경제순환과정, 실업률 등의 제반 경제현상으로 구성되며 개개의 기업에 있어서 시장의 본질과 방향을 결정한다. 사회적 환경은 인구, 연령, 성별, 직업, 수입, 교육수준, 가족 크기, 종교 등 인구통계학적 자료와 사회현상에 의하여 결정되는 환경으로 시장 규모를 결정짓는다. 기술은 지식의 총체적 표현으로 기술 환경은 경쟁우위를 결정짓는 핵심요인으로 특히 급속히 변화하는 산업에서는 급속히 발전하는 기술에 의하여 산업구조, 경쟁방식, 그리고 기업의 생존이 더불어 급속히 변화한다. 슘페터(J. Schumpeter)는 '기술혁신은 경쟁에 있어서 가장 근본적인 요소이며 산업의 진화와 발전에 중요한 원동력으로 이러한 기술혁신으로 산업구조는 빠르게 변화하는 창조적 파괴의 과정을 반복한다(A perennial gale of creative destruction)'고 하였다. 정부의 산업정책, 지원과 규제, 각종 법률이 기업 활동에 긍정적 또는 부정적으로 영향을 주는 것은 말할 필요도 없다. 정부는 특정산업의 사업자 수를 제한하거나 기업의 설립요건을 까다롭게 하거나 소유를 제한하고 정부의 허가를 요구하기도 한다. 그러므로 기업은 변화하는 환경을 계속적으로 주시하고 적극적으로 또는 소극적으로, 공격적으로 또는 방어적으로 현명하게 대응해야 한다.

기업은 경제재를 생산함으로써 시장에서의 가치를 추구하고 창출하며 이러한 가치는 기업과 경쟁세력 사이에 존재하는 교섭력(bargaining power), 즉 상대적인 힘에 의하여 결정된다. 경쟁 환경은 경쟁자, 대체재, 진입자, 공급자, 구매자 등 경쟁세력에 의하여 주어지는 산업 환경이다. 경쟁 환경은 산업구조분석(5 forces model)의 주 대상으로 시장의 구조가 제공하는 경쟁 환경이 기업의 시장에서의 활동과 성과를 결정짓는 중요한 요인으로 간주되고 분석된다. 주어진 산업이 얼마나 집중되어 있는가? 경쟁자는 동질적인가 이질적인가? 대체재는 존재하는가? 투입재의 비용은 어떠한가? 구매자의 구매 욕구는 어떠한가? 등 영향을 주는 요소는 다양하다. 만약 기업이 경쟁자, 공급자, 구매자, 대체재, 또는 진입자 등 경쟁세력에 대하여 비용, 품질, 유통망, 또는 서비스 등에서 확실하게 상대적 지위를 점할 수 있다면 산업 내에서 기업의 위치는 확연히 다를 것이다. 그러므로 기업이 주어진 목적을 달성하기 위해서 주어진 산업에서 경쟁세력, 산업구조, 경쟁방식을 파악하고 시장에서의 지위나 위상을 향상시키기 위하여 이에 적절히 대응하는 것은 매우 중요하다.

내적환경

기업은 각각 독특한 자원과 능력의 조합으로 구성된 유형·무형의 자원의 집합체이다. 내적환경은 기업의 총체적 경영자원과 능력의 조합으로 자원준거이론(resource based view of the firm)의 기본이 된다. 기업은 새로운 경영자원을 동원하고 동원된 자원을 유기적으로 결합하여 새로운 가치를 창출함으로써 경쟁우위를 확보하고 성장한다. 그러므로 내적환경을 파악한다는 것은 기업의 구성요소는 무엇이며 기업의 전략수행을 가능하게 하는 독특한 자원, 능력, 기능과 더불어 전략의 수행을 저해하는 속성과 한계를 파악하여 기업의 상대적 위치를 점검하는 것이다. 다시 말해 어떠한 자원이 경쟁우위를 제공하는지 파악하고 보유하고 있는 강점과 약점을 파악하여 주어진 산업에서 경쟁우위를 창출하는 데 기여하도록 잘 활용하여 기업의 경영자원과 핵심역량(core competence)을 발전시키는 것이다. 기업은 내부에 보유한 능력과 역량을 외부의 기회와 가장 효과적으로 연결하고 환경에 적합한 의사결정체제와 전략을 수립하여 경쟁우위를 확보할 수 있는 기회를 극대화하여 경쟁력을 확보해야 한다.

6. 경영정보시스템

어떤 대상이나 현상을 분석하고 설계하는 데 시스템은 매우 중요한 도구가 되어 다양하게 활용된다. 시스템은 추상적 시스템(abstract system)과 물리적 시스템(physical system)으로 구분된다. 추상적 시스템은 하나의 독립적인 개념을 체계적으로 정리하거나 정의한 것이다. 예를 들면 하나의 프로젝트는 여과와 압축과정을 통하여 통합적으로 도표로 표시되고 또한 신학은 신 그리고 사람과 신과의 관계를 개념적으로 정의한 것이다. 반면에 물리적 시스템은 추구하는 목적을 달성하기 위해서 상호작용하고 활동하는 개체(entity)들의 모임으로 정의된다. 물리적 시스템은 추구하는 목적에 따라 시스템과 환경의 경계가 설정되고 서로 구분되며 전체로서 그것을 구성하는 부분의 합을 초과하는 상승효과(synergy effect)를 지향한다. 물리적 시스템을 압축하여 한 마디로 정의한다면 투입물을 처리과정을 통하여 산출물로 변환시키는 변환자(processor)라 할 수 있다. 지금부터는 물리적 시스템을 시스템으로 간략히 지칭한다.

경영정보시스템은 환경으로부터 자료를 입력받아 입력받은 자료를 경영의사결정에 적합한 적절한 형태의 정보로 처리하여 필요로 하는 때에 사용자에게 출력하는 시스템이다. 의사결정에 요구되는 정보의 발생 시점과 실제 사용 시점은 차이가 존재하므로 기업은 자료, 정보, 프로그램 등을 수집하고 저장하여 피드백과 조정을 위한 통제를 수행한다. 경영활동과 경영정보시스템은 상호 불가분의 관계에 있으며 경영정보시스템은 정보를 수집, 저장, 처리하여 경영자의 의사결정, 관리적 · 전략적 경영활동, 의사소통을 지원하여 기업의 생존과 지속적인 성장에 핵심적인 영향을 미치는 주요성공요인(CSF : critical success factor)이다. 주요성공요인이란 MIT Sloan School에 의하여 제시된 개념으로 기업이 경영목표를 달성하는 데 있어 그 성패에 영향을 주는 제한된 수의 주요 요인을 말한다.

가속화되는 디지털 경영환경의 변화와 정보기술의 도미노적 기술진화에 따라 기업은 내외적 환경의 상태변화를 감지하고 관리하고 대응하는 데 민첩성과 적응력을 확보하고 경영정보시스템을 통하여 의사결정 속도를 실시간(real time)으로 단축하고 프로세스를 지속적으로 개선하는 실시간기업(RTE : real time enterprise)으로서 경쟁력을 확보해야 한다. 기업은 내부뿐만 아니라 외부의 고객과 공급자 등 공급체인에 대하여도 실시간으로 정보를 제공하고 공유할 수 있는 실시간 대응전략의 체제를 갖추어야 한다. 공급체인상의 모든 참여자와 프로세스를 함께 공유하고 프로세스의 상태와 성과지표에 실시간으로 접근하여 프로세스의 속도와 효과를 향상시키는 시간에 기반한 경영(time based management)을 수행함으로써 기업의 성과는 증진될 것이다. 그러므로 경영환경의 변화와 함께 경영정보시스템, 조직구조, 직무내용, 인적구조도 변화되어 왔으며 기업이나 조직에서 경영정보시스템의 역할은 지속적으로 확장되어 왔다.

경영정보시스템은 입력, 처리, 출력, 저장, 그리고 피드백의 기능을 수행해야 하므로 경영정보시스템은 정보를 처리하고 저장하는 컴퓨터, 원재료인 자료와 처리된 정보 등 데이터자원, 의사소통을 지원하는 통신, 그리고 정보시스템을 개발하고 운영하거나 활용하는 인적자원으로 구성된다. 언급된 컴퓨터, 통신, 그리고 데이터자원 또는 콘텐츠(contents)를 정보기술이라 한다.

정보기술과 경영정보시스템은 시대적으로 서로 대체하며 사용되어 왔다. 머클리(J.W. Mauchley)와 에커트(P.E. Eckert)에 의하여 1946년 최초의 디지털 컴퓨터(digital computer)인 ENIAC(electronic numerical integrator and calculator)이 발명되고 1951년 최초의 상용 디지털 컴퓨터인 UNIVAC(universal automatic computer)-1이 GE(General Electric Company)에 설치되어 급료지불명세서와 회계에 이용되면서 이러한 새로운 전자식 디지털 기술을 정보기술이란 이름으로 부르기 시작하였다. 1960년대 중반 이후부터 기업의 경영관리 전반에 시스템이론이 적용되기 시작하였고 컴퓨터의 응용 및 의사결정과 관련된 체계적인 개념정립이 강조되면서 경영정보시스템이란 용어가 정보기술이란 용어를 대체하고 보편적으로 사용되기 시작하였다. 그러나 1980년대 초반 경쟁우위를 확보하기 위한 경쟁무기로서 정보기술의 활용을 강조하는 연구가 활발해지기 시작하면서 정보기술의 전략적 활용이 강조되었고 정보기술이란 용어도 다시 부상하였으며 경영정보시스템과 함께 사용되며 현재에 이르고 있다. 그로부터 정보기술의 전략적 활용에 관한 연구는 경영정보시스템의 매우 중요한 과제가 되었다.

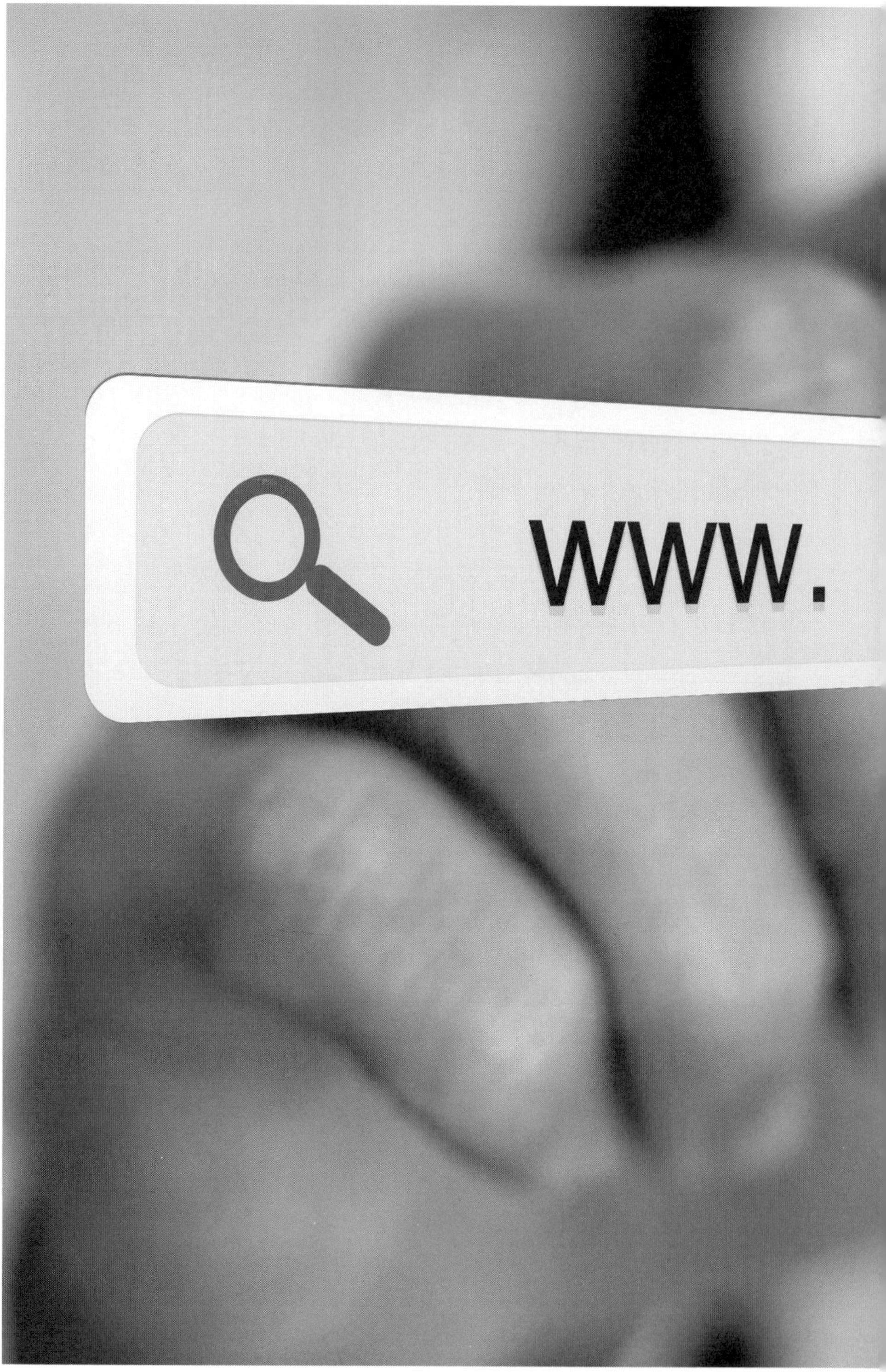
www.

PART 02

정보기술

Search

절차탁마(切磋琢磨) : 옥이나 돌을 끊고 닦고 쪼고 간다는 뜻으로 학문과 인격을
스스로 갈고 닦음을 의미

저 기수의 물굽이를 내려다보니
왕골과 마디풀이 엉켜있네
깨끗한 나의 님이여
끊는 듯 닦는 듯 쪼는 듯 가는 듯
목직하고 위엄 있고 훤하고 의젓하니
깨끗하신 나의 님을
끝내 잊을 수 없네.

ㅡ 시경

컴퓨터와 경영정보시스템

배운다면 능하지 않고는 그만두지 않고, 묻는다면 깨닫지 않고는
그만두지 않는다.
남이 한 번에 능하거든 나는 백 번을 하고, 남이 열 번에 능하거든
나는 천 번을 할지라.
과연 이리 하다면 어리석은 자라도 현명해질 것이며, 비록 연약한
자라도 반드시 굳세질 것이다.

－중용

    컴퓨터는 경영정보시스템의 기술적 인프라(infrastructure)를 구성하는 정보기술, 즉 컴퓨터, 통신, 데이터 중에서 가장 기본이 되는 기술이다. 컴퓨터는 데이터를 입력받아 이를 저장하고 처리하며 그 결과를 출력하는 전자적 기계장치로 경영정보시스템의 필수불가결한 물리적 구성요소이다. 디지털 시대라는 그 전과는 현저히 다른 특징을 갖는 새로운 시대는 디지털 컴퓨터의 발명과 함께 시작되었으며 우리가 이야기하는 컴퓨터는 디지털 컴퓨터를 의미한다. 디지털은 아라비아 숫자 또는 손가락이나 발가락을 의미하는 디지트(digit)에 기원하며 디지털 컴퓨터는 정보를 0과 1의 방식으로 전환하여 처리한다. 반면에 디지털과 대칭되는 개념으로 사용되는 아날로그는 닮음을 의미하는 그리스어인

아날로기아(analogia)에서 유래되어 전압, 전류, 온도, 습도 등에서와 같이 연속적인 수치에 적용된다.

1965년 무어(L.G. Moore)는 집적회로(IC : integrated circuit)의 특허를 출원한 후 반도체 칩의 밀도가 18개월마다 두 배가 될 것을 예견하였으며 이를 무어의 법칙이라 한다. 그러나 2007년 황창규는 18개월을 12개월로 수정하여 12개월마다 두 배가 된다고 예견하였다. 이는 컴퓨터의 처리속도와 저장능력이 급속히 발달함을 의미하며 실제로 컴퓨터는 소형화와 집적도를 경쟁하는 회로의 발전과 함께 새로운 세대를 창조하면서 속도, 크기, 기능, 편리성, 용량 등 모든 요소에 있어서 급속한 발전을 지속해 왔으며, 인간의 힘과 기술뿐만 아니라 인간의 지능까지도 효율적으로 대체하고 있어 가까운 미래에 인간의 두뇌보다 뛰어난 능력을 발휘하는 극소 컴퓨터 사이보그(cyborg)를 예고하고 있다.

1984년 윌리엄 깁슨(W. Gibson)은 그의 소설 '뉴러멘서(Neuromancer)'에서 사이버스페이스(cyberspace)란 단어를 처음 사용하였고 1989년 랜들러(Jarrow Landler)가 컴퓨터와 통신으로 구성된 환경에서 컴퓨터와 통신으로 구성된 가상의 공간과 인간의 인터페이스를 가상현실(virtual reality)이라고 처음으로 표현한 이래 가상공간(vertual space), 인공현실, 인공환경, 가상기업, 가상시장, 가상기억장치, 가상회로, 가상주소, 가상화폐 등 '가상'은 획기적으로 실현되었다. 1992년 닐 스티븐슨(N. Stephenson)은 그의 소설 'Snow Crash'에서 자신의 분신을 의미하는 시각적 가상인간 아바타의 신체를 통해 자신을 구현하는 3차원의 가상사회(virtual community)를 메타버스(metaverse)라고 표현하였다.

2010년 중국이 개발한 슈퍼컴퓨터(super computer) 텐허-1A(天河-1A)는 그 처리속도가 2,507peta flops(floating point number operations per second), 즉 1초에 2,500조 번의 연산을 수행할 수 있으며, 이러한 연산속도는 소형컴퓨터가 150년이 소요되는 연산을 하루에 처리할 수 있는 연산속도이다. 여기에서 페타(peta)는 2^{50}, 즉 1,000조를 의미하며 flops는 초당 수행되는 부동소수점연산을 말한다. 부동소수점이란 고정소수점과 비교하여 소수점의 위치를 상황에 따라 유연하게 변화시켜 적용하는 연산방법으로 이는 매우 큰 수나 적은 수의 연산에 효율적이고 정확한 결과를 제공한다.

2011년 일본의 이화학연구소와 후지쯔가 공동으로 개발한 K컴퓨터는 텐허-1A보다 세 배 이상 빠른 연산속도를 가지며 2012년 11월 개발이 완료되어 본격 가동되었고 연산속도는 10.0peta Flops 이상이다. 2012년에는 IBM이 만들고 미 에너지부 산하 로렌스리버모어 국립연구소(LLNL : Lawrence Livermore National Laboratory)에 설치된 세쿼이아(Sequoia)가 세계에서 가장 빠른 컴퓨터로 선정되었다. 16.32peta flops의 연산속도를 갖는 세쿼이아는 K컴퓨터 보다 1.55배 빠르다. 영국 BBC는 사람 67억 명이 계산기로 320년을 쉬지 않고 계속 계산해야 할 분량을 세쿼이아는 단 1시간 만에 처리할 수 있는 속도라고 전했다. 텐허-1A에 의하여 가장 빠른 슈퍼컴퓨터를 중국에게 빼앗긴 미국은 2년 만에 다시 선두를 탈환한 것이다.

그러나 2013년 6월 17일 독일 라이프치히에서 열린 세계 슈퍼컴퓨팅 콘퍼런스 2013에서는 다시 중국 국방과기대학이 개발한 텐허 2호가 33.86peta flops 연산처리속도로 가장 빠른 컴퓨터로 선정하였다. 2위로는 17.59peta flops의 미국 오클리지 국립연구소 타이탄이, 3위는 미국 아르곤 국립연구소의 블루진이, 4위는 일본의 K컴퓨터가 차지했다. 우리나라 기상청의 슈퍼컴퓨터 해온과 해담은 각각 91위와 92위를 차지했다. 한국과학기술연구원의 타이온2와 서울대의 천둥은 107위와 422위로 500위권 안에 들었다.

컴퓨터의 또 다른 특징은 소형화로 스마트폰(smart phone)의 등장이다. 스마트폰을 기존의 핸드폰과 구별시키는 가장 큰 특징은 풀브라우징(full browsing)으로 언제 어디에서도 핸드폰으로 컴퓨터와 동일하게 인터넷을 활용할 수 있는 것이다. 개방형 운영체제(OS : operating system)가 탑재된 핸드폰은 언제 어디서나 휴대가 가능하고 인터넷을 사용할 수 있는 '손안의 PC'가 된다. 이동 중 언제 어디에서도 인터넷을 자유롭게 사용할 수 있는 상시성과 즉시성이 제공되므로 근무, 상거래, 교육 등 제반분야에 변화를 초래한다. 운영체제를 탑재한 최초의 스마트폰은 Nokia 9210이나 2007년 6월에 출시된 애플의 아이폰(iphone)과 2008년 7월에 출시된 아이폰 3G 버전은 소비자들의 대단한 반응을 불러 일으켰으며 실제적인 스마트폰 시대를 개막하였다.

스마트폰은 더욱 소형화되고 빠르고 편리해져 몸에 부착할 수 있는 웨어러블 컴퓨터(wearable computer)로 발전하였다. 2013년 9월 25일 삼성전자는 세계 최초의 웨어러블 스마트기기인 갤럭시 기어를 149개국에서 출시함으로써 명실상부한 웨어러블 스마트기기의 시대를 개막하였으며 소니도 잇따라 스마트시계를 출시하였다. 갤럭시 기어는 갤럭시 노트3와 짝을 이뤄 사용하는 동반(companion) 제품으로 시계모양의 보조기기이나 음성인식으로 수신, 발신, 알람, 일정, 날씨를 확인할 수 있으며 메일이나 문자도착 확인, 음성메모나 녹음, 카메라 등이 갤럭시 노트3와 연동되어 구현된다. 2012년 5월에 공개 테스트 기간을 거쳐 2013년 판매를 시작한 구글 글래스에 이어 마이크로소프트도 2013년 11월에 스마트 안경을 공개하였다. 구글 글래스를 끼고 'OK 구글 글래스'라고 하면 안경 렌즈에 검색, 이메일 보내기, 화상통화, 동영상 녹화, 사진 촬영 등의 메뉴가 나타나고 안경 옆에 위치한 작은 사각형 스크린을 통해 원하는 정보를 제공한다. MS 글래스도 안경 렌즈에 증강기술을 활용하여 현실세계와 부가적인 가상정보를 보여 준다.

웨어러블 스마트기기나 입는 컴퓨터의 필수조건인 플렉시블 디바이스의 초기단계인 곡면 제품도 속속 출시되고 있다. 곡면형 OLED TV,

곡면형 스마트폰, 자유자재로 휠 수 있는 배터리도 등장하였다. 특히 LG화학은 2013년 세계 최초로 휜 배터리, 끈 모양의 배터리, 계단식으로 쌓아올린 배터리를 개발한 이후 2014년 1월에는 마음대로 구기거나 꼬아도 정상으로 작동하는 배터리를 개발하였다. 특히 세계 최초로 휜 곡면형 배터리를 양산하고 마음대로 접는 배터리를 개발함으로써 웨어러블 기기의 상용화를 앞당기고 시장을 선점하는 데 발판을 마련한 것으로 평가되고 있다. 예를 들어 곡면 안경이 가능하기 위해서는 곡면형 배터리가 필수적이다.

또 다른 특징은 컴퓨터의 지능화이다. 2011년 IBM의 연구팀은 인간의 우뇌와 같이 스스로 정보를 수집하고 배우고 판단하는 능력을 가진 컴퓨터칩의 초기 모델을 발표했다. 1,000억 개의 뉴런(neuron)과 이를 연결하는 1,000조 개의 시냅스(synapse)로 정보를 처리하는 인간의 뇌와 같이 이 컴퓨터칩은 256개의 실리콘 뉴런과 이를 연결하는 수십만 개의 디지털 시냅스로 신경망 구조를 형성하고 정보를 처리한다. 이 연구팀은 100억 개의 인공 신경세포로 구성된 인간의 뇌와 같이 생각하고 사고할 수 있는 컴퓨터를 개발하는 것을 목표로 하고 있다.

동일한 2011년 클라우드(cloud) 기반의 IBM 슈퍼컴퓨터 왓슨(Watson)은 100만 달러의 상금이 걸린 영어로 묻고 답하는 퀴즈쇼 제퍼디(Jeopardy)에서 74회 연속 우승의 역대 최고 성적을 가진 퀴즈챔피언 켄 제닝스와 역대 최대 상금을 수상한 퀴즈챔피언 브레드 리터 두 명의 인간챔피언과 대결하여 두 명의 인간챔피언을 누르고 최고의 성적으로 우승하였다. 수수께끼 같은 뒤틀리고 뉘앙스(nuance)를 포함하는 문제를 묻고 답하는 퀴즈쇼에서 왓슨은 인간을 제치고 우승한 것이다. 퀴즈쇼에서의 컴퓨터의 승리는 컴퓨터가 사람과 같이 비구조화되고 비정형화된 언어를 이해하고 사고할 수 있는 컴퓨터의 또 하나의 새로운 시대를 예고하고 있다.

IBM의 창립자 토머스 왓슨의 이름을 딴 왓슨은 2,880개의 Power750 칩을 갖는 90개의 서버로 구성되어 초당 80조 개의 연산능력을 보유하고 있다. 15조 바이트의 메모리를 내장하였고 클라우드 컴퓨팅 기반의 대용량 데이터 처리능력을 갖추었으며 시맨틱(semantic) 검색능력과 자연어 처리를 위한 인공지능(artificial intelligence)도 구비하였다. IBM과 함께 MIT, USC, CMU 등 다양한 대학이 이 프로젝트에 함께 참여하였으며 왓슨은 질의응답을 위해 4년간의 훈련을 받았다. IBM의 슈퍼컴퓨터 디프 블루(Deep Blue)는 1997년 체스 세계 챔피언 가리 카스파로프를 꺾은 적도 있다. 왓슨은 현재 의료, 법률, 콜센터, 금융 등에서도 활용하고 있다.

초기에는 주판이 인간의 계산을 도왔다. 최초의 기계식 계산기는 파스칼(B. Pascal)이 1642년 발명하였다. 수학자, 발명가, 철학가, 그리고 신학자인 파스칼은 세리인 그의 아버지가 돈을 세고 계산하는 데 많은 시간을 소비하며 수고하는 것을 보고 시계태엽원리를 이용하여 덧셈과 뺄셈이 가능한 컴퓨터를 발명하였다. 현대식 범용 디지털 컴퓨터의 개념은 1813년 배비지(C. Babbage)가 설계한 해석기관(analytic engine)에 제시되어 있으나 당시로는 시대적으로 너무 앞서 기술적으로 실현되지 못하였고 그의 아이디어는 1세기가 훨씬 지난 후에야 결실을 보게 된다. 1890년 호러리스(H. Hollerith)는 서로 다른 정보를 표현하는 비트(bit)를 단위로 하는 천공카드(punched card)를 발명하였으며 그 유용성이 입증되었고 호러리스가 설립한 회사는 IBM으로 발전하였다.

미 육군의 요청으로 탄도계산을 목적으로 발명된 최초의 디지털 컴퓨터인 ENIAC은 가로 9m, 세로 15m, 높이 2.6m로 매우 크고 무게 또한 30톤에 이르렀으며 전력을 많이 소비하였고 열을 발산하여 냉각수로 식혀주는 작업이 필요했다. 또한 현재와 같이 프로그램을 기억장치에 저장해 놓고 비교·연산을 수행하는 프로그램 내장방식(stored program)

이 아니라 매 명령을 여러 핸들을 이용하여 명령을 조작하여 비교·연산을 수행해야 했다.

1. 컴퓨터의 분류

컴퓨터의 성능은 다양한 요소에 의하여 결정되고 컴퓨터를 그 성능에 따라 명확히 분류하기도 어렵다. 컴퓨터의 성능은 급속히 발전해 왔으며 성능이 발전함에 따라 컴퓨터의 분류기준 또한 변화되어 왔다. 그러나 일반적으로 슈퍼컴퓨터, 메인프레임컴퓨터(mainframe computer), 미니컴퓨터(mini computer), 워크스테이션(workstation), 그리고 마이크로컴퓨터(microcomputer)로 분류된다.

 슈퍼컴퓨터는 연산속도가 다른 컴퓨터보다 매우 빠른 컴퓨터로 그 용도에 있어서 다른 컴퓨터와 구분되며 짧은 시간에 대용량의 데이터베이스(database)를 운영하여 많은 양의 정보를 처리하는 경우에 적합하다. 그러므로 슈퍼컴퓨터는 수백만 또는 수천만 개의 변수와 식으로 구성되어 엄청난 연산능력이 요구되는 기상관측, 전자상거래, 유전자연구, 제품개발, 그리고 영화제작 등의 용도에 적절하다. 슈퍼컴퓨터는 최첨단 기술의 복합체로서 세계 주요 국가들이 슈퍼컴퓨터의 개발을 위해 노력하고 있다. 슈퍼컴퓨터의 기원은 1976년 세이모어 크레이(Seymour Cray)가 개발한 크레이-1이며 그 후 크레이사(Cray Research)의 제품은 크게 히트하여 크레이 컴퓨터는 슈퍼컴퓨터의 대명사가 되었다. 중국의 국방기술대학은 미국의 크레이 제규어(Cray Jaguar)보다 빠른 4.7페타플롭(petafloops : 초당 1천 조 연산)의 텐허(天下)-1A를 제작함으로써 미국이 아닌 다른 나라가 세계에서 제일 빠른 슈퍼컴퓨터를 개발한 최초의 예가 되었으나 '2012 세계 슈퍼컴퓨팅 컨퍼런스'에서 IBM사가 만든 슈퍼컴퓨터 세쿼이아(Sequoia)가 16.32페타플롭으로 우승을 차지함으로써 미국이 다시 선두를 탈환하였다.

최근의 슈퍼컴퓨터는 고성능 마이크로프로세서를 수백 개에서 수십만 개 연결하여 다중처리(multi-processing)함으로써 성능을 높이는 MPP(massively parallel processor) 형태로 개발된다. 텐허-1A는 21,500여개의 마이크로프로세서 칩으로 구성되어 있으며 K컴퓨터는 80,000개 이상의 8코어(core) CPU(central processing unit)가 사용되었다. 여기에서 다중처리란 프로그램을 처리하는 컴퓨터가 여러 개의 처리장치로 구성되어 이를 동시에 이용하는 것이며, 병렬처리기(parallel processor)는 사람의 두뇌가 여러 신경세포들이 상호 연결되어 신호를 교환하며 동시에 사고하는 것과 같이 여러 프로세서가 상호 연결되어 사람의 뇌와 같이 함께 작용하여 처리하는 것을 말하며 코어란 연산장치이다.

메인프레임컴퓨터는 주기억장치가 대용량인 고성능 컴퓨터로 수백수천 명이 동시에 여러 가지 목적으로 다양한 데이터를 처리할 수 있는 대형 범용컴퓨터로서 안정성, 기능성, 편리성을 구비하고 있다. 메인프레임컴퓨터는 1960년대 중반 IBM이 개발한 Systems/360이 시초이나 현재에도 은행, 항공회사, 정부기관, 연구기관, 대기업 등의 네트워크를 지원하는 초대형 서버로 활용되고 있다. 1960년대를 대형컴퓨터 시대라고 부른다.

미니컴퓨터 또는 중형컴퓨터는 메인프레임컴퓨터와 기능은 비슷하나 성능은 더 간소화된 컴퓨터로 1964년 DEC(Digital Equipment Cooperation)이 공정통제를 위해 개발한 POP-8을 시초로 1970년대 이후 급속히 발전하여 학교나 중소기업 규모의 일반 업무용으로 사용된다. 다중프로그래밍(multi-programming)과 분산처리(distributed processing)가 가능하다. 다중프로그래밍은 하나의 컴퓨터가 여러 업무, 즉 프로그램을 동시에 처리하는 것으로 이를 구현하는 방법에는 시분할방식(time sharing)이 있다. 분산처리는 통신회선으로 연결된 여러 컴퓨터, 즉 네트워크를 통해 업무를 처리하는 것으로 조직의 분산된 업무를 지원하기 위해 하나의 대형컴퓨터나 몇 대의 컴퓨터를 이용하는 것보다 미니컴퓨터를 분산 설치하고 이들을 통신망으로 연결하여 더 높은 효율을 추구하는 것을 말한다. 분산처리에 대치되는 중앙집중식처리(central processing)는 하나 또는 몇 개의 대형컴퓨터로 모든 업무를 처리하는 것을 말한다.

워크스테이션은 데스크톱(desktop)용의 개인용 컴퓨터(PC : personal computer)에 미니컴퓨터의 성능을 부여한 고성능 컴퓨터로 높은 연산처리 능력과 그래픽 기능이 요구되는 과학, 공학, 디자인, 망 서버(network server) 등으로 사용된다. 망 서버란 컴퓨터네트워크 내에서 네트워크의 자원을 공유하도록 지원하고 관리하는 컴퓨터를 말한다. UNIX기반 운영체제와 명령어축소형컴퓨팅(RISC : reduced instruction set computing)을 활용한다. 명령어축소형컴퓨팅이란 자주 사용되는 명령어로 기본 명령어를 구성하고 나머지 명령어는 기본명령어의 복합으로 생성하여 사용하는 컴퓨팅이다. 일반적으로 내장명령의 20% 정도가 전체 처리량의 80% 정도를 점유하기 때문이다.

마이크로컴퓨터는 중앙처리장치(CPU : central processing init)가 한 개의 반도체 칩인 마이크로프로세서로 만들어진 가장 소형컴퓨터이다. 오늘날의 마이크로컴퓨터는 초기의 대형컴퓨터의 성능을 능가하여 주기억장치의 용량이 20GB(기가바이트 : giga bytes), 보조기억장치는 1TB(테라바이트 : terra bytes), 그리고 연산속도가 3GHz(기가헤르츠 : giga hertz)를 능가한다. 마이크로프로세서는 명령어복합형컴퓨팅(CISC : complex instruction set computing)을 사용한다. 마이크로컴퓨터는 근본적으로 개인용 컴퓨터이나 망 서버나 기업의 전문 워크스테이션으로도 사용되며 다중작업(multi-tasking)도 가능하다. 다중작업이란 다수의 작업을 하나의 마이크로프로세서가 수행하는 것으로 다중프로그래밍이 마이크로컴퓨터에서 불리는 이름이다.

마이크로컴퓨터는 그 형상에 있어서 책상 위에 올려놓고 사용하는 데 스크톱, 노트 크기의 노트북(notebook), 더 작아진 랩탑(laptop), 모양이 메모지와 같다 해서 붙여진 태블릿(tablet) PC, 노트북보다 더 얇고 가벼워진 울트라북(ultra and light), 노트북과 태블릿의 중간인 슬레이트(slate) PC, 평소에는 노트북으로 외출 시에는 키보드를 버튼으로 분리하여 스크린만 떼어 내어 가지고 다닐 수 있는 PC와 태블릿 PC의 융합기기인 탈착형 PC, 손 안의 PC인 스마트폰 등 다양하며 그 결과로 소형의 모바일 디지털 컴퓨팅 플랫폼이 강력한 대안으로 부상하였다. 의복, 모자, 손목, 팔, 손가락 등 신체에 착용하여 이동 중에도 편리하게 사용할 수 있는 웨어러블 디바이스에 대한 관심도 확대되고 있다.

컴퓨터는 하드웨어와 소프트웨어로 구성된다.

2. 하드웨어

하드웨어(hardware)란 원래는 쇠붙이를 의미하나 경영정보시스템에 있어서는 정보처리와 통신에 필요한 입력, 처리, 저장, 출력, 통제 등의 기능을 수행하는 컴퓨터와 통신매체의 기계장치로서 입력장치, CPU, 기억장치(memory unit), 출력장치, 그리고 정보전달에 활용되는 통신매체 등의 물리적 기기들로 구성된다. 입력기능은 자료를 수집하여 경영정보시스템에 투입하는 기능으로 입력되는 자료의 질과 유용성, 입력형태와 주기, 그리고 입력장치 등이 고려되어야 한다. 처리기능은 입력된 자료를 사용자가 유용하고 쉽게 정보를 활용할 수 있는 형태로 변환시키는 기능으로 처리장치와 처리방법 등이 고려되어야 한다. 출력기능은 사용자에게 유영한 정보를 적절한 형태로 산출하는 것으로 문서나 보고서의 형태를 갖는다. 출력되는 내용의 질과 유용성, 출력주기, 그리고 출력장치 등이 고려되어야 한다. 저장기능은 여러 사용자가 다양한 목적으로 정보를 산출할 수 있도록 중앙에서 통제되어 자료 및 정보 간에 최소의 연결성이 부여되고 논리적으로 조직화되어 축적하는 기능이다. 통제기능은 현재의 정보시스템의 운영을 관리하고 현재의 상태로부터 피드백된 자료를 설정된 기준과 비교하여 입력, 처리, 출력, 그리고 저장기능 등 경영정보시스템의 각 요소를 조정하는 것을 말한다.

하드웨어의 종류와 용량은 기업의 성과에 직결되는 중요한 의사결정 문제로 기업의 현재와 미래의 요구사항을 충족시킬 수 있도록 업무내용, 사용자 수, 반응시간 등과 관련된 수행도가 고려되어 충분한 처리능력과 저장능력이 보장되도록 결정되어야 한다. 특히 기업의 전반적인 e-변환을 추구하는 e-비즈니스와 전자상거래에 의한 디지털 거래의 획기적인 증가로 과거보다 더 큰 용량과 추가적인 기술을 필요로 한다. 서로 호환되지 않는 여러 모델들이 부서별로 구입되면 관리하기도 어렵고 비용도 증가하므로 먼저 전체적인 정보시스템과 이에 따른 정보기술 인프라를 검토하는 것이 필요하다. 더불어 미래의 수요의 증가에 대응하여 쉽게 추가적인 용량을 증가할 수 있는 확장성도 고려되어야 한다.

중앙처리장치

CPU는 컴퓨터의 두뇌에 해당하는 장치로서 입력된 자료를 받아서 처리하고 그 결과를 출력장치에 보내는 일련의 과정을 제어하고 조정하는 일을 하며 제어장치(CU : control unit), 연산장치(ALU : arithmetic logic unit), 레지스터(register)로 구성된다. 마이크로컴퓨터에서는 마이크로프로세서 또는 줄여서 프로세서라 하나 그 기능은 동일하다.

제어장치는 컴퓨터의 모든 장치들이 입력, 기억, 연산, 출력 등의 작업을 수행할 수 있도록 신호를 보내서 제어하고 관리·감독하는 기능을 수행한다. 주기억장치(main memory)에 저장된 명령을 해독하고 연산장치에 보내서 실행되도록 한다. 제어장치는 기계주기(machine cycle)를 가지며, 이는 주기억장치의 프로그램을 가져와 해독하는 명령주기(instruction cycle)와 해독된 명령을 연산장치에서 실행하고 기억장치에 저장하는 실행주기(execution cycle)로 구성된다.

연산장치는 프로그램의 명령을 실행하는 장치로서 기억장치에 저장된 자료를 이용하여 산술연산과 논리연산 등 각종 연산을 수행하고 결과를 기억장치로 다시 보낸다. 사칙연산은 모두 덧셈을 기본으로 하여 실행되며 곱셈을 덧셈의 반복으로 감산은 보수(complement)를 이용한 덧셈으로 나눗셈은 감산의 반복으로 이루어진다. 더해서 단위가 바뀌는 두 숫자를 서로 보수라 한다.

CPU의 처리속도는 내부시계속도(clocktime), 연산장치의 수, GPU(graphic processing unit), 단어(word) 크기, 레지스터 크기, 버스(bus) 크기, 명령어집합, 주기억장치용량, 캐시메모리(cache memory) 등에 의하여 영향을 받는다. 2.9GHz, 3.4GHz 등과 같이 표시되는 내부시계속도는 CPU의 연산속도를 결정하는 것으로 기계주기와 관련된다. 연산장치의 수는 CPU 내에 존재하는 물리적인 연산장치의 수를 말한다. 듀얼(dual)코어는 연산장치가 두 개, 쿼드(quad)코어는 네 개, 헥사(hexa)코어는 여섯 개, 옵티(opti)코어는 여덟 개, 그리고 도데카(dodeka) 코어는 열두 개를 의미하며 연산장치의 수만이 아니라 주어진 복수의 연산장치에서 사용되는 소프트웨어의 적합성도 동시에 중요하다.

GPU는 시각적인 내용을 처리하는 그래픽 관련 연산작업을 수행하는 그래픽 연산 전용 프로세서인 반도체 칩으로 컴퓨터가 처리해야 할 멀티미디어 콘텐츠인 2D(dimension)와 3D 그래픽이 많아지면서 그 중요성이 매우 높아지고 있다. 1999년 8월 엔비디아(Nvidia)사가 전과는 확연히 구별되는 그래픽 카드용 칩 지포스(GeForce)를 출시하면서 붙여진 이름으로 그래픽 작업으로 발생하는 CPU의 부담을 줄이기 위하여 고안되었다. CPU와 GPU를 하나의 APU(accelerated processing unit)로 통합하기도 한다.

단어 크기는 CPU가 한 번에 처리하고 저장할 수 있는 비트 수로서 16비트, 32비트, 64비트 등으로 표시되며 한 번의 연산으로 접근할 수 있는 기억장치의 비트 수에 해당된다. 레지스터는 CPU 안에서 수행되고 있는 프로그램과 관련된 데이터나 연산결과를 임시로 저장하는 고속의 작은 저장장치로 매우 빠른 속도로 작동한다. 프로그램카운터, 명령레지스터, 명령해독기, 번지레지스터, 기억레지스터 등 다양하다.

버스는 CPU와 컴퓨터의 다른 구성요소들과의 사이에 존재하는 물리적인 통로로서 버스 크기는 한 번에 옮길 수 있는 비트 수를 의미한다. 컴퓨터 내부와 주변기기 간의 데이터, 즉 비트의 전송은 병렬전송(parallel transmission)에 의한다. 병렬전송은 문자를 표현하는 비트 수만큼 전송로, 즉 버스가 크기를 확보하고 복수의 비트가 동시에 병렬로 전송되는 방식이다. 복수의 비트가 전송되므로 속도가 빠르나 전송 길이가 길어지면 비트들의 도착시간이 서로 달라져 오류가 발생하므로 컴퓨터 내부나 주변기기와의 단거리 전송에만 적용된다. 컴퓨터 내부나 주변기기를 제외한 원거리 전송에는 직렬전송(serial transmission)이 적용된다. 직렬전송은 하나의 전송로에 하나의 비트씩 차례로 전송하는 방식으로 컴퓨터 내부에서 병렬로 표현된 데이터는 직렬의 형태로 변환되고 수신측에서는 다시 병렬로 변환되어 처리된다.

캐시메모리는 마이크로프로세서가 주기억장치의 RAM(random access memory)에 접근할 때 이용하는 버퍼(buffer)기억장치로 자주 사용되는 명령어와 데이터를 저장한다. 마이크로프로세서보다 RAM의 자료의 처리속도가 더 늦어 더 많은 시간이 소요되므로 마이크로프로세서는 데이터를 처리할 때 먼저 캐시메모리에서 자료를 찾아보며 원하는 자료가 있으면 주기억장치에 가지 않으므로 자료처리에 소요되는 실행시간이 단축된다.

주기억장치

주기억장치는 컴퓨터 내부에 정착되어 현재 사용 중인 프로그램이나 데이터를 기억하는 기억장치로 CPU가 처리한다. 주기억장치는 ROM(read only memory)과 RAM로 구분되며 ROM은 비휘발성(nonvolatile) 기억장치이나 RAM은 휘발성(volatile) 기억장치이다.

ROM은 컴퓨터를 구입할 때 탑재되어 판매되는 운영체제로서 운영프로그램이 저장되어 저장된 내용을 읽기만 하는 전용 기억장치이다. 새로운 데이터를 저장하지 못하므로 ROM에 수록된 자료를 하드웨어와 소프트웨어(software) 중간 형태로 취급하여 펌웨어(firmware)라고도 한다. RAM은 현재 수행 중인 프로그램이나 CPU가 처리한 데이터를 저장하며 휘발성이므로 처리된 내용을 보관하려면 추가로 저장하는 과정이 필요하며 4GB, 8GB 등으로 표시되는 RAM의 용량은 수행도에 영향을 주며 단어크기에도 관계가 있어 32비트는 4GB, 64비트는 12GB에서 사용될 수 있다.

보조기억장치

보조기억장치(auxiliary memory)는 데이터나 프로그램을 저장하는 데 사용되는 컴퓨터 외부에 존재하는 기억장치로 일반적으로 기억용량은 크고 가격은 저렴하며 비밀유지나 백업(backup)용으로 사용된다. 예를 들어 대표적 보조기억장치인 하드디스크의 가격은 기가바이트 당 2005년에는 20달러 수준이었으나 2013년에는 5센트로 떨어졌다.

하드디스크(hard disk)는 컴퓨터 본체에 고정되어 있는 저장장치로 자기신호를 이용하는 자기디스크에 속하며 ROM이나 RAM에 사용되는 반도체 기억장치보다는 속도가 느리나 전원공급과 무관하게 자료를 보관할 수 있고 가격이 낮고 기억용량은 크며 직접접근(direct access) 방식이 가능하여 보조기억장치로 광범위하게 이용되고 있다.

대용량 저장능력을 필요로 하는 경우에 백 개 이상의 디스크와 전용 소프트웨어를 활용하여 대용량의 데이터를 여러 개의 디스크에 분할하여 저장할 수 있는 디스크 기술인 RAID(redundant array of inexpensive disks)를 적용할 수 있다. 또한 이들로 별도의 고속의 저장 전용 네트워크인 대용량의 중앙 저장소를 구성하는 SANs(storage area networks)도 지속적으로 증가하는 데이터를 효율적으로 저장하고 여러 컴퓨터가 접근하여 공유할 수 있는 기술이다.

가상기억장치(virtual memory)는 보조기억장치를 주기억장치와 같이 가상적으로 취급하는 개념으로 작은 크기의 메모리 공간으로 자료나 프로그램의 일부를 적재하여 실행시킬 수 있는 RAM과 보조기억장치 간의 데이터 스와핑(swapping) 방법이다. 이 때 자료가 읽혀지는 단위를 페이지(page)라 하며 페이지는 보통 1KB에서 수KB 단위로 구성된다.

하드디스크보다 속도가 빠르고 소형으로 가볍고 발열이나 소음과 전기소요가 적으며 신뢰성이 높은 SSD(solid state drive)는 반도체를 사용한 보조기억장치이다. 집적도가 높은 반도체기억장치는 가격이 높아 주기억장치인 ROM과 RAM에 주로 사용되거나 소형의 USB(universal serial bus) 등에 사용되어 왔으나 2008년 256GB의 대용량의 SSD가 개발되면서 보조기억장치로 사용되기 시작하였으며 2013년에는 용량은 1TB급으로 확대되고 크기는 현저히 준 제품이 출시되었다. 접근속도가 매우 빨라 RAM과 같은 기능을 가지므로 RAM디스크라고도 하나 아직도 가격이 높은 편이다. SSD는 RAM과 같이 휘발성 DRAM(dynamic ram)을 사용하는 경우와 비휘발성 낸드플래시메모리(nand flash memory)를 사용하는 두 경우가 있으며 낸드플래시메모리를 사용하는 경우에는 전원이 없어져도 데이터가 손상되지 않는다.

플래시 메모리는 실리콘 컴퓨터 칩으로 구성된 고가의 비휘발성 보조기억장치이다. 휴대용 컴퓨터나 노트북에서 하드디스크 역할을 수행하며 휴대폰, 디지털카메라, MP3, 게임기, 디지털 TV 등에 다양하게 사용되며 그 형태도 USB, CF(compact flash), SM(smart flash), SD(secure digital) 등 다양하다. 저장용량이 큰 낸드플래시메모리와 처리속도가 빠른 노어플래시메모리(nor flash memory)가 있다. 우리 기술진에 의하여 테라비트급 이상의 낸드플래시메모리 소자가 개발되었다.

광디스크(optical disk)인 CD(compact disk)는 레이저기술을 이용하여 대용량의 음성이나 화상을 고품질로 압축하여 기록 저장하고 검색하는 보조기억장치이다. 대량생산이 가능하고 저장용량이 방대하고 영구적으로 보관할 수 있어 백업용으로 많이 활용된다. CD-ROM(CD Read-Only Memory)은 읽는 것만 가능하여 한 번 입력된 자료는 수정이 불가능하나 이를 개선한 CD-RW(CD ReWritable)은 데이터를 반복적으로 기록하고 삭제할 수 있다. 4.75인치 CD는 660MB를 저장한다.

DVD(digital video 또는 versatile disc)는 CD가 인간의 시각·청각적 욕구를 만족시키지 못하여 비디오 기능을 보완하기 위하여 개발되었으나 그 활용범위가 넓어져 대용량의 텍스트, 이미지, 음성, 그리고 비디오 등을 저장하는 디지털 복합 디스크로 활용되고 있다. 해상도와 입체 음향효과가 높아 매우 선명하고 화질과 음질이 뛰어나며 동영상 데이터 저장에 많이 이용된다. CD와 같은 크기이나 4.7GB에서 17GB의 대용량의 저장능력을 갖는다.

자기테이프는 오디오(audio) 테이프와 같이 자기처리를 한 테이프에 데이터를 저장하는 보조기억장치이다. 순차접근(sequential access) 방식을 사용하고 속도가 느리며 가격이 저렴하여 백업용이나 일괄처리(batch processing) 방식에 사용된다.

2013년 1월 유럽생물정보연구소는 0, 1, 2의 3진법을 이용하여 정보를 생명체의 유전정보를 담은 DNA에 저장하고 DNA 염기서열을 해독하는 방법과 동일하게 정보를 읽을 수 있다고 발표하였다. DNA 1g에 DVD

46만 8,000장 분량의 정보를 저장할 수 있으며 수천 년이 지나도 복원할 수 있어 대량의 자료를 장기간 저장하는데 유용하게 활용될 수 있을 것으로 예상된다.

입출력장치

입력장치는 인간이 입력하는 자료를 컴퓨터가 이해할 수 있는 자료 표현 방식인 신호로 변환시키는 장치이다. 펀치카드, 키보드(keyboard), 마우스(mouse), 터치스크린(touch screen), 스캐너(scanner), 라이트 펜(light pen), 디지타이저(digitizer), 조이스틱(joystick), CIM(computer input on microfilm), 음성인식(voice recognition), 광문자인식(optical character recognition), 자기문자인식(magnetic ink character recognition), 센서(censor) 등이 있으며, 제품차별화를 위한 경쟁이 가열되면서 손, 입, 몸, 뇌, 펜 등을 이용한 입력 또는 커뮤니케이션 방법이 추구되고 있다.

특히 모바일 기기에서는 편리한 커뮤니케이션의 수단으로 입력기능이 더욱 경쟁의 대상이 되고 있다. 터치스크린에 의한 입력방식은 모바일 기기를 장악하여 아이폰(iphone)과 함께 부각된 멀티터치(multi-touch) 기능은 여러 접촉점을 동시에 인식하는 새로운 입력방식의 대안이 되었으며 나아가 다양한 입력방법이 소개되고 있다. 두 손가락을 이용하여 화면을 축소하거나 확대하는 핑거투줌 기능이나 2013년 1월 삼성의 멀티터치 모니터 시리즈7 터치에서는 동시에 열 손가락의 움직임을 인식하고 화면을 자유롭게 확대 축소 조작하게 되었으며, 립 모션(leap motion)이 개발한 콘트롤러는 손동작을 통하여 컴퓨터를 제어한다.

음성인식기능도 완벽하게 명령을 수행하는 단계까지 도달하기 위하여 노력하고 있으며, 손가락뿐만 아니라 디지털 펜의 기능도 보강되고 동작인식 기능도 부상하고 있다. 예를 들어 갤럭시 S3는 사람의 얼굴이 가까이 있으면 화면이 어두워지지 않는 스마트 스테이 기능과 귀에 가까워지면 전화가 걸리는 다이렉트 콜 기능을 탑재하고 있다. 음성인식과 동작인식의 발달은 컴퓨터가 인간의 행동을 보고 듣고 이해하는 것도 가능하게 할 것이다.

음성인식과 동작인식뿐만 아니라 신체를 사용하지 않고 인간의 두뇌에서 발생되는 뇌파를 통하여 기기를 제어하는 뇌-컴퓨터 인터페이스(BCI : brain computer interface)도 주목의 대상이 되고 있다. BCI는 1973년 UCLA의 비달(Vidal)이 그 개념을 처음 제시하였고 2001년에는 MIT Technology Review가 미래를 바꿀 10대 기술로 선정하였으며, 2013년 오바마 대통령이 차세대 과제로 선정한 뇌지도를 작성하는 '브레인 프로젝트'에서의 중요한 주제이다. BCI는 로봇 팔이나 두 팔을 쓸 수 없는 상황에서 편리하게 기기를 제어할 수 있게 하고 나아가서 인간과 인간이 소리 없이 대화(사일런트 토크)하는 단계까지 발전할 것으로 예상되고 있다. 예를 들어 운전이나 자전거를 타는 등 두 손을 다 쓰는 상태에서 컴퓨터나 스마트폰을 조작할 수 있고, 움직일 수 없는 환자가 휠체어를 타며 자동차를 자동으로 운전하며, 전장에서는 다른 사람에게 알리지 않고도 명령을 정확하게 전달할 수 있게 할 것이다. 얼마 후에는 컴퓨터가 인간의 감정이나 욕망도 이해할 수 있을 것으로 기대되고 있다.

출력장치는 컴퓨터의 전기적 신호를 인간이 이해할 수 있는 빛이나 소리를 매개로 시청각적으로 구현해 주는 인터페이스 장치로 디스플레이(display)장치, 프린터, COM(computer output on microfilm), 플로터(plotter), 음성응답 등 다양하다.

디스플레이장치는 정보를 인간이 볼 수 있도록 구현해 주는 영상표시장치로 가장 일반적인 일반 모니터(CRT : cathode ray tube), 휴대용 컴퓨터, 비디오카메라 자동항법장치, 게임기 등에 쓰이는 고화질형의 박막 트랜지스터(TFT : thin film transistor) 외에도 다양하며 고해상도, 경량화, 멀티 터치, 3D, 투명, 박형화, 유연화, 친환경 등 선명성과 편리성을 제공하는 다양한 방법이 추구되고 있다. 해상도는 full HD인 1920×1080을 넘어서 UD인 3840×4260으로 더욱 선명해지고 있으며 중소형에 두께는 얇아지고 있다.

그래핀이나 탄소나노튜브 등 나노기술을 이용한 곡면형태의 FED (field emission display)나 플렉시블 디스플레이 또는 투명(see-through)한 디스플레이로 발전하고 있다. 평평했던 화면이 구부릴 수 있고 둘둘 말 수 있고 더 발전하여 접을 수 있을 것이 기대되고 있다. 2013년 1월 삼성전자와 LG전자는 가운데가 5~6도 가량 뒤로 우묵하게 휜 곡면 TV를 공개하였다. 또한 2013년 10월 삼성전자는 좌우로 살짝 휜 곡면화면 스마트폰 '갤럭시 라운드'를 출시하였고 같은 달 LG전자도 상하로 약간 휘고 곡면형 배터리를 사용한 스마트폰 'G플렉스'를 공개하여 스마트폰의 곡면 경쟁에 개시하며 반격에 나섰다. LG전자는 위 아래로 휜 스마트폰이 통화 시에 얼굴에 밀착되어 느낌이 좋아 진정한 곡면 스마트폰이라고 주장하였으며 제품을 구부리는 기술과 곡면형 배터리는 웨어러블 컴퓨터와 플렉서블 전자제품을 만들기 위한 필수적인 핵심기술이다.

액정디스플레이(LCD : liquid crystal display) 장치는 전기신호가 두 유리 사이의 화학액정의 분자배열을 변화시키고 산란·간섭 등에 의하여 광학적으로 성분이 변화된 빛을 정보로 화면에 출력한다. 여기에서 액정이란 액체와 고체의 중간상태의 물질로 고체 상태에서 열을 가하면 액체 상태로 바뀌며 분자배열이 어떤 방향으로는 불규칙한 액체 상태이나 다른 방향으로는 규칙적인 광학적인 고체 상태를 갖기도 한다. 액정디스플레이는 화면이 평평하고 빛의 밝기가 높아 화면이 선명하며 크기가 작다. 이동성이 좋아 휴대용 컴퓨터와 특히 비즈니스 프레젠테이션의 용도로 인기가 높으면서도 기술적 한계로 한때 퇴출이 예견되기도 하였으나 스마트폰과 태블릿PC의 수요 폭발로 2012년 3분기부터 다시 수요가 증대되고 있으며 더불어 두께를 줄이고 화질을 개선하기 위한 노력도 배가되고 있다.

플라스마디스플레이(plasma screen display) 장치는 플라스마 상태에서 제논가스 외에도 헬륨, 네온, 아르곤, 클립톤 등의 불활성 기체에 초고온으로 열을 가하면 기체는 이온과 전자로 분리되어 전하를 띤 입자의 집단이 되어 빛을 발하고 정보를 출력하는 장치로서 이는 형광등의 원리와 유사하다. 비교적 새로운 개념인 플라스마는 기체에 강한 열적 충격을 가하여 원자핵과 전자가 분리된 상태로 고체, 액체, 기체와 완전히 다른 성질을 갖는 물질의 네 번째 상태이며 우주의 99%는 플라스마 상태이다.

플라스마디스플레이 장치는 두께가 매우 얇기 때문에 공간의 제약 없이 설치가 수월하나 액정디스플레이 보다 무겁고 수명이 짧으며 모니터보다는 TV에 많이 사용되어 왔다. 그러나 PDP TV는 LCD TV에 밀려 일본의 예를 들면 히타치와 파이오니아가 사업에서 철수하였고 2013년 말에는 업계 2위인 파나소닉까지 생산을 중단하고 사업에서 철수한다고 선언하였다. LCD TV가 PDP TV보다 화면이 밝고 LCD 생산기술이 빠르게 발전하였으며 소비전력이 낮아 핵심부품의 제조가 용이하며 마케팅에 주력한 결과이다. 업계 1위인 삼성SDI의 CEO는 'PDP시장이 끝나가고 있다'고 하여 업종전환을 선언하였다.

그러나 TV와 스마트폰 등에서 한국기업에 밀려 적자를 내며 몰락했던 일본의 파나소닉, 도시바, 히타치 등은 대신 차량용 반도체, 부품, 그리고 미래형 스마트 카 시스템으로 부활하며 사업을 확장하며 과거의 영광을 되찾기 위해 노력하고 있으나 우리 기업은 이 분야에 아직 특별한 실적을 내놓지 못하고 있다.

LED(light-emitting diode)디스플레이 장치는 갈륨이나 비소 등의 화합물에 전류를 흘러 빛과 열을 발산하는 반도체 소자로서 컴퓨터로 쉽게 빛과 열을 조정할 수 있으며 물질의 특성에 따라 색이 달라진다. 이 극진공관에 전압을 걸면 전류가 주입되고 빛과 색깔을 표현하는 반도체인 발광소자에 전기에너지가 가해지면 발광소자가 전기에너지를 빛으로 변화시키며 빛의 삼원색인 적색, 청색, 녹색을 결합하여 모든 색을 표현한다. LED는 전력이 낮고 효율이 높으며 탄소가 적으며 긴 수명의 친환경적 기술로서 디스플레이뿐만 아니라 자동차, 조명, TV, 전자제품, 휴대폰, 건축, 특수장비 등 다양한 산업에서 필수적인 기술로서 예를 들어 동식물의 성장을 조절하고 피부노화를 방지하고 피부질환을 치료하는 등의 부수적 효과도 제공한다.

일반 LED가 금속과 같은 무기화합물을 이용하는 데 비하여 OLED (organic light-emitting diode)는 탄소화합물과 같이 스스로 빛을 내는 형광형 유기화합물을 이용하며 유기물질에 전류가 흐르면 자체적으로 발광하고 스스로 빛과 색깔을 표현하는 반도체소자이다. 광원이 필요 없어 LED 보다 두께가 더 얇고 가벼우며 반응속도가 빠르고 화질이 자연색으로 밝고 선명하다. 구부리거나 둘둘 말 수 있어 모양이 변화무쌍하며 투명 디스플레이도 가능하다. 양산에 성공하지 못해 높은 가격 등으로 대중화에 문제가 있었으나 LG전자가 양산에 성공하여 2013년 1월 2일 꿈의 디스플레이로 불리는 55인치 OLED TV를 세계 최초로 출시하였다. 대만 타이페이시 W호텔은 사람이 가까이 접근하면 다양한 소리와 무늬를 보여 주는 움직이는 벽의 OLED조명으로 유명하다. 1층 로비에 설치된 움직이는 벽은 손바닥 크기의 수백 장의 유리조각을 붙여 만들어졌으며 사람이 다가가면 각각의 유리가 서로 다른 소리와 무늬를 만든다.

인간의 시각, 청각, 촉각, 미각, 후각과 같은 오감을 느낄 수 있는 오감정보처리 기술도 커다란 관심의 대상이다. IBM은 컴퓨터가 2018년 정도까지는 오감을 가질 것으로 예견하고 있으며 사람과 기계가 상호교감하고 실세계와 같이 보고, 듣고, 맛보고, 냄새를 느끼며, 만질 수 있는 인간 중심의 실감형 서비스로 다양한 정보를 제공하는 기술이 개발되고 있다. 사람의 표정을 읽어 기분을 감지하고 인간의 대화를 이해하고 근육의 움직임을 감지하고 인간의 수용체(receptor)의 단백질을 이용하는 바이오센서를 이용하여 인간의 후각과 미각과 같이 작용하는 단계로 발전하고 있다. 모든 사물에는 센서가 부착되어(next layer of skin) 환경을 인식하며 이러한 의미에서 센서는 매우 중요한 기술이 되며 2009년 오라일리는 센서를 기술의 'the next big thing'으로 언급하고 있다.

3. 소프트웨어

기계는 스위치를 켜면 용도에 따라 무엇인가 작동을 하지만 컴퓨터 하드웨어는 그 자체로는 아무것도 하지 못하는 물체덩어리에 불과하다. 그러므로 컴퓨터가 사용자가 원하는 작업을 수행하기 위해서는 하드웨어를 작동하게 하는 소프트웨어가 필요하며 우리는 컴퓨터를 구입하면 필요한 소프트웨어를 선택하여 구입하고 설치한다. 소프트웨어는 컴퓨터가 작업을 수행할 수 있도록 하드웨어를 운영하고 데이터 처리과정을 지시하는 명령어들의 집합, 즉 프로그램이다. 컴퓨터가 다양한 기능을 수행할 수 있는 것은 소프트웨어가 있기 때문에 가능하며 소프트웨어는 컴퓨터가 자료를 처리하고 효율적으로 의사결정을 지원하며 생산성을 높이는 데 가장 중요한 요소이다.

제품이나 서비스에 있어서도 소프트웨어가 경쟁력을 결정짓는 핵심 요소가 되어 그 중요성이 갈수록 더욱 증대되고 있으며 세상을 바꾸고 혁신시키는 주체로 인정받고 있다. 그 결과로 소프트웨어와 관련된 일자리는 점점 늘어날 것으로 예견되고 있으나 유능한 소프트웨어 인력은 매우 부족한 실정이다. 우리나라에서의 소프트웨어 산업은 근무환경이 열악하고 대표적인 4D(dirty, difficult, dangerous, dreamless)로 인식되어 우수한 인재들의 지원도 감소하고 있다. 예를 들어 서울대학교 컴퓨터 공학과 정원은 2000년도에는 90명이었으나 2013년에는 55명으로 축소 되었으며 삼성전자의 경우마저도 소프트웨어 인력은 있으나 유능한 인력은 많지 않은 것으로 보도되고 있다. 세계 주요 국가는 소프트웨어의 조기교육을 제도화하고 체제를 확립하고 있다. 미국은 코드(Code)프로젝트를 통하여 모든 학교의 학생들에 프로그래밍 교육을 받을 수 있는 기회를 제공하고 있으며 영국은 초등학교에서 고등학교에 이르기까지 정보기술과 관련된 교육과정을 강화하여 여러 가지 프로그래밍을 배우도록 하고 있다. 우리 정부도 2013년 수립한 국가차원 소프트웨어 혁신 전략에서 2017년까지 소프트웨어 신규인력 100만 명을 배출하고 초·중·고생 등 100만 명의 소프트웨어 꿈나무를 육성하며 대학 전공학과의 장학금과 정원을 늘릴 것도 천명하였다.

시스템 소프트웨어

시스템 소프트웨어(system software)는 컴퓨터가 효율적인 기능을 수행할 수 있도록 컴퓨터 하드웨어, 응용 소프트웨어, 데이터 자원을 연결하여 필요한 작업을 수행할 수 있도록 하드웨어 자원을 관리하고 제어하며 정보처리활동을 지원하는 프로그램을 총칭한다. 시스템 소프트웨어는 시스템 제어프로그램, 시스템 지원프로그램, 시스템 개발프로그램으로 구분된다.

시스템 제어프로그램으로는 운영체제, DBMS(database management system), 그리고 통신모니터(network OS) 등이 있다. 운영체제는 사용자와 컴퓨터 사이에 인터페이스가 가능하도록 CPU, 기억장치, 입출력장치 등 컴퓨터 자원과 업무를 할당하고 순서를 조정하고 프로그램을 실행하며 저장하고 활동을 모니터링하고 통제하는 기능을 수행한다. 지금까지의 대표적인 운영체제로는 MS-DOS, PC-DOS, OS/2, 유닉스(Unix), 리눅스(Linux), Window 95, Window 98, Window NT, Window XP, Window Vista, Window 7, 안드로이드(Android), 크롬(Chrome), 윈도 애저(Window Azure), Window 8 등을 들 수 있다.

Window 95부터는 DOS가 필요 없는 GUI(graphical user interface)환경을 기반으로 하며 Window XP부터는 인터넷과 네트워킹을 기반으로 하는 운영체제이다. GUI란 사용자가 컴퓨터의 아이콘을 활용하는 그래픽환경에서 작업을 수행하는 것으로 마우스로 메뉴를 선택하여 프로그램을 수행한다. 리눅스와 크롬은 대표적인 오픈 소스 소프트웨어(open source software)로서 누구나 프로그램 코드에 접근하여 프로그램을 개선할 수 있는 개방형 운영체제이며 윈도 애저는 마이크로소프트사가 클라우드 컴퓨팅 플랫폼으로 출시한 운영체제이다. Window 8은 2012년 10월 25일 소개된 최신의 운영체제로 PC와 태블릿 PC에 공동으로 사용 가능하다.

시스템 지원프로그램은 목적프로그램(objective program)을 주기억장치에 읽어 넣을 때 주소를 할당하는 등 실행이 가능한 형태로 만드는 연결편집기(linkage editor), 프로그램 목록을 작성, 관리, 유지하는 라이브러리안(librarian), 자원 이용 등에 관한 통계자료를 작성하는 성능모니터, 사용자와 자원을 제어하는 보안모니터 등이 있다.

시스템 개발프로그램으로는 컴파일러(compiler), 어셈블러(assembler), 인터프리터(interpreter) 등과 같은 언어번역기(translator)가 있다. 기계어가 아닌 프로그램 언어로 작성된 프로그램은 컴퓨터 하드웨어가 실행이 가능하도록 기계어로 번역되어야 한다. 컴파일러는 고급언어(high level language)로 작성된 원시프로그램(source program)을 기계어(machine language)의 목적프로그램으로 어셈블러는 어셈블리 언어(assembler language)로 작성된 프로그램을 기계어로 변환시키는 프로그램이다. 컴파일러는 프로그램 전체를 기계어로 번역시킴에 반하여 인터프리터는 한 문장씩 차례로 기계어로 번역시키는 몇 가지 언어에만 적용되는 언어번역기이다.

응용 소프트웨어

응용 소프트웨어(application software)는 특수 목적의 특정 업무를 지원하기 위해 작성된 프로그램으로 최종사용자(end-user) 요구에 부합되도록 작성된다. 응용프로그램은 컴퓨터가 알 수 있는 신호체계로 구성된 명령문으로 작성되어 컴퓨터 내부에 저장되고 실행된다. 이와 같이 사람과 컴퓨터 사이에서 작업이 가능하도록 명령문을 작성할 수 있는 언어를 프로그래밍 언어라 한다. 프로그래밍 언어는 기계어(machine language), 어셈블리 언어(assembly language), 고급언어(high level language), 4세대 언어(forth generation language), 5세대 언어(fifth generation language) 등 다양하다. 여기에서 세대는 프로그래밍 언어의 주요 발달단계를 의미한다. 즉 어느 세대의 언어로도 같은 기능의 프로그램을 작성할 수 있으나 세대의 차이는 프로그램을 작성하는 데 소요되는 명령문의 수나 시간에서 나타나는 효율과 관계되어 프로그램 개발에 있어서 생산성의 차이를 의미한다. 기계어를 1세대 언어, 어셈블리 언어를 2세대 언어, 고급언어를 3세대 언어라고도 한다.

기계어는 컴퓨터가 직접 해독할 수 있는 이진코드(binary code)를 사용하므로 프로그램은 숫자 0과 1의 조합인 이진수로 구성된다. 기계어(10011 1101011)는 명령어인 연산자(operation code : 10011)와 연산이 수행될 자료의 주기억장치의 주소를 나타내는 피연산자(operand : 1101011)로 구성된다. 그러므로 기계어로 프로그램을 작성하고 이해하고 수정하는 일은 주기억장소에 주소를 배정하고 이를 기억해야 하는 등 많은 어려움을 수반한다. 또한 기계어로 프로그램을 작성하기 위해서는 컴퓨터 회로에 대한 지식이 요구되며 컴퓨터 회로가 다르면 작성된 프로그램도 호환될 수 없다. 각각의 컴퓨터는 자신의 고유의 기계어를 가지고 있어 기계어를 기계중심언어(machine oriented language)라고 한다.

어셈블리 언어는 기계어의 이진코드 대신 사람이 기억하기 쉬운 (mnemonic) 상징적인 기호를 이용한 기호언어(symbolic language)이다. 예를 들자면 ADD R1 R2(레지스터 R1과 레지스터 R2를 더하라)와 같이 명령어가 구성되어 인간이 이해할 수 있는 최초의 언어이다. 어셈블리 언어도 기계어와 마찬가지로 기계종속적(machine dependent)이며 컴퓨터가 이를 실행하기 위해서는 기계어로 변환시켜 주어야 하며 이렇게 기계어로 번역해 주는 프로그램을 어셈블러라고 한다. 현재에도 특수한 경우나 매우 빠른 처리속도를 필요로 하는 경우에는 어셈블리 언어를 사용한다. 자주 사용되는 몇 개의 명령어를 단일 명령어로 매크로 (macro)할 수 있는 매크로 어셈블리 언어도 개발되어 프로그래밍의 시간과 노력을 줄이는 데 기여하였다.

고급언어는 사용자가 쉽게 배워 사용할 수 있도록 인간이 사용하는 영어와 수학적 기호를 사용하며 인간이 수행하는 절차와 유사하게 하고자 하는 일의 절차를 명령어로 차례로 표현하는 절차중심언어(procedure oriented language)이다. 고급언어는 기계독립적(machine independent)으로 사용자는 컴퓨터 내부의 회로나 구조에 대하여 알 필요가 없다. 고급언어로 작성된 프로그램도 컴퓨터가 실행하기 위해서는 컴파일러와 인터프리터와 같은 언어번역기에 의하여 기계어로 번역되어야 하며 기계어로 번역하는 데 시간이 소요되는 단점을 갖는다. Basic, Fortran, Cobol, Pascal, C, Java, Algol, Lisp, PL/1 등 다양하다.

컴퓨터를 모르는 전문가도 쉽게 배우고 프로그램을 작성할 수 있는 언어가 필요하였으며, 이러한 요구에 부응하여 프로그래머의 생산성을 향상하기 위한 방법으로 4세대 언어가 개발되었다. 4세대 언어는 그래픽 중심의 프로그래밍 언어인 GUI 언어, 'select all students from student file where mean grade is more than 3.0'와 같이 자연어, 즉 영어의 표현과 가까운 대화형 명령어로 구성된 언어, 그리고 결과를 얻기 위한 상세 절차(how)를 제시하는 것이 아니고 연산의 결과(what)만을 요구하는 비절차언어(nonprocedural language) 등이 있다. 그래픽 중심의 언어가 만들어 내는 컴퓨터 그래픽스 기술은 현실세계와 같은 사실감 있는 영상을 만드는 데 필수적인 기술이다. 예를 들어 공상영화 '아바타'는 35,000개의 리눅스 컴퓨터와 그래픽 기술이 함께 만든 결정체이다. 비절차언어는 특정 문제에 대한 문제중심언어(problem oriented language)로서 주어진 문제에 대하여 미리 작성된 프로그램의 집합인 소프트웨어 패키지 형태로 상업적으로 지원되며 상호대화식(interactive) 접근도 가능한 사용자가 쉽게 사용할 수 있도록 고안된 사용자중심언어(user oriented language)이다. 스프레드시트(spreadsheet)나 보고서생성기와 같이 프로그래밍 언어라기보다는 프로그램 개발 툴(tool)에 가까운 프로그래밍 기법들도 개발되었으며 기본적인 4세대 언어로는 Visual basic, Power Builder, Visual C++, Delphi, Java, C# 등이 있다.

5세대 언어는 지식기반 4세대 언어라고도 하며 인공지능, 지능정보시스템, 자연어 처리 등에 활용되어 왔다. 1958년 MIT의 맥카시(J. McCarthy)에 의해 개발된 함수기반언어인 LISP(list processor)과 1972년 프랑스에서 개발된 논리기반언어인 프롤로그(Prolog)를 기원으로 보며 마이크로소프트의 AppWare, IBM의 VisualAge for Java 등이 있으며, LISP나 프롤로그의 기능들을 결합하여 새로운 언어를 만들기도 한다.

객체지향언어

객체지향언어(object oriented language)의 중심은 객체이다. 객체는 시스템을 구성하는 사물이나 추상적 개념을 의미하며 시스템은 객체들의 집합과 그들 간의 관계로 모델링된다. 객체는 그 안에 데이터를 표현하는 상태와 데이터를 조작하기 위한 프로세스인 처리기능을 나타내는 활동으로 정의되는 실체이다. 여기에서 상태는 객체의 속성이나 상태변수를 표현하는 데이터이며 활동은 주어진 데이터 상에서 연산을 수행하는 연산함수인 메소드(method)로서 객체는 메소드를 통해서만이 접근되어 객체 간의 정보가 교환되고 수정되며 상태가 변화한다. 그러므로 프로그램은 메소드를 통해서만 객체 내의 연산을 수행한다. 예를 들어 객체가 자재라면 데이터는 자재이름, 자재번호, 가격, 수량 등이 될 수 있으며 메소드는 입고나 출고가 제시될 수 있다.

다시 말해 객체지향언어에서는 프로그래밍에 있어서 객체가 중심이라는 것으로 객체＋객체의 형태로 프로그래밍이 구성되고 객체의 재사용성은 비생산적인 재래의 절차중심의 프로그래밍 방법을 획기적으로 개선하여 프로그래밍의 생산성을 현저히 높인다. 다시 말하여 IC＋IC의 형태로 조립되는 하드웨어의 생산성에 비하여 현저히 낮은 소프트웨어의 생산성을 높이는 방안으로 객체＋객체를 통하여 일상에서 생각하는 방식으로 프로그래밍하고 클래스(class)나 상속성(inheritance)과 같은 속성을 통하여 기능을 쉽게 수정하고 추가한다.

클래스는 동일한 데이터와 메소드를 가진 유사한 객체들의 집합이다. 예를 들어 클래스가 사람이라면 객체는 장동민, 김태이, 고소응, 이설희 등이다. 인스턴스(intance)는 클래스 내 하나의 객체를 의미하며 하나의 인스턴스는 고유의 객체식별자(object identifier)를 가져 다른 인스턴스와 식별된다. 예를 들어 객체가 자재라고 하면 하나의 인스턴스는 자재이름, 자재번호, 가격에 고유의 데이터 값을 갖는다. 그러므로 객체지향언어로 프로그래밍을 할 때는 클래스만 정의하고 인스턴스의 변수에 자료를 입력하면 각각의 인스턴스는 자동적으로 객체식별자가 부여되고 객체가 생성된다.

상속성은 주어진 클래스의 데이터와 메소드를 적용하여 또 다른 유사한 클래스를 쉽게 창조할 수 있는 특성이다. 예를 들어 대학원생은 대학생의 데이터와 메소드를 상속할 수 있다. 상속과정에 있어서 새로운 데이터나 메소드가 추가될 수 있을 뿐 아니라 둘 이상의 클래스로부터 데이터와 메소드를 물려받을 수도 있다. 언어의 특징이 객체, 클래스, 상속성 등과 같은 구성을 포함하고 있는 언어는 객체지향언어에 포함된다. 객체지향언어는 클래스개념을 도입한 Simula를 기원으로 하여 자바(Java), C++, C#, Visual Basic, Smalltalk 등 다양하다.

객체지향 개념은 문자나 숫자 중심의 재래의 접근방법으로는 다루기 곤란한 이미지, 음성, 영상 등 비구조화된 정보를 더 용이하게 다룰 수 있다. 또한 객체지향의 개념은 객체지향언어에서뿐만 아니라 데이터베이스나 경영정보시스템의 개발에 있어서도 적용되는 광범위한 적용범위를 갖는 하나의 시대적 패러다임(paradigm)이라 할 수 있다.

웹언어

웹과 관련된 언어의 활용이 크게 증가하고 있다. 웹에서 운영되는 응용프로그램을 작성할 때 사용되는 언어로는 대표적 객체지향언어인 자바를 들 수 있으며 웹페이지를 제작할 때는 HTML(hypertext markup language)이 사용된다. 자바는 1992년 선 마이크로시스템에 의하여 개발되었으며 개발팀인 그린팀(green team)이 언어를 개발하는 동안 휴식시간에 즐기던 커피이름을 개발된 언어에 붙인 것이다. 자바는 컴퓨터나 운영체제에 독립적으로 현재는 거의 모든 웹브라우저(web browser)들이 자바플랫폼을 활용하고 있다. HTML은 웹에 텍스트, 그래픽, 비디오, 오디오를 정의하여 웹페이지를 작성하는 데 활용된다.

매시업

최근 모바일 앱에 대한 관심이 높아지면서 모바일 앱 개발프로그래밍과 웹2.0 사이트들이 제공하는 서비스를 혼합하여 새로운 서비스를 개발하는 프로그래밍인 매시업(mashup) 프로그래밍의 중요성이 높아지고 있다. 매시업이란 웹사이트에서 제공되는 두 개 이상의 정보나 응용프로그램들을 조합하여 구성하여 더 가치 있는 새로운 정보나 응용프로그램을 만드는 것을 말한다. 예를 들어 구글의 지도서비스와 온라인 부동산 커뮤니티 사이트가 조합되어 제공하는 새로운 서비스는 특정 지역을 입력하면 해당지역의 부동산 매물정보나 경매정보를 제공한다. 실제로 이와 같이 지도서비스와의 조합으로 제공되고 있는 서비스는 범죄정보, 뉴스, 식당·술집·영화관·온천 등의 위치정보, UFO목격정보, 교통·날씨정보 등 다양하다. 매시업이란 단어는 원래 두 개 이상의 곡을 조합하여 새로운 곡을 만드는 음악용어에서 유래하였으며 이와 같이 서로 다른 서비스를 조합하기 위해서는 해당 웹서비스업체들이 자신들의 API(application programming interface)를 공개해야 한다.

API란 응용프로그램과 운영체제 사이에서 인터페이스를 담당하는 1,000개 이상의 함수로 구성된 명령어나 프로그램 모듈의 집합으로 응용프로그램이 운영체제의 기능을 사용할 필요가 있을 때 명령어를 호출하여 매시업을 수행하는 데 요구되는 필수기능이다. 다시 말하면 주어진 응용프로그램의 기능을 다른 응용프로그램에서도 활용할 수 있게 개발할 수 있는 표준화된 인터페이스를 의미한다. 네이버, 다음, 마이크로소프트, 구글, 아마존 등 국내외 포털들은 자신들이 제공하는 하나의 웹서비스로서 자사의 API를 공개하여 자사의 콘텐츠를 외부에서도 임의로 사용하고 조합할 수 있도록 편의를 제공하고 있으며 사용자들은 이를 활용하여 포털과 동일한 수준의 웹을 스스로 제작할 수 있다. 예를 들어 특정 포털의 검색 API를 활용하면 자신의 검색서비스를 별도로 구축할 수 있고 위키피디아 API를 활용하면 자신의 블로그에서 위키피디아를 방문자에게 제공할 수 있다. 개방, 참여, 공유를 특징으로 하는 웹 2.0 환경에서 매시업은 더욱 중요한 개념이 되었다.

월드가든

월드가든(walled garden)은 직역하면 '담으로 둘러싸인 정원'이나 정보 기술용어로는 ISP(internet service provider)가 제공하는 웹 콘텐츠만을 이용할 수 있도록 통제되는 폐쇄형 서비스를 의미한다. 그러므로 제공되는 콘텐츠 외의 외부 사이트에서 제공하는 콘텐츠는 공급계약이 체결된 콘텐츠만 이용할 수 있다. ISP는 자신의 웹사이트를 방문한 사용자가 경쟁자의 웹사이트에 가는 것은 제한하는 수단으로 월드가든을 사용하며 이를 통하여 더 높은 이익을 추구한다. 대표적인 월드가든으로는 아이폰과 앱스토어를 중심으로 플랫폼을 장악하여 고객 고착화를 추구하는 애플과 같은 극도의 폐쇄적 생태계를 지칭할 수 있다.

그러나 개방성을 지향하는 안드로이드 운영체제의 등장에 의하여 애플의 시장 지배력은 분화되고 오픈가든(open garden)이 등장하였다. 개방된 무료 플랫폼인 안드로이드 운영체제는 2007년 11월 이동전화 제조업자와 이동통신사업자 등 33개 기업이 함께 출범시킨 OHA(open hand alliance)에 의하여 개발되어 보급되었고 이에 상응하여 다양한 단말기가 보급됨으로써 안드로이드는 공급플랫폼으로 급성장하였으며 전 세계 검색시장을 압도적으로 점유하여 높은 검색광고 수익도 얻고 있다. 안드로이드 개방형 운영체제로 단말기의 폭넓은 선택이 가능해졌고 앱 제공자도 마켓플레이스의 선택이 가능해져 플랫폼의 지배력은 분화되고 오픈가든으로 변모하게 되었다.

그러나 이러한 오픈가든도 카카오 기반의 새로운 형태인 서비스 플랫폼에 의하여 변화를 겪고 있다. 2010년 3월 출시된 카카오는 2013년 7월에는 회원이 1억 명에 도달할 정도로 급속히 성장하여 확보된 회원을 게임, 플러스 친구(광고와 이벤트), 아이템 스토어, 모바일 쇼핑 등 마켓플레이스에 고착(lock-in)시키고 있다. 특히 무료의 모바일 메신저인 카카오톡(또는 일본에서 많은 이용자를 확보한 네이버의 라인)을 통해 애니팡과 같은 게임을 즐기는 새로운 시도는 게임 산업의 판도를 바꾸어 인기 있는 게임들이 카카오톡을 통해 유통되게 하고 있다. 카카오톡과 애니팡의 연결은 모바일에서 획기적인 수익모델로 여겨지고 있으며 정보기술에 있어서도 매우 의미 있는 새로운 발견으로 평가받고 있다. 이러한 카카오의 플랫폼 전략은 기존의 iOS나 안드로이드 같은 OS 지배력에서 벗어나 스마트폰 기종에 관계없이 서비스를 제공하여 월드가든이나 오픈가든이 아닌 플랫폼 위의 플랫폼으로서 새로운 서비스 플랫폼을 등장시켰으며 이러한 모바일 서비스 플랫폼은 기업의 BYOD(bring your own device) 정책으로 그 중요성이 더욱 증대되고 있다.

제3장

데이터와
경영정보시스템

탐천지공(貪天之功) : 19년 동안 떠돌이 생활을 하던 중이는 진(秦)나라의 도움으로 진(晉) 회공(懷公)을 죽이고 왕위에 올랐으니 그가 바로 진(晉) 문공(文公)으로 나이는 62세였다. 그는 자신이 외국을 떠돌 때 충성을 다했던 신하들에게 후한 상을 내리고 중용함으로써 그들에게 보답하였다. 많은 사람들이 자신의 공을 밝히면서 포상을 요구하였지만 자신의 허벅지 살을 베어 굶주리고 있던 중이에게 먹게 했던 개지추(介之推)는 정작 아무 말도 하지 않았으며 문공 또한 그에게 상을 내리지 않았다. 개지추는 '이것은 하늘이 이루어 놓은 일인데 저들은 모두 자신의 공로라고 여기고 있으니 이 어찌 속임수가 아니겠는가? 다른 사람의 재물을 훔치는 것을 도적이라 하는데 하물며 하늘의 공을 탐내어 차지하여 자신의 공으로 삼아버림에 있어서야 다시 말할 수 있겠는가?'라며 통탄하였다. 이 후 개지추는 금상(錦上)의 산에 들어가 혼자 숨어 살았다. 진 문공은 후에 개지추를 생각하며 사방으로 그를 찾았으나 결국 찾지 못하였으며 문공은 금산 일대를 개지추의 봉토로 삼고 크게 뉘우쳤다. 일설에 의하면 문공은 개지추가 살고 있는 산에 불을 질러 그를 산 밖으로 나오게 하려 했다고 한다. 훗날 사람들은 개지추를 기념하기 위해 해마다 청명절(淸明節) 하루 전 날을 한식절(寒食節)로 삼았으며 각 가정에서 불씨를 없애고 찬 음식만 먹는다고 한다.

경영정보시스템이 존재하는 목적이 조직경영에서 요구되는 의사결정을 지원하는 데 있으므로 정보의 효용은 의사결정과 관련하여 결정되며 경영정보시스템의 핵심은 여러 구성원이 다양한 목적으로 거래를 수행하는 데 필요한 정보를 제공하여 의사결정을 효율적으로 수행할 수 있도록 하는 데 있다. 이러한 목적을 달성하기 위해서 기업에는 사람, 부서, 직무, 제품, 자재, 조달업체, 고객 등과 관련되는 서로 연관성이 있는 여러 종류의 파일이 존재한다. 이러한 파일들은 구성원인 불특정 다수가 효율적으로 데이터를 저장하고 검색하고 갱신하여 여러 가지 목적으로 거래를 처리하고 정보를 산출할 수 있어야 한다. 그러므로 데이터들은 상호 연결되어 구조적으로 표준화되고 논리적으로 통합되어 저장되고 중앙 통제되어 집중적으로 관리되어야 한다. 이와 같이 여러 사람이 여러 목적으로 필요한 정보를 산출할 수 있도록 상호 연관성 있는 파일들이 체계적으로 저장된 저장집체를 데이터베이스(DB : database)라고 한다. 그러므로 데이터베이스에 저장된 데이터들은 공유되어 데이터의 중복성이 제거되고 일관성이 유지되며 완전성이 제공되어야 한다. 응용프로그램과 데이터 사이에는 독립성이 확보되어 데이터 파일이 변경되어도 응용프로그램은 변경되지 않아야 하고 실시간으로 데이터에 접근할 수 있어야 한다.

초기에는 각각의 응용에 필요한 응용프로그램 마다 이에 상응하는 데이터파일이 별도로 만들어졌다. 이와 같이 각각의 응용프로그램이 자신의 응용프로그램에 상응하는 데이터파일을 작성하고 관리하는 방식을 파일처리(file processing)방식이라 한다. 파일처리방식에서는 각각의 응용프로그램 마다 자신의 고유한 데이터파일을 가지고 있으며 한 응용프로그램에서 사용하는 데이터파일은 다른 응용프로그램에서 공유하여 함께 사용할 수 없다. 그러므로 동일한 데이터도 여러 파일에 분산 저장되어 데이터의 통합성이 유지되지 않으며(lack of data integration) 새로이 응용프로그램을 작성하는 경우 여러 데이터파일로부터 필요한 데이터를 찾아내어 새로운 데이터파일을 작성해야 한다. 더욱이 프로그래머는 데이터의 저장, 검색, 처리 등과 관련된 내용도 모두 프로그램으로 작성해야 하므로 응용프로그램을 작성할 때마다 이와 같은 작업을 되풀

이해야 하는 어려움을 수반한다.

뿐만 아니라 다양한 응용프로그램의 데이터파일에 같은 데이터가 중복되어 존재할 수 있어 데이터의 중복성(data duplication)이 필수적이며 이에 따라 저장공간도 낭비된다. 같은 데이터는 서로 다른 파일에 서로 다른 형태로 저장될 수 있어 데이터의 표준화가 유지되지 못하고 데이터파일과 응용프로그램의 구조가 다른 경우에는 처리되지 못한다. 하나의 데이터가 변경되어 갱신되면 같은 데이터가 존재하는 모든 데이터파일을 찾아 모든 데이터파일을 동시에 갱신해야 하기 때문에 데이터를 갱신하고 유지하는 데 많은 어려움이 있으며 만약 데이터가 동시에 갱신되지 않으면 같은 내용의 데이터가 서로 다르게 되어 데이터의 일관성을 유지하는 데 많은 노력이 필요하다.

또한 각각의 응용프로그램과 상응하는 데이터파일의 구조와 형식이 일치되도록 작성되므로 만약 데이터파일을 구성하는 필드(field)의 길이가 변경되거나 새로운 필드가 추가되는 등 데이터파일의 구조가 변경되면 응용프로그램도 데이터파일에 맞추어 수정되어야 하며 또한 응용프로그램이 변경되면 데이터파일도 이에 상응하여 당연히 수정되어야 한다. 이러한 응용프로그램과 데이터파일의 상호종속성으로 응용프로그램과 데이터의 내용과 구조가 상호 독립적으로 존재하는 데이터의 독립성이 확보되지 않는다.

1. 데이터베이스 관리시스템

불특정 다수의 사용자가 여러 목적으로 정보를 산출할 수 있도록 데이터들이 구조적으로 통합되고 상호 연결되어 저장된 저장집체를 데이터베이스라고 한다. 데이터가 표준화되고 논리적으로 통합되어 데이터의 중복성이 제거되고 안정성과 일관성이 유지되어야 하며 데이터베이스와 응용프로그램 사이의 독립성이 확보되어 응용프로그램은 데이터베이스를 통하여 데이터를 공유해야 한다.

데이터베이스 관리시스템(DBMS : database management system)은 데이터를 실시간으로 저장, 갱신, 검색하여 데이터베이스가 실질적인 기능을 수행할 수 있도록 사용자나 응용프로그램과 데이터베이스 사이에서 인터페이스 역할을 담당하는 소프트웨어의 집합체이다. 데이터베이스 관리시스템은 사용자가 데이터베이스를 효율적으로 쉽게 사용할 수 있도록 데이터를 정의하고 처리하며 출력을 시행하는 역할을 수행한다. 그러므로 구조적으로 통합된 데이터베이스는 데이터베이스 관리시스템에 의하여 중앙통제되고 집중적으로 관리되어 파일처리방식의 문제점을 보완하며 저장공간은 효율적으로 활용된다. 사용자는 데이터베이스 관리시스템에 의하여 간단한 질의어(query)를 이용하여 쉽게 실시간으로 데이터를 갱신, 대체, 추출, 삽입, 삭제하고 검색할 수 있으며 보고서도 용이하게 출력할 수 있다. 또한 데이터베이스에 대한 접근을 통제할 수 있어 보안통제도 용이해진다. 데이터베이스 관리시스템은 데이터 정의언어(DDL : data definition language), 데이터 조작언어(DML : data manipulation language), 그리고 데이터 사전(data dictionary)으로 구성된다.

데이터베이스 전체의 통합된 구조를 스키마(schema)라 하며 데이터 정의언어는 데이터베이스의 스키마인 메타데이터(meta data)를 정의하여 데이터베이스에 주어진 데이터의 구조를 설명해 준다. 이는 파일(file)을 생성하고 각 파일을 구성하는 속성(attribute)을 정의하여 데이터의 내용과 구조, 데이터 사이의 관계, 그리고 저장구조 등을 결정하는 것을 말한다.

데이터베이스에서 정의되고 생성된 정보는 데이터 사전에 저장되고 문서화된다. 데이터 사전은 'DB about DB', 즉 데이터베이스에 대한 데이터베이스로 불리며 데이터베이스 내의 데이터들에 대한 항목정보를 모아놓은 것으로 실제 데이터를 추출, 갱신, 검색하기 전에 참조된다.

데이터 조작언어는 데이터베이스 내의 데이터를 검색, 저장, 갱신, 삭제할 때 사용되며 데이터의 물리적 저장위치와 상관없이 사용된다. 사용자가 데이터베이스를 이용하는 응용프로그램을 작성할 때에는 데이터의 조작을 위하여 프로그래밍 언어를 사용하여 별도의 프로그램을 작성할 필요 없이 데이터베이스 관리시스템에 포함되어 제공되는 데이터 조작언어를 사용하여 작성된 문장을 프로그램에 삽입하여 사용함으로써 매우 쉽게 데이터베이스의 데이터를 갱신, 대체, 삽입, 삭제할 수 있다.

데이터베이스 관리시스템은 이를 가능하게 하는 하드웨어와 소프트웨어의 발전에 기인한다. 하드웨어 측면에서는 직접접근이 가능한 대용량의 기억장치의 발명이다. 오디오 또는 비디오테이프와 같이 원하는 내용물을 처음부터 차례로 순차적으로 접근하는 것을 순차접근이라 하는 데 반하여 직접접근은 과거 축음기판에서와 같이 수학적 함수에 의하여 물리적으로 원하는 데이터 주소에 바로 접근하는 것을 말한다. 소프트웨어 측면에서는 1960년대에 데이터를 실시간으로 효율적으로 저장하고 검색하기 위한 소프트웨어를 개발하기 위하여 ACM(associated computing machinery), ANSI(american national standard institute), 그리고 IBM 이용자 단체 등이 많은 연구를 수행하였다.

2. 콘텐츠

콘텐츠는 본래는 서적이나 논문 등의 목차, 내용, 또는 요지의 의미를 갖는 단어이다. 그러나 정보통신 기술의 급속한 발달로 콘텐츠는 각종 유무선 통신망을 통하여 제공되는 디지털 방식의 문자, 그래픽, 동영상, 음악, 프로그램 등 멀티미디어 정보로 구성되는 목록, 내용물, 그리고 그 기술적 요소의 집합체로 그 의미가 확장되고 중요성이 부각되었다. 비즈니스 목적으로 구축된 콘텐츠는 그 목적이 고객이나 환경과의 협력과 기회를 제공하는 관계를 구축하는 데 있으므로 단순히 내용물을 제공하는 데 그치는 것이 아니라 거래와 서비스를 창조하는 데 있다. 그러므로 콘텐츠의 내용과 질, 디자인의 독창성과 차별성은 매우 중요하다.

웹이 제공하는 콘텐츠는 여러 가지 정보를 제공하는 중요한 원천이다. 그러한 의미에서 기업의 얼굴이 되는 웹사이트도 사용자가 쉽게 검색하고 편리하게 이용할 수 있도록 최대한의 시각적 효과를 제공하는 창조적 웹디자인으로 전달하고자 하는 내용을 적절히 표현해야 한다. 특히 기업이 제공하는 콘텐츠를 소비자가 일방적으로 수용하는 웹1.0시대와는 달리 웹2.0시대라 불리는 오늘날에는 불특정 다수의 네티즌들이 자발적으로 콘텐츠를 제작하고 유포한다. 기업은 인터넷 문화에 부응하여 새로운 접근으로 새로운 사조를 활용하는 방안도 강구해야 한다.

기업들도 웹을 통하여 수요의 패턴이나 고객의 추세와 같은 중요한 정보를 얻기 위하여 분석을 시행한다. 이와 같이 웹으로부터 추세나 패턴과 같은 정보를 얻기 위해 분석을 시행하는 것을 웹 마이닝(web mining)이라 한다. 기업은 고객이 사용하는 질의어를 분석하는 웹 마이닝을 통하여 고객의 구매패턴이나 행동패턴을 예측하고 의사결정에 활용한다.

기업은 내부의 데이터베이스의 일부를 공개하여 고객이나 다른 기업이 접근하여 활용하거나 갱신할 수 있도록 제공하기도 한다. 고객이나 다른 기업은 웹브라우저를 통하여 필요한 웹사이트를 방문하고 회사 내부시스템에 원격 접속하여 데이터를 요청하거나 주문을 하면 웹브라우저 응용프로그램은 HTML로 작성된 명령어를 이용하여 해당 기업의 웹서버(web server)에 접근하고 필요한 데이터를 요구한다. 그러나 데이터베이스 관리시스템은 HTML로 작성된 명령어를 해석할 수 없으므로 요구를 받은 기업의 웹서버는 데이터베이스 서버(database server)에 명령어를 이관하고 데이터베이스 서버는 HTML 명령어를 SQL로 변환한다. 데이터베이스 관리시스템은 SQL로 작성된 명령어를 받아 요청된 데이터를 고객에게 제공한다. 대부분의 클라이언트-서버(client-server) 구조에서 데이터베이스 관리시스템은 데이터베이스 서버에 위치한다. 웹 서버와 데이터베이스 서버 사이에는 모든 응용프로그램을 처리하는 전용 컴퓨터인 응용 서버가 존재할 수 있다.

3. 스키마 구조

데이터베이스를 구성하는 기본 원소들로 필드, 레코드(record), 파일 등이 있다. 데이터 필드는 어떤 개체(entity)의 속성을 나타내며 데이터 항목 또는 단어라고도 한다. 예를 들어 개체가 학생이라면 학생의 속성을 나타내는 필드는 이름, 학번, 과, 주민등록번호, 전화번호, 주소 등이 있다. 레코드는 특정 개체를 정의하는 필드들의 모임이다. 즉 이름이 장동민인 특정 학생의 레코드는 이름은 장동민, 학번은 20125418, 소속 학과는 경영학과 등으로 구체화된다. 파일은 상호 관련된 레코드들이 모인 것이다. 경영학과 학생파일은 경영학과에 소속된 모든 학생들의 레코드의 전체집합(universal set)으로 하나의 테이블로 종합된다.

파일에는 자료를 검색하거나 갱신할 때 각각의 레코드를 다른 레코드들과 식별해 주도록 하나의 필드를 유일하게 지정하여 활용하며 이를 키 필드(key field)라 한다. 레코드는 키 필드를 하나 이상 포함하여 파일을 조회, 검색, 정렬할 때 레코드를 다른 레코드와 식별해 줄 수 있어야 한다. 예를 들어 학생파일에는 하나의 학생을 다른 학생과 유일하게 구별해 주는 학번이 일차 키 필드(primary key field)가 된다. 동시에 별도의 과목파일이 존재하고 과목파일에서는 과목번호가 키 필드가 된다. 학생들이 특정 과목들을 선택하여 수강하면 과목파일에서 키 필드인 과목번호가 외래 키(foreign key)로서 학생파일에 하나의 필드로 포함될 수 있으며 특정 학생이 수강 중인 과목을 찾고자 할 때 매우 유용하게 활용된다.

포인터(pointer)는 상호 참조되어 물리적 연결고리를 갖는 레코드들을 서로 식별할 수 있도록 레코드들 간의 관계를 설정해 주는 수단으로 포인터 필드는 파일이나 데이터베이스 내에서 상호 관련되는 레코드의 기억장소 주소를 표시하는 식별필드(identification field)이다. 예를 들어 학생파일에서 같은 동아리에 속한 학생들을 포인터로 상호 참조함으로써 필요시 같은 동아리에 소속된 학생들의 명단을 쉽게 별도로 작성할 수 있다. 그러나 포인터를 사용하면 데이터 간의 관계가 미리 정의되므로 사용자는 물리적 연결내용을 알아야 사용할 수 있으며 데이터를 갱신하고자 할 경우에는 포인터까지 수정해야 하므로 데이터를 수정하기가 더 어려워진다.

데이터베이스 전체의 통합된 구조는 ANSI/SPARC(scalable processor architecture)의 3단계 스키마 구조에 의하여 체계적으로 저장되고 검색된다. 스키마는 개요 또는 도표를 의미하는 단어로서 데이터 전반의 구조를 의미하며 필드, 레코드, 파일 등 자료원소, 포인터, 연결레코드 등으로 형성되는 자료원소 간의 관계, 그리고 계층형, 망형, 관계형 등 데이터베이스 구조에 대한 정보를 포함한다. 3단계 스키마는 내부 스키마, 개념적 스키마, 외부 스키마로 구성된다.

컴퓨터 내부에서는 데이터가 비트, 바이트, 포인터 등에 의하여 물리적으로 연결된 고리를 형성하여 저장되고 처리된다. 내부 스키마는 데이터가 기억장치에 물리적으로 조직되는 방법으로 데이터베이스의 물리적 구조이다. 개념적 스키마는 사용자가 이해하는 데이터베이스 전반에 대한 개념적 구조이다. 외부 스키마는 개념적 스키마 중 특정한 응용에 있어서 데이터를 이용하고 사용할 수 있도록 적용되는 논리적 구조를 말한다.

예를 들어 학생에 대한 레코드는 학생이름, 학번, 전화번호, 주소 등과 같은 몇 개의 필드로 구성되며 이러한 여러 레코드가 모여 학생파일이 된다. 그러나 이러한 논리적 구조는 컴퓨터 내부에서 데이터를 실제적으로 저장하는 데는 적용되지 않아 내부 스키마와는 무관하고 독립적이다. 그러므로 주어진 스키마 구조에 의하여 응용프로그램과 데이터베이스 사이의 독립성이 확보되며 이는 내부 시키마가 변경되어도 개념적 스키마나 외부 스키마가 변경되지 않아도 되고 개념적 스키마가 변경되어도 외부 스키마, 즉 응용프로그램을 변경하지 않아도 됨을 의미한다. 전자를 물리적 독립성이라 하고 후자를 프로그램과 데이터 사이의 논리적 독립성이라 한다.

4. 데이터베이스 관리시스템의 유형

데이터베이스 관리시스템은 물리적 연결고리를 형성하는 포인터의 사용여부에 따라 물리적 데이터베이스 관리시스템과 논리적 데이터베이스 관리시스템으로 분류된다. 물리적 데이터베이스 관리시스템으로는 1960년대에 개발된 계층형(hierarchical)과 1970년대에 개발된 망형(network)이 있으며 레코드 간의 관계가 미리 정의되어 설계되므로 사용자는 물리적 연결내용을 알아야 사용할 수 있고 포인터를 이용하여 위에서 아래로 데이터를 찾아간다. 비계획적인 질의에는 효율적이지 못하나 이미 관계가 주어지고 처리 단위가 많은 경우에는 포인터를 이용하여 대량의 자료를 효율적으로 처리할 수 있다. 논리적 데이터베이스 관리시스템으로는 1970년대에 말에 개발된 관계형(relational)이 있다. 관계형은 비계획적이고 상이한 질의에 유연하고 효율적이다.

그러나 소개된 데이터베이스 관리시스템은 구조화된 숫자나 문자에는 적합하나 그래픽, 음성, 그리고 영상과 같은 멀티미디어 대용량의 데이터를 저장하는 적합하지 못하며 이를 위하여 1980년대에는 객체지향형(object-oriented)이 개발되었고 1990년대에는 관계형과 객체지향형이 혼합된 객체관계형(object relational) 데이터베이스 관리시스템으로 발전하였다.

계층형 데이터베이스 관리시스템

계층형은 포인터를 이용하여 데이터들의 관계를 물리적 연결고리로 형성하는 계층구조를 갖는다. 최상위에 존재하는 하나의 루트(root) 레코드가 계층구조의 정점을 이루며 하나의 레코드와 다수의 하위 레코드들은 1 : n의 계층구조로 순차적으로 계층을 형성하며 배열된다. 그러므로 레코드 간의 관계가 나무(tree)모양을 이루며 나무구조라고도 한다.

망형 데이터베이스 관리시스템

망형은 계층구조에서 필연적으로 나타나는 데이터의 중복성을 줄이기 위해 다수의 포인터를 사용하여 m : n의 관계로 레코드 간의 관계를 재설정하여 계층구조를 개선한 것이다. CODASYL(conference on data systems languages)에서 개발하였으며 운영에 있어서 계층형보다 복잡하다.

관계형 데이터베이스 관리시스템

관계형은 사용자 중심적인 데이터베이스 관리시스템으로 레코드 간의 관계를 물리적인 포인터를 사용하여 표현하는 대신 정규화(normalization) 과정을 거쳐 데이터를 간단한 표(table)의 형태로 표현한다. 정규화 과정이란 간단히 설명하면 조직 내의 복잡한 데이터들을 중복된 요소를 최소화하여 각각 의미를 갖는 몇 개의 표로 분류하는 과정이다. 관계형 데이터베이스 관리시스템에서 사용하는 표는 파일과 같으며 관계(relation)라고 한다. 표의 행(row)은 레코드와 같고 튜플(tuple)이라고도 한다. 튜플이란 단어의 원래 의미는 순서대로 배열된 요소들의 집합을 뜻한다. 열(column)은 필드와 같으며 속성이라 한다. 예를 들어 대학의 교육과 관련된 내용을 정규화 과정을 통하여 교수파일, 교과목 파일, 학생파일로 만들 수 있으며 그 중 하나의 표를 구성하는 교수파일은 열로는 이름, 교수번호, 담당과목, 전화번호, 이메일 주소, 연구실 등의 속성을 나타내는 필드를 가지며 행으로는 이수만, 김태오, 정지수 등 레코드인 교수와 관련된 데이터가 기술된다.

관계형 데이터베이스 관리시스템으로는 마이크로소프트의 SQL(구조적 질의어 : structured query language)과 Access, IBM의 DBase2와 Informix, 오라클 DB, 리눅스(Linux) 운영체제에서 사용되는 MySQL, Foxpro, Paradox 등 다양하다. SQL를 시각화하여 더 편리하게 사용할 수 있도록 설계된 QBE(예제를 이용한 질의어 : query by example) 등도 활용된다. SQL은 마이크로소프트사의 데이터베이스 관리시스템 제품이름이기도 하나 1986년 ANSI와 1987년 ISO에서 표준으로 채택한 데이터베이스 관리시스템도 같은 이름으로 동일하게 불린다. 거의 모든 상용 데이터베이스 관리시스템은 SQL2를 지원하며 객체지향 개념을 보완한 SQL3도 있다. 그러므로 DBase2나 오라클 DB 등을 사용할 때에도 데이터 조작언어로 SQL을 사용한다.

관계형 데이터베이스 관리시스템은 표준화된 구조적 질의어가 있어 이해하기 쉽고 데이터를 정의하고 사용하기 편리하고 특히 비계획적인 질의에 매우 유연하여 사용자 중심적이다. 사용자는 간단한 조작언어를 통하여 표 사이에서 공동의 필드를 이용하여 레코드를 선택하고 결합하여 관계를 형성하고 상호 연결하는 등 매우 단순하고 유연하게 이를 활용할 수 있다. 예를 들어 학생파일과 과목 파일을 상호 연결(join)하여 학생, 학번, 과목명, 과목번호, 그리고 학점으로 구성된 수강파일을 별도로 생성할 수 있다. 또한 수강파일에서 학점이 B 이상인 조건을 만족시키는 새로운 수강파일을 만들 수 있으며(select), 이름, 학번, 학과, 주민등록번호, 전화번호, 주소 등으로 구성된 학생파일에서 이름, 학번, 그리고 학과로만 구성된 새로운 파일도 새로이 만들 수 있다(project).

관계형 데이터베이스 관리시스템에 있어서 조직 전반의 데이터베이스 구조인 개념적 스키마를 설계하는 데 ERD(개체관계모형 : entity relationship diagram)는 특히 유용하게 활용된다. ERD는 자료를 모델링하는 데 활용되는 방법으로 시스템을 구성하는 주요 개체를 확인하고 그들을 나타내는 표들 간의 관계를 일대일, 일대다, 다대다, 그리고 교수와 학생에서와 같이 가르치는지 수강하는지, 공급자와 부품에서와 같이 부품을 제공하는지 제공되는지 등 두 표 사이의 관계에 대한 정보를 제공하며 각 개체의 속성을 기술하는 도구이다. ERD에 의하여 처리되어야 할 자료들 간의 속성들의 관계가 분석되고 제공되어 정보시스템의 문제와 그 해결책을 찾는 출발점이 된다. 예를 들어 대학에서 교수, 학생, 과목은 대학교육을 구성하는 주요한 개체가 되며 교수는 과목을 가르치며 여러 학생은 그 과목을 수강한다. 이러한 관계에 기준하여 시스템을 구성하는 개체들을 파악하고 파일을 구성한다. CASE(computer aided system engineering)를 이용하여 개체관계도를 작성하면 CASE툴이 자동적으로 관계형 데이터베이스 표로 전환시켜 준다.

객체지향형 데이터베이스 관리시스템

열과 행으로 구성된 표와 같이 구조화된 형태로 데이터를 관리하는 관계형 데이터베이스 관리시스템은 음성, 이미지, 영상과 같은 복잡한 멀티미디어 자료를 관리하는 데는 적합하지 못하다. 그러므로 이를 보완해 주는 데이터베이스 관리시스템이 객체지향형 데이터베이스 관리시스템이다. 더 나아가 객체지향형 데이터베이스 관리시스템과 관계형 데이터베이스 관리시스템을 통합하여 데이터베이스 관리시스템의 기능을 보완하고 효율성을 함께 추구하는 것이 객체관계형 데이터베이스 관리시스템이다.

5. 데이터베이스의 확장

데이터베이스의 목적은 언급된 바와 같이 거래를 처리하고 의사결정을 지원하도록 데이터를 효율적으로 관리하는 데 있다. 그러나 데이터를 관리하는 데에서 더 나아가 지역적으로 분산된 데이터를 통합하여 대용량의 데이터베이스를 구축하고 이를 분석하여 새로운 비즈니스 기회를 포착할 수 있도록 경영층의 의사결정을 지원하는 것을 목적으로 하는 좀 더 전문적인 방법들이 존재한다.

데이터 웨어하우스

1990년대 이후 국가 간의 장벽이 제거되면서 기업 활동은 전 세계를 대상으로 수행될 수 있게 되었으며 그 결과로 기업의 활동이 전 세계에 지역적 기능적으로 분산되기 시작하였다. 이러한 분산처리환경에서 지역적으로 산재한 방대해진 운영데이터베이스(operating database)를 가지고는 효율적인 질의나 의사결정을 할 수 없었고 새로운 형태의 통합된 데이터저장소가 필요하게 되었다. 예를 들어 전사적인 하루 매출액을 산정하기 위해서는 전 세계의 지점과 매장의 매출액을 수합해야 했으며 경우에 따라서는 요구되는 데이터가 구매시스템에 속하는지 생산시스템에 속하는지 마케팅시스템에 속하는지 판단하기 어려운 경우도 빈번하게 발생하였다. 더욱이 데이터로부터 의사결정에서 요구되는 패턴이나 추세를 파악하기는 더욱 어려웠다. 이에 대응하여 등장하게 된 것이 데이터 웨어하우스(data warehouse)이며, 데이터 웨어하우스는 생산이나 판매와 같은 운영데이터베이스로부터 새로이 생성된 전사적 대용량 데이터베이스이다. 데이터베이스가 데이터를 효율적으로 관리하는 것을 목적으로 하는 반면에 데이터 웨어하우스는 경영층의 의사결정 프로세스를 좀 더 효율적으로 지원하기 위하여 데이터를 분석하는 것을 목적으로 하며 새로운 비즈니스의 기회를 포착하기 위한 전략적 도구로 활용된다. 그러므로 데이터 웨어하우스는 데이터가 주제, 시계열(time series), 패턴(pattern), 추세(trend), 상관관계(correlation) 등으로 분류, 요약, 정리되고 체계적으로 통합되어 중앙집중식으로 저장된 대용량의 데이터베이스로서 주제별로 표준화된 질의도구, 분석도구, 보고서 기능 등을 지원한다.

데이터 웨어하우스는 데이터베이스로부터 일정한 변환과정을 거쳐 만들어지며 데이터 웨어하우스로 변환되는 과정은 다음과 같다. 데이터의 원천인 여러 곳에 분산되어 있는 거래처리시스템의 운영데이터베이스에서 데이터를 추출하고(extract) 추출된 데이터는 데이터웨어하우스에서 요구되는 형태로 변환(transform)된 다음 데이터웨어하우스로 이전(transfer)된다. 운영데이터베이스는 매일 매일의 기업의 운영과 관련된 데이터 관리에 중점을 두고 일정 시간 동안에 처리되는 거래처리량(OLTP : on-line transaction processing)이 수행도가 되는 반면에 데이터 웨어하우스는 기업의 새로운 비즈니스 기회를 모색하거나 나아가야 할 방향을 설정하는 데 요구되는 데이터의 분석을 목적으로 하므로 일정시간 동안에 온라인상에서 분석되어 처리되는 질의처리량(OLAP : on-line analytical processing)이 수행도가 된다. OLAP의 예를 보면 단위기간 동안의 제품 매출액이 제품별, 지역별, 매장별, 시간대별, 가격별로 시계열, 추세, 목표 매출액 대비 매출액, 예상 매출액 대비 매출액 등 다양한 차원에서 질의되고 분석되어 정보로 제공된다.

데이터 마트

기업들은 대용량의 전사적 데이터베이스인 데이터 웨어하우스 대신 특정영역이나 주제에 중점을 둔 작고 분산된 형태의 데이터 마트(data mart)를 구축하기도 한다. 그러므로 데이터 마트는 데이터 웨어하우스로부터 특정한 사용목적에 맞도록 추출된 데이터 웨어하우스의 부분집합으로 데이터 웨어하우스가 분산되어 있는 데이터를 기업 전체적으로 모아 놓은 것이라면 데이터 마트는 특정 부서의 데이터를 모아 놓은 것이다. 그러므로 전사적이고 대용량의 데이터 웨어하우스보다 시급하고 중요한 특정 응용분야에 단기적으로 적은 비용으로 소기의 성과를 얻는 데 유용하다.

데이터 마이닝

데이터 웨어하우스나 데이터 마트가 구축되면 데이터의 전략적 활용을 목적으로 분석을 수행하며 이러한 분석방법으로 데이터 마이닝(data mining)이 있다. 데이터 마이닝은 대용량의 데이터베이스로부터 더 많은 정보를 제공받기 위해 유용한 정보를 탐색 또는 발견하는 과정으로 지능을 갖춘 데이터 분석기법이다. 즉 데이터베이스에 직접적으로 나타나 있지 않고 인지하지 못했으나 데이터에 포함되어 있는 새롭고 의미있는 연관성(association), 연속성(sequence), 분류(classification), 상관관계, 추세, 패턴, 군집(cluster) 등과 같은 잠재적이고 유용한 지식을 발견해 내는 일련의 과정이다.

몇 가지 예를 보자. 연관성의 예로는 시리얼을 구입한 고객의 70%가 우유를 구입한다는 것을, 연속성의 예로는 배낭을 구입한 고객은 얼마 후 코펠을 구입한다는 것을, 분류의 예로는 부도가 나는 고객의 특징은 수입에 대비하여 카드 사용 비용이 높다는 것을, 상관관계의 예로는 날씨가 더울수록 에어컨의 판매량이 많다는 것을, 그리고 추세의 예로는 새로운 특정상품 판매량의 시계열(time series)을 들 수 있다. 그러므로 데이터 마이닝은 기존의 데이터 웨어하우스를 한 단계 더 발전시킨 것으로 볼 수 있다.

6. 빅데이터

기업 내외의 각종 데이터베이스 외에도 인터넷, 스마트 모바일 디바이스, 상황인식컴퓨팅(context aware computing), UCC(user created contents), 소셜네트워크서비스(SNS : social network service) 등과 같은 새롭고 다양한 서비스에 의하여 구조화되거나 비구조화된 다양한 자료가 급속히 확산되고 있으며 기업이 정보를 수집할 수 있는 영역이 광범위하게 확대되었다. 뿐만 아니라 기업 내에도 게시판, 블로그(blog), 콜센터(call center)의 통화기록, 이메일, 설문지, 보고서, 경쟁사 광고물 등과 같은 자료들이 다양하게 존재한다. 그 결과로 다양한 분야에서 여러 형태의 콘텐츠가 빠른 속도로 제공됨에 따라 제공되는 정보의 양은 폭발적으로 증가하였고 정보의 종류와 형태도 매우 다양해졌다.

예를 들어 IDC(internet data center)의 Digital Universe 연구조사에 의하면 새롭게 생성된 데이터의 양이 2005년에는 0.13ZB(zetta byte)임에 반하여 2011년에는 1.8ZB에 도달하여 제타바이트 시대에 진입하였으며 2012년에는 2.8ZB를 넘어섰고 2020년에는 40ZB에 이를 것이라고 한다. 구글의 스미트(E. Schmidt)에 의하면 인류 문명의 시작부터 2003년까지 창출된 데이터가 5EB(exa byte)이나 현재는 2일마다 그에 상응하는 데이터가 만들어지고 있다. 여기에서 EB는 엑사바이트로 2^{60}, 즉 10^{18}(100경)바이트를, ZB는 제타바이트로서 10^{21}바이트, 즉 1조 GB를 의미한다.

특히 이러한 데이터들은 기존의 GB(10^9) 단위의 데이터들과 현저한 차이를 보여 그 종류뿐만 아니라 그 양에 있어서도 TB(10^{12}) 이상의 규모를 가지며 데이터의 구조나 형식이 일정하지 않는 비구조적 비정형 데이터가 주를 이루어 가고 있어 관계형 데이터베이스로는 관리할 수 없다. 이와 같이 규모(volume), 생산속도(velocity), 다양성(variety)에 있어서 현저한 특징을 갖는 데이터를 총칭하여 빅데이터(big data)라 한다.

빅데이터의 적절한 활용의 중요성에 대한 인식이 확대되어 국가 차원에서도 사회경제적으로 막대한 가치를 제공하는 최우선 성장 동력의 하나로 인식되고 있다. 그 결과로 빅데이터는 우리사회 핵심 키워드가 되어 세계 주요 국가들은 재난, 교통, 의료, 치안, 나아가 국방 등 제반 분야에 있어서 빅데이터의 활용이 국가 경쟁력을 높일 수 있는 핵심자원으로 인식하여 법과 제도를 정비하고 빅데이터 기술개발을 위한 다양한 지원을 아끼지 않고 있다. 2011년 우리나라 국가정보화전략위원회는 빅데이터를 활용한 스마트정부구현(안)을 발표하였고 2012년 6월 방송통신위원회는 빅데이터 서비스 활성화 방안을 발표하여 제도를 개선하고 인력을 양성하고 시장을 확대하는 정책을 추구하고 있다.

2012년 미국 대선에서는 공공의 빅데이터를 수집 분석하여 선거 전략을 수립하는 데 활용하였다. 민주당 오바마 후보는 Narwhals(일각돌고래)와 Dreamcatcher라는 프로젝트를 가동하여 정치헌금을 모금하는 데 모금광고에 가장 어필할 수 있는 배우로는 조지 클루니를, 기부할 가능성이 높은 집단은 40대의 여성이라고 결론함으로써 성공적으로 정치헌금을 모금하였다. 공화당 롬니 후보도 ORCA(범고래)라는 빅데이터분석시스템과 조직을 가동하여 유권자의 성향을 파악하고 같은 집에 사는 사람에게도 각각 다른 홍보메시지를 전달하였다.

기업들 또한 다양하고 방대한 정보를 어떻게 효과적으로 수집하고 관리하고 분석하는가 하는 것을 기업 경쟁력 향상의 주요 과제로 인식하여 관련 조직을 확보하고 기술개발과 전문인력을 양성하기 위해 노력을 기울이고 있다. 또한 웹상의 다양한 정보 및 콘텐츠의 수집, 관리, 조사,

연구, 체계화, 조직화를 위한 전문 큐레이터(curator)의 도입도 서두르고 있다. IBM, 오라클, Intel 등 세계 주요 IT기업들과 Vertica, Splunk 등과 같은 빅데이터 전문기업들도 빅데이터 시장을 선점하기 위하여 역량을 강화하고 있다. 고객의 상품검색, 상품평, 구매이력 등 빅데이터를 기반으로 고객의 구매패턴과 소비패턴을 실시간으로 분석하여 잠재고객을 발굴하고 맞춤형 마케팅과 고객관리를 수행하며 물품조달과 재고 감소에 활용하고 차별화된 상품이나 서비스를 개발하며 브랜드 전략과 공급망 관리 등에도 활용한다.

2011년 5월 매킨지글로벌연구소(MGI)는 혁신과 경쟁의 다음 개척지 (next frontier)를 빅데이터로 보고 파편조각처럼 산만하게 흩어지고 모여 있는 정보들을 서로 엮고 꿰매어 패턴, 추세, 연관성 등과 같은 정보를 미리 읽어내는 기업이 경쟁우위를 확보할 것이라고 주장하였다. 빅데이터는 기존의 데이터에서 얻을 수 없는 새로운 정보를 제공하여 재래의 설문조사방식을 대체한다. 예를 들어 고객의 상품리뷰, 구매이력, 검색기록, 페이지 체류시간 등의 정보를 수집 분석하여 구매품목과 검색품목을 구별하고 구매패턴과 소비패턴과 함께 소비자의 요구사항이나 취향을 파악하여 차별화된 판매전략, 고객관리, 상품관리, 개인화된 맞춤형 타깃 마케팅을 가능하게 하여 고객들에게 새로운 서비스를 제공할 수 있다.

반면에 많은 기업은 빅데이터에 해당하는 분량의 데이터를 갖지도 못하고 빅데이터를 분석하고 활용할 만한 전문기술도 없다. 그러므로 이러한 기업에 있어서는 기존의 정부나 기관의 데이터 등 기존의 오프데이터를 활용하는 방법 또한 마찬가지로 중요하다.

빅데이터를 저장하고 분석하여 솔루션과 서비스를 제공하기 위해서는 여러 소프트웨어와 인공지능 기술들이 복합적으로 잘 활용되어야 하며 기존의 구조적 질의어 대신 자바기반의 프로그래밍과 고급 수준의 처리 알고리즘이 필요하다. 그러므로 기존의 관계형 데이터베이스와는 다르게 설계된 비관계형 데이터베이스인 NoSQL(not-only SQL) 데이터 베이스를 이용한다. NoSQL로서는 야후의 하둡(Hadoop) HBase, 10gen 의 Mongo, 페이스북의 카산드라(cassabdra), 아마존의 다이나모(dynamo), 구글의 빅테이블(bigtable), 오라클의 옥토버(october), 야후의 Pnuts, 맵 리듀스(MapReduce), 그리고 Couch 등 다양하다. 그중에서도 매우 빠르 게 영역을 넓히고 있는 하둡을 예로 보자. 하둡은 야후의 더그 커팅 (Doug Cutting)에 의하여 개발된 자바 기반의 아파치(Apache) 오픈소스 프로그램으로 여러 서버를 함께 분산 처리할 수 있는 컴퓨팅 플랫폼으 로 HDFS(hadoop distributed file system)와 데이터베이스 Hbase를 제공 한다. 또한 초기에 NoSQL을 선도했던 벤처기업으로 10gen, Darastax, cLoudant 등이 있다.

텍스트 마이닝

빅데이터를 접근하고 분석하는 방법 중 하나로도 언급되는 텍스트 마이 닝(text mining)은 비정형적이고 비구조적인 대량의 텍스트 데이터에서 유용한 정보를 추출하는 것을 말한다. 텍스트 마이닝은 이러한 비구조화 되고 비정형의 대규모의 자료들로부터 자연어 처리(natural language processing)기술과 문서 처리 알고리즘을 이용하여 구성원의 의사결정에 도움을 주는 연관성, 상관관계, 연속성, 추세 등과 같이 단순한 정보 검 색 이상의 유용한 정보를 추출하는 것을 의미한다. 콜센터, 이메일, 게시 판, 블로그 등이 제공하는 고객정보도 제품이나 고객에 대한 서비스를 개선하는 데 매우 유용하다. 텍스트 마이닝과 유사한 접근으로 오피니언 마이닝(opinion mining)은 비정형의 대규모 텍스트 데이터에서 좋아하 거나 싫어하는 것과 같은 선호도를 판별해 내는 것을 말한다.

제4장 정보통신과 경영정보시스템

A loaf bread is better than song of many birds.

食爲民天

원격통신(telecommunication)은 통신과 관련하여 가장 포괄적 의미를 갖는 단어로서 전송매체를 통하여 전자기적 신호인 데이터나 정보를 전달하는 것을 말한다. 전화, 라디오, 텔레비전, 컴퓨터 등 모든 형태의 원거리 통신을 포괄하며 송수신에 필요한 정보처리기기와 통신처리장치를 이용하여 멀티미디어 정보를 전달하는 것을 의미하므로 매우 광범위하게 적용된다. 그리스어로 먼 거리를 의미하는 'tele'와 라틴어로 연결을 의미하는 'communication'의 합성어에서 유래되었다. 정보통신과 원격통신은 유사한 개념으로 보이며 정보통신은 원격통신보다 정보의 의미를 더 강조하고 있다고 할 수 있을 것이다.

상이한 통신망이 필요에 따라 상호 접속되어 필요한 정보를 정확하게 송수신하기 위해서는 송신자와 수신자 쌍방의 송수신 시점과 데이터 교환에 대한 약속된 체계나 공동의 통신규약이 필요하며 이를 통신 프로토콜이라 한다. 최초의 현대적 통신 프로토콜(protocol)은 1835년 모르스(S. Morse)가 발명한 모르스부호이다. 모르스부호는 소리가 아닌 정보를 · (dot)와 -(dash)로 구성하여 표현하였으며 1846년에는 발티모어에서 워싱턴으로 'What hath god wrought'라는 전신이 전송될 수 있게 되었다. 음성에 의한 최초의 통신은 1876년 알렉산더 그레이엄 벨(G. Bell)이 전화를 발명함으로써 가능하게 되었다. 당시의 전화는 교환국 없이 송수신자를 연결한 선으로 일대일로 통화하였으며 최초로 일대일로 통화한 음성내용은 "Mr. Watson, come here. I want to see you"였다. 1877년에는 영국에 소개되었고 빅토리아 여왕 앞에서 시연되었다. 1895년에는 마르코니(G. Marconi)에 의하여 무선통신이 발명되고 1901년에는 송수신의 기본원리를 이용하여 3,500km에 이르는 영국과 캐나다를 횡단하는 데 성공하였다.

독자적으로 발달하던 통신은 1970년대에 들어서면서 컴퓨터와 융합되고 통신에 필수적인 전송장치나 교환장치가 컴퓨터에 의하여 제어되기 시작하였다. 그 결과로 정보처리기능과 통신기능이 결합되어 모든 멀티미디어 정보의 쌍방향 통신이 가능해 졌으며 본격적으로 정보통신(information communication) 시대가 시작되었다. 전화회사에 의하여 운영되던 음성통신인 전화망과 컴퓨터 회사에 의하여 만들어진 데이터통신인 컴퓨터망은 각각 독자적으로 운영되다가 인터넷 기반의 디지털망으로 통합되어 가기 시작하고 더욱 빨라졌으며, 무선 플랫폼이 활용되면서부터는 휴대하기도 편리해졌고 비용도 저렴해지기 시작하였다.

이러한 발달은 더욱 가속화되어 유무선이 융합되고 음성, 데이터, 이미지, 영상이 융합되고 방송, 통신, 미디어가 융합되고 단말기, 콘텐츠, 컴퓨팅이 융합되어 개별적으로 존재하던 다양한 정보, 콘텐츠, 서비스가 서로 연결되어 사용자는 하나의 기기를 통하여 다양한 서비스를 다양한 기기를 통하여 하나의 서비스를 제공받을 수 있게 되었다. 예를 들면 N스크린 서비스는 하나의 영상 콘텐츠를 스마트폰, TV, 태블릿

PC, PC 등 다양한 기기로 연결하여 시청할 수 있는 서비스로서 퇴근길 지하철에서는 스마트폰으로 보고 집에 도착한 후에는 나머지 영상을 연속해서 TV로 시청할 수 있다.

이러한 정보통신기술은 기업이 제품 및 서비스를 획기적으로 개선하는데 필수불가결한 요소가 되어 기업이 주어진 산업에서 성장하고 발전하며 글로벌 경쟁우위를 확보하는 데 기회와 위협을 동시에 제공하고 있다. 전 세계에 지점과 판매망을 갖는 기업을 예로 보자. 본점과 전 세계에 산재한 각 지점들은 각각 자신의 근거리통신망(LAN : local area network)을 구축하고 있으며 구축된 근거리통신망들은 통합되어 기업의 정보통신망이 된다. 전 세계에 사업장을 갖는 글로벌 기업들은 이러한 정보통신망을 이용하여 멀티미디어 정보와 의견을 실시간으로 교환하고 업무를 처리하며 불확실성에 대응하고 속도의 경제성을 확보한다. 전 세계에 산재한 직원들은 유무선 통신, 무선 근거리 통신, 이동통신, 화상회의를 이용하여 업무를 수행한다. 지리적으로 분산된 모든 부서의 매출액, 영업활동, 고객만족도, 주문 상태, 공급과 수요의 연결, 가격변동 등 관련 자료가 통합된 데이터베이스에서 실시간으로 갱신되고 필요한 정보가 제공되고 예외상황에 대한 경고와 처방을 지원하며 핵심성과 지표를 시간대별로 종합하고 비교한다.

항공회사를 예로 보자. 정보통신망을 기반으로 지역에 관계없이 전 세계의 어느 곳에서도 항공노선에 대한 시간대별 좌석을 확인하고 예약 서비스를 수행하며 교통, 숙박, 관광을 포함하는 종합여행상품도 동시에 제공한다. 이러한 종합여행상품을 제공하는 종합여행슈퍼마켓은 초기에는 전략적 강점(strategic strength)이 되어 고객에 대한 서비스를 획기적으로 개선하였다. 뿐만 아니라 독자적으로 개발이 힘든 군소 경쟁업체에게는 이를 상품화하여 제공하여 수익을 확보하고 군소업체의 요금동향, 좌석예약률, 전략까지 파악할 수 있어 자사에게 유리하게 대처하는 전략적 수단이 되었다. 그러나 모든 항공회사가 이를 구비하게 되자 이러한 종합여행 슈퍼마켓은 더 이상 전략적 강점이 되지 못하였고 비즈니스를 수행하는 데 기본적인 도구인 전략적 필수품(strategic necessity)으로써 비즈니스에 기여하고 있다.

결과적으로 정보통신망은 시공간 장벽을 제거하고 비용장벽을 제거함으로써 비즈니스나 업무의 효율성을 높이는 데 국한되지 않고 개인, 기업, 사회, 국가, 국가 간, 가치시스템 전반에 근본적인 변화를 초래하였으며 기존의 경제활동 자체를 변화시켜 새로운 디지털 경제 질서를 도래시켰다.

1. 광대역 통합망

정보통신은 송신자와 수신자가 정보처리기기와 통신처리장치를 이용하여 인간이 이해할 수 있는 정보를 기계가 처리할 수 있는 전자기적 신호로 변환하여 주고받는 것을 말한다. 그러므로 송신자가 보내는 정보는 전기적인 전송신호로 부호화되고(encoding) 변조되어(modulation) 다른 전송신호와 다중화(multiplexing)되어 전송에 적합한 주파수대역으로 이동되고 전송장치를 통하여 전달되고(transmission) 전달된 신호는 복조되고(demodulation) 다시 수신자가 알아 볼 수 있는 원래의 형태로 복원되어(decoding) 수신자에 전달된다. 전송신호를 주파수 대역을 이동하지 않고 변조과정 없이 원래의 신호 주파수 그대로 전송하는 것을 기저대(base band) 전송이라 하고 여러 정보처리기기에서 전송되는 전송신호를 주파수를 변조하고 다중화하여 하나의 전송매체를 통하여 여러 신호 주파수를 동시에 전송하는 것을 광대역(broad 또는 wide band) 전송이라 한다. 다중화는 전송효율을 높이기 위한 방법이다.

정보처리기기는 데이터가 전송되고 수신되는 입출력 장치로서 초기에는 컴퓨터에 연결된 비지능 단말기(dumb terminal)와 전화에 국한되었으나 지금은 전화, 컴퓨터, 프린터, 스마트폰이나 개인정보단말기(PDA : personal digital assistant)를 위시한 모바일기기 등 다양하게 구현되고 있다.

통신망에서 전송되는 전자기적 신호인 전송신호는 전자기파의 유형에 따라 디지털 신호와 아날로그 신호로 구별된다. 아날로그 신호는 온도, 전류, 전압 등과 같이 연속적으로 변화하는 물리량을 표현한다. 통신신호는 부드러운 곡선의 파형형태를 가지며 메시지는 연속적 파장(wavelength)의 형태로 전송된다. 파형의 높이를 나타내는 진폭(amplitude)과 초당 사이클 수를 나타내는 주파수(frequency)로 구성된다. 진폭은 신호의 강도를 나타내어 진폭이 높아지면 소리가 강하고 커진다. 주파수는 표준단위로 헤르츠(Hz : hertz)를 사용하며 Hz는 신호의 파형이 초당 진동하는 횟수로서 파형의 간격이 짧아지면 주파수가 높아진다. 그러므로 전화선에 전달되는 음성신호가 300Hz에서 3,000Hz 사이에 존재한다는 것은 신호의 파형이 초당 300번에서 3,000번 사이에서 진동한다는 것이다. 디지털 신호는 연속적 파장이 아닌 이진(binary)파장으로 정보는 전기신호가 on-off 상태를 의미하는 '0'과 '1'이 조합되어 일렬형태로 표현된다. 디지털 신호가 아날로그 신호보다 회선구성이 간단하고 비용이 저렴하며 정확하고 잡음의 영향을 덜 받으며 잡음제거도 용이하다.

통신망의 전송속도는 대역폭으로 결정된다. 대역폭은 주어진 전송매체가 전송할 수 있는 최대 주파수와 최소 주파수의 차이로 정의되며 대역폭이 클수록 전송이 가능한 데이터의 양, 즉 전송용량이 커진다. 아날로그 신호의 대역폭은 Hz로 디지털 신호의 대역폭은 bps(bits per second)로 표현된다. 그러므로 전화선으로 전달되는 음성신호의 대역폭은 2,700Hz가 된다.

많은 국가들이 국가적인 정보통신망의 하부기반구조로서 초고속 정보통신망을 구축하기 위해 노력을 경주하고 있다. 예를 들어 미국은 전미국 정보통신 하부구조(NII : national information infrastructure)를 추진하였으며 EU는 ICT(information and communication technology) 프로젝트를 수행하였다. 초고속 국가 기간 정보통신망인 광대역 통합망(BcN : broadband convergence network)은 유무선 통신, 방송, 인터넷을 포함하는 모든 종류의 멀티미디어 정보가 유기적으로 융합되어 자유로이 제공될 수 있는 초고속 멀티미디어 광대역 디지털 공중망이다. 정보화 촉진 기본법에는 초고속 정보통신망을 동영상 이상을 전송할 수 있는 통신으로 규정하고 있으며, 현재의 정보압축기술로는 2Mbps 이상이면 동영상 전송이 가능하다. 2000년도에 50Kbps 정도인 인터넷의 전송속도는 2010년도에는 10Mbps를 훨씬 상회하였으며 T3급의 근거리 통신망은 45Mbps의 속도로 외부와 정보를 송수신하고 있다. 통신 프로토콜 이더넷(ethernet)을 사용하는 근거리 통신망은 1Gbps 이상의 전송속도를 지원하기도 한다.

전송장비

통신네트워크에 연결된 각각의 컴퓨터는 네트워크 인터페이스 카드(network interface card)라는 네트워크 인터페이스 전송장비를 통하여 네트워크에 연결된다. 예를 들어 PC에서는 메인보드에 이 카드가 설치되어 있다. 일반적으로 전송장비는 서로 다른 구조의 컴퓨터와 통신망들이 연결된 통신네트워크상에서 전송매체를 통하여 전송되는 데이터들의 송수신이 원활하게 이루어지도록 데이터를 제어하고 관리하는 인터페이스 장비를 총괄한다. 전송장비는 단말기와 통신회선 사이에서 물리적 연결, 전기적 연결, 데이터 흐름제어, 경로선정, 손상된 데이터 복구 등 여러 가지 부대기능이나 다양한 지원을 수행하는 인터페이스 장비이다. 모뎀(modem), 전위처리기(front end processor), 다중화 장치(multi-plexer), 인터네트워크 처리기(internetwork processor) 등 다양하다.

모뎀은 디지털 신호를 아날로그 신호로 변조하거나 아날로그 신호를 디지털 신호로 복조하는 장치로서 'modulation'과 'demodulation'이 합성된 단어이다. 대표적으로 아날로그 전화선을 이용하여 디지털 신호를 통신할 때 사용된다. 다중처리기가 모뎀의 기능을 수행하기도 하며 2013년 출시된 삼성전자의 보급형 스마트폰 갤럭시 윈에 탑재된 응용프로세서(AP : appication processor) 새넘(Shanon) 222는 모뎀을 하나의 AP 칩에 통합한 최초의 통합 칩으로 모댑(modAP)으로 호칭한다.

다중처리기는 여러 컴퓨터에서 전송되는 신호를 통신신호로 변환하고 우선순위를 결정하고 다중화하며 데이터를 압축하고 암호화하며 오류를 검출하고 다른 통신매체와 접촉하는 등 다양한 기능을 수행한다. 모뎀의 변조 복조 기능을 추가로 수행하기도 한다. 다중화와 압축은 전송매체의 전송효율을 높이는 대표적 방법이다.

전위처리기는 통신만을 담당하여 입출력 활동을 관리하는 별도의 소형컴퓨터이다. 전위처리기는 주컴퓨터가 통신처리와는 무관하게 데이터 처리에만 전념할 수 있게 해 주어 주컴퓨터의 효율을 높여 준다. 분산처리(distributed processing)방식의 한 예이다.

다중화

다중화는 여러 컴퓨터에서 전송되는 전송신호를 하나의 전송매체를 통하여 전송하여 전송효율을 높이는 대표적 방법이다. 여러 정보통신기기로부터 전송되는 신호는 다중화되어 하나의 통신회선을 통하여 전송되고 수신측에서는 다시 본래대로 나뉘어 목적지에 도달된다. 가장 기본적인 다중화 방식으로는 FDMA(주파수분할 다중화 : frequency division multiple access), TDMA(시분할 다중화 : time division multiple access),

그리고 CDMA(코드분할 다중화 : code division multiple access)가 있다.

FDMA는 하나의 통신회선에 주어진 주파수 대역폭을 여러 개의 주파수 대역으로 분할하고 서로 다른 신호를 분할된 주파수 대역으로 변조하여 전송하고 수신지에 도착하면 다시 원래의 신호로 복원하여 수신하는 다중화 방식이다. FDMA는 전송매체의 가용대역폭이 클 때 가능하다.

TDMA는 전송시간을 milisecond와 같이 아주 짧은 시간간격으로 분할하고 송신된 신호를 각각 서로 다른 시간간격에 위치하여 일정시간만 사용하게 하여 여러 신호를 하나의 통신회선을 통하여 전송하는 방식이다. TDMA는 전송매체의 전송속도가 매우 빨라야 적용이 가능하다.

CDMA는 동일한 주파수 대역을 사용하는 하나의 회선에 여러 신호를 함께 전송하나 송신된 신호를 자신의 주파수 대역보다 아주 넓은 주파수 대역으로 확산하고 각 신호는 사용시간 동안 서로 다른 고유한 코드가 부여되어 일정 주파수 범위의 채널을 할당하여 전송되는 방식이다.

압축

압축은 동영상 등 멀티미디어 전송으로 급속히 증가하는 통신량에 대비하여 중복성(redundancy)을 제거하여 정보를 더 작은 크기의 데이터로 표현하여 전송효율을 높이는 방법으로 윈집(Winzip), 빵집(Breadzip), 반디집, 7zip, V3zip, 윈라르(Winrar) 등 다양하다. 예를 들어 윈집은 윈도(window)용 운영체제에서 파일 압축과 복구 공유 프로그램의 표준처럼 사용된다.

일반적으로 텍스트 파일에 적용되는 압축방법은 적응형 패턴치환(adaptive pattern substitution)법, 실행길이 부호화(run length encoding)법, 허프만(Huffman)법 등이 있다. 적응형 패턴치환법은 여러 번 사용되는 2바이트 이상의 텍스트를 그 파일에서 사용되지 않는 1바이트로 치환하는 방법이다. 예를 들어 주어진 텍스트에서 단어 'people'이 많이

나오면 people을 '$'로 'city'가 많이 나오면 city를 '#'로 'residents'가 많이 나오면 residents를 '&'로 치환한다. 실행길이 부호화법은 반복되는 문자열에 대하여 반복되는 문자와 문자가 반복되는 횟수를 표시한다. 예를 들어 '27666666666'은 '27#69'로 표현한다. 여기에서 #는 압축형식임을 지시하는 문자이며 6은 반복되는 데이터 그리고 9는 반복되는 데이터인 6의 개수를 표시한다. 1954년 허프만에 의하여 제안된 허프만법은 각 문자의 발생빈도에 의하여 상대적으로 많이 쓰이는 문자는 적은 수의 비트로 표현하고 상대적으로 자주 쓰이지 않는 문자는 많은 비트 수로 표현하는 통계적 접근을 이용한 압축기법이다.

음성이나 영상을 압축하고 복원하는 대표적 방법으로 이미지와 같은 정지화상에 적용되는 제이페그(JPEG : joint photography experts group), 동화상에 적용되는 엠팩(MPEG : motion picture expert group) 등이 있으며 멀티미디어 통신과 전자상거래 등 광범위하게 활용된다.

2. 지리적 통신망

정보통신망의 종류는 다양하고 구분하는 방법도 여러 가지이나 몇 가지 기본적인 망 형태의 조합으로 구성된다. 먼저 정보통신을 지리적 관점에서 분류하면 근거리통신망, 도시권 통신망(MAN : metropolitan area network), 원거리 통신망(WAN : wide area network)으로 구분된다.

근거리통신망

근거리 통신망은 건물 내부나 인접한 지역의 제한된 공간 내에서 해당 조직이나 기업이 컴퓨터나 디지털 정보기기를 직접 통신회선으로 연결한 신뢰도 높은 고속의 사설 통신망이다. 최초의 근거리통신망은 1970년대 초 제록스팔로알토연구소(Zerox Palo Alto Research Center)에 의하여 개발되었다. 근거리 통신망은 구성원이 접근할 수 있도록 데이터와 프로그램 등을 저장한 대용량의 하드디스크를 가진 파일서버(file server)나 망 서버(network server)를 통하여 관리되며 성(star)형, 링(ring)형, 버스(bus)형, 그리고 이들이 혼합된 형태로 구성된다. 근거리 통신망에서 가장 많이 사용되는 통신 프로토콜은 이더넷으로 초기에는 10Mbps를 지원하였으나 현재는 100Mbps에서 1Gbps의 전송속도를 지원한다. 이더넷은 제록스 팔로알토연구소에서 DEC, 인텔과 공동으로 개발하였으며 처음에는 버스형으로 개발되었으나 성형도 가능하다.

성형, 링형, 버스형과 같이 통신망의 구조를 통신망의 위상(topology)이라고 한다. 먼저 성형은 통신망의 모든 컴퓨터가 하나의 주컴퓨터(host computer)에 점대점(point-to-point)방식으로 연결되며 주컴퓨터가 모든 메시지를 수신하여 다른 정보처리기기에 전달하는 방식으로 주컴퓨터를 제외한 컴퓨터는 지능형컴퓨터(intelligent computer)일 필요는 없다. 그러므로 통신회선의 사용권은 호출(polling)방식에 의한다. 호출방식이란 주컴퓨터가 정보처리기기를 순서에 따라 하나씩 호출하여 전송될 메시지의 유무를 확인하여 채널의 사용권을 부여하는 방식이며 메시지교환방식(message switching)으로 정보가 전달된다.

링형은 주컴퓨터가 없이 하나의 컴퓨터는 옆에 위치하는 다른 두 컴퓨터와만 연결 되어 전체로는 원형으로 폐쇄된 루프(loop)를 형성한다. 메시지는 하나의 정보처리기기에서 옆의 정보처리기기로 한 방향으로 전달된다. 통신회선의 사용권은 토큰(token)방식에 의하며 폐쇄루프를 돌고 있는 토큰이라는 전자신호를 메시지를 전송할 정보통신기기가 잡아 사용권을 부여받고 메시지를 전송한다. 토큰이 하나이므로 특정시간에 전송될 수 있는 메시지는 하나를 초과하지 못한다. 한 부분이 고장나면 시스템 전체의 운영에 문제가 발생하며 통신망 관리가 복잡하다.

버스형도 주컴퓨터가 없이 컴퓨터들이 버스라고 하는 하나의 통신채널에 연결되어 공통으로 통신채널을 사용한다. 모든 컴퓨터는 지능형 컴퓨터여야 하며 버스의 양 끝에는 터미네이터(terminator)를 두고 신호의 방향을 제한한다. 먼저 차지한 정보통신기기가 채널의 사용권을 부여받는 경쟁(contention)방식으로 메시지가 전송된다. 컴퓨터들은 공동의 통신회선을 이용하나 독립적으로 운영된다. 버스에 고장이 발생하면 시스템의 동작이 중단되며 고장부분을 찾는 데 어려움이 있다.

유선의 통신매체의 설치가 어려운 지역은 무선으로 근거리 통신망을 설치할 수 있다. 공중 무선 근거리 통신망인 Wi-Fi망은 IEEE 802.11, Wi-Fi 규정에 의하며 보통 10~100m 내외에 적용된다. 2012년 승인된 다섯 번째 후속표준인 IEEE 802.11ac, 5세대 Wi-Fi 표준은 차세대 스마트폰의 핵심기술로 예견되고 있으며 기존의 최대 600Mbps의 속도 보다 세 배나 빠른 1.8Gbps의 속도를 지원할 수 있다. 그러므로 초고속 고화질의 비디오를 압축하지 않고 실시간으로 전송할 수 있으며 하나의 핫스팟(hotspot), 즉 접속지점에 접속할 수 있는 장비 수와 접속거리도 증가되었다. 예를 들면 100Mbps로 전송할 수 있는 거리가 30m에서 최대 80m까지 증가되었다. 대학, 공항, 호텔, 도서관 등과 같은 공공장소에는 핫스팟이 설치되고 사용자는 핫스팟을 통하여 노트북이나 휴대단말기의 무선접근이 가능하다. 최근에는 무선 근거리통신망을 탑재한 스마트기기의 수요가 증가하여 셀룰러네트워크와 무선 근거리 통신망을 함께 공유하고 활용하는 수요가 증가하고 있다. Wi-Fi는 무선망을 하이파이오디오처럼 편리하게 사용할 수 있다는 의미로 명명되었으며 KT의 네스팟(nespot), 데이콤의 에어 랜(air LAN), 하나로의 하나포스 윙(hanafos wing), 온세통신의 샤크 에어(shark air) 등이 서비스를 제공하고 있으나 서로 다른 서비스 사이에 호환이 어렵고 보안에도 취약하다는 단점도 있다.

이에 반하여 블루투스(bluetooth)는 개인권 통신망(Pan : personal

area network) 범위인 10m 이내 정도의 모바일 접속을 위한 표준 IEEE 802.15 규정으로서 2.4GHz 대역에서 700Kbps 이상의 전송속도를 가진다. 마우스, 키보드, 프린터, 팩스, 조이스틱 등을 케이블 없이 무선으로 사용할 수 있는 기술로서 무선으로 파일을 프린터로 전송하고 전화도 사용할 수 있다. 최근에는 블루투스가 스마트폰에 활용되어 스마트폰과 직접 연결되지 않고도 전화통화를 하고 이메일이나 문자를 수신하며 음악을 감상할 수 있는 다양한 제품들이 출시되고 있다. 블루투스는 10세기 노르웨이와 덴마크를 통일한 바이킹 왕 블루투스(Harald Bluetooth)의 이름에서 유래되었으며 모바일 기술의 활용에 대한 의지를 표현하는 흥미로운 이름이다.

도시권 통신망

도시권 통신망은 근거리 통신망의 개념을 광케이블을 이용하여 도시권으로 확대시킨 개념으로 근거리 통신망이나 사설 전화교환기(PBX : private branch exchange)를 서로 연결하여 구축되며 적용구역은 50km 정도이다. 인구밀집지역에서 병원이나 경찰서와 같은 공공기관을 서로 연결하는 데 활용된다.

원거리 통신망

원거리 통신망은 국가 전체, 국가와 국가, 대륙과 대륙 등 광범위한 지역을 서로 연결하는 통신망으로 근거리 통신망, 도시권 통신망이 서로 연결되어 형성된다. 전화망, 디지털 통신망, 인터넷 가입자망 등 공중통신 사업자가 제공하는 공중통신망이나 기업이 일정한 목적을 가지고 구축한 전용망이 있다.

인터네트워크 처리기

기업이나 조직의 내부 통신망인 근거리 통신망을 외부 원거리 통신망과 연결하기 위해서는 통신망을 서로 연결하는 전송장비인 여러 종류의 인터네트워크 처리기(internetwork processor)가 필요하다. 인터네트워크 처리기로는 브리지(bridge), 게이트웨이(gateway), 라우터(router), 허브(hub) 등이 있다. 인터네트워크 처리기의 관점에서 보면 인터넷은 브리지, 라우터, 게이트웨이 등에 의하여 상호 연결된 통신망으로 정의할 수 있다.

근거리 통신망으로 들어가는 입구 역할을 하는 게이트웨이는 서로 다른 원거리 통신망에 근거리 통신망을 연결시켜 IP(internet protocol) 주소를 지정하여 주는 장비로 OSI(open system interconnection) 모형의 7계층 전부를 연결한다. 라우터는 주로 게이트웨이 내에 설치되어 근거리 통신망에 연결된 여러 장비들이 동시에 원거리 통신망에 메시지를 전달할 수 있도록 하는 장비로서 OSI의 물리계층, 데이터계층, 망계층의 3계층을 연결한다. 허브는 근거리 통신망에서 다수의 정보통신기기를 연결시키는 접선장치로서 각각의 컴퓨터는 허브의 포트에 케이블로 연결된다. 외부의 원거리 통신망에서 라우터를 통하여 근거리 통신망에 들어 온 정보는 허브를 통하여 각각의 컴퓨터에 전해진다. 브리지는 두 개의 근거리 통신망을 연결하여 하나의 논리적 통신망을 구성하는 장비로서 OSI 모형의 물리계층만 연결한다.

OSI 모형

국제표준화기구(ISO : international standard organization)는 상이한 통신망들이 상호 연결된 통신망을 구현하기 위해서 참조될 수 있는 통신망 모델의 필요성을 인식하였다. 그 결과로 1984년 서로 다른 통신망이라도 상호 연결이 가능하도록 계층화된 개방시스템으로 OSI 참조모형을 제시하였다. OSI 참조모형은 통신망의 기능을 7계층으로 구분하고 각 계층에서 수행될 내용을 규정하여 통신망 계층구조를 표준화하였으며, 정보가 통신망을 통하여 다른 통신망의 컴퓨터에 어떻게 전달될 것인가를 제시한다. OSI 7계층은 응용계층(application layer), 표현계층(presentation layer), 세션계층(session layer), 전송계층(transport layer), 망계층(network layer), 데이터계층(data layer), 물리계층(physical layer)으로 구성된다.

OSI 모형의 최상위 계층인 응용계층은 파일전송, 전자우편전송, 각종 응용프로그램 처리와 같이 사용자와 컴퓨터 사이에서 응용프로그램을 매개로 직접 교류하는 계층이다. 표현계층은 정보를 EDCDIC 코드로 변환하고 암호화하고 압축하는 등 데이터나 응용프로그램을 컴퓨터가 다룰 수 있는 형식으로 변환해 준다. 세션계층은 데이터의 전송이 가능하도록 패킷(packet)으로 분할하는 등 전송을 지원한다. 전송계층은 세션계층에서 제공된 데이터를 전송하는 계층으로 가상회로를 구축하고 유지하고 종료하며 전송오류를 검출하고 복구하며 정보흐름을 제어하는 절차를 제공한다. 망계층은 송수신자 간의 주소지를 설정하고 확인하며 최단 전송경로를 선택하고 선택된 경로로 패킷을 보낸다. 데이터계층은 실제 전송이 이루어지는 계층으로 주소, 토폴로지, 회선사용규칙, 오류검출, 프레임 전달, 흐름제어 등을 수행한다. 물리계층은 데이터계층에서 전달받은 데이터를 물리적인 장치로 전송할 수 있도록 변환하는 기능을 수행하며 관련 장비로는 허브가 있다.

3. 유무선 통신망

유선통신과 무선통신은 전송매체에 의하여 구분된다. 전송매체란 송신기(transmitter)와 수신기(receiver)를 물리적으로 연결하여 데이터가 전송되는 전송경로인 통신채널(transmission channel, transmission line, 또는 transmission link)을 구성하는 것을 말한다. 전송경로에는 다양한 매체가 사용된다. 유선통신은 전송매체로 유선매체인 케이블이 사용된다. 무선통신에서는 전자파인 무선매체를 사용하며 특정 주파수 대역의 송신기(안테나)가 전자기 에너지를 공기를 통하여 발사하고 수신기(안테나)가 공기 중에서 전자기파를 검출하고 신호를 수신한다. 전자기파는 전기장과 자기장이 상호작용하여 공간 속을 퍼져가는 에너지이다. 무선통신은 유선통신보다 속도가 느리고 전송 손상(transmission impairment), 잡음, 그리고 도청 등에 약하다.

유선매체

유선매체로는 이중연선(twisted pair), 동축케이블(coaxial cable), 광케이블(optical fiber) 등이 있다. 이중연선은 한 쌍의 구리선이 꼬여진 전화선으로 세계 전 지역에 설치되어 있는 통신매체이므로 별도의 설치비용이 소요되지 않는다. 음성과 데이터를 전송하나 날씨나 외부 잡음에 약하며 전송오류가 발생할 수 있다.

동축케이블은 구리선이나 알루미늄 선을 플라스틱 코팅과 금속 피복 등 절연된 외부 피복물질로 감싼 전송매체이다. 1940년 AT&T가 처음으로 대륙횡단(cross-continental)에 사용하였고 1941년에 상용화되어 근거리 통신망, 고속통신선로, 해저를 이용한 대륙 간 통신, 케이블 TV 등에 광범위하게 사용된다. 아날로그와 디지털 전송이 모두 가능하고 대역폭이 높고 외부간섭에 강하고 전력손실이 적다. 바다 밑이나 땅속에서도 성능에 지장은 없으나 내구성이 약하고 설치가 어렵다.

광케이블은 레이저에 의하여 생성된 광펄스(light pulse)인 파형의 전기신호가 코어를 통하여 전송된다. 중앙의 코어는 사람의 머리카락보다 가는 수천 개의 유리섬유로 구성되며 플라스틱이나 굴절률이 다른 유리로 만들어진 클래딩(cladding)이 그 외부를 감싸고 다시 피복의 재킷(jacket)이 감싸 충격으로부터 보호한다. 높은 주파수를 사용하여 대량의 정보가 고속으로 전달되며 외부 전자파에 의한 간섭이나 혼선이 없고 외부 환경의 변화에도 상대적으로 영향이 적다. 신호의 손실이 적고 증폭이 거의 필요 없으며 도청이 힘드나 비용이 많이 들고 고도의 배선 기술이 요구된다. 멀티미디어 전송이 가능하고 속도가 높아 인터넷 아우토반(autobahn)으로 적합하여 구리선을 사용하는 초고속인터넷(ADSL : asymmetric digital subscriber line) 보다 훨씬 빠르다. 별도의 통신망을 이용하던 인터넷, 전화, 케이블 방송 통신망은 하나의 FTTH(fiber to the home) 통신망으로 처리되고 있다.

무선매체

우리나라 전파관리법에는 무선전파를 3,000GHz 이하의 전자파로 규정하고 있다. 무선매체는 발생되는 주파수 대역폭에 따라 라디오파(radio wave), 마이크로파(micro wave), 적외선(infrared wave) 등이 있다. 무선전파는 일반적으로 주파수가 낮으면 신호는 비지향성, 즉 여러 방향으로 멀리 퍼져 나가며 회절성이 강하며 주파수가 높을수록 지향성, 즉 한 방향으로 전송할 수 있는 능력이 커진다.

라디오파는 1MHz에서 3GHz 사의의 주파수를 사용하는 방송용 전파로서 AM 라디오, FM 라디오, TV 방송, 셀룰러 통신(cellular radio)과 같은 이동통신에 사용된다.

마이크로파는 파장이 1mm에서 1m까지인 전파의 총칭으로 최소한 1GHz 이상의 주파수를 갖는 극초단파인 전자파이다. 3~300GHz의 극초단파를 이용하는 마이크로파 통신과 2~40GHz의 위성통신(satellite transmission)이 있다. 파장이 짧으므로 직진성이 강하고 규칙적 반사를 하며 굴절이나 간섭에 있어서도 빛과 비슷한 특성을 갖는다. 배선이 필요 없고 설치가 용이하며 다중처리로 고속의 데이터 전송이 가능하고 비용이 저렴하다. 그러나 전송거리가 멀어지면 신호의 세기가 약해지고 잡음이 증가하는 감쇠현상(attenuation)의 발생도가 높고 기상에 의한 충격성 전송손상의 위험도 크다.

고정통신으로도 불리는 마이크로파 통신은 지상의 안테나를 통하여 마이크로파로 변환된 데이터를 전자기빔의 형태로 일정 방향으로 직선으로 전송하고 다음 안테나는 신호를 받아 증폭하고 중계한다. 전파는 직진성을 가지나 지구는 타원형이므로 수십 km마다 안테나가 설치되고 안테나가 신호를 증폭하고 중계한다. 고속의 정보채널이 요구되거나 통신라인을 설치하기 곤란한 지역에서 유리하게 활용될 수 있다.

위성통신은 지구국에서 특정 주파수의 마이크로파를 통신위성에 전송하면 통신위성은 주어진 마이크로파를 증폭하거나 재생하여 다른 지구국으로 중계한다. 지구국은 접시모양을 한 안테나이며 통신위성은 지구로부터 35,784km 상공에 위치하여 지구와 같은 속도로 회전하여 항상 같은 위치에 존재하면서 무선통신의 중계국 역할을 수행한다. 초기에는 하나의 지구국에서 전송한 신호를 다른 지구국에서 수신하기까지는 약 0.25초 정도의 전송지연 현상이 발생하여 실시간 처리에는 문제점이 있었으나 통신기술의 발달로 방송이나 장거리 전화뿐만 아니라 화상회의에도 활용되고 있다. 고품질의 데이터를 저렴하게 지역에 관계없이 전송할 수 있으며 고속의 광대역 전송이 가능하나 수신장치만 있으면 누구나 수신이 가능하여 보안상의 문제가 있다.

1965년 대서양 상공 적도상의 정지궤도에서 발사된 최초의 상용 위성통신인 INTELSAT(international telecommunications satellite organization) 1호는 3년 반 동안 대륙 간의 통신 중계에 사용되었으며 그 후 국제전기통신위성기구(INTELSAT)가 인공위성들을 계속 띄움으로써 지구 어느 곳에서나 사용할 수 있는 상업용 원격통신체제가 구축되었다. 1996년부터 일부 다국적 기업들은 지상 8,000km 정도의 저궤도 위성을 다수 띄움으로써 위성망을 구축하기 시작하였다.

위성망은 GPS(global positioning system)를 제공한다. 몇 개의 위성이 함께 작용하여 최소한의 오차로 위치를 확인해 주어 위치기반서비스(LBS : location based service)를 가능하게 한다. 위치기반서비스는 GPS와 전파식별(RFID : radio frequency identification)시스템을 이용하여 특정 위치의 위도, 경도, 고도, 속도 등의 정보와 함께 다양한 정보와 서비스를 제공해 주는 상황인식컴퓨팅(context aware computing)의 대표적 예로서 단순한 내비게이션의 수단에서 제조, 소매, 병원, 농업 등 다양한 산업에서 주차 공간 파악, 교통상황 파악, 파이프 위치 파악 등 다양하게 적용되고 있다. 또한 건축기술 및 실내수요의 증대에 따른 실내공간의 확대와 기능의 다양화로 실내에서의 생활이 점차 확대됨에 따라 실내 위치기반서비스의 중요성도 증대되고 있다.

RFID시스템은 전파를 이용하여 2.5cm에서 27m 거리의 정보를 인식하고 처리하고 전송하는 칩으로 유비쿼터스 센서 네트워크(USN : ubiquitous sensor network)을 구성하여 다양한 산업에서 편리하게 활용되고 있다. 센서는 제어, 판단, 저장, 통신 등의 기능이 결합되어 센서로부터 수집된 정보가 통합되고 저장되어 인간과 기계가 소통하고 상호 교감을 구현하며 언제 어디서나 원하는 정보를 이용할 수 있는 매우 유망한 기술로 관심의 대상이 되고 있다. 이미 언급된 바와 같이 센서는 기술의 next big thing으로 지적되고 있다.

상황인식컴퓨팅은 주위의 사람, 사물, 작업과 같은 상황을 인식하여 이를 고려할 수 있는 컴퓨팅을 말한다. 조난이 발생하면 발신자의 위치를 파악할 수 있고 호텔, 음식점, 편의시설의 위치와 더불어 가는 길에 대한 정보를 제공하며 도난차량의 위치도 파악할 수 있다. 예를 들어 자석이 달린 GPS 차량용 위치추적기를 부착하면 차량위치가 1분마다 스마트폰으로 전달되고 한 달 동안의 행적도 고스란히 기록되며 치매환자를 위해 신발바닥에 GPS를 정착한 운동화도 출시되고 있다. 우리나라는 2014년부터 GPS는 좀 더 정확한 위치를 제공하여 오차를 줄이는 고정밀위치정보시스템(DGPS : differential GPS)를 제공하고 있다. 해양수산부가 1998년 개발에 착수한 DGPS는 2009년부터 기지국이 설치되어 선박과 공공기관에서 이용하였으나 대상이 확대되어 DGPS칩을 정착한 스마트폰에서도 활용할 수 있게 되었다. 2013년 기준으로 세계 50여 국가가 DGPS를 운영하고 있다.

미국, 러시아(Glonass), EU(갈릴레오)만이 GPS 서비스를 보유하고 미국이 여타의 대부분의 나라에 서비스를 제공하여 왔으나 중국도 2000년부터 자체적으로 GPS를 개발하기 시작하여 2011년 12월부터 1년간 10대의 위성으로 자체 시스템인 베이더우(北斗)를 시험 가동하였고 2012년 12월 27일부터 16대의 위성으로 아시아 태평양 지역을 대상으로 서비스를 개시하였다. 2020년까지 36대의 위성으로 전 세계를 대상으로 서비스를 완성할 예정이며 현재 제공 중인 세계위성지도서비스 톈디투(天地圖)와 결합으로 최적의 서비스를 제공할 것을 장담하고 있다.

우리나라는 1970년 금산에 최초의 기지국을 설치하였으며 현재 전국적으로 수 천 개의 기지국이 있다. 1995년 8월에는 최초의 통신위성인 무궁화위성(Koreasat) 1호의 발사를 시작으로 4호까지 발사되었고 1996년 3월 18일부터는 위성서비스가 실시되었다. 1999년에는 아리랑 1호가 2006년에는 아리랑 2호가 2012년에는 아리랑 3, 2013년에는 아리랑 5호가 발사되었다. 관측위성인 아리랑 2, 3호는 지상 685km 상공에서 아리랑 5호는 550km 상공에서 지구를 돌면서 한반도 상공을 통과하고 있다. 아리랑 2호는 매일 오전 10시 30분, 아리랑 3호는 오후 1시 30분, 아리랑 5호는 오전 6시와 오후 6시 하루 두 차례 한반도 영상을 촬영하며 아리랑 5호부터 구름이 낀 날이나 밤에도 영상을 촬영할 수 있어 24시간 지상을 관측할 수 있는 체제를 갖추고 있다.

아리랑 1호는 해상도 6.6m급, 아리랑 2호는 1m급, 아리랑 3호는 서브 미터급인 0.7m급, 아리랑 5호는 1m급, 그리고 가장 해상도가 높은 미국이 보유한 지오아이(GeoEye)는 0.41m급이다. 해상도 0.7m를 예로 설명하면 지상 685km 상공에서 가로와 세로가 0.7m인 물체를 촬영할 수 있다는 의미이다. 아리랑 1호는 2008년 임무를 종료 하였으며 아리랑 2호와 3호는 광학관측 위성으로 전자빔을 이용하는 아리랑 5호와는 달리 밤이나 악천후에는 촬영을 하지 못한다. 2010년 11월 북한의 연평도 포격이나 2013년 2월 북한의 핵실험을 악천후로 촬영하지 못했으며 이와 같이 촬영을 하지 못한 하루의 ⅔에 해당하는 어두운 시간대에는 외국의 도움으로 한반도 영상을 제공 받았었다. 아리랑 5호는 기술을 위탁받은 러시아의 발사체에 문제가 있어 2년이나 발사가 지연되었다.

적외선 통신

적외선은 가시광선 중 가장 파장이 길고 가장 주파수가 낮은 전자기파이다. 리모컨으로 TV를 제어하는 것과 같이 광선이 정보로 변조되어 비교적 짧은 거리에 있는 수신기로 보내진다. 적외선 통신을 사용하기 위해서는 특별한 마이크로 칩과 통신을 동기화시켜 주는 소프트웨어를 정착한 송수신기가 있어야 한다. 안개 등 기후에 영향을 크게 받으나 파장이 길어 공기 중을 잘 투과하며 적외선 사진은 이러한 현상을 이용한 것이다. 무선 키보드, 무선 마우스, 무선 헤드폰, 휴대폰, 무선 호출기, 디지털 카메라 PDA 등에 다양하게 활용된다. IrDA(infrared data association)는 적외선 통신을 연구하는 단체 이름을 지칭하기도 하고 적외선 기술을 총칭하는 명칭으로 사용되기도 한다.

레이저 통신

1960년 미국의 물리학자 시어도어 메이먼(Theodore H. Maiman)에 의하여 처음으로 개발된 레이저는 유도방출에 의하여 생성되는 3THz에서 3,000THz 이내의 강력한 빛이다. 전파관리법상 무선 주파수에 해당되지 않아 법적으로 주파수 관리대상이 아니므로 이를 개설하고 사용할 때 신고할 필요가 없다. 주파수 대역을 초과하는 광파를 이용하므로 무선 주파수와 간섭현상이 없고 비용이 매우 저렴하며 설치가 용이하다. 직진성이 매우 강해 장애물을 만나면 통신이 두절되므로 보안성이 뛰어나고 도청이 불가능하다. 그러나 장애물이 있으면 통신망 구성이 불가능하고 안개와 같은 기후조건에서는 감쇠현상이 일어나 기능을 발휘하지 못한다.

레이저 통신은 현재 포화상태로 한계에 다다른 마이크로파를 대체하는 수단으로 관심을 받고 있으며, 특히 미래의 무기나 우주통신의 대안으로써 높게 평가되고 있다. 전자기포나 레이저포 등으로 불리우는 레이저 무기는 한 번 발사에 100만 달러가 소요되는 기존의 미사일을 대체하여 1달러의 매우 저렴한 비용으로 드론, 미사일, 고속정, 로켓, 순항미사일, 포탄 등을 요격하고 높은 파괴력으로 강한 철판을 뚫거나 무너뜨릴 수 있으며 지상이나 물속의 3차원 지형정보를 얻는 데도 매우 탁월하다.

또한 우주 탐사와 관련된 고용량 관측정보가 늘어나면서 기존의 무선전파통신으로는 용량을 감당할 수 없게 되었다. 2013년 초 NASA는 모나리자 흑백사진을 38만 km 떨어진 달 탐사선에 레이저에 실어 보내어 과거에는 수 일이 걸릴 정보를 몇 분에 보내는 단방향 통신에 성공하였다. NASA는 단 시일 내에 지구와 우주 간의 양방향 레이저 통신과 초당 기가바이트의 정보를 전송할 수 있을 것으로 기대하고 있다.

4. 이동통신

이동통신은 고정통신과 위성통신과 함께 무선통신을 구성하는 주요 통신이나 개개인의 일상생활에 밀접하게 관계가 있어 그 특성상 독립적으로 다룬다. 이동통신은 일방적으로 전자파를 방송하는 방송과 같은 단방향 통신과는 달리 서로 통화하는 쌍방의 가입자가 자유롭게 이동하면서 언제(whenever), 어디서나(wherever), 누구와도(whoever) 모든 형태의 정보교환이 가능한 것을 목적으로 하는 양방향 통신이므로 단방향 통신보다 훨씬 복잡한 기술을 필요로 한다. 이러한 양방향 통신에서는 서로 통화하는 쌍방 외에는 다른 사람이 동일한 통신내용을 수신할 수 없는 상호 독립성이 유지되어야 하며 이를 위해서 각각의 가입자에게는 통화 채널이 할당되어 서로 다른 통화 채널로 통화할 수 있어야 한다. 그러므로 각각의 통화 채널은 서로 다른 주파수를 갖는 전자파가 할당되어야 한다. 주어진 주파수 대역폭 내에서 가능하면 더 많은 가입자를 확보하기 위해서 다중접속기술을 적용한다.

국가 소유 공공재인 주파수는 2011년부터 국가가 이동통신사에 경매로 할당하므로 이동통신사는 유리한 주파수 대역을 얻기 위해 경쟁하며 할당된 후에는 사용료를 국가에 지급한다. 세계 여러 통신사가 사용하는 주파수 대역과 사용하는 주파수가 다르면 LTE나 해외로밍 등의 사용이 불가능하기도 하고 반면에 동일한 경우에는 시너지효과를 얻을 수 있기 때문이다. 우리나라 이동통신 3사는 800MHz, 900MHz, 1.8GHz, 2.1GHz, 2.6GHz의 주파수를 사용하고 있다. 2000년대 중반까지는 굴절성이 좋은 저대역의 800MHz 또는 900MHz가 핵심 주파수대역으로 세계 주요 통신업체와 우리나라 SK가 사용하였으며 2007년부터는 3세대 WCDMA의 등장으로 2.1GHz가 핵심 주파수대역이 되었으며 세계 주요 이동통신사와 우리나라 이동3사 모두 사용하였다. 4세대 LTE에서는

1.8GHz 또는 2.6GHz 등이 부각되며 핵심 주파수가 통일되지 않고 있다.

셀룰러 통신

그러나 송수신자가 계속 이동하는 이동통신 환경에서는 전파의 제어가 어렵고 변복조에 의하여 효율성을 높이기도 어려우며 다중접속으로 필요한 많은 가입자를 모두 수용하는 데는 채널수가 충분하지 않아 이러한 한계를 극복하기 위해서 개발된 방법이 셀룰러(cellular) 통신이다. 전자파는 공기 중에 전파되면서 세기가 약해지는 감쇠현상을 갖기 때문에 어느 이상 거리가 멀어지면 수신이 불가능해진다. 그러므로 셀룰러 통신은 지역을 분할하여 여러 셀을 구성함으로써 서로 충분한 거리를 두고 떨어져 있는 셀들이 동일한 주파수를 같이 사용할 수 있도록 고안된 방법으로 셀의 반경과 통화 채널의 용량을 조절함으로써 통화 채널을 증가시켜 많은 가입자에게 충분한 서비스를 제공한다.

그러므로 셀룰러 통신은 한 지역을 한 대의 이동전화 송신기가 담당할 수 있는 셀 단위의 여러 작은 구역으로 나누고 각 셀의 중앙에 기지국을 설치하여 라디오파를 전송하는 무선통신기술이다. 이동전화가 한 지역에서 다른 지역으로 이동할 때에는 이동전화교환국이 이를 중계하고 제어한다.

스마트폰

스마트폰은 개방형 운영체제가 탑재된 휴대하기 쉬운 '손안의 PC'로서 기존의 이동전화와 다른 가장 큰 특징은 풀브라우징(full browsing)이다. 풀브라우징은 언제 어느 곳에서도 이동전화로도 컴퓨터와 동일하게 인터넷을 활용할 수 있는 것을 말한다. 그러므로 무선 인터넷으로 다양한 정보를 검색하고 응용프로그램, 이메일, 영상통화, 비디오, TV, 카메라, MP3, 내비게이션(navigation)도 활용한다.

최초의 스마트폰은 1996년 노키아가 출시한 Nokia 9210이라 할 수 있으나 실제 관심의 대상이 된 것은 애플이 2007년 6월에 출시한 아이폰과 2008년 7월에 출시한 아이폰 3G 버전부터이다. 아이폰은 출시되자마자 뉴욕 타임즈(New York Times)에 의하여 '올해의 발명왕'으로 선정되었고 아이폰 3G는 '제3의 컴퓨터 플랫폼'으로 칭송되었다. 아이폰 3G의 우리나라 예약판매는 2009년 11월 22일부터 개시되었으며 2012년 9월 14일 예약판매를 시작한 아이폰5는 하루에 200만 대 이상 판매하여 신기록을 수립하였다. 삼성전자는 구글(Google)의 안드로이드(Android) 운영체제를 탑재한 갤럭시(Galaxy)와 위치기반서비스 기능을 보완하고 자체 모바일 플랫폼 '바다'를 탑재한 웨이브를 출시하여 아이폰에 대항하기 시작하였다. 고가의 단일제품 위주의 애플이 한계에 다다름으로써 갤럭시S를 주모델로 다양한 제품을 출시하여 온 삼성전자가 2011년에는 전 세계 스마트폰 시장에서 2012년에는 전 세계 휴대폰 시장에서 시장점유율 1위를 차지했으며 스마트폰 사업에서 2011년 20%와 19%로 1% 뒤진 삼성전자와의 애플의 격차가 2012년에 이르러서는 30%와 19%로 11%로 확대되었다. 스마트폰 운영체제로는 iOS, 안드로이드(Android), 오페라(Opera), 사파리(Safari), 블랙베리(blackberry) 등 다양하다.

태블릿 PC는 모양이 메모지 같다고 해서 메모지의 뜻을 가진 영어단어인 'tablet'이라는 이름이 주어졌다. 스마트폰보다 크고 노트북보다 작은 크기를 갖는 PC로서 가격이 저렴하고 이동이 용이하고 손가락이나 펜을 이용하여 터치스크린 방식으로 컴퓨터에 입력하며 음성 등과 같은 방법으로도 입력한다. 스마트폰보다 크고 사용하기 편리한 3D화면에 내비게이션, 카메라, 영상채팅, DMB 등이 제공되고 매우 편리하게 인터넷을 서핑하고 이메일을 확인하고 책을 읽고 영화를 보고 음악을 감상하는 다양한 콘텐츠를 즐길 수 있는 기회를 제공한다. 태블릿 PC는 콘텐츠를 모바일화하는 미래의 핵심 미디어 기기로 방송, 출판, 게임, 교육, 근무 등 많은 분야에 큰 변화를 가져왔다. 이러한 변화의 한 예를 보면 디지털 콘텐츠인 전자책(ebook)이 시장을 넓혀가면서 종이로 된 책을 읽어야 한다는 통념도 희미해져 가고 있으며 그 여파로 문을 닫는 기존의 오프라인 책방이 생겨나고 서점이 아예 없는 도시마저 있다.

2010년 4월 애플이 최초의 태블릿 PC 아이패드(iPad)를 출시 한 이래 아이패드가 태블릿 PC 시장의 독보적인 강자로서 시장을 지배하였다. 2012년에는 9.7인치에서 7인치로 화면크기가 더 작아져 휴대하기 쉬운 아이패드 미니도 새로이 출시하였다. 아이패드 미니는 크기를 줄였을 뿐만 아니라 가격도 낮추어 고가시장에서만 군림하던 애플이 중저가 시장에 대한 기대를 불러일으켰다는 점에서도 의미가 크다. 삼성전자의 갤럭시 S패드, LG전자의 옵티머스 시리즈, 모토로라의 줌 등 안드로이드 3.0 허니콤 운영체제를 탑재한 안드로이드 태블릿 PC 군단은 갤럭시탭을 대표 주자로 하여 시장을 공략하여 왔으나 성과는 기대에 미치지 못하였다. 구글은 2012년 최초로 자체 브랜드인 넥서스 7을 출시하여 아이패드의 아성에 도전장을 내밀었다. 넥서스 7은 안드로이드 4.1 운영체제인 젤라빈을 탑재하고 구글플레이(안드로이드 마켓의 새로운 이름)와 생태계를 형성하며 다양한 콘텐츠와 전자책을 보강하였다.

삼성은 갤럭시의 성공에 힘입어 2010년 9월 태블릿 PC에도 갤럭시탭이라고 이름을 붙였으며 갤럭시탭 10.1의 후속제품인 갤럭시 노트 10.1을 출시하고 시장에서 새로운 도약을 추구하고 있다. 새로운 이름으로 시장을 공략해 보겠다는 의미로 갤럭시탭 대신 갤럭시 노트라고 이름 지어진 갤럭시 노트는 디지털 펜과 멀티스크린 등 새로운 기능이 추가되었다. 2012년 9월 26일 삼성전자가 출시한 스마트폰 갤럭시 노트2도 젤라빈을 탑재하였으며 국내 이동통신 3사의 LTE를 모두 지원하고 16시간 연속통화 등 새로운 기능을 첨가하여 시장의 호평을 받았다. 마이크로소프트사도 2012년 새 운영체제인 윈도우 8을 기반으로 하는 서피스를 탑재한 윈도우 태블릿 PC와 스마트폰인 윈도폰 8을 출시하여 시장을 공략하기 위해 노력하고 있다.

LTE

LTE(long term revolution)는 3세대 이동통신보다 전송속도가 최소 5배 이상 빠르고 Wi-Fi 없이도 선명한 화질을 제공하는 4세대 이동통신기술이다. 그러므로 모바일기기를 이용하여 유선인터넷과 다름없이 또는 더 빠르게 실시간 영상교육이나 원격진료를 받을 수 있는 서비스이다. 최초의 서비스는 2009년 스웨덴의 TeliaSonera가 시작하였고 우리나라에서는 2011년 7월 처음으로 서비스가 제공되었으나 2012년 3월에는 LTE 전국망이 구축되어 우리나라 어느 곳에서도 선명한 화면으로 끊임이 없이 동영상을 시청할 수 있는 전국적인 서비스가 가능해졌다. 데이터, 파일, 동영상 서비스에 추가하여 고품질의 음성서비스도 지원되었으며 가입자도 폭발적으로 증가하였다.

1979년 일본에서 처음 시작된 1세대 아날로그 이동통신서비스인 셀룰라 전화는 음성만을 전송하였으나 통신에 혼선이 생기는 등 효율적이지 않았으며 FDMA를 이용하였다. 우리나라에서는 1984년 SKT(구 한국이동통신)가 처음으로 상용화하였다. 2세대 디지털 셀룰라 전화에서는 변조 및 음성부호화가 가능해져 음성, 낮은 속도의 데이터, 정지화상의 전송이 가능해 졌다. 1993년 개발된 북미식의 CDMA와 1987년 시작된 유럽식 GSM(범유럽이동통신 : global system for mobile communication)의 TDMA 두 방식이 적용되었다. 1996년 SKT가 CDMA로 서비스를 시작한 후 국내에서는 CDMA가 상용화되었고 국내에서 개발된 기술을 바탕으로 세계시장에 진출하여 GSM와 경쟁하며 성장하였다. 2.5세대 이동통신인 PCS(personal communication service)로 진화하였으나 2세대와 질적으로 크게 차별화되지 못하였다. SKT와 KTF가 서비스를 제공하였다. 셀룰라 전화는 850MHz를 PCS는 1.8GHz를 사용하였다.

3세대 이동통신 IMT-2000(international mobile communication-2000)은 인공위성을 활용하기 시작했으며 음성, 문자, 주문형 비디오 등 멀티미디어 정보의 전송이 가능해졌다. 모두 CDMA 기반의 3세대 이동통신 표준으로 LGT(후에 LGU+)가 상용화한 동기식의 cdma200과 SKT와 KTF의 비동기식 WCDMA(광대역 코드분할방식 : wideband CDMA)가 사용되었다. WCDMA는 비동기식인 GSM에 전송속도를 높여주기 위해 FDMA 대신 CDMA를 적용한 3세대 이동통신 기술로서 2001년 일본에서 FOMA라는 이름으로 처음으로 상용화되었다. 일반적으로 CDMA가 GSM보다 고품질에 더 효율적이며 설치비용도 저렴하다.

3.5세대 이동통신은 고품질의 영상통화, 게임, TV 등 동영상 감상, 컴퓨터 작업이 가능해졌으며 GSM 계열의 비동기식 WCDMA가 발전한 KTF의 HSDPA(초고속 하향 데이터 패킷전송 : high speed downlink packet access)와 cdma2000이 진화한 LGT의 동기식 리비전 A(rivision A)가 있다. KTF가 2007년 3월 1일 SHOW를 SKT는 동년 5월 1일 3G+로 서비스를 시작하였다. 이들은 HSUPA, HSPA+, 리비전 B 등으로 발전하였다. HSDPA는 WCDMA를 발전시킨 3.5세대 이동통신기술로 이동통신 뿐만 아니라 무선인터넷에도 활용이 가능하다.

국제전기통신연합(ITU : international telecommunication union)은 2012년 1월 4세대 이동통신을 시속 100km 이상의 고속 이동 중에는 100Mbps, 저속 이동 중에는 1Gbps의 전송속도가 가능한 이동통신기술로 규정하였으며 LTE-advanced와 WiMax Evolution을 4세대 이동통신 기술로 확정하였다. 2010년 12월에 지정된 LTE, HSPA+, WiMax(worldwide interoperability for microwave access)는 엄격한 의미에서 4세대 이동통신 기술에는 미흡하며 3.9세대로 불린다. 우리와 가장 친밀한 LTE는 HSDPA가 시간을 두고 자연스럽게 진화하여 발전된 것이라는 의미로

LTE로 불리고 있으며 최대 하향 전송(다운링크)속도 100Mbps, 최대 상향 전송(업링크)속도 50Mbps, 대역폭 40MHz, 그리고 CDMA 접속방식을 사용하여 속도를 최대 장점으로 하는 무선 데이터 패킷 통신규격이다. 좀 더 이해를 쉽게 하기 위해 비교하면 700MB 영화 1편을 다운로드 받는 데 걸리는 시간이 2세대(CDMA)에서는 30분, 3세대에서는 6분 30초, 4세대에서는 1분 15초가 소요되며, 이동 중에서와 같이 와이파이가 접속되지 않을 때도 와이파이에 뒤지지 않는 속도를 갖는다. 그러므로 진정한 4G서비스는 LTE보다는 LTE-advanced로부터 시작된다고 할 수 있다. LTE-advanced는 최대 하향 전송속도 1Gbps, 최대 상향 전송속도 500Mbps를 목표로 하고 있으며 여러 가지 새로운 기술로 보완되어 LTE보다 성능이 높다. 2012년 기준 대표적인 LTE 통신업자는 Verizon, SKT, NTT DoCoMo, LGU+, AT&T, KT, MetroPCS, Rogers Wireless 등이다.

LG U+가 2012년 3월 전국 84개의 시와 889개의 군, 읍, 면까지 서비스망을 구축하여 세계 최초의 LTE 전국망 사업자로 인정되고 있다. 광대역 LTE 서비스는 2013년 8월 30일 주파수 경매에서 자사의 기존 주파수 1.8GHz 바로 옆의 주파수 15MHz 대역을 낙찰 받은 KT가 2013년 9월 세계에서 가장 빨리 서비스를 시작하였으며 SKT도 같은 해 연말 수도권에서 서비스를 시작하였다. 그 전까지는 SK텔레콤과 LG U+가 LTE-A 서비스를 제공하고 있음에도 불구하고 KT는 주파수 부족으로 서비스를 제공하지 못하고 있었다. 광대역 LTE와 LTE-A는 같은 속도를 제공하지만 광대역 LTE는 LTE-A와 다르게 기존 LTE 스마트폰을 그대로 이용할 수 있다. 광대역 LTE는 인접한 주파수 대역으로 합쳐 대역을 늘린 것이나 LTE-A는 서로 떨어져 있는 두 주파수 대역을 연결하여 하나의 확장된 주파수 대역과 같이 사용한다. LTE는 700MHz, 800MHz, 900MHz, 1.5GHz, 1.7GHz, 1.8GHz, 2.1GHz, 2.6GHz 등 다양한 주파수대역을 사용하고 있어 규모의 경제 실현에 어려움이 있다.

LTE는 주파수분할방식과 시분할방식으로 구분되나 이동통신 사업자 대부분은 주파수분할방식인 FDD-LTE을 사용하였다. 중국은 시분할방식의 TDD-LTE를 독자적으로 개발하여 자체적으로 사용을 준비하였으나 러시아, 미국, 인도, 사우디아라비아 등의 사업자들이 전환하거나 전환을 고려하고 있어 그 영향력이 커지는 추세이다. 중국은 인구 25억에 7억 명 이상의 가입자를 보유하여 세계 스마트폰 시장의 25%를 차지하는 세계 최대의 시장으로 세계 최대 이동통신사인 차이나 모바일이 2013년 12월 TDD-LTE 서비스를 시작하였다. 세계 최초의 TDD-LTE서비스는 사우디아라비아 이동통신사 모빌리(Mobily)에 의하여 시작되었으며 중국의 ZTE(Zhongxing Telecommunication Equipment)는 대규모 자금을 가지고 사업에 적극 나서고 있다. 인도 최대 통신사 바이에어텔도 합류하였고 WiMax 사업자였던 미국 이동통신사인 클리어와이어까지도 서비스의 전환을 선언하였으며 2013년 말에는 세계 46개 이동통신사가 서비스를 준비하고 있어 새로운 거대 신흥시장을 형성하게 되었다. TDD-LTE는 2.3GHz를 사용하고 있다.

이러한 새로운 시장을 확보하기 위해 우리나라도 기존 와이브로용으로 할당되었던 주파수를 사용하여 서비스를 도입하고 애플을 물론 삼성, LG 등도 TDD-LTE용 단말기를 출시하여 통신장비를 공급하기 위해 노력하고 있으며 세계 최대시장인 중국시장을 공략하기 위한 다양한 시도를 진행하고 있다.

우리나라는 2014년 1월 22일 5세대 이동통신 기술을 개발하기 위한 '미래 이동통신 산업발전 전략'을 확정하고 2020년까지 1조 6,000억을 투자하여 이동통신 5G 기술을 개발하고 산업을 활성화하기 위해 노력하고 있으며 세계의 선진국들도 5G 기술의 주도권을 선점하기 위하여 다각적인 정책5을 시행하고 있다. 5G 기술은 4G 기술의 전송속도 100Mbps에 비하여 1Gbps의 속도를 갖는 매우 빠른 기술이다.

WiMax는 WiFi(IEEE802.11)보다 기능이 보완된 IP기반의 광역무선기술로서 현재 음성통신은 제공되지 않으며 LTE와 WiMax 경쟁에서 LTE가 승리하여 WiMax를 4세대 표준으로 공급하기 위한 인텔의 노력은 무산되었으며 스마트폰에서의 사용도 어려워졌다.

휴대폰 위치추적 서비스

납치, 실종, 범인추적 등과 같은 강력범죄를 예방하고 해결하는 데 큰 도움이 되는 휴대폰 위치추적 시스템은 이동통신사의 기지국, GPS, 그리고 극히 최근에 서비스가 시작된 와이파이를 이용하는 방법이 있다. 기지국은 반경 200m 이상, GPS는 반경 50m, 와이파이는 반경 5m의 정확도를 제공한다. 기지국과 GPS를 이용하는 경우에는 실내와 같이 위치추적이 어려운 사각지대가 많이 존재했으나 이동통신사가 설치한 와이파이 AP(access point)를 이용하면 정확한 위치추적이 가능할 뿐만 아니라 실내 위치추적과 더불어 층별 위치추적도 가능하다. 정확한 위치추적시스템은 상업적으로도 큰 가치가 있다.

동기식 전송

송신자와 수신자 사이에 시간이 일치하지 않으면 전송오류가 발생한다. 송수신자의 시간이 일치되지 않으면 수신자는 다른 시간대에 정보를 추출하게 되며 동기화(synchronization)란 송신자와 수신자의 시간을 일치시키는 것을 말한다. 동기식은 송수신자가 일정한 시간대를 설정하여 송수신 시간대를 동기화한 후 설정된 송수신 시각에 긴 데이터의 묶음을 송신하고 수신한다. 그러므로 데이터와 클록(clock)을 위한 두 종류의 회선이 필요하며 전송효율은 높으나 비용도 다소 높다. 시작을 알리는 시작바이트(header byte)인 플래그(flag), 복수의 문자열, 패리티 비트, 종료바이트(tailer byte)인 플래그로 구성된다. 비동기식은 한 번에 긴 데이터를 전송하지 않고 7~8비트의 한 문자만을 전송함으로써 시간문제를 해결하는 방법이다. 시작비트(start bit), 문자, 패리티 비트, 종료비트 (end bit)로 구성된다. 패리티 비트는 전송오류를 점검하는 비트이다.

5. 인터넷

인터넷은 디지털화된 우리의 일상생활에서 하나의 생활공간이 되어 현실세계와 가상세계의 경계를 허물어 우리의 삶과 문화를 바꾸었다. 현재의 인터넷은 유무선 통합, 방송 통신의 융합, 보안, 무선의 실시간 처리 등을 위한 새로운 구조의 프로토콜을 도입하고 USN 등 다양한 네트워크를 모두 수용하여 글로벌 통신망으로 발전하기 위한 매우 중대한 국면을 맞고 있다. 앞으로는 유비쿼터스 환경에 부응하여 우리의 생활공간에 존재하는 사람, 건물, 가전기기 모두가 인터넷으로 연결되어 정보를 공유하고 처리할 수 있는 웹사이어티(webciety) 사회도 예견되고 있다. 웹사이어티란 web과 society가 합성되어 만들어진 단어이다.

인터넷의 모태는 ARPAnet(advanced research project agency network) 으로 1969년 미 국방성은 혹시 발생할지도 모르는 소련의 핵공격에 대비하여 네 대의 주컴퓨터를 연결하여 이기종의 컴퓨터가 상호 접속할 수 있도록 하였다. 이는 스탠퍼드, UCLA 등 50여 개의 대학 및 연구기관과 연결되었고 1972년에는 일반에 공개되었다. 1984년 군사용은 별도로 독립하여 MILnet이라는 새로운 이름을 사용하였고 연구용인 ARPAnet은 1986년 미국과학재단(NSF : nation science foundation)과 연결되었고 1995년에 ARPAnet는 NSFnet에 기간망을 넘겨주고 해체되었다. NSFnet 은 전 세계에 산재한 개별 통신망들과 서로 접속되며 컴퓨터와 데이터 자원을 공유하는 개방형 통신망이 되었고 네트워크의 네트워크인 인터넷의 기간망으로 발전하였다.

인터넷을 사용하는 인구는 폭발적으로 증가하였다. 예를 들어 미국에서 500만 명의 가입자를 확보하는 데 전화는 1920~1945년의 25년, 라디오는 1922~1960년의 38년, 텔레비전은 1951~1964년의 13년, 케이블은 1976~1986년의 10년이 소요되었음에 반하여 인터넷은 1993~1998년의 5년이 소요되었다. 이용자가 100일에 두 배씩 증가한다는 인터넷 법칙과 같이 개방형 통신망인 인터넷은 사용자의 다양한 요구사항을 수용하며 급속히 발전해 왔다.

TCP/IP 프로토콜

인터넷을 다른 말로 표현하면 TCP/IP(transmission control protocol/internet protocol) 프로토콜을 사용하는 통신망으로 TCP/IP는 편리성과 유연성을 제공하여 인터넷을 급속히 성장시킨 중요 요인이다. 기존의 이질적인 프로토콜로 구성된 컴퓨터나 통신망들은 필요에 의하여 상호 접속하고자 하여도 접속이 불가능했다. 그러나 TCP/IP 프로토콜은 중앙컴퓨터나 통신센터 없이 IP주소만으로 목적지에 전송을 가능케 하는 P2P(peer to peer)방식의 개방형 프로토콜이다. 원래의 메시지를 패킷으로 분할하고 주소가 부여되어 전송되고 메시지로 재조합되는 표준화된 방법을 제공하여 하드웨어, 운영체제, 접속매체에 관계없이 서로 다른 기종들 간에도 라우터를 이용하여 서로 연결되고 원활한 통신을 가능케 한다. TCP는 패킷을 분할하고 재조합하며 이동을 관리하며 IP는 패킷의 IP주소를 처리하여 목적지로 전송한다.

TCP/IP 프로토콜은 정보통신망에서 전송을 수행하는 데 필요한 100가지 이상의 프로토콜로 구성된 세계 공통의 통신규약으로 7계층으로 구성된 OSI모형에 대비하여 TCP/IP모형은 응용계층, 전송계층(TCP), 네트워크(IP)계층, 링크(Link)계층의 4계층으로 구성된다. 이미 언급된 OSI 모형은 가상 네트워크를 대상으로 조직적으로 개발되었음에 반하여 TCP/IP모형은 사용하면서 점진적으로 개선할 수 있는 개방성으로 가상의 사이버 공간에서 세계 표준어가 되었으며 지역적으로 산재한 많은 이용자들이 쉽게 접근하여 필요한 정보를 검색하고 이용할 수 있다. 그 결과로 통신망의 통신망이란 inter-network란 의미로 internet이라 명명되었으며 TCP/IP는 통신망에서 사용되는 세계에서 가장 표준화된 프로토콜로서 사이버공간의 글로벌 표준이 되었다.

패킷교환망

통신망에서 유통되는 정보는 송신자로부터 교환기를 거쳐 필요하면 다음 교환기로 중계되고 수신자에게 전송된다. 교환기는 송수신자 간의 통신을 위해서 회선을 서로 연결하고 경로를 제공해 주는 교환기능을 수행한다. 통신망의 교환기능은 필요한 경우에만 통신회선을 사용하도록 하여 통신망의 경제성과 효율성을 확보한다.

인터넷은 패킷교환(packet switching)망이다. 패킷은 'package'와 'bucket'의 합성어이다. 패킷교환방식은 ARPAnet에 처음 적용된 방식으로 미 국방부는 도청을 방지하기 위한 목적으로 패킷교환방식을 고안하였다. 패킷교환방식은 데이터를 패킷으로 불리는 데이터의 묶음으로 분할하고 분할된 패킷에는 각각 목적지의 주소가 부착되고 부착된 목적지 주소까지 독립적으로 교환기에서 교환기로 적절한 통신경로가 선택되어 전송되며 목적지에 도착한 후 원래의 메시지로 재조합된다. 패킷의 크기는 초기에는 일반적으로 28자였으나 지금은 사용하는 통신 표준에 따라 다양하게 주어진다.

전송경로 중에는 한 교환기에서 다음 교환기까지 전송되며 교환기에서는 대기전송(hold and forward)의 원리에 따라 전송한다. 대기전송에서는 교환기가 도착한 패킷을 받아 한시적으로 주기억장치의 RAM에 저장하고 다음 전송할 교환기의 경로를 선택하여 회선이 가동되면 전송을 수행하며 수신이 확인되면 패킷은 폐기된다. 그러므로 기억공간은 다른 패킷의 대기공간이 되어 대기전송에 다시 활용된다. 패킷교환방식은 데이터 통신에 적합하며 패킷교환방식의 통신규약을 X.25라고 하며 패킷교환망을 X.25망이라고도 한다.

패킷교화방식은 전송오류가 발생하면 재전송을 요구하는 방식으로 오류검출방법을 개선하기더 하고 컴퓨터와 통신이 고속화됨에 따라 전파지연 보다 교환기에서 발생하는 전송지연이 문제가 되자 교환기에서 매번 라우팅처리를 하지 않고 직접 목적지로 보냄으로써 교환기에서 발생하는 구조적 병목현상인 전송지연을 현저히 개선시키는 등 발전을 거듭하였다.

패킷교환의 대기전송과 대치되는 초기 교환방식으로 저장전송(store and forward)을 갖는 메시지교환(message switching)방식이 있다. 메시지교환방식의 저장전송에서는 교환기에 도착한 데이터는 보조기억장치에 저장되고 다음 교환기가 선택되면 전송되나 다음 교환기에서의 수신이 확인되어도 메시지는 폐기되지 않는다. 메시지교환방식은 가변적 데이터 자체를 전송한다. 메시지교환방식은 이메일 등에 활용된다.

클라이언트-서버 구조

인터넷은 클라이언트-서버(client-server) 구조를 갖는다. 클라이언트-서버 구조란 클라이언트는 특정한 작업을 처리하여 주도록 연계되어 있는 특정 서버 컴퓨터에 의뢰하고 서버는 의뢰받은 작업을 수행함으로써 클라이언트에 서비스를 제공한다. 클라이언트 컴퓨터는 질의를 입력하거나 자료를 요구하는 데 사용되며 자신에게 제공되는 서비스가 어떤 서버 컴퓨터로부터 어떻게 제공되었는지 알 필요 없이 단지 처리결과인 서비스를 제공받기만 하면 되는 것이다. 그러므로 클라이언트-서버 구조에서는 각 컴퓨터는 특정 작업을 전문적으로 수행할 수 있도록 하드웨어나 소프트웨어가 전문적으로 관리되고 컴퓨터들은 상호 연결된다. 특정작업을 처리하는 서버로는 응용서버, 통신서버, 파일서버, 데이터베이스서버 등 다양하다.

미들웨어(middleware)는 정확한 정의를 하기는 힘드나 근본적으로 클라이언트와 서버 사이에 적용되는 모든 소프트웨어를 말한다. 즉 미들웨어란 클라이언트와 서버 사이에서 클라이언트가 서비스를 요구하고 그 결과가 다시 클라이언트로 전달될 수 있도록 하는 모든 기능을 포함하는 영역의 소프트웨어로서 서로 다른 시스템들을 연결하여 시스템 간의 정보를 교환할 수 있게 해 준다.

강력한 개인용 컴퓨터의 보급으로 마이크로컴퓨터 위주로 네트워크의 플랫폼을 구성하는 정보시스템 다운사이징(downsizing)은 매우 일반적인 형태가 되고 있다. 정보시스템 다운사이징이란 분산처리환경에서 하드웨어 선택과 관련된 개념으로 자료처리를 위한 기업의 경영정보시스템을 개인용 컴퓨터 위주로 구성된 근거리 통신망으로 이행하는 것을 말한다. 개인용 컴퓨터는 개별적으로 대규모 자료처리가 불가능하지만 이를 상호 연결함으로써 컴퓨팅 능력을 현저히 높일 수 있는 것이다. 분산처리방식이란 정보를 하나 또는 몇 개의 컴퓨터에서 처리하지 않고 통신회선을 통하여 연결된 네트워크를 통하여 처리하는 것을 말한다. 마이크로컴퓨터를 위시한 분산된 컴퓨터들은 통신망을 통하여 연결되고 분산된 컴퓨팅 능력은 단순히 물리적으로만 연계되는 것이 아니고 화학적으로 연계되어 서로 공유되고 활용되도록 지향하는 방식이다. 분산처리방식의 다른 방법으로 가장 보편적으로 활용되는 구조가 클라이언트-서버 구조이다.

이에 반하여 중앙의 주컴퓨터나 몇 개의 컴퓨터에 의하여 저장되고 처리되어 분산처리방식과 대치되는 개념을 중앙집중식 처리방식(centralized processing)이라 한다. 은행업무나 항공사 예약업무에서는 각 지점의 컴퓨터는 본점의 주컴퓨터에 연결되어야 하고 각 지점에서 일어나는 거래는 실시간으로 중앙에 있는 주컴퓨터에 의하여 처리되고 관련되는 데이터는 바로 갱신된다.

월드와이드웹

인터넷의 가장 큰 특징은 1986년 스위스 물리입자연구소(CERN : center for european nuclear research)에서 개발한 통합적 인터넷 종합정보검색 시스템인 월드와이드웹(WWW : world wide web)이다. 기존의 원거리 접속(Telnet : tele network), 정보검색(Gopher, Archie 등), 전자우편, 파일전송(FTP : file transfer protocol), 동호회 전자게시판(Usenet : user network) 등 제공되는 모든 서비스는 월드와이드웹을 통하여 정보를 포맷하고 저장하고 검색하고 다른 웹페이지(web page)와 연결하여 매우 쉽게 사용할 수 있다. 웹페이지란 웹에 있는 문서를 말한다. 그래픽 사용자 인터페이스 환경에서 웹서비스를 쉽게 이용할 수 있도록 해 주는 소프트웨어인 웹브라우저는 웹서버에 접근하여 원하는 정보를 클라이언트 컴퓨터 화면에 재배치하고 이를 쉽게 찾아볼 수 있도록 해 주는 응용프로그램이다. 여기에서 웹서버란 HTTP(hyper text transfer protocol)를 사용하여 웹페이지를 찾아 전송하여 사용자에게 제공해주어 인터넷 사이트의 서비스를 가능하게 해 주는 프로그램이다. 좀 더 부연설명하면 웹브라우저는 특정 웹페이지를 자신의 IP주소로 보내달라고 웹서버에 요청하고 웹브라우저의 요청을 받으면 웹서버는 해당 웹페이지를 찾아 보내주며 사용자는 웹브라우저를 통해 주어진 정보를 보게 된다. 인터넷 상에서 자료를 쉽게 찾을 수 있도록 해 주는 소프트웨어인 검색엔진 (search engine)은 특정한 웹페이지를 빠른 시간에 쉽게 찾는 데 도움을 준다.

웹브라우저에는 익스플로러(Explorer), 모자이크(Mosaic), 넷스케이프

(netscape), 네비게이터(Navigator), 오페라(Opera), 파이어 폭스(Fire Fox), 크롬(Chrome) 등 다양하다. 세계 최초의 웹브라우저인 모자이크 웹브라우저는 1993년 미국 슈퍼컴퓨터 응용센터(NCSA : national center for supercomputing applications)에서 출시하였으며 최초의 상용화된 웹브라우저인 넷스케이프는 1994년 넷스케이프 커뮤니케이션에서 개발하였다. 네비게이터는 1994년, 익스플로러는 1995년 출시되었다. 익스플로러가 가장 높은 시장점유율을 유지하고 있으나 시장점유를 위한 브라우저들 간의 경쟁은 점점 치열해지고 있다. 또한 가장 일반적인 웹서버로는 32비트 윈도와 유닉스 운영체제에서 사용할 수 있는 아파치(apache), 윈도 NT의 IIS(internet information server), 넷스케이프의 엔터프라이즈 서버가 있다. 검색엔진으로는 구글(google), 야후(yahoo), MSN, 네이버(naver), 다움(daum) 등 다양하다.

1993년 도입되어 폭발적으로 성장한 HTML은 웹문서를 작성하는 프로그래밍 언어로 문서를 포맷하고 지역적으로 멀리 떨어진 컴퓨터에 저장된 정보를 연결시키며 인터넷은 HTML로 작성된 하이퍼텍스트(hypertext)로 모든 문장을 제공한다. 책과 같은 선형적 텍스트에서는 순차적으로 내용을 제시하나 하이퍼텍스트는 문장을 구성하는 하나의 단어나 문구를 링크하면 HTTP을 통하여 외부와 연동하여 그 단어의 내용을 설명하는 주제를 제시한다. 그러므로 좀 더 자세한 정보를 원할 경우에는 그 항목의 링크를 이용하여 매우 편리하게 관련 자료를 더 자세하게 검색할 수 있다. 하이퍼텍스트는 음성이나 영상까지 링크시키는 하이퍼미디어(hypermedia)로 발전하여 멀티미디어 서비스가 가능해졌으며 전 세계 방송이나 통신 서비스를 실시간으로 시청할 수 있게 되었다.

현재 쓰이는 HTML의 표준은 1999년 도입된 HTML 4.01이다. 그러나 HTML4.01은 동영상, 해킹, 스마트폰이나 태블릿PC, 음성인식 등과 같은 최근의 인터넷이 제공하는 환경에 적절히 대응하는 데 문제가 있다.

월드와이드웹 컨소시엄(W3C : world wide web consortium)은 2004년부터 구글, 마이크로소프트 등과 협력하여 현재 인터넷 환경이 필요로 하는 다양한 기능을 모두 포함하는 HTML5 표준안을 2014년에 발표할 것을 목표로 노력하고 있다. 삼성전자가 손목시계형 스마트기기인 갤럭시 기어의 후속작으로 2014년 2월 발표한 '삼성 기어2'에는 오픈소스 운영체제인 타이젠(Tizen)이 탑재되어 있으며 타이젠은 HTML5를 기반으로 한 최초의 스마트기기이다. HTML5의 가장 큰 장점은 호환성으로 동영상, 음악, 신문 등과 같은 콘텐츠를 어떠한 디바이스로 접속하더라도 동일한 화면에서 구현할 수 있다는 것이다. 예를 들어 액티브 X나 플래시(Flash) 등을 설치하지 않아도 동영상을 재생할 수 있다.

무선 인터넷

정부의 적극적인 지원 아래 우리나라(삼성전자 등)에서 주도적으로 개발한 와이브로(wibro : wireless+broadband)는 시속 60~100km로 달리는 차 안에서도 언제 어디서나 초고속 인터넷을 활용하여 멀티미디어 통신이 가능한 무선 광대역 인터넷 서비스이다. 예를 들면 어느 전 대통령은 '와이브로는 우리나라가 세계 최초로 개발하여 국제표준을 주도한 신기술이다'고 자랑하였다. 2006년 6월 세계 최초로 상용화된 서비스를 시작하였으며 미국, 인도, 인도네시아, 러시아 등으로 확산되었으나 미국 버라이즌, 유럽 보다폰, 일본 NTT도코모 등 각국의 1위 이동통신사들이 W-CDMA로 쏠리고, 미국 클리어와이어, 일본 유큐, 러시아 요타 등 주요 와이브로 사업자들이 2011년부터 와이브로 대신 LTE-TDD를 선택하였으며, 촘촘하게 설치된 와이파이 망과 같은 대체기술에 의하여 많은 사업자가 투자를 중단하였고 제품개발에서도 철수하여 우리나라를 제외한 다른 지역에서의 서비스가 제한되고 매우 어려운 처지에 처하게 되었으며 그 결과로 명맥을 유지하던 KT와 SK텔레콤마저 보조망 정도로 취급하게 되었다. 정부는 우리나라 대표적인 국산기술인 와이브로를 포기하지 못하고 서비스의 지속을 위한 정책을 시행해 왔으나 2013년 9월 12일 와이브로를 사실상 포기하는 정책을 발표함으로써 한 때 우리나라가 개발한 대표적 정보기술로 각광받던 와이브로는 미련을 남긴 체 역사 속으로 사라져 갔다.

　WAP(wireless application protocol)이나 Imode는 휴대폰이나 PDA 같은 소형기기에 마이크로 웹브라우저를 탑재하여 인터넷에 접속할 수 있는 국제표준이다. WAP는 XML(extensible markup language)을 기반으로 하는 WML(wireless markup language)를 활용하며 게이트웨이에 도착한 HTML으로 작성된 내용을 게이트웨이는 WML로 번역하여 WAP 클라이언트가 수신한다. Imode는 일본의 NTT DoCoMO에서 제공되는 패킷교환방식의 무선서비스로 WAP 대신 compact HTML을 사용한다.

인터넷 주소

ICANN(국제 인터넷 주소 관리기구 : internet corporation for assigned names and numbers)는 인터넷 프로토콜 주소(IP address)를 관리하는 비영리기구이다. 방대한 인터넷 상의 서로 다른 컴퓨터들이 상호 연결되기 위해서 모든 컴퓨터는 필수적으로 자신만의 위치를 표시해 줄 수 있는 고유한 인터넷 프로토콜 주소가 필요하다. 1981년에 도입되어 현재 인터넷에서 사용되는 IPv4(IP version 4) 주소체계는 $8 \times 4 = 32$비트를 사용하여 네 부분의 십진수로 구성되며 각 부분은 0~255의 숫자를 이용하고 각 부분은 점(.)으로 구분되어 242.150.42.150의 형태로 표현된다. 그러나 이러한 주소체계는 사용자가 기억하기 어렵고 관리하기도 복잡하여 사람들이 기억하기 쉬운 형태인 뜻을 내포하는 단어들로 조합되어 pero@duksung.ac.kr과 같은 형태를 갖는 도메인 이름이 사용되었다. 도메인 이름은 컴퓨터 내부에서 DNS(domain name system)을 통하여 자동으로 IP주소로 변경된다.

IPv4의 주소체계는 2^{32}, 약 42.94억 개의 주소를 수용할 수 있다. 그러나 인터넷에 접속하는 컴퓨터는 기하급수적으로 늘어나고 있어 그 추세로 볼 때 새로이 사용이 가능한 여분의 주소는 곧 고갈될 것으로 예상되고 있다. 그러므로 IPv4 주소체계의 문제점을 보완하기 위해 약 34,028조 개의 주소를 가질 수 있는 16×8=128비트를 사용하는 IPv6 주소체계가 개발되어 1999년 도입되었고 IPv4 주소체계를 대체할 예정이다. 예를 들어 2009년 제정된 미국 연방 IPv6 의무조항은 미국의 모든 연방정부 기관들의 웹사이트는 2012년 9월 30일까지 IPv6 주소체계를 지원할 것을 규정하고 있다. IPv6 주소는 2BA : FG : 8A4B : 50 : 21DA : 3DB : BE12 : B4와 같이 8부분으로 구성되며 각 부분은 16비트씩 16진수를 사용하고 부분 간에는 콜론(:)으로 구획된다.

IPv6 주소체계 도입에 따라 인터넷 주소에는 당분간 여유가 생길 것으로 보이며 최상위 도메인(gTLD : generic top level domains)의 수도 크게 증가할 것으로 예상되고 있다. 20011년 12월 통계치는 전 세계적으로 등록된 최상위 도메인의 수가 280여 개, 도메인의 수는 2억 2천만 개로 발표되고 있다. 새로운 최상위 도메인 이름으로는 도시이름, 지역이름, 산업이름, 영어가 아닌 이름 등 다양하게 예상되고 있다. IPv6 주소체계의 도입은 인터넷 주소체계에 일시적인 혼란을 야기 시킬 수밖에 없으며 도입절차를 주관하는 인력이나 하드웨어와 소프트웨어와 같은 장비교체에 따른 부담이 수반되고 이에 따른 비용도 소요될 것이다. 그럼에도 불구하고 새로운 주소체계는 웹을 이용하는 비즈니스의 패러다임을 변화시킬 강력한 수단으로 여겨지고 있다.

인트라넷과 엑스트라넷

기업이나 조직은 업무를 수행하고 내부 데이터를 공유하기 위해 기업 내부 통신망인 근거리통신망을 설치하고 별도로 운영하나 여러 가지 웹 관련 기술들을 이용하여 인터넷을 근거리통신망으로 활용할 수 있다. 이와 같이 기업이나 조직의 근거리통신망 환경을 웹서버 소프트웨어를 활용하여 웹 검색과 동일한 웹 기술, 전자우편, 파일전송, 그리고 TCP/IP 프로토콜을 기반으로 구축하여 인터넷을 내부 근거리통신망으로 활용하는 것을 인트라넷(intranet)이라 한다. 인트라넷에서는 인터넷보다 고속의 정보전송이 가능하다.

인트라넷을 구성하는 경우에는 외부 통신망과의 접속점인 포탈(portal)을 이용하는 웹 인터페이스 문제와 내부의 특정 지점에 방화벽을 설치하여 조직 내부의 통신망에 접근할 수 있는 사람과 그렇지 않은 사람을 구분할 수 있도록 하는 등 보안문제를 해결해야 한다. 다시 말하여 외부인의 침입을 통제하는 외부보안과 조직 내부의 구성원들이 기업 내부의 자료에 제한적으로 접근할 수 있도록 하는 내부보안이 수립되어야 한다.

인트라넷이 기업 내부의 구성원만이 접근할 수 있는 기업 내부의 웹 사이트임에 반하여 엑스트라넷(extranet)은 공급업체나 고객에 접속을 허락하여 인트라넷의 개념을 공급체인상의 공급업체나 고객으로 확대한 것으로 TCP/IP 프로토콜과 웹 기술을 기반으로 구성한 통신망이다. 그러므로 엑스트라넷은 인트라넷의 방화벽을 보안암호를 통해 개방하여 기업의 내부정보나 사업정보를 관련 기업이나 조직에 개방한 것으로 엑스트라넷에 있어서도 보안은 매우 중요하다.

엑스트라넷은 일반적으로 대기업이 공급체인을 구성하는 공급업체, 유통업체, 협력업체들과 업무와 의사소통의 효율성을 높이고 지속적으로 비즈니스 프로세스를 협력하기 위하여 구성하여 소유하는 형태를 가진다. 이와 같이 구성된 B2B엑스트라넷을 사설산업네트워크(private industrial network)라고 한다.

인트라넷이나 엑스트라넷은 인터넷이 제공하는 모든 자원과 기회를 이용할 수 있을 뿐 아니라 기업 간의 표준화된 의사소통을 수행할 수 있으며 통신망의 인프라를 쉽게 재구성할 수도 있다는 장점이 있다. 전송속도가 빠르고 신뢰성이 높다.

VoIP

VoIP(voice over internet protocol)는 TCP/IP 기반의 인터넷을 통하여 음성통화를 구현하는 인터넷 전화와 관련된 기술이다. 대화하는 쌍방은 일반전화망을 통하여 전과 동일하게 음성으로 통화하나 음성은 인터넷에서 사용되는 디지털 패킷으로 변환되어 전송된다. 음성과 데이터가 하나의 통신망을 이용하므로 비용이 저렴하고 속도가 빠르며 새롭게 배선할 필요 없이 쉽게 확장될 수 있다. 또한 인터넷과 연계된 다양한 서비스도 가능하여 이메일이나 음성메일도 함께 사용할 수 있고 검색, 뉴스, SMS, banking, 화상교육, CRM 등 다양한 서비스가 가능하며 무선의 m-VoIP 서비스도 제공되었다. 이동통신 3사는 2012년부터 4세대 이동통신 LTE에서 음성통화를 구현한 VoLTE(Voice over LTE) 서비스를 제공하여 소비자는 더욱 좋은 품질의 서비스를 낮은 가격에 활용할 수 있게 되었다. LTE는 데이터 전용 네트워크이므로 VoLTE 이전에 LTE를 이용한 음성통화신호는 4세대 네트워크와는 별도로 3세대 네트워크를 통해 회선교환(circuit switching)방식으로 전달되었으며 VoLTE 경우 음성서비스는 데이터 형태로 구현된다. 카카오톡은 2012년 6월 4일부터 무료 m-VoIP서비스를 제공하여 스마트폰 사용자는 문자메시지뿐만 아니라 음성통화까지도 무료로 사용하게 되었다.

인터넷과 산업

인터넷을 비즈니스에 활용하면서 새로운 산업들이 형성되었으며 이러한 인터넷과 관련된 산업은 다양하게 분류될 수 있으나 미국 투자자문회사인 메릴린치(Merrill Lynch)는 인터넷 접속(access), 콘텐츠, 상거래, 소프트웨어, 서비스 다섯 종류의 산업을 제시하였다.

인터넷 접속과 관련된 산업은 인터넷에 접속할 수 있는 매체를 제공하고 접속하는 이용자의 접속료를 수입원으로 하거나 가입자에게만 접속할 수 있는 권리를 주고 가입비를 수입으로 하는 산업을 말한다. 경우에 따라서는 기본 서비스는 무료이나 추가로 제공되는 특별한 서비스에는 사용료를 징수하기도 한다. 그러나 인터넷 접속과 관련된 가장 큰 수입원은 광고이다. 웹사이트 방문자는 웹사이트에 무료로 접속하나 웹사이트는 광고주로부터 광고를 노출시킬 수 있는 대가로 수입을 올리고 있다. AOL, Yahoo, AT&T 등이 있다. 그러나 모바일 시장의 확장에 따른 웹 비즈니스의 경쟁력 부족으로 광고시장이 침체되는 등 기존의 포털은 실적부진을 겪고 있으며, 예를 들어 야후는 국내에서 서비스를 개시한 지 15년 만인 2012년 연말 국내에서 서비스를 종료하였다.

콘텐츠와 관련된 산업은 오락, 교육, 정보 등의 콘텐츠를 제공하고 이용자의 가입비, 사용료, 광고료 등을 수입원으로 하는 산업이다. WSJ, Gartner Group, CNN 등이 있다.

상거래와 관련된 산업은 상품의 거래를 통해서 수익을 얻거나 공급자와 구매자 사이의 상거래, 입찰, 경매, 교환을 중계하여 이익을 추구하거나 거래수수료를 수입원으로 하는 산업이다. Amazon, E-trade, E-bay, Scheab 등이 있다.

소프트웨어와 관련된 산업은 인터넷, 인트라넷, 엑스트라넷의 구축이나 활용과 관계하여 소프트웨어에 대한 컨설팅, 라이센스(license), 판매, 제작, 그리고 유지보수와 관련된 수입원을 갖는 산업을 말한다. Mocresoft, Novell, 아이팝 등이 있다.

서비스와 관련된 산업은 인터넷을 활용하는 비즈니스에 있어서 시스템을 구축하기 위한 컨설팅, 웹 호스팅, 정보처리, 애플리케이션, 설비 대여, 디자인 및 구현과 관련되는 각종 서비스를 제공하고 이를 수입원으로 하는 산업이다. Microsoft, Adobe 등이 있다.

6. 클라우드 컴퓨팅

그리드 컴퓨팅(grid computing)은 분산처리방식의 대표적인 예로서 인터넷에 접속되어 있는 수천, 수십만의 컴퓨터나 소프트웨어의 자원 중 사용되지 않은 자원을 단순히 물리적으로 연계하는 것이 아니고 화학적으로 연결하여 한데 모아 서로 공유하고 활용하여 대규모 연산에 적용하는 분산컴퓨팅 기술이다. 예를 들면 선마이크로시스템즈(Sun Microsystems)가 지향하는 '네트워크가 곧 컴퓨터(the network is the computer)'라는 개념은 곧 그리드 컴퓨팅을 다른 어휘로 표현한 것이다. 실제로 기업은 천여 대 이상의 컴퓨터를 연결하여 슈퍼컴퓨터의 연산능력을 확보하고 정확성과 연산속도를 높일 수 있다.

그리드 컴퓨팅은 클라우드 컴퓨팅(cloud computing)으로 실현된다. 클라우드 컴퓨팅은 2006의 구글의 비시클리어(C. Bisciglia)가 인터넷상의 유휴 컴퓨팅 자원에 대한 활용을 제안하면서 태생된 개념으로 인터넷에 접속된 전 세계의 컴퓨터들의 컴퓨팅 능력을 클라우드 컴퓨팅을 제공하는 사업자를 통하여 활용하는 컴퓨팅이다. 그러므로 클라우드 컴퓨팅은 인터넷상에 산재한 컴퓨터를 서로 공유하고 활용하여 연산을 수행하는 컴퓨팅 기능으로 이용자는 직접 소유하지 않아도 전 세계의 서버, 저장공간, 소프트웨어 등 정보자원을 활용하여 필요한 자원을 원하는 만큼 사용하고 사용한 만큼 비용을 지불함으로써 재래의 '소유'의 개념을 '이용'의 개념으로 변환하는 공유경제(sharing economy)를 실현한다. 클라우드 컴퓨팅이란 이름은 인터넷이 컴퓨터 네트워크 구성도에서 구름, 즉 클라우드(cloud)로 표현되는 데서 유래되었다.

클라우드 컴퓨팅 서비스는 개인이 아닌 사업자가 제공하며 소프트웨어의 개념을 재화인 기존의 패키지 중심에서 서비스 중심으로 변화시켜 클라우드 컴퓨팅이 소프트웨어를 대체한다. 사업자는 표준화된 솔루션, 즉 소프트웨어를 제공하고 사용자는 필요한 소프트웨어를 인터넷에 원격으로 접속하여 사용하거나(SaaS : software as a service), 사업자는 필요한 소프트웨어를 개발할 수 있는 서비스 구성 컴포넌트나 개발 플랫폼을 제공하고 사용자는 제공된 협업 환경을 통하여 소프트웨어를 개발하거나(PaaS : platform as a service), 또는 사업자는 컴퓨터, 메모리, 미들웨어와 같은 하드웨어 중심의 가상화된 인프라 자원을 제공하고 사용자는 제공된 서버나 메모리를 이용(IaaS : infrastructure as a service)한다. 2006년 최초로 아마존이 컴퓨터 하드웨어 자원을 온라인으로 제공한 이래 대표적인 IT기업들이 클라우드 컴퓨팅을 주요 사업으로 선정하고 노력을 경주하였다.

대표적인 클라우드 운영체제로는 HP와 IBM이 추천하는 오픈스택(OpenStack), 시트릭스의 클라우드스택(CloudStack), VM웨어의 VMware vCloud, MS의 윈도애저(Windows Azure) 등이 있다. 대표적인 클라우드 컴퓨팅 사업 아이템으로는 SaaS로는 구글 앱, Apple Mobile Me, MS Dynamic CRM online, 세일즈포스닷컴의 CRM서비스 등이, PaaS로는 구글 앱 엔진, IBM IT Factory, Force.com, 페이스북 F8 등이, IaaS로는 AT&T, 아마존 EC2 & S3, KT의 ucloud home & ucloud pro, Sun Grid 등이 있으며 IaaS는 규모가 작은 중소기업이 주로 이용한다. 개인을 대상으로 하는 클라우드 서비스는 2011년 10월 선보인 애플의 iCloud, 2012년 4월 제공된 구글의 Google Drive, SkyDrive, Dropbox 등 다양하며 많은 IT기업이 개인용 클라우드 서비스에도 관심을 갖고 진출하고 있다.

또한 인터넷을 기반으로 하는 일반적인 클라우드 서비스를 퍼블릭 클라우드(public cloud)라 하며 경우에 따라서는 데이터의 소유권과 함께 보안 및 통제권을 확보하기 위하여 기업 내부 차원에서 자체적으로 조직원들에게 클라우드 서비스를 제공하기도 하며 이러한 자체적인 클라우드 서비스를 프라이빗 클라우드(private cloud)라 한다. 그러나 프라이빗 클라우드는 기업이 직접 정보기술에 대한 투자를 해야 한다는 단점이 있다. 또한 둘을 혼용하여 사용하기도 하며 이렇게 둘을 함께 사용하는 클라우드 서비스를 하이브리드 클라우드(hybrid cloud)라 한다.

사용자는 클라우드 컴퓨팅 서비스를 제공하는 사업자를 통하여 필요한 때에 필요한 내용을 필요한 만큼 제공 받고 사용한 만큼만 비용을 지불한다. 사용한 컴퓨팅 능력만큼 비용을 지불하는 컴퓨팅을 유틸리티 컴퓨팅(utility computing) 또는 온디맨드 컴퓨팅(on-demand computing)이라 한다. 기업은 일반적인 컴퓨팅 능력을 보유하고 변화하는 시장상황에 따라 추가로 필요로 하는 컴퓨팅 능력을 대여받아 인터넷에서 쉽게 사용하는 온디맨드 컴퓨팅을 수행할 수 있다. 국내 기업 중에는 KT, 삼성SDS, SKT, LG CNS, 롯데 정보통신 등이 선두주자로 서비스를 구축하거나 서비스를 시작하고 있다.

스마트폰과 태블릿 PC의 급속한 확산으로 모바일 클라우드 서비스의 중요성도 증대되고 있다. 그러므로 제공되는 모바일 서비스를 시공간의 제약 없이 필요한 만큼 사용하고 사용한 만큼 비용을 지불한다. 모바일 클라우드 서비스를 가능하게 하는 상용화된 플랫폼은 노키아의 심미안, RIM의 블랙베리, 애플의 아이폰, 마이크로소프트의 윈도 모바일, 안드로이드, 리눅스의 리모 등이다. 모바일 기기의 처리능력이나 저장공간의 한계로 모바일 플랫폼에서 처리해야 할 작업을 클라우드 서버로 이동시켜서 수행할 수 있도록 하는 모바일 클라우드 서비스(줄여서 '모빌라우드'로도 불림)는 애플의 iCloud, 마이크로소프트의 오피스 365, 인텔의

CloneCloud 등 다양하다.

클라우드 컴퓨팅은 하드웨어나 소프트웨어 자원 확보를 위한 정보기술 투지비용을 줄여 비용을 절감하며 자원이용의 유연성을 제공하여 자원을 절약하고 이에 수반되는 인력, 시간, 장소 등이 절약된다. 그러나 특정 사업자가 제공하는 클라우드 컴퓨팅은 특정한 환경에서만 사용할 수 있어 다양한 사업자에 의하여 제공되는 서비스들의 표준화와 호환성이 시급하다. 클라우드 컴퓨팅의 최대 걸림돌은 보안문제이다. 악성코드, 데이터 해킹, 가상화 플랫폼의 보안취약성 등 문제점이 항상 존재하며 기업은 자신들의 주요 자료나 정보가 기업 자신도 알지 못하는 인터넷의 어디엔가 저장되는 것에 대하여 두려워한다. 이러한 보안문제를 해결하는 하나의 방법으로 기업은 기업 내부에 내부조직을 위한 데이터센터를 마련하고 서비스의 내용과 수준을 결정하여 클라우드 서비스를 제공하고 통제를 함으로써 보안문제를 해결할 수 있다.

7. 부가가치 통신망

부가가치통신망(VAN : value added network)은 통신망이 제공하는 부가가치를 높인다는 의미에서 유래된 이름으로 통신망을 통하여 단순히 데이터나 정보만을 전송하는 것이 아니라 정보를 축적, 검색, 가공, 변환, 처리하여 더 가치 있는 정보를 제공함으로써 통신망의 회선가치를 높이는 광범위하고 복합적인 서비스를 추구한다. 그러므로 부가가치 통신망 사업자는 통신망을 개설하거나 공중통신망에서 임차하여 부가가치 통신망을 구축하고 가입자에게 응용프로그램과 결합된 다양한 서비스를 제공하고 사용료를 징수한다. 부가가치 통신망이 제공하는 서비스로는 각종 정보제공, 자금결제 정보전송, 신용카드 조회, 판매대금 자동이체, 전자사서함 등 다양하다.

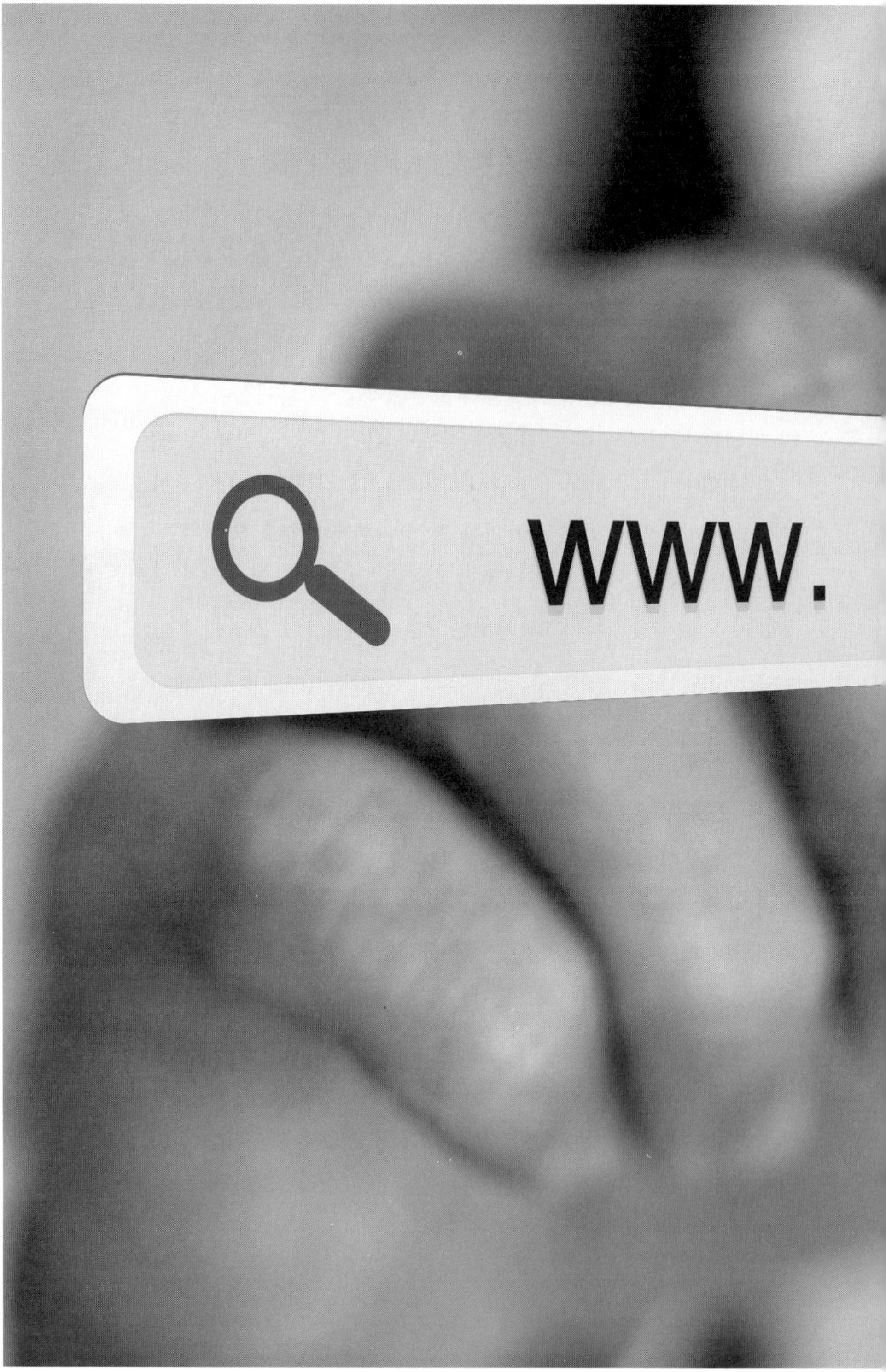
www.

PART 03

경영정보시스템　Search

6연 철학 : 자처초연(自處超然) : 혼자 있을 때는 초연하라.

대인애연(對人靄然) : 사람을 만날 때는 평화로운 마음으로 대하라.

무사징연(無事澄然) : 일이 없을 때는 맑고 고요해라.

유사감연(有事敢然) : 일이 있을 때는 과감해라.

득의담연(得意淡然) : 뜻을 얻었을 때에도 담담하라.

실의태연(失意泰然) : 실패했을 때에도 태연하라.

- 경주 최부자

제5장

프로세스와
경영정보시스템

진사 이상의 벼슬을 하지 마라.
재산은 1년에 1만석 이상 모으지 마라.
나그네는 후하게 대접하라.
흉년에는 남의 논밭을 매입하지 마라.
가문의 며느리는 3년 이상 무명옷을 입어라.
사방 100리 안에 굶어 죽는 사람이 없게 하라.

– 경주 최부자

프로세스(process)란 기본적으로는 투입요소를 산출요소로 변환시키는 기능을 갖는 업무나 활동을 의미한다. 그러므로 관료주의적기능별 조직에 있어서 프로세스는 구매, 생산, 판매, 회계 등과 같이 투입물인 가용자원을 활용하여 목적하는 산출물로 변환시키는 기본활동들을 말한다. 예를 들어 자료처리 프로세스는 투입물인 자료를 정보로 변환시키기 위해 수행되는 활동들로 구성되며 자료를 수집하고 보관하고 처리하는 것과 같은 일련의 활동들의 집합을 말한다.

그러나 불확실성이 증대되는 환경의 변화에 의하여 서로 다른 여러 기능들의 협력이 필요하게 되었다. 코닥의 CEO인 피셔(Fisher)는 '조직은 내부의 위계질서를 위하여 만들어졌으나 고객에게 서비스를 제공하는 것은 수평이다(Organizations are built to preserve internal order, but serving the customer is horizontal)'라고 하였다. 기능별 조직에 있어서 조직의 권력구조(authority structure)는 수직이나 문제해결구조(problem solving structure)는 수평으로 하나의 업무를 수행하기 위해서는 관련되는 여러 활동이나 기능들이 상호 긴밀하게 조정되고 통합되는 융합이 필요함을 의미한다. 그러므로 프로세스의 개념은 조직에서의 관심의 변화와 함께 기본적인 기능을 갖는 활동에서 기능적으로 연결된 활동들의 집합인 프로세스로 확장되었다. 이는 재래에는 생산이면 생산, 마케팅이면 마케팅, 영업이면 영업, 재무면 재무와 같이 부분적인 관점에서 관리되던 것을 모든 부서와 기능이 유기적으로 연결되고 통합적으로 관리되어야 함을 말하며 기업은 전사적인 프로세스를 통하여 업무를 수행하고 협력한다. 예를 들어 가장 기본적인 프로세스인 제품판매를 보더라도 생산, 영업, 회계, 출하 등 다양한 기능이 연결된 프로세스에 의하여 주문이 접수되고 고객의 신용이 평가되고 재고가 확인되거나 제품이 생산되고 배송이 수행된다. 해머(M. Hammer)가 제시한 고객중심사고에 기반한 비즈니스 프로세스 리엔지니어링(BPR : business process reengineering)은 제품의 생산이나 서비스를 제공하는 일은 전 조직에 걸쳐 수행되는 프로세스에 의하여 발생되므로 관리되어야 할 요인도 제품이나 서비스에 관여하는 일련의 프로세스라는 것이다.

프로세스의 개념은 기능 간(cross functional)의 프로세스로 정의되는 조직 내부의 전사적 응용(enterprise application)에 국한되지 않고 원재료, 중간재, 부분품, 완제품, 시장의 프로세스가 상호 연결된 조직간(interorganizational) 프로세스의 결합으로 구성되는 네트워크인 공급체인으로 확대되어 고객의 서비스에 부합되도록 공급체인을 구성하는 각 요소들의 정보, 자재, 서비스의 기능과 흐름이 통합되고 표준화되는 것을 추구한다. 이는 기업 내부뿐만이 아니라 공급체인을 구성하는 주체들 사이의 인터페이스를 통해 공급체인 전체를 통합 관리함으로써 정보와 물류의 흐름을 원활히 하는 것이다. 21세기 기업의 성패는 기업과 기업 간의 경쟁력이 아니라 공급체인과 공급체인 간의 경쟁력에 의하여 결정되며 연결의 경제(economy of network)가 더욱 중요해짐을 의미한다.

수직적 구성요소로 이루어진 공급체인은 특히 정보기술에 있어서와 같이 하드웨어, 소프트웨어, 네트워크, 디바이스와 같은 수평적 산업이 하나의 기업집단을 형성하는 비즈니스 생태계를 구성하여 유기적으로 상호작용하고 공동으로 진화하며 위험에 공동으로 대체하는 선순환구조를 추구하게 되었으며, 이러한 생태계의 통합적 관리는 주어진 산업에 있어서 핵심 경쟁력으로 부상하고 있다.

1. 거래처리시스템

1951년 최초의 상용컴퓨터인 Univac 1이 급여지불명세서의 계산에 적용된 이후 컴퓨터는 구매, 주문, 급여계산, 부기, 회계 등 단순한 업무처리나 계산의 효율성을 증진시키기 위하여 활용되었다. 이러한 초기의 적용은 거래처리(transaction processing)의 효율성을 높이는 데 목적을 두고 생산, 판매, 재무, 인사, 회계 등 조직 전반의 프로세스에 확대되었다. 주문, 생산, 판매, 급여, 회계, 인사기록, 자재처리, 출하 등과 같이 단순하고 일상적인 거래와 업무를 자동화하고 기록하는 경영정보시스템을 거래처리시스템(TPS : transaction processing system)이라 한다. 따라서 가정 먼저 형성된 거래처리시스템은 컴퓨터를 이용하여 거래 자료를 처리하는 정보시스템으로 경영활동을 계층적 관점에서 보면 가장 하위단계에서 발생하는 기본적인 변환과정의 활동에서 얻어지는 단순한 거래 자료를 컴퓨터를 이용하여 처리하는 시스템이다.

거래처리시스템은 거래 자료를 수집, 분류, 저장, 유지, 갱신, 그리고 검색하는 기능을 수행하고 그 결과로 얻어지는 각종 자료 및 그에 대한 상세보고서를 출력한다. 이러한 거래처리시스템은 개별적인 기본활동의 자료를 자동화하여 업무의 효율성을 높일 수는 있었으나 경영자의 의사결정을 위한 정보를 제공하지는 못하고 진정한 의미의 경영정보시스템으로는 부족하다. 그러나 경영정보시스템이 발전해 감에 따라 거래처리시스템에서 처리되고 출력된 거래 자료는 여타 상위 경영정보시스템의 정보처리를 위한 중요한 자료원천이 되었으며, 결과적으로 거래처리시스템의 기반이 잘 구축되어야 상위 경영정보시스템도 잘 구축되고 운영될 수 있음을 의미한다.

2. 프로세스 e-변환

정보기술 발전과 함께 컴퓨터기능은 조직 전반의 프로세스들의 e-변환을 통하여 전산화·정보화하여 프로세스를 개선하는 역할을 수행하였고 여기에서는 그중 몇 가지 예를 제시한다.

사무자동화시스템

1980년대 이후 화이트칼라의 업무의 생산성 향상에 대한 비약적인 관심과 함께 정보기술, 복사기, 문서편집기술, 통신기술에 힘입어 급속히 발전한 사무자동화시스템(OAS : office automation system)은 문서처리, 문서관리, 의사소통, 일정관리, 정보처리, 정보통신 등 사무업무의 생산성을 높이기 위하여 정보기술을 이용하여 반복적인 사무업무를 자동화한 시스템이다. 다시 말하여 사무자동화시스템은 데이터, 이미지, 음성, 영상 등을 전자적으로 처리하고 통신하기 위하여 워드프로세서, 팩시밀리, 탁상출판, 디지털 파일관리, 음성입력, 음성출력, 컴퓨터 회의, 화상회의, 전자우편, 전자칠판, 전자일정기록, 비디오텍스, 그룹웨어 등을 다양하게 활용한다.

화이트칼라의 업무는 정보나 지식 관련 업무가 주업무로 변환되었으며 이러한 관점에서 사무자동화시스템은 지식업무시스템(knowledge work system)이라고도 한다. 실제로 지식업무시스템은 사무자동화시스템의 개념이 확장된 것으로 사무자동화시스템은 단순한 성격의 사무업무를 자동화한 것임에 반하여 지식업무시스템은 사무부서의 단순한 사무업무뿐만 아니라 새로운 정보나 지식을 창출하고 이용하여 이를 다시 형식화하여 전파하는 지식업무 종사자의 업무까지 지원함을 의미한다. 그러므로 지식업무시스템에서는 지식근로자들의 지식업무를 지원하기 위하여 분석, 시뮬레이션, 그래픽, 모델링 등을 위한 가상현실과 컴퓨팅 도구들을 지원한다.

프로세스통제시스템

프로세스통제시스템(PCS : process control system)은 제조현장에서 제품 특성에 영향을 주는 제조공정의 원재료, 내용물의 결합, 온도, 기압 등을 센서나 아날로그 컴퓨터에 의하여 추적하고 측정된 수치는 중앙컴퓨터에 바로 전송되어 수학적 모형을 이용하여 자료를 분석하고 설정된 표준과 비교하여 제조공정의 물리적 프로세스를 통제하고 지원하는 정보시스템이다. 이는 정유, 제철, 석유화학, 시멘트, 제지, 음식료, 등 제품의 생산공정에서 사람이 프로세스를 통제하지 않고 감지기를 이용하여 프로세스와 관련된 자료를 수집하고 컴퓨터에 의하여 물리적인 프로세스를 실시간으로 조정하는 통제시스템이다. 또한 상황을 모니터하거나 성과정보 등을 주기적으로 제공하도록 설계되기도 한다.

사물지능통신

프로세스통제시스템은 사물지능통신(M2M : machine to machine)의 하나의 적용으로 볼 수 있다. M2M이란 무선기술을 이용하는 기계 또는 사물 간 통신을 말한다. 이는 센서 및 통신기능이 부여되어 사물과 결합된 다양한 기기가 사람이 개입함이 없이 지능적으로 정보를 수집하고 상호 전달하는 차세대 통신망으로 자동 상황인식을 통하여 원격감시와 원격제어 등 서비스를 지원하는 기술을 총칭한다. M2M과 유사한 의미를 갖는 단어로는 사물인터넷(IoT : internet of things)나 IoE(internet of everything)가 있으며 사물인터넷은 통신기능을 가진 사물들의 네트워크를 의미한다. M2M이란 용어는 1990년대 초반에 등장하였고 IoT는 1998년 P&G의 RFID 전문가인 아스턴(K. Aston)에 의하여 처음 사용되었다. 컴퓨터를 연결하던 유선인터넷은 사람을 연결하는 모바일시대를 거쳐 센서, 무선통신, 그리고 데이터 처리기술의 발전에 힘입어 사물을 서로 연결하는 M2M이 차세대 인터넷의 패러다임으로 부상하고 있으며 스마트기기가 게이트웨이나 라우터의 기능과 결합되면서 전송용량과 기능이 급속히 확대되고 있다.

초기에는 환경이나 시설 상태의 실시간 모니터링에 적용되기 시작한 M2M은 위치정보와 상황인식정보 제공, 원격 제어, 물류관리, 판매관리, 보안, 자산관리, 안전관리, 설비관리 등 우리의 생활 전반에 걸쳐 매우 광범위하고 다양하게 적용되고 있다. 그러므로 환경, 의료, 유통, 교통, 도시, 제조, 교육, 국방, 금융, 복지, 농업, 축산업, 광업, 어업, 에너지, 연구, 인증 등 제반분야를 포함하는 정보네트워크를 구축하고 재난, 재해, 범죄, 사건 등의 예방과 신속한 대처를 위하여 언제, 어디에서나 필요한 정보를 제공받을 수 있는 것을 추구한다. 예를 들어 냉장고, TV, 전자레인지, 게임기, 보안카메라 등이 인터넷에 연결되어 홈자동화에 기여하고 있다.

이와 같이 M2M은 기업과 국가차원에서 적용되었으나 개개인의 차원으로 그 기능이 확대되고 있으며 데이터를 모니터링하는 것뿐만이 아니라 이를 분석하고 응용하는 방향에서 더 나아가 초연결사회(hyper-connected society)로 발전하고 있다. 2012년 세계경제포럼(World Economic Forum)의 아젠다 중 하나인 초연결사회는 사람, 무생물, 생물, 사건, 사이버 세계가 모두 네트워크를 통해 연결된 사회로서 상시 연결되고 풍부한 정보가 제공되어 상호작용이 가능한 생활환경을 말한다.

자동화 생산시스템

컴퓨터에 의하여 제어되는 자동화 생산시스템은 수치제어(NC : numerical control)에 기원한다. 수치제어는 제조공정이 숫자, 문자, 부호로 구성된 프로그램에 의하여 컴퓨터로 제어되는 것을 말한다. 1948년 파슨스(T. Parsons)는 좌표위치에 관한 자료가 표시된 펀치카드에 의하여 기계공구를 제어할 수 있는 방법을 제안하였고 이에 관심을 보인 미공군의 지원으로 1952년 최초로 수치제어의 개념이 적용된 밀링기계(milling machine)가 MIT 자동제어연구소에 의하여 개발되었다.

정보기술이 발달함에 따라 제조시스템 내의 여러 대의 수치제어기계들은 하나의 컴퓨터에 의하여 실시간으로 제어되기 시작하여 컴퓨터와 기계공구들 사이에는 항상 의사소통이 가능하여 작업지시, 작업, 자료수집, 자료처리가 가능해졌으며 제조시스템 내 정보의 흐름이 통합되었다. 여기에 자동화된 자재운반시스템(MHS : material handling system)이 결합되어 모든 기계공구들과 자재운반시스템이 통합적으로 컴퓨터에 의하여 제어되기 시작하였으며 이를 유연생산시스템(FMS : flexible manufacturing system)이라 한다.

FMS는 NC기계공구들과 자재운반시스템을 통합함으로써 조직 내의 두 가지 흐름, 즉 정보와 자재의 흐름이 통합되는 생산시스템을 구현하게 되어 대량생산의 규모의 경제(economy of scale)를 배치생산(batch manufacturing)에서도 가능하게 하여 범위의 경제(economy of scope)를 실현하게 된다. 즉 유연생산시스템은 재래의 제조시스템의 두 가지 철학인 소품종 대량생산(mass production)의 생산성(productivity)과 다품종 소량생산의 유연성(flexibility)을 동시에 추구하는 생산시스템으로 제품변화에 따른 가동준비시간(setup time)이 짧고 작은 배치에 대해서도 높은 생산성을 유지할 수 있어 다양한 수요에 대하여 혼합생산이 가능하다. 그러므로 제품의 조달기간이 단축되고 재공품 재고(in-process inventory)와 완제품 재고가 감소한다.

1950년대부터 개발되기 시작한 로봇(robot) 또한 수치제어와 같이 컴퓨터로 인간의 신체를 흉내 낸 장치를 제어하는 자동화기기를 총칭하며 인간의 신체동작을 제조, 의료, 군사, 공사, 서비스 등에 다양하게 활용하며 산업로봇은 공장자동화의 중심으로 부상하였다. 로봇의 기원은 강제로 이루어지는 노동을 의미하는 체코어 robota이며 1920년에 체코의 작가 차벡(K. Capek)의 희곡 '로섬의 만능 로봇(R.U.R : rossum's universal robot)'에 처음 사용되며 세상에 소개되었다. 이미 스타워즈, 바이센테니얼 맨(bicentennial man), 아이언 맨, 아이로봇 등 다양한 영화에서 사람보다 더 지적·물리적 능력을 갖는 로봇이 등장하고 있다.

로봇의 종류는 로봇과 라틴어로 인류를 의미하는 호모사피엔스(homo sapiens)가 결합한 로보사피엔스(robo sapiens), 인간의 모습을 모방한 휴머노이드(humanoid) 로봇, 반은 기계이고 반은 인간인 사이보그(cyborg) 등 다양하다. 인간과 기계의 결합을 목표로 하는 생체전자공학인 바이오닉스(bionics)의 결과로 2001년 시카고 재활연구소는 사람의 뇌가 팔을 움직이려 하면 생각대로 작동하는 로봇 팔을 개발하여 2006년 한 여성에 실제로 부착하여 그 여성은 '살아있는 소머즈'로 불리게 되었다. 2013년 미국 사우스캘리포니아대학은 망막색소변성증(RP) 환자를 위하여 카메라가 촬영한 영상을 신경에 전달하여 볼 수 있게 하는 전자 눈 아루구스(Argus) 2를 개발하였으며 2013년 미국 시카고 재활연구소는 다시 생각대로 움직이는 로봇 다리를 개발함으로써 초인적인 힘으로 악당과 대항하여 물리치는 '600만 불의 사나이'가 현실화되고 있다.

뿐만 아니라 필립스사와 유럽 5개 대학이 공동으로 개발하여 2014년 1월 서비스를 시작한 로보어스(RoboEarth)는 전 세계에 존재하는 로봇들이 자신의 정보를 인터넷에 올리고 다른 로봇들이 이를 공유할 수 있도록 하는 서비스로서 로봇끼리 정보를 공유하는 시대를 개막시킴으로써 사람이 시키는 대로 일을 수행할 수 있는 만능로봇의 등장을 기다리고 있다. 궁극적으로는 인간과 컴퓨터의 능력이 결합되어 주위를 감지하고 지각하고(sensing), 인식된 데이터를 추론하고 처리하고(processing), 처리된 내용을 실제 동작으로 제어하고 행동할 수 있는(acting) 더 지적이며 물리적 능력을 갖는 로봇기술이 가까운 미래에 실현될 것으로 예견된다. 방적기와 증기기관의 발명에 기인한 제1차 산업혁명, 디트로이트의 컨베이어벨트로 상징되는 대량생산체제를 제2차 산업혁명으로 이름하며, 수치제어를 기원으로 하는 유연자동화 및 로봇을 제3차 산업혁명으로 명명하기도 한다. 앞으로 인간과 같이 스스로 판단할 수 있는 지능화된 로봇에 의하여 운영되는 공장자동화를 인더스트리 4.0 또는 제4차 산업혁명으로 전망하기도 한다.

외에도 제품설계에 이용되는 CAD(computer aided design), 제품의 강도, 압력, 온도, 점도 등과 같은 성질이나 특성을 설계하고 파악하는 데 이용되는 CAE(computer aided engineering), 생산계획에 적용되는 CAPP (computer aided production planning) 등 다양하다.

3. 전사적 자원관리

기업 내부에는 생산, 마케팅, 판매, 재무, 회계, 인사 등 수많은 부서와 활동, 즉 프로세스들이 존재하고 하나의 업무는 서로 다른 여러 부서의 활동들이 순차적이거나 병렬로 연결되어 수행된다. 예를 들어 영업부는 고객의 주문을 받고 자재부에서는 원료나 자재를 구입하고 제조부서에서는 생산을 하며 출하부서에서 납품을 하고 수납부서에서 대금을 수납하는 등 다양한 부서의 활동을 통하여 고객의 주문이 처리된다. 그러므로 이들로부터 발생되는 데이터는 하나나 다수의 데이터저장소에 기억되어 전사적으로 하나의 시스템이 되며 공동으로 관리되고 실시간으로 갱신되고 통합되어야 한다. 기업 내부 서로 다른 부서들의 비즈니스 활동은 통합된 공동의 데이터베이스나 지역적으로 산재한 여러 데이터베이스에서 추출되어 통합된 정보를 기반으로 각 활동이나 프로세스들은 상호 긴밀하게 조정되어 중복이 제거되어 진행되고 응용프로그램이 활용되고 의사결정이 수행되어야 한다. 전사적 자원관리(ERP : enterprise resource planning)는 기업의 경영자원을 효율적으로 이용하기 위하여 기업의 활동에 사용되는 모든 자원을 통합적으로 관리하기 위한 기업 내 통합정보시스템이다.

ERP란 단어는 정보기술 컨설팅회사인 가트너그룹(Gartner Group)에서 처음으로 사용하였다. 1975년 올리키(J. Orlicky)는 제조기업에서 종속수요(dependent demand)의 재고를 최소화하기 위한 자재수급관리를 위하여 자재소요계획(MRP : material requirement planning)을 개발하였다. 고안된 MRP는 생산관리 영역뿐 아니라 마케팅, 재무 등으로 영역을 확장하여 원가절감을 위한 제조자원관리를 목적으로 하는 MRP II로 그 기능이 확대되었으며 다시 정보기술을 이용하여 기업 내의 인사, 생산, 마케팅, 영업, 재무, 회계, 경영정보 등 모든 기능의 정보, 자원, 자금

등을 통합하여 실시간으로 전사적으로 관리하는 통합 업무처리시스템인 ERP로 발전하였다.

활동기준원가계산

기업 내부의 활동들의 통합, 즉 프로세스를 중심으로 하는 개념은 원가계산방식에도 적용되어 간접비를 배분하는 방식에도 적용된다. 활동기준원가계산(ABC : activity based costing)은 비용이 발생하는 원천을 활동들의 모임인 프로세스로 보고 프로세스를 중심으로 원가를 계산하는 방법이다. 활동기준원가계산은 투입된 자원이 개발, 제조, 판매 등 활동을 통하여 제품이나 서비스로 변환되어 가는 프로세스를 명확히 밝히고 원가를 활동에 배분하여 프로세스를 중심으로 원가를 계산하는 것이다. 자원을 소비하는 것은 제품이 아니라 활동이며 원가 또한 제품이 아니라 활동이 소비하기 때문이다.

전통적인 원가계산방식에서는 간접비가 직접노동시간이나 재료비 등을 기준으로 인위적으로 각 제품에 배분되었으나 이러한 원가계산방식은 수익성을 왜곡하고 제품수명주기의 소요비용에 대한 정보나 비재무적 정보를 제공하지 못하였다. 더욱이 자동화생산시스템의 도입으로 간접비는 증가하였으나 반대로 직접노무비는 감소하여 이러한 새로운 환경은 전통적인 원가계산방식으로는 많은 어려움이 수반되어 활동기준원가계산방식이 도입되었다.

4. 비즈니스 프로세스 리엔지니어링

급변하는 글로벌 경영환경 속에서 기업은 글로벌 경쟁에 대응하여 글로벌 경쟁우위를 확보하기 위해 의도적으로 변화를 계획하고 실행할 수밖에 없다. 경영혁신은 기업이 환경의 변화에 대응하여 경쟁우위를 높이기 위해 제품, 사람, 경영방식, 프로세스에 의도적으로 시행하는 계획적인 노력을 총칭한다. 비즈니스 프로세스 리엔지니어링은 변화하는 환경에 대응하여 혁신적 사고를 바탕으로 기업 역량을 변화시킴으로써 경쟁우위를 추구하는 경영혁신방법이다.

비즈니스 프로세스 리엔지니어링의 창시자인 해머는 'Reengineering works : don't automate, obliterate'에서 제품을 생산하거나 서비스를 제공하는 일은 전 조직에 걸쳐 수행되는 프로세스에 의해 수행되므로 프로세스를 백지상태에서 근본적으로 다시 검토할 것을 제시하였다. 조직의 위계질서와 통제를 목적으로 하는 기능별 조직에서 업무를 수행하기 위해서는 서로 다른 여러 부서에 서류가 이동해야 하며, 결재를 기다리고 처리하는 데 많은 시간이 소요되어 주어진 프로세스의 처리에 소요되는 리드타임(lead time)이 매우 길다. 또한 각 부서에서 업무를 처리하는 데 소요되는 시간을 획기적으로 단축한다 해도 이동이나 지체 등에서 발생하는 부서 사이에서 소요되는 시간을 단축시키지 못하면 리드타임에 있어서 실제 단축되는 시간은 매우 미약하다. 이에 반하여 프로세스 조직에서는 정보기술을 핵심기반기술로 활용하는 경영혁신을 통하여 부서 간의 프로세스를 획기적으로 단순화하고 개선할 수 있다.

뿐만 아니라 부서별로 업무가 분담되는 과거의 기능 중심의 조직에서는 문제발생의 요인을 문제를 일으키는 사람이라 생각하였으며 이에 따라 변해야 할 요인도 사람이라는 생산자 중심의 사고에 기반하여 조직이 운영되었다. 그러나 리엔지니어링은 고객 중심의 사고를 기반으로 하여 제품의 생산이나 서비스를 제공하는 일은 전 조직에 걸쳐 수행되는 프로세스에 의하므로 문제발생도 프로세스에 의하여 일어나고 변해야 할 요인도 제품이나 서비스에 관여하는 일련의 총체적 프로세스라는 것이다. 그러므로 리엔지니어링은 전반적인 프로세스를 획기적으로 변화시켜 대응시간을 단축함으로써 제품이나 서비스의 질적 혁신을 추구한다. 리엔지니어링은 서비스 위주의 경쟁방식에 더 필수적이다. 리엔지니어링이 추구하는 프로세스 중심의 조직은 빠른 서비스를 통해 고객만족을 추구하는 고객 중심의 조직이다.

리엔지니어링은 프로세스를 근본적으로(fundamentally) 다시 생각하여 과감하게(radically) 재설계하고 비용, 품질, 서비스, 속도 등과 관련된 핵심 성과지표를 극적으로(dramatically) 향상하고자 하는 경영혁신 기법이다. 프로세스는 정보기술을 통해 획기적으로 재설계할 수 있으므로 성공적인 리엔지니어링을 위해서 정보기술은 핵심구현도구가 된다. 현대조직에서 조직구성원의 능력은 매우 중요하며 해머는 성공적인 리엔지니어링의 기본 조건으로 우수한 조직원이 필수적임을 강조했으며 열등한 사람들에 대해 스스로 탈바보화(debubbafication)하거나 조직을 떠날 것을 요구하였다.

예를 들어 구매프로세스에 정보기술을 활용하면 어떻게 프로세스가 개선되고 리엔지니어링 되는지를 보자. 재래의 기능별 조직에서는 기안서, 주문서, 송장, 물품인도, 물품인수서, 대금청구, 대금지불 등과 관련된 업무는 구매부서, 공급자, 물품인수부서, 미지급처리부서 등 다양한 부서를 순차적으로 거쳐야 하며 많은 시간이 소요되고 처리된다. 그러나 이러한 업무들을 정보기술을 이용하여 통합 데이터베이스를 구축하면 기존의 직렬로 수행되던 일련의 프로세스를 병렬로 처리할 수 있어 부서 간 서류의 이동이 필요 없이 효율적으로 처리될 수 있으며 결과적으로 프로세스를 단순화하거나 통합하거나 또는 제거하지 않고도 모든 분업화된 업무가 통합되고 거의 같은 시간에 병렬로 처리될 수 있어 리드타임도 획기적으로 감소된다.

1980년대 인원감축을 목표로 하는 다운사이징(downsizing)이 조직원의 사기를 저하시킴으로써 조직의 활력을 감소시키는 등 많은 부작용이 발생하였으며 이에 대한 대안으로 리드타임을 단축하여 품질과 서비스를 향상시키는 리엔지니어링이 도입되었다.

동시공학

리엔지니어링의 대표적 예로 동시공학(concurrent engineering)을 보자. 동시공학은 제품을 계획하는 데서부터 사후관리에 이르기까지 전 수명주기에 관련된 제품설계를 동시화하여 생산리드타임을 획기적으로 단축시키는 리엔지니어링에 의한 혁신기법이다. 과거에는 상품기획, 연구개발, 제품설계, 공정설계, 생산설계, 검사설계, 출하설계, 그리고 서비스설계에 이르는 제품수명주기와 관련된 모든 개발과정이 직렬로 구성되었고 순차적으로 수행되었다. 동시공학은 제품개발이 시작되는 처음부터 제품수명주기의 전 과정에 관련된 사람들이 참여하여 전 과정을 병렬로 병행하여 개발함으로써 생산리드타임의 비용을 획기적으로 줄이고 동시에 시행착오도 감소시키는 것이다. 제품개발 초기부터 수명주기 전 과정과 관련하여 사용자 요구사항, 품질, 비용 등 모든 내용에 대하여 이러한 요소들을 다루는 사람들이 모두 참여하여 함께 검토하고 기획·설계하여 일관적, 동시적, 체계적, 병행적으로 제품과 서비스를 개발하여 성과를 추구하는 혁신기법이다. 동시공학은 제품개발시간을 단축함으로써 신속히 외부환경에 대응하는 혁신기법으로 시간에 의거한 경쟁우위를 획득할 수 있는 좋은 예이다.

동시공학이란 이름은 코닥이 일본의 후지의 일회용 카메라 개발기간이 상상할 수 없을 정도로 빠른 것을 알고 후지를 벤치마킹(benchmarking)한 결과 신제품의 개발방식에 많은 차이가 있음을 발견하고 후지의 신제품 개발방식을 동시공학이라 이름한데서 유래하였다. 당시에 일본기업은 카이젠(Kaizen)과 더불어 제조공학의 리엔지니어링인 동시공학 등으로 미국기업보다 한발 앞서가고 있었고 결과적으로 일본은 세계적인 경쟁우위를 확보하고 미국에서 록펠러센터와 콜롬비아영화사를 매입하는 등 경제적 호황기를 구가하고 있었다. 뿐만 아니라 후지필름 은 1984년 LA올림픽 공식 후원업체로 선정되었으며 LA 상공에 띄운 후 지의 비행선은 코닥뿐만 아니라 미국인의 자존심에 큰 상처를 주기에 충분하였다. 당시 코닥은 '우리는 지금보다 잘 할 수 있다'며 대대적인 사업구조를 재구축하고 혁신적으로 제품을 개발하기 위하여 노력하던 중이었다.

제품 데이터 관리

제품의 설계나 개발의 속도는 동시공학이나 CAD, CAM(computer aided manufacturing), CAE 등에 힘입어 매우 빨라질 수 있으나 이를 위해서는 설계나 계획에 요구되는 엔지니어링 데이터가 부서 간에 용이하게 교환 될 수 있어야 하며, 각 부서에서 발생한 정보나 제품개발 과정 중에 발생 한 정보를 공유하기 위해 생겨난 개념이 제품 데이터 관리(PDM : product data management)이다. 기업은 제품기획에서부터 설계, 제조, 인증, 마케팅에 이르는 제품개발 전 과정을 동시병행처리하고 제품 데이 터 관리를 통하여 모든 데이터를 통합적으로 관리함으로써 제품개발과 정의 효율성을 제고하고 제품개발 비용과 시간을 단축하며 제품의 품질 을 높이고 나아가 공급체인상의 여타 기업과의 공동협업을 지원할 수 있다.

원가기획제도

통합된 데이터베이스를 기반으로 하는 동시공학으로 제품수명주기의 전 과정이 병렬로 병행하여 개발되어 제품생산 전에 목표가격과 목표이 익을 기획하여 원가를 통해 경쟁우위를 확보할 수 있도록 전략적인 활용 이 가능하게 되었다. 원가기획제도는 제품개발단계에서 제품사양과 판 매가격을 기획하여 사전적 원가관리로 원가를 전략적으로 활용하여 경쟁우위 확보를 지향하는 방법이다. 원가기획제도는 재래의 사후적 원가기록과 대비되어 제품수명주기를 구성하는 모든 과정을 사전에 철저히 분석하여 사전에 원가를 낮춤으로써 비용우위를 추구하는 방법이다. 1970년대 초반 일본의 자동차 산업에서 기능별 원가의 재무적 수치에서 시작된 원가기획제도는 기업의 모든 기능으로 확대되고 비재무적 요소도 포함되는 기업의 전략적 성과시스템의 개념으로 발전되었다.

5. 컴퓨터통합시스템

컴퓨터통합시스템(CIM : computer integrated system)은 FMS가 정보시스템과 통합된 제조업의 기본전략 정보시스템으로 주문, 설계, 개발, 생산, 판매, 서비스가 정보시스템으로 통합된 시스템을 말한다. 고객의 다양한 주문사양과 옵션은 자동으로 입력되어 규격이 명시되고 최적의 구성으로 설계되고 자재명세서(BOM : bill of materials)와 조립도면이 작성되고 공구와 공정이 계획되어 자동으로 생산되고 인도된다. 그러므로 CIM은 제조업 전체의 관점에서 판매, 개발, 제조, 보전에 이르는 여러 활동과 이에 수반되는 정보의 흐름을 컴퓨터와 통신에 의하여 통합적으로 처리하는 시스템으로 유연성과 비즈니스 속도성(business agility)을 제공하여 범위의 경제와 연결의 경제를 추구하여 FMS의 활용성을 보장한다.

6. 공급체인관리

하나의 제품은 수많은 부품으로 구성되어 있고 이를 생산하기 위해서는 지역적으로 산재한 수많은 하청업체와 협력하고 생산된 제품을 판매하기 위해서는 전 세계를 대상으로 해야 한다. 예를 들어 제품은 미국에서 디자인하고, 원자재와 부분품은 전 세계에 산재한 산지나 하청업체에서 조달하고, 제품생산은 아시아에서 하고, 시장은 전 세계가 된다. 그러므로 21세기 경쟁우위는 기업과 기업 간의 경쟁력 차이보다는 공급체인과 공급체인 간의 경쟁력 차이가 더 중요함은 전술된 바와 같다. 공급체인이란 원자재를 조달하고 부분품이 변환되고 최종 제품이 제조되고 완제품이 유통되는 원재료에서부터 시장에 이르는 공급업체, 제조공장, 유통센터, 도매상, 그리고 시장에 이르는 비즈니스의 프로세스를 구성하는 기업들의 네트워크를 말한다.

공급체인관리(SCM : supply chain management)란 공급체인에서 자재를 조달하고 제품을 생산하고 이를 판매하는 데 요구되는 정보와 물류의 흐름을 종합적으로 관리하여 전체적인 관점에서 생산과 공급을 최적화하는 것이다. 그러므로 공급체인관리의 목적은 공급체인을 구성하는 개개 구성원뿐만 아니라 이들의 상호작용으로 공급체인 전체로서의 효율성을 최대화하여 최소의 비용으로 소비자에게 적시에 적량의 제품이나 서비스를 공급하는 데 있다. 공급체인을 구성하는 각 구성원 간의 상호작용은 각 구성원 간에 유통되는 정보의 흐름에 의하여 가능하며, 이러한 정보의 흐름을 통합하는 것은 공급체인의 효율성을 증대시키는 데 매우 중요한 요소이다. 예를 들어 주문량에 대한 정보는 시장으로부터 공급체인상의 여러 구성단계를 거쳐 제조회사에 전달되며 이러한 정보는 각 구성원들이 조달계획, 인력계획, 설비계획, 생산계획, 재고통제 등 실시간 동시계획을 세우는 데 필수적이다. 그러므로 공급체인 전체로서의 통합적 공급체인관리는 계획, 운영, 통제, 관리활동을 위해서 매우 중요하며 공급체인관리의 본질은 공급체인상의 모든 구성원들의 역할을 조정하고 협력함으로써 구성원 간의 모든 활동을 통합적으로 계획하고 통제함으로써 수요와 공급을 관리하는데 있다. e-ERP(extended ERP)는 공급체인관리를 위하여 전사적 자원관리의 기능을 공급체인으로 확장한 솔루션이다.

특히 많은 기업이 글로벌 생산시스템을 도입하여 공급체인이 복합화되고 글로벌화 됨으로써 공급체인의 관리가 어려워지고 그 중요성은 더욱 부각되고 있다. 세계적인 기상이변, 정치 불안, 또는 기술상의 문제 등 예기치 못한 사건의 빈번한 발생은 공급사슬을 붕괴시키고 신제품 출시를 지연시키거나 생산을 중단시켜 심각한 피해를 입히는 경우가 빈번하게 발생하고 있다. 예를 들면 에어버스는 유럽에서 여러 지역에서 공급되는 부품들 간의 불일치로 신제품이 계획대로 생산되지 못하여 1년이나 지연되고 4조원에 이르는 손실을 입었으며 일본 자동차산업의 생산거점인 태국에서 2011년 발생한 대홍수는 생산차질과 신제품 침수 등으로 일본의 자동차 업계에 막대한 손실을 입혔다. 더욱이 다품종 소량생산으로 인하여 제품별 특화된 기술이 요구되고 부품의 표준화가 저해되어 부품 간 대체가 어렵고 생산효율화로 비용절감을 추구함으로써 공급체인관리는 더욱 복잡하고 어려워졌으며 이에 대응하여 재고관리, 부품표준화, 정보흐름의 통합 등으로 위험요인을 감소시키고 공급체인의 유연화를 추구하여 위기대응능력을 높여야 할 것이다.

고객관계관리

1950년대에서 1970년대의 대중 마케팅(mass marketing), 1970년대에서 1980년대 목표시장을 위한 세분마케팅(segment marketing), 1980년대의 이질적 틈새시장의 니치마케팅(niche marketing)에 이어서 2000년대에 이르러서는 고객관계관리가 중요한 마케팅 대안이 되어 온라인상에서 고객과 상호작용하는 고객접점(touch point)이 형성되어 지속적인 고객관계가 가능해지고 실시간 마케팅 활동에 의하여 판매와 서비스가 수행된다.

고객관계관리(CRM : customer relationship management)는 고객만족 경영을 위한 하나의 방법으로 고객과 관련된 모든 비즈니스 프로세스와 자료를 통합적으로 관리하고 분석하여 세분화된 고객을 대상으로 고객 특성에 기초한 차별화된 서비스를 제공하고 지속적인 고객관리를 통하여 고객의 가치를 극대화함으로써 기업의 수익성을 추구하는 마케팅 전략이다. 예를 들어 다양한 경로를 통하여 고객에 대한 정보를 확보하고 분석하여 잠재고객, 새로운 고객, 수익성이 높은 고객, 연령이나 성별에 따른 니즈와 관심에 대한 정보를 수집하고 타깃마케팅 전략을 수립하여 제품과 서비스를 설계하고 이에 대한 정보를 제공하여 고객의 행동을 유도한다. 더불어 보완제품을 판매하는 교차판매(cross-selling)나 여러 제품으로 구성된 묶음제품을 판매하는 일괄판매(bundling)도 수행한다.

고객관계관리는 데이터베이스 마케팅, 직접 마케팅(direct marketing), 일대일 마케팅(one-to-one marketing), 관계 마케팅(relational marketing)을 기반으로 하여 고객의 만족을 가장 중요한 이익창출의 수단으로 보고 기업의 경영활동을 고객만족경영에 주안점을 두는 접근방법이다, 그러므로 기업의 문화, 전략, 구조, 그리고 모든 프로세스가 고객 지향적으로 형성되어야 하며, 고객관계관리 솔루션은 이러한 고객만족 경영을 정보시스템으로 구현한 것이다. 고객관계관리를 구현하기 위한 소프트웨어 패키지들은 거래파트너나 내부 조직원들과의 관계를 관리하기 위한 모듈을 포함하기도 한다.

조직 간 시스템

CIM, SCM, CRM, 전자상거래, 가상기업, 광속의 상거래, 스마트 그리드 등은 정보의 흐름이 기업의 경계를 가로 질러 자동화되어야 가능하다. 기업의 통신망인 네트워크를 기반으로 자동화된 정보의 흐름이나 거래로 기업들을 연결해 주는 정보시스템을 조직 간 시스템(IOS : interorganizational system)이라 한다. 다시 말하여 조직 간 시스템이란 둘 이상의 조직이 조직 간의 경계가 설정됨이 없이 데이터와 응용을 공유할 수 있는 자동화된 정보시스템을 말한다. 공급체인상의 주체들은 조직 간 시스템을 통하여 서로 통합되어 효율성이 증진되고 연결의 경제를 추구한다. 그러므로 기업들은 조직 간 시스템을 통하여 서로 정보를 공유하고 거래를 수행할 수 있을 뿐만 아니라 상호보완적인 핵심역량을 연결하는 전략적 제휴를 통하여 다양한 형태의 연결의 경제를 확보할 수 있다. 기업 간의 자동화된 정보의 흐름은 기업이 방화벽을 보안암호를 통하여 개방하여 기업의 내부 정보를 다른 기업이나 조직에 개방함으로써 실현될 수 있다.

7. 생태계

애플은 아이폰, 아이패드, 아이팟을 상호연계 시키고 앱스토어와 아이튠즈(iTunes)의 콘텐츠 서비스를 통하여 거대한 생태계를 구성하여 융합을 실현하고 아이클라우드(iCloud)를 통하여 기기에 상관없이 자신의 콘텐츠에 접근할 수 있게 하여 매출을 획기적으로 증대시켰다. 전문영역에 치중해 왔던 구글이나 마이크로소프트도 애플의 생태계에 의하여 생존을 위협받자 영역을 파괴하고 하드웨어, 콘텐츠, 광고, 소프트웨어, 브랜드, 클라우드 등 다양한 영역을 융합하여 생태계를 구축하려고 노력하였으며 이를 위하여 다른 영역으로 진출하고 있다.

정보기술과 같은 특정산업에 있어서는 콘텐츠(C), 플랫폼(P), 네트워크(N), 디바이스(D) 등 여러 산업의 가치사슬을 총괄하는 디지털 융합을 추구하고 이러한 융합을 통하여 공동의 거버넌스를 구축하며 인력을 양성하고 R&D를 수행하며 생산과 공급을 최적화 하고 성과를 공유하는 건전한 생태계 기업집단을 조성하는 것이 경쟁력을 강화하는 필수조건이 되고 있다. 다시 말하여 재래에는 각각의 산업이 독립적인 수직의 공급체인에 관심을 두었으나 디지털 융합이 확산되는 정보기술과 같은 특정산업에 있어서는 시장 참여자의 이해관계가 복잡하게 연계되고 타 산업과의 상호의존성이 높아지며 융합을 통하여 공동으로 진화하는 수 평구조화 현상을 겪게 되어 일방향의 공급체인보다는 유기적이고 통합 적이며 다방향의 기술 및 경제공동체인 생태계가 주목을 받게 되었다. 기업의 경영환경이 급속히 변화하고 생존조건에 대한 근본적인 인식의 변화가 필요한 산업에 있어서 생태계는 일방향성의 공급체인으로 설명 하기 곤란하다. 그러므로 생태계는 다양한 산업이 협력하고 경쟁하며 공동의 혁신을 창조하는 공진(co-evolution)을 통하여 다양한 제품, 서 비스, 비즈니스 모델을 창출하며 발전하는 새로운 현상을 설명하는 도 구가 되고 있다.

생태계는 원래 생물학적 용어로 자연환경 속에서 다양한 생물이 균형 속에 상호 교류하며 공존하고 지속적으로 함께 생존해 가는 자연의 질 서를 의미하는 단어이다. 1935년 텐슬리(A.G. Tansley)는 상호작용하는 여러 개체로 구성된 시스템과 환경이 서로 교류하며 공존하고 발전하는 질서로서 인간들이 살아가는 세상을 분석하는 틀로서 이를 도입하였으 며 1990년에는 로스차일드(Rothschild)가 경제계에 처음으로 적용하였 고 1996년에는 무어가 경제공동체로서 비즈니스 생태계의 개념을 제시 함으로써 본격적으로 사용되기 시작하였다. 그 후 생태계는 특정산업에 서 다수의 산업이 협력하고 경쟁하며 비즈니스를 창출하고 발전하는 유 기적인 관계를 설명하는 도구로서 활용되고 있다.

도전과 혁신에 의하여 창업과 성장을 위한 에너지를 공급하는 생태계 의 대표적 중심지로 실리콘밸리를 들 수 있다. 실리콘밸리는 모방이 아 닌 새로운 아이디어와 기술혁신으로 첨단기술과 창조경제의 산실이 되 어 왔다. 원래는 과수원이 많아 'garden city'로 불리던 산호세 지역에 HP, Fairchild Semiconductor, Intel, Cisco 등 많은 IT기업이 번창하자 1971년 Electronic News에 돈 호플러(Don Hoefler)가 'Sillicon Valley in the U.S.A.'라는 제목의 내용을 기고하면서 붙여진 이름이다. 뉴욕의 맨해튼도 동부의 실리콘밸리로 새로이 부상하고 있다. 뉴욕타임스는 2013년 5월 21자 보도에서 맨해튼이 금융 중심지에서 IT 중심지로 탈바꿈하고 있다고 보도했다. 마이크로소프트 본사, 페이스북, 구글의 뉴욕본부, 야후가 인수한 텀블러의 사무실 등이 있으며 야후는 산재한 지점을 통합하여 맨해튼에서 임대료가 가장 비싼 지역인 타임스퀘어에 뉴욕본부를 새로 차렸다. 야후가 입주한 건물에는 소프트웨어기업인 텐젠(10gen), 정보검색기업인 시티서치 등이 입주하고 있다.

예를 추가하면 이스라엘을 들 수 있다. 이스라엘의 국토면적은 우리나라 충청도보다 약간 크나 그 반 가까이가 사막성 고원이며 인구는 750만 명에 불과하나 유럽을 능가하는 벤처기업이 매년 새로이 탄생하고 있다. 이스라엘의 실패를 두려워하지 않는 창업정신을 이스라엘어로 후츠파(chutzpah)라 한다. 또한 예로서 스탠퍼드대학은 실리콘밸리 생태계의 뿌리를 이루는 대학 중 하나로 동문들이 창업한 회사로 HP, Cisco, Yahoo, Google, LinkedIn, SUN Microsystems 등 세계적 글로벌 기업이 다수이다. 교수와 동문이 만든 회사의 총 매출은 2조 6,000억 달러로 우리나라 GDP의 두 배에 가깝다. 이와 같이 특허 중심의 창조적 기술혁신을 추구하는 대학을 대학 2.0이라 부르기도 한다. 실리콘밸리 생태계의 또 하나의 뿌리를 이루는 버클리대학은 2013년 현재 72명의 노벨상 수상자를 배출하였으며 구글의 에릭 슈미츠, 애플의 공동창업자 스티브-워즈니악, 인텔의 공동창업자 고든 무어 등을 배출하였다.

8. 광속의 상거래

광속의 상거래(CALS : commerce at light speed)는 화상, 영상, 이미지 등 멀티미디어 정보의 교환이 필요한 업무에 있어서 '종이 없는 업무를 수행하는 것'을 목표로 한다. 1990년대 초반 보잉사가 개발한 보잉 777기는 약 13만 개의 부품으로 구성되어 있으며 전 세계적으로 산재한 17,000여 하청업체와 협력해야 한다. 미 순양함 빈센트 호를 유지하고 보수하는 데 필요한 도면의 무게는 23톤으로 순양함을 5cm나 가라앉게 하며 B-1B 폭격기는 백만 장에 달하는 기술 자료를 관리하는 데 총 유지비의 10%를 지출하고 있다고 한다. 극단적인 예를 하나 보자. 에어버스(Airbus)가 생산하는 초대형 여객기 A380의 부품은 유럽 전역에서 생산되어 조달된다. 2006년 첫 제품을 생산하려 하자 독일과 프랑스에서 생산된 부품 배선 설계규격이 서로 맞지 않아 제품조립이 불가능하였고 이를 수정하여 공급하기 위하여 A380의 인도는 1년이 지체되었다. 이로 인하여 에어버스사의 2006년 주가는 반 가까이로 곤두박질 쳤고 최고경영자는 사임하였으며 회사는 2010년까지 50억 유로(약 7조 원)에 가까운 막대한 손실을 입었다. 그러므로 전 세계에 산재한 협력업체나 구매자들과 제품수명주기 전 과정의 설계도면에서부터 유지관리를 위한 매뉴얼이나 기술자료에 이르기까지 관련되는 모든 멀티미디어 정보를 발생 즉시 공유할 수 있는 협력체제는 매우 절실한 데 이를 실현한 것이 광속의 상거래이다.

광속의 상거래는 제품의 설계, 공정, 제조, 유지, 사후관리 등 수명주기 전반에 있어서 설계, 기술, 발주, 수주 등과 관련되는 도면, 매뉴얼, 계약서, 기술자료 등 모든 멀티미디어 정보를 디지털화하여 통합된 정보시스템으로 처리하여 정보가 발생하는 즉시 모든 관련되는 사람이 공유하는 동시공학체계이다. 그러므로 광속의 상거래에서는 업무절차가 표준화·간소화되어 개발기간이 단축되며 중복된 제작이 줄고 재고가 감소한다. 또한 전달과 운영에서 발생하는 오류가 감소하고 품질이 향상되며 프로세스가 혁신되어 비용이 절감된다. 이를 효율적으로 운영하기 위해서는 통합된 데이터베이스가 구축되어야 하며 이에 따라 국제적인 정보의 표준화가 수행되고 정보 인프라가 구축되는 다양한 효과를 수반한다.

'CALS'라는 명칭은 1985년 미국에서 효율적인 무기지원을 위하여 국방부를 중심으로 '컴퓨터에 의한 병참업무지원(computer-aided logistics support)'이란 명칭이 최초로 사용되기 시작하면서 유래되었다. 이의 점차 기능이 확대되고 전방위 산업체로 확산되면서 1988년에는 '컴퓨터에 의한 조달 및 병참업무지원(computer-aided acquisition and logistics support)'으로 명칭이 변경되었다. 그 후 전 산업체에서 관심을 갖고 사용되기 시작하였고 1990년에는 '지속적 조달 및 수명주기지원(continuous acquisition and life cycle support)'으로 개명되었다. 다시 제품수명주기 전반에 관한 정보가 통신에 의하여 전달된다는 사실이 강조되면서 '광속의 상거래'라는 이름으로 불리게 되었다. 미국, 구미, 일본 등 전 세계는 광속의 상거래 시스템을 구축하기 위해 많은 노력을 기울이고 있다.

전자상거래는 기업의 외부에서 수행되는 기업 간, 기업과 소비자 간, 또는 공급체인상의 제품이나 서비스의 거래에 있어서 견적서, 견적의뢰서, 주문서, 발주서, 청구서, 전표 등의 문과적 성격의 거래를 지원함에 반하여 광속의 상거래는 기업의 내부에서 수행되는 제품설계, 원자재 조달, 공정계획, 생산계획 등 이과적 성격을 지원하는 것으로 설명될 수 있다. 두 상거래를 합쳐 ECALS(electronic commerce at light speed)라고 통합하여 부르기도 하다.

계약자통합기술정보시스템

계약자통합기술정보시스템(CITIS : contractor integrated technical information service)은 기업의 공급계약과 관계되는 기술정보 및 거래정보를 계약자가 전자적으로 접근할 수 있도록 제공하고 계약자는 계약내용과 관련되는 정보를 전자적으로 제시할 수 있도록 하는 정보시스템이다.

그 결과로 관련정보의 적시성과 정확성을 확보하여 공급에 있어서 시간과 비용을 절약하고 체계적이며 신속한 업무처리를 수행할 수 있게 된다. 계약자통합기술정보시스템도 광속의 상거래와 마찬가지로 미국방부에서 시작되었으며, 특히 건설업계에서는 광속의 상거래의 핵심으로 활용된다.

9. 기업소모성자재시스템

기업의 핵심이 되는 활동인 생산에 소요되는 원자재나 물품을 제외한 사무용품, 기업의 각종 시설과 설비의 유지 보수를 위한 도구나 기계부품과 같은 소모성 자재는 기업이 직접 구입하여 운영하려면 많은 노력과 비용이 소요된다. 기업은 기업의 노력을 핵심이 되는 활동에 집중시키기 위하여 소모성 자재의 관리를 외부에 위탁할 수 있으며 기업소모성자재시스템(MRO : maintenance repair and operating system)은 이와 같이 소모성 자재에 대한 정보를 제공하고 운영과 관리를 대신 지원해 주는 시스템이다.

10. 스마트 그리드

스마트 그리드(smart grid)는 지금까지 공급자가 일방적으로 전력을 생산하고 소비자에게 배전하는 기존의 생산자에 의한 일방적인 단방향의 전력망이 아니라 정보기술을 이용하여 공급자와 소비자가 전력의 생산량과 배전에 대하여 실시간으로 정보를 공유하여 전력의 생산과 공급에 최적화를 추구하는 상황적응적인 지능형 전력망이다. 소비자의 전력 사용량은 중앙검침센터에서 원격으로 검침되고 현장에는 자동계량기가 설치되어 전력사용량에 대한 정보가 양방향으로 전달된다. 이에 기초하여 전력수요가 낮은 시간에 소비자가 더 저렴하게 전력을 사용할 수 있도록 전력이용시간과 사용량이 통제되고 배전과 변전의 자동화를 통하여 시간별 전력생산량과 사용량이 조절된다. 자동차, 에너지, 건설, 통신 등 유관산업과의 연계를 통하여 시너지 효과도 추구한다.

주요 선진국들은 스마트 그리드 활성화를 위하여 노력하고 있으며 우리나라도 2009년부터 스마트 그리드를 추진하여 2009년 7월 G8 정상회담에서는 이탈리아와 함께 스마트 그리드 선도국으로 지정되었다. 2011년에는 제주도를 스마트 그리드 시범지역으로 지정하고 스마트 그리드의 실용화를 위해 노력하고 있다.

11. 3D 프린터

1988년 3D Systems사가 처음으로 시장에 도입한 3D 프린터는 컴퓨터 프로그램이 설계한 3차원의 데이터를 그대로 실물모양으로 만들어 내는 프린터로서 아이디어가 있으면 누구라도 새로운 제품을 만들어 낼 수 있어 소량의 제품을 빠르게 맞춤형으로 출시할 수 있다. 그러므로 3D프린터는 공장이 없더라도 누구라도 기업가가 될 수 있어 1인 제조업 시대를 선도하여 새로운 일자리를 만들어 낼 수 있는 제조업의 새로운 혁명이며 첨병으로 제3차 산업혁명을 초래할 주인공으로서 경제체제 자체를 바꿀 수 있는 새로운 대안으로 여겨지고 있다. Financial Times는 2012년 6월 기사에서 3D 프린터가 인터넷보다 더 큰 영향력을 가질 것으로 예견하고 있으며 가트너, MIT Technology Review, 맥킨지 등도 3D 프린터를 가장 파괴적인 혁신기술에 포함시켜 소개하였다.

3D 프린터는 현재까지 고무, 플라스틱, 금속, 세라믹 등 150여 소재를 대상으로 자동차, 항공기, 방위산업, 치의학, 패션, 건축, 교육, 완구류, 인간배아줄기세포, 바이오 프린팅 등에 사용되고 있다. 또한 최근 가격

이 저렴한 제품들이 보급되어 상용화 단계에 접어들고 있다. 더욱이 3D 프린터는 나노공학과 분자공학이 결합된 복합물질을 이용하여 환경에 따라 스스로 늘어나거나 수축하는 파이프관과 같이 한 모양에서 다른 모양으로 스스로 하는 모양을 바꾸고 성질마저 바꿀 수 있는(self transformation) 4D 프린팅 기술로 발전하고 있다. 미국의 오바마대통령은 3D 프린팅을 육성하겠다고 공약하고 미행정부는 2012년 7,000만 달러를 들여 오하이오 주에 3D 프린팅 연구개발기구(NDIM)를 설립하였고 영국 등도 많은 노력을 기울이고 있다.

실제 예로 의료분야를 보면 3D 프린터는 인공뼈, 인공치아, 보청기등 간단한 시술에 이용되었다. 그러나 2013년 4월 일본고베대학 외과팀은 어른 간을 어린이의 이식공간에 맞추기 위해 3D 프린터를 이용하여 이를 복제하여 어른 간을 어린이에 이식하는 시술에 성공하였다. 사람의 두개골 모양은 모양이 동굴과 같이 복잡하여 서로 잘 맞지 않아 인공뼈를 이식하기가 매우 어려우나 2013년 5월에는 우리나라 삼성서울병원 이비인후과에서는 3D 프린터를 이용하여 얼굴이나 두개골을 구성하는 부분들과 모양을 똑같이 만들어 부비동암 수술에 처음으로 성공하였다. 2013년 미국의 한 제조업체는 3D 프린터로 금속재질의 총기부품 30여 개를 찍어 낸 후 조립하여 현재 통용되는 일반 권총과 거의 차이가 없는 권총을 제작하여 3D 프린터의 부작용에 대한 우려도 커지고 있다.

3D 스캐너

3D 프린터의 실현을 위해서는 3D 형상 모델링이 필수적이다. 3D 스캐너란 3D 형상의 대상물에 레이저를 투사하여 형상정보를 디지털 정보로 전환하고 전환된 3D 형상정보는 파일 형태로 저장된다. 3D프린터는 이를 인식하고 출력할 수 있어 3D 프린팅 과정에 필수적인 3D 모델링을 매우 수월하게 처리할 수 있다. 모델링이란 대상을 3차원 공간에 재현할

수 있도록 수학적 모델을 만들어 가는 과정을 말한다. 3D 스캐너 제품으로는 디지타이저, 포톤(Photon), Structure Sensor, 복합기 Zeus 등이 있으며 3D 스캐너의 가격이 저렴해지고 상용화됨에 따라 3D 스캐너는 3D 프린터의 대중화에 크게 기여할 것으로 예상되고 있다.

12. 카이젠

비즈니스 프로세스 리엔지니어링, 동시공학, 다운사이징 등은 정보기술을 이용하여 프로세스를 획기적으로 재설계하려는 경영혁신기법이다. 이와 같은 경영혁신기법은 현재를 잊고 무에서 시작하여 한 번에 획기적인 변화에 의하여 극적인 성과를 추구하는 접근방법으로 높은 투자와 위험을 수반한다. 그러므로 조직의 상위층에서 주도하고 관리해야 한다. 이에 반하여 카이젠(改善, Kaizen)은 끊임없이 프로세스의 개선을 추구하는 경영혁신기법이다. 이러한 개선을 추구하는 방법들은 현재의 상태를 조금씩 지속적으로 변화시켜나가는 접근방법이다. 통계적 기법들이 주로 사용되며 비용이 많이 소요되지 않고 위험부담도 적으며 현장 중심으로 변화가 관리된다. 카이젠, 벤치마킹, 학습조직, 품질경영 등이 이에 속한다.

카이젠은 일본식 경영방식으로 일본이 제2차 세계대전에서 패배한 후 어려운 경제환경 속에서 '돈이 없으면 머리를 써라. 머리가 없으면 땀을 흘려라', '노력, 노력, 노력, 그리고 카이젠, 카이젠, 또 카이젠'을 외치며 부단한 노력으로 지속적으로 추진하여 개발한 프로세스 중심의 기업체질개선방안이다.

일본은 1870년 메이지유신(明治維新) 이후 자금력이 있는 지주회사 중심의 대기업 재벌(財閥 : 자이바쯔)로 구성된 산업제국을 형성해 왔다. 제2차 세계대전 후 미국은 점령정책에 따라 일본을 삼류국가로 전

락시킬 목적으로 대재벌의 해체를 추진하였다. 그러나 1949년 중화인민 공화국의 수립과 1950년 한국전쟁의 발발은 미국의 점령정책을 변경시켰고 미국은 다시 일본을 일류국가로 만들기 위해 노력하였다. 일본기업들은 전과 같이 지주회사를 두지 않고 법적으로 계열을 형성하지 않으면서 종합상사, 은행, 보험회사 등을 중심으로 주식을 상호 보유하는 새로운 형태의 계열(系列 : 게이레쯔)을 형성하며 발전하였다.

1970년대 2차례 오일쇼크는 미국에서 일본의 경차가 크게 성공할 수 있는 계기를 제공하였고 1980년대의 초엔고는 오히려 일본기업에게 체질을 강화할 수 있는 계기로 활용되었다. 자본의 부족, 열악한 자원, 좁은 국토, 협소한 시장, 낮은 기술력 등 전후 열악한 국내환경과 불리한 국제환경에서도 글로벌 경쟁우위를 확보할 만큼 성공적으로 기업의 체질을 강화시킬 수 있었던 것은 일본정부의 정책이나 지원보다 기업들이 지속적인 노력으로 경영혁신을 추구하며 자체적으로 축적한 기업체질 강화방안인 카이젠의 체질화에 기인한다고 할 수 있다.

일본은 대대적으로 서구도 벤치마킹하였다. 1950년 일본을 방문한 데밍(W.E. Deming)은 자료와 사실에 기초한 의사결정을 강조하고 시장조사, 제품개발, 생산, 판매로 구성되는 데밍사이클의 끊임없는 상호작용을 통하여 품질을 개선할 것을 제안하였다. 또한 슈하르트(W.A. Shewart)의 통계적 품질관리, 쥬란(J.M. Juran)의 프로젝트 관리기법, 화이겐바움(W.A. Feigenbaum)의 총괄적 품질관리(TQC : total quality control) 등 미국의 경영관리기법들이 일본에 전파되었다.

일본은 이러한 경영관리기법들을 단순히 모방하는 데 그치지 않고 끊임없는 개선을 추구하여 품질지향, 현장지향, 고객지향, 과정지향, 제안제도, 소집단활동, 부문 간의 협조와 경쟁을 그 수단으로 하는 그들만의 독특한 카이젠이라는 경영관리기법으로 발전시켰으며 린생산(Lean production)방식, 동시공학, 유통혁신, 전사적 품질관리(CQM : company-wide quality control), 품질기능전개(quality function deployment) 등을 포함하는 경영혁신기법으로 발전시켜 일본기업의 경쟁우위를 통한 일본경제의 세계화에 막대한 기여를 하게 된다. 그 결과로 1980년대에는 일본기업에 경쟁우위를 빼앗긴 미국이 반대로 '일본이 할 수 있다면 미국이 못할 이유가 없다'는 패러다임을 수립하고 반대로 일본기업을 벤치마킹함으로써 혁신을 추구하게 된다.

품질관리는 경영에 카이젠을 도입하는 총체적 수단으로 고객을 만족시키는 품질이 기업의 존속을 결정짓는 필수적인 전제조건이 된다고 본다. 그러므로 고객에게 품질을 인정받기 위해서는 품질, 원가, 공정 등을 끊임없이 노력하고 개선해야 한다고 강조한다. 이를 위한 수단으로 양적 데이터의 경우에는 흐름도, 특성요인도, 파레토그래프, 히스토그램, 관리도, 산포도, 각종 그래프를 계량화가 힘든 경우에는 친화도법, 연관도법, 계통도법, 매트릭스도법, 매트릭스데이터해석법, PDP(process data diagram)차트, 화살표 다이어그램 등의 도구를 활용한다.

현장은 일이 실제로 수행되는 중요한 곳으로 카이젠은 현장을 매우 중시하며 카이젠이 현장으로부터 출발한다는 것이다. 현장을 통해서만이 직면하는 모든 문제점을 미리 예견할 수 있으며 연구개발과 제조부문 사이에 존재할 수 있는 모든 차이를 미리 해소할 수 있다고 가정한다. 5S운동을 병행한다. 5S란 정리(settle), 정돈(standstill), 청소(sweeping), 청결(sanitary), 습관화(style)를 말한다.

카이젠은 고객만족을 통하여 고객이 먼저 제품을 찾도록 하는 고객지향을 강조한다. 고객에게 품질은 있든지 없든지 둘 중 하나이며 이를 위하여 끊임없는 노력을 강조한다.

카이젠은 중요한 일이 수행되는 현장에서 프로세스의 과정을 중심으로 부단한 개혁을 통한 점진적 개선을 추구한다.

카이젠은 제안제도를 기본으로 삼아 창의성을 진작시켜 점진적이고 지속적인 개선을 추구한다. 제안제도는 1894년 NCR, 1898년 고다쿠사, 1905년 기네보 등에서 시작하였으며, 1946년 도시바가 본격적으로 제안제도를 제도화하였고 1950년 마쓰시타, 1951년에는 도요타에 파급되었다. 도요타의 도요다 에이지(豊田英二) 회장은 '일본의 노동자는 손만이 아니라 머리도 사용해야 한다'고 강조하였다.

소집단활동도 중요한 수단이다. 작업자들이 비공식적이고 자주적인 소그룹을 구성하여 최선의 작업방법을 논의하고 개선방안을 제안하도록 유도하였으며 후에 이러한 소집단은 품질분임조(quality circle) 등의 이름으로 불리게 되었다.

카이젠은 기업에서 발생하는 문제는 어쩔 수 없이 존재하는 것으로 인식하는 데서 출발한다. 그러므로 어쩔 수 없이 발생하는 문제는 부문 간의 협조와 경쟁으로 해결할 것을 강조한다. 구미기업에서는 부문 간의 문제를 분쟁으로 보고 개인의 문제를 결점으로 여기기 때문에 구성원들이 가능한 한 문제를 숨기려 하고 기업은 분쟁 당사자에게 불이익을 주려고 하나 카이젠은 서로의 문제를 인정하고 서로 협조로 해결해 나가는 것을 추구하므로 그 접근방법에서 구미기업과 근본적인 차이가 있다.

제6장 의사결정과 경영정보시스템

복은 검소함에서 생기고
덕은 겸양에서 생기며
지혜는 고요히 생각하는 데서 생기느니라.
죄는 참지 못하는 데서 생기며
허물은 경망에서 생기니
눈은 조심하여 남의 그릇됨을 보지 말 것이라.

의사결정은 기업의 경영활동에 있어서 핵심이다. 경영정보시스템의 가장 큰 목적은 환경이 제공하는 자료를 적절하게 처리하여 의사결정에서 요구되는 적절한 정보를 제공하여 경영자의 의사결정, 관리적·전략적 경영활동, 의사소통을 지원하는 것이다. 그러나 기업의 각 계층이나 기능에서 요구되는 정보나 의사결정의 유형은 서로 다르므로 기업은 내외적 환경의 변화를 감지하여 관리하고 대응하는 데 있어서 경영정보시스템을 통하여 필요한 정보를 조속히 확보하고 실시간으로 의사결정을 수행할 수 있는 경쟁체제를 확립해야 한다.

1. 정보보고시스템

정보보고시스템(IRS : information reporting system)은 의사결정의 절차나 규칙이 사전에 구체화된 기본적인 관리업무들에 있어서 규정된 형태와 내용의 정보가 주기적으로 경영자에게 제공되어 의사결정을 지원하고 업무의 효율성을 높일 수 있도록 하는 정보시스템이다. 1960년대 중반 시스템이론이 조직관리에 도입되기 시작할 무렵 경영자들은 조직 전체의 효과적인 관리를 위하여 단순하고 일상적인 거래와 업무의 결과를 자동화한 거래처리시스템에서 얻어진 기본적인 거래 자료로부터 필요한 정보를 컴퓨터로 자동으로 생성하여, 의사결정의 규칙과 결정절차가 명확한 구조적 의사결정문제에 이용할 필요성을 느끼기 시작하였으며 그 결과로 개발된 것이 정보보고시스템이다.

정보보고시스템은 경영관리 전반에 있어서 의사결정문제에 대한 기본적인 이해가 충분하며 필요한 정보의 내용이나 형태가 구체적으로 주어진 구조적 의사결정문제를 지원하는 경영정보시스템이다. 따라서 정보보고시스템은 기본적인 업무에 대하여 거래처리시스템에서 생성된 자료와, 부분적으로는 경영활동과 관련된 자료를 적절한 형태의 정보로 처리하여, 적당한 시기에 경영자나 의사결정자에게 주기적 보고서, 요약보고서, 예외보고서, 의사결정자료 등으로 제공한다. 결과적으로 정보보고시스템은 경영활동 수준과 관련하여 중간 경영층을 주요 대상으로 하며 부서의 실적과 관련된 정보를 제공하여 이의 통제를 위한 의사결정을 주로 지원한다. 당시에는 정보보고시스템을 경영정보시스템으로 명명하였으며 지금도 협의의 경영정보시스템은 정보보고시스템을 의미한다.

2. 의사결정지원시스템

정보보고시스템이 주로 구조적인 의사결정문제에 적용됨에 비하여 의사결정지원시스템(DSS : decision support system)은 반구조적이거나 비구조적인 의사결정과정을 지원하는 경영정보시스템이다. 모델베이스(MB : model base)와 특정 데이터베이스를 기반으로 의사결정자와 강력한 상호대화식(interactive) 인터페이스를 통하여 의사결정에 적절한 도움을 준다. 여기에서 지원(support)이란 비구조적 의사결정문제에 있어서 현명한 의사결정을 하기 위해서는 컴퓨터의 분석능력이 의사결정을 지원할 수는 있으나 컴퓨터가 판단을 대신 할 수 없고, 컴퓨터가 체계적인 분석을 수행한다 하더라도 의사결정과정의 통제를 위해서는 사람의 판단이나 통찰력이 요구되며, 의사결정의 효과를 높이기 위해서는 의사결정자와 컴퓨터의 상호작용이 필요함을 의미한다. 상호대화식 상호작용이란 의사결정자가 의사결정지원시스템을 운영하면서 서로 상호작용을 통하여 의사결정에 더 적합한 새로운 의사결정 모형을 수립하는 것을 말한다.

1971년 고리(A. Gorry)와 모튼(S. Morton)은 경영정보시스템에 불확실성의 원천인 환경의 개념을 처음으로 도입함으로써 의사결정지원시스템의 개념이 도입되었다. 주로 조직의 상위계층에서 간헐적(ad hoc, sporadic)으로 발생하는 미래지향적인 비구조적 의사결정문제들은 조직의 미래를 결정하는 매우 중요한 의사결정 문제임에도 불구하고 의사결정의 절차와 규칙이 사전에 구체화될 수 없다. 이러한 의사결정은 의사결정과 관련된 요소가 다양하고 조직의 내적 정보뿐만 아니라 외적정보도 필요하며 의사결정의 결과를 사전에 예측하기도 힘들기 때문이다.

의사결정지원시스템은 데이터베이스, 모델베이스, 그리고 의사결정지원시스템 소프트웨어로 구성되며 데이터베이스 주도형과 모델 주도형으로 구분된다. 데이터베이스는 기업 고유의 데이터베이스, 특정 목적을 위하여 기존의 데이터베이스를 이용하여 새로 구축한 데이터베이스, 기업 외부의 데이터베이스, 그리고 개인의 데이터베이스를 포함한다. 특정 의사결정문제를 지원하기 위해서는 데이터베이스로부터 얻어지는 각종 자료와 목적에 상응하는 분석도구들이 구비되어야 하며, 방대한 양의 데이터에서 유용한 정보를 추출하기 위해서 OLAP와 데이터마이닝과 같은 방법도 활용된다. 모델베이스에는 특정 의사결정문제를 지원하는 분석모형인 수행도 측정모형, 통계적 모형(statistical model), 최적화 모형, 민감도 분석모형 등 완벽한 경영과학모형, 약간은 불안전한 모형, 그리고 휴리스틱 등이 포함된다. 데이터베이스로부터 얻어지는 각종 자료가 구비되고 상호대화식 인터페이스에 의한 상호작용 속에서 새로운 모형들이 수립될 수 있어야 한다.

의사결정지원시스템 소프트웨어는 사용자와 컴퓨터 사이에서 사용자와 데이터베이스 및 모델베이스를 연결시켜 간편하고 이해하기 쉬운 입출력으로 인터페이스(interface)를 제공하는 소프트웨어이다. 이는 의사결정자의 판단에 도움이 되도록 대화를 관리하며 그래픽, 제4세대 언어, 메뉴얼, 효율적인 입출력 양식 등 사용자 언어를 총체적으로 지원한다. 그러므로 의사결정지원시스템 소프트웨어를 대화관리시스템(dialogue management system)이라고도 한다.

의사결정지원시스템을 개발하는 데는 의사결정지원시스템의 개발을 용이하게 해 주는 하드웨어와 소프트웨어를 활용할 수 있으며 이를 총칭하여 의사결정 지원시스템 생성프로그램(DSS generator)이라 한다. 의사결정지원시스템 생성프로그램은 의사결정지원시스템 개발에 활용되는 프로그램언어, 인터페이스, 입출력 양식 등의 모임으로 의사결정지원시스템 개발에 요구되는 일반적인 기능들을 쉽게 적용할 수 있도록 설계되어 의사결정지원시스템을 구축하는 데 유용하다. 의사결정지원시스템 생성프로그램을 구성하는 프로그램언어, 인터페이스, 입력양식, 또는 출력양식 등 요소들 각각을 의사결정지원시스템 도구(DSS tool)라 한다.

3. 그룹 의사결정지원시스템

현대 조직의 경영자들은 하루에도 몇 번씩 'yes'와 'no' 또는 'go'와 'stop'을 결정해야 하는 의사결정 환경에 직면하고 있다. 많은 의사결정 은 시공간적으로 산재해 있는 경영자들과 구성원들의 종합된 의견을 요 구하는 그룹 의사결정의 범주에 속한다. 실질적으로 회의의 빈도는 늘어 가고 회의시간은 길어졌으며 참석해야 할 인원은 많아짐으로써 경영자 의 바쁜 하루 일과 중 많은 시간이 회의에 소요되고 있다. 그러므로 시간 과 공간의 제약을 극복하여 그룹 의사소통 및 의사결정의 성과나 효과를 높이는 방법에 대한 관심이 높아졌으며 그 결과로 구축된 의사결정지원 시스템이 그룹 의사결정지원시스템(GDSS : group decision support system)이다. 즉 그룹 의사결정지원시스템은 의사소통과 의사결정을 지 원하는 의사결정지원시스템의 기능이 시공간적으로 확대된 의사결정지 원시스템이다.

그룹 의사결정지원시스템의 목적은 같은 시간, 다른 시간, 같은 장소, 다른 장소의 모든 경우에 있어서 경영정보시스템을 활용하여 시공간의 제약을 극복하고 정보를 상호 공유하며 의견을 수렴하여 대체안을 탐색 하고 비구조적 의사결정문제에 대한 결론을 도출할 수 있도록 전 과정 을 지원하는 데 있다. 그룹 의사결정지원시스템은 필요한 경우에 익명 성을 보장할 수 있고 일반적인 회의에서 흔히 발생하는 바람직하지 못 한 집단역학(group dynamics)을 최소화할 수 있다는 이점도 수반한다.

그러므로 그룹 의사결정지원시스템은 의사결정지원시스템을 구성하는 데이터베이스, 모델베이스, 대화관리시스템 외에도 통신설비 및 컴퓨터를 구비한 의사결정실이나 원격화상회의실 등 물리적 설비와 회의 구성원들의 아이디어를 종합하여 요약하거나 분석하여 제공할 수 있는 그룹웨어가 추가로 요구된다. 그룹웨어는 공동작업 및 그룹 의사결정 환경에서 구성원들이 문서, 음성, 영상정보에 동시에 접근할 수 있도록 하여 정보교환, 정보공유, 의견조정, 공동결론을 도출할 수 있도록 의사결정을 지원해 주는 소프트웨어와 하드웨어를 포함하는 대화시스템이다. 구성원 상호 간에 문서를 서로 열람하고 첨가하여 공동으로 문서를 작성할 수 있고 각 구성원의 일정계획으로부터 그룹 회의일정을 결정할 수 있는 기능도 보유한다. 또한 그룹웨어는 분산된 정보를 종합하여 구성원에게 제시하고 서로의 의견을 전달하며 의견을 검토하여 논평이나 수정을 통하여 이를 수합할 수 있도록 가상의 회의를 지원하여 원격회의나 전자회의를 수행할 수도 있도록 한다. 그룹 의사결정지원시스템에 있어서 단순히 하드웨어와 소프트웨어를 지원하는 사람을 회의지원자(facilitator)라고 한다.

그룹웨어는 Lotus Notes, Groove, LiveLink 등과 같은 상업적 그룹웨어 제품들이 있으나 하나의 그룹웨어는 나름대로의 기능이 특화되어 부분적인 일부 기능만 보유하는 경우가 많으며 모든 구성원이 동일한 운영체제에서 동일한 제품의 그룹웨어를 사용해야 하는 불편함과 함께 가격도 상대적으로 고가이다.

4. 중역정보시스템

일반적으로 경영자는 의사소통 능력(communication skills), 기술적 능력(technical skills), 대인관계 능력(interpersonal skills), 개념적 능력(conceptual skills) 등의 기능(技能 : skill)을 구비하여야 하며 정보담당자

적(informational), 의사결정자적(decisional), 대인관계자적(interpersonal) 역할(role)을 가지고 계획, 조직화, 충원, 지휘, 통제 등의 기능(機能 : function)을 수행한다.

변화하는 시장에서 조직의 성과를 모니터하고 기회를 확인하여 조직의 목적을 달성하기 위해서 최고경영자는 기업의 운영과 성과에 관한 정보뿐만 아니라 산업, 시장, 경제적 환경 등 외적환경과 관련된 다양한 정보가 선택적으로 필요하다. 중역정보시스템은 최고경영층이 이러한 기본활동과 전략적 업무를 수행하는 데 필요한 정보요구에 쉽게 부응할 수 있도록 구축된 경영정보시스템이다. 즉 중역정보시스템은 최고경영자가 기업의 전략적 목표를 수행하는 데 요구되는 각종 내·외적 정보와 분석도구에 용이하게 접근할 수 있도록 구축된 정보시스템이다.

중역정보시스템은 중역 데이터베이스, 중역 모델베이스, 커뮤니케이션 소프트웨어 등으로 구성된다. 중역정보시스템의 목적이 최고경영층에 필요한 정보를 제공하는 데 있으므로 조직의 내부와 외부에 존재하는 여러 종류의 데이터베이스를 종합하여 조직의 가장 핵심적인 정보로 압축하여 별도의 데이터베이스로 구축하고 경영을 지원하도록 시스템화되어야 하며 전자사서함을 포함하는 통신기능을 구비해야 한다. 외부 데이터베이스에 연결되어 각종 경제지표와 산업지표 등에 대한 정보가 제공되고 경영자의 주의를 필요로 하는 주요 성과지표에 대한 예외보고, 시간에 따른 변화의 패턴을 알려 주는 추세보고 등도 제공되어야 한다. 이러한 정보를 통하여 중역정보시스템은 주요성공요인을 확인하고 what-if 분석 모델링 기능을 구비하여 미래계획과 예측에 도움을 주어야 한다. 정보는 신속 정확하게 갱신되고 요약정보로부터 세부적인 정보로 차례로 찾아 들어갈 수 있도록 단계적 접근(drill down) 기능도 갖추어야 한다.

최고경영층은 매우 분주하여 컴퓨터를 능숙히 다룰 수 있도록 많은 시간을 할애할 수 없으므로 중역정보시스템은 사용자가 손쉽고 편리하게 접근할 수 있도록 설계되어야 한다. 다시 말해서 마우스, 메뉴방식, 그래프, 표, 터치스크린, 멀티미디어 기능 등을 이용하여 운영하기 쉽고 조작하기 간편한 사용자 인터페이스가 제공되어야 한다. 최고경영자가 필요한 정보를 획득하는 데 소요되는 시간을 줄이고 조직의 구성원, 경쟁세력, 시장과 용이하게 의사소통함으로써 협조체제를 형성하고 조직의 성과를 효과적으로 판단할 수 있도록 제반 기능들이 확보되어야 할 것이다.

5. 최종사용자 컴퓨팅

정보기술의 발달로 저가의 고성능 개인용 컴퓨터의 보급이 확산되고 소프트웨어 기능도 다양화됨에 따라 개인용 컴퓨터와 시분할방식(time sharing)의 단말기가 보편적으로 업무에 활용되기 시작하였고 최종사용자(end user)가 쉽게 응용프로그램을 개발할 수 있게 되었다. 그 결과로 1974년 IBM-Canada에서 최종사용자 컴퓨팅(end user computing)의 개념이 도입되고 이와 함께 정보센터(information center)가 기존의 정보시스템부서(information systems department)와 별도로 신설되었다.

최종사용자 컴퓨팅은 최종사용자가 스스로 컴퓨터를 이용하여 필요로 하는 응용프로그램을 개발하고 필요한 정보를 검색하여 의사결정에 적절한 형태로 활용하는 것을 의미한다. 그러므로 최종사용자 컴퓨팅에서는 최종사용자의 요구가 응용프로그램에 그대로 반영되고 개발기간이 단축되어 응용시스템의 정확성, 용이성, 적시성이 만족되며, 그 결과로 융통성 있는 업무수행을 가능하게 하여 최종사용자의 생산성을 높인다.

정보센터는 기존의 전산부서가 최종사용자 컴퓨팅을 효율적으로 지원할 수 없다는 관점에서 설립되었으며 기존의 정보시스템부서를 대신하여 최종사용자 컴퓨팅을 지원한다. 기존의 전산부서가 조직의 컴퓨터 하드웨어, 소프트웨어, 데이터베이스 등 각종 컴퓨터 자원을 모두 관리하고 응용프로그램을 개발하여 최종사용자가 필요로 하는 정보를 제공하는 것만으로는 최종사용자의 정보요구를 적시에 충족시킬 수 없었다. 특히 작은 규모의 모든 응용프로그램을 전문전산부서에서 개발해야 된다는 것은 부적절한 일이었다.

그러나 최종사용자는 자신의 정보요구사항을 도출하고 시스템을 분석하여 설계하는 기술과 품질인증능력이 부족하며 특히 표준화에 어려움이 있다. 결과적으로 조직차원에서는 최종사용자에 대한 교육이나 지원을 위한 업무 부담이 증대되고 이를 위한 새로운 부서가 필요하게 되었다. 뿐만 아니라 모든 사용자가 독자적으로 정보를 획득함으로써 불필요한 정보가 누적되고 정보가 도용되거나 유출되는 등 정보보안 및 유지와 관련된 문제도 발생한다.

그러므로 기존의 정보시스템부서와는 별도로 정보센터가 새로이 개설되었으며 최종사용자는 필요로 하는 지원이나 정보를 조직 내의 정보시스템부서와 같은 전산전문인력 중심의 정보서비스 전문부서가 아닌 정보센터로부터 지원 받게 된다. 정보센터는 최종사용자를 위한 교육과 훈련을 실시하고, 응용업무를 개발하는 것을 지원하며, 개발된 응용프로그램의 호환성, 표준화, 보안을 유지하기 위한 업무를 수행하고, 하드웨어, 소프트웨어, 데이터베이스 등 각종 자원의 도입과 활용을 지원하며, 응용시스템의 문서화를 지원한다.

6. 웹기반 정보시스템

웹은 정보의 보고이다. 지구상에는 정확히 알 수도 없는 수많은 웹페이지가 있고 누구나 방문할 수 있는 웹만이 아니라 접속 코트가 있어야 방문이 가능한 웹까지 엄청난 양의 정보를 보유하고 있으며 검색엔진 (search engine)은 우리가 의사결정에 필요한 유용한 정보를 얻는 데 매우 유용한 도구로 사용되고 있다. 검색엔진은 Yahoo(Yet Another Hierarchical Officious Oracle), 구글, 그리고 빙(Bing) 등 다양하다. 야후 는 1994년 스탠퍼드대학 학생 파일로(D. Filo)와 양(J. Yang)에 의하여 개발되어 대표적인 검색엔진이 되었으나 현재는 어려움을 겪고 있으며 우리나라에서는 서비스를 개시한 지 15년 만인 2012년 말에 서비스를 종료하였다. 구글은 1998년 같은 스탠퍼드대학 학생인 페이지(L. Page) 와 브린(S. Brin)에 의하여 초기 모델이 발표된 후 대표적인 검색엔진으 로 발전하였다. 빙은 마이크로소프트에서 2009년 발표한 검색엔진이다. 구글, 야후, 빙이 전체 검색의 대부분을 차지하고 있다.

기업은 웹을 기반으로 하는 의사결정지원시스템을 제공하여 고객의 상품구입, 은퇴 후의 재무계획, 투자계획 등을 도울 수 있는 분석도구를 제공할 수 있다. 또한 웹의 방문 수, 페이지뷰 수, 평균방문시간, 신규 방문비율 등과 같은 정량적인 데이터를 추적, 수집, 분석하는 웹사이트 분석(web analytics)을 통하여 웹의 효과의 최적화를 추구한다.

스마트폰과 이에 따른 앱 및 서비스의 등장으로 기존의 웹 비즈니스 시장은 크게 위축되는 등 급격한 변화를 겪어 왔으며, 이동통신시장에 서 정보를 제공하고 서비스의 기반을 이루는 모바일 플랫폼이 매우 중 요하게 되었다. 모바일 플랫폼은 이동통신사업자 중심에서 서비스 중심 으로 진화하며 급속히 발전해 왔다. 특히 기업이 BYOD 정책을 채택함 으로써 플랫폼은 모바일 운영체제보다 중요한 위치를 차지하게 되었다.

이미 언급된 바와 같이 이동통신사업자가 주도하는 모바일 플랫폼은 처음에는 아이폰과 앱스토어를 중심으로 하는 폐쇄적 사업구조를 갖는 월드가든에서 다양한 단말기 중 선택이 가능하고 앱 제공자도 마켓플레이스의 선택이 가능한 개방적 사업구조를 갖는 안드로이드 중심의 오픈 가든(open garden)으로 발전하였다. 그러나 카카오톡이 스마트폰 기종에 관계없이 무료로 메시징 서비스를 제공하며 이용자를 최대한 확보하여 자신의 서비스에 잡아두고(lock-in) 그를 기반으로 수익모델을 구축함으로써 새로운 형태의 서비스 중심의 플랫폼으로 진화하게 되었다.

웹2.0

포털(portal)로 구성된 웹사이트(web site)를 통하여 일방적으로 정보를 제공하는 웹을 웹1.0이라 한다. 웹2.0은 사용자가 일방적으로 정보를 제공받지 않고 주체가 되어 적극적으로 정보를 생산하고 검색하여 링크하는 것으로 개방, 참여, 공유를 특징으로 한다. 다시 말하여 웹1.0에서와 같이 포털을 통하여 정보를 제공하는 웹이 아니라 많은 사람이 스스로 참여하여 정보와 서비스를 창조하고 공유할 수 있는 플랫폼(platform)으로서의 웹을 말한다. 그러므로 기존의 클라이언트-서버 모델에 기준을 둔 정적인 웹이나 대중 미디어에 의한 매스커뮤니케이션과 대중광고에 의하여 지배되어 온 웹과는 그 성격이 근본적으로 다른 변화하고 진화한 웹을 말한다.

웹2.0은 2004년 미국 오라일리(O'Reilly)사와 미디어(Media Live)사가 주최한 세계적인 정보기술 컨퍼런스행사의 브레인스토밍 세션에서 도허티(D. Dougherty)에 의하여 명명되었으며 인터넷의 발전방향을 함축적으로 표현한 단어이다. 블로그(blog), UCC(user created contents), 위젯(widget), 위키(wiki), 소셜네트워크서비스 등 다양한 서비스를 포함한다. 웹2.0에서는 사용자 중심의 공동의 관심사를 갖는 분산된 커뮤니티가 형성되어 블로그, UCC, 소셜네트워크서비스 등이 소셜 미디어(social media)로서 소셜네트워킹, 게시, 동영상, 오디오, 마이크로블로킹, 라이브캐스팅 등의 기능을 수행하여 기자뿐만 아니라 개인들도 이를 통하여 개개인의 정보, 의견, 생각, 경험 등을 공유하며 직접 기사를 작성하고 소비하며 나아가 오피니언 리더로서의 역할을 수행할 수 있게 되었으며 이를 통하여 양질의 콘텐츠가 유통되고 있다. 이와 같이 소셜네트워크와 같은 웹2.0을 중심으로 자발적인 참여로 개인의 생각, 의견, 경험, 정보를 공유하고 타인과의 관계를 생성하고 발전해 나가는 쌍방향의 개방적인 커뮤니케이션을 위한 온라인 플랫폼과 애플리케이션을 소셜 미디어라고 하며, 특정한 주제에 대하여 관심 있는 사람들이 상호작용하고 커뮤니티를 형성하여 콘텐츠를 만들어 가도록 매개한다.

1997년 태동된 블로그는 web과 log의 합성어로서 자유롭게 글을 올릴 수 있는 개인 웹사이트이다. 블로그는 HTML을 모르는 사람도 템플릿(template)을 활용하여 쉽게 제작할 수 있으며, 다른 사람의 블로그를 계속 체크하지 않아도 RSS(rich site summary 또는 really simple syndication)를 사용하여 갱신된 새로운 내용을 받아 볼 수 있다. RSS는 블로그나 웹사이트의 갱신된 내용들을 매일매일 체크할 필요 없이 스스로 발췌하여 자동으로 쉽게 설정된 컴퓨터로 보내는 서비스이다. 그러므로 RSS는 콘텐츠의 업데이트가 자주 일어나는 블로그나 웹사이트를 직접 방문하여 갱신된 정보를 파악할 필요 없이 자동으로 이들을 확인할 수 있게 해 주는 편의성을 제공한다. 또한 올블로그(allblog.net)와 같은 메타블로그는 높은 수준의 블로그를 한데 묶어 제공하여 큰 인기를 끌었다. UCC는 네티즌 개개인이 직접 제작한 콘텐츠로서 소재가 매우 다양하고 양질의 콘텐츠가 유통될 수 있는 기회를 제공한다. 위젯은 독자적인 프로그램이나 서비스를 개별적으로 아이콘 형태로 제작하여 독립적으로 동작시키는 도구로서 이제는 스마트폰에서 일반화된 방법이다.

2006년에 이미 세계적으로 매일 17만 개의 새로운 블로그가 탄생하였고 160만 개의 게시물이 등록되었으며 네티즌이 직접 만든 콘텐츠인 UCC는 인터넷의 새로운 유행이 되었다. 지금까지 고객이나 관중의 입장에 있던 대중은 더 이상 관람자의 입장에 국한되지 않고 생산자의 대열에 합류하였다. 네티즌들은 동영상 UCC를 통하여 적극적으로 자신을 홍보하며 그 결과로 새로운 인터넷 스타를 창조하기도 했다. 국내 한 무명의 기타리스트는 자신의 캐논 변주곡을 록 버전으로 연주하는 동영상 UCC를 통하여 하루아침에 세계적으로 알려지게 되었고 세계적인 동영상 사이트인 youtube,com에 올라 2008년 2월까지 만도 3,700만 건 이상의 조회 수에 15만 건의 댓글을 기록하였다. 또한 동영상 UCC는 새로운 광고 미디어 매체로 활용되고 UCC를 직접 매매하는 사이트도 등장하였다. 정부나 기업은 국민이나 고객의 의문사항이나 질문에 즉각 응답하고 서로 소통하며 사회기관은 기금모금을 위한 도구로 적극 활용하고 있다.

그러나 기업은 블로그를 마케팅 수단으로 과도하게 활용하기도 하며 블로거를 선정하여 혜택을 제공하며 관리하기도 한다. 일부 파워 블로거는 자신의 영향력을 활용하여 기업에서 수수료를 받고 제품을 미화하여 소비자를 유인하는 글을 작성하거나 제품의 공동구매를 주선하여 부당한 수익을 챙기고 각종 이권을 추구하기도 한다. 위와 같은 지나친 상업적 활동과 SNS의 부상은 경제, 정치, 사회 전반에서 블로그나 UCC의 영향력과 입지를 점차 축소시키고 있다.

웹2.0에서는 플랫폼을 기반으로 인터넷 사용자가 직접 참여하여 정보를 생산하고 공유하고 나아가 공동의 집단지성(collective intelligence)을 창출한다. 예를 들어 온라인 백과사전 위키피디아(wikipedia)는 사용자들이 검색, 블로깅, 태깅 등을 통하여 스스로 정보를 생산하고 서로를 연관시키며 공유하고 활용하여 만들어졌으며 이는 소수에 의해 정의되는 전문지식보다 다수의 집단지능(collective intelligence)이 더 많은 가치를 부여받는 예이다. 위키는 '빨리 빨리'라는 의미를 갖는 하와이어에서 유래된 단어로서 웹브라우저에서 간단한 마크업(markup) 언어를 사용하여 내용을 추가, 삭제, 수정, 변경하여 내용을 개선할 수 있는 프로그램이다. 그러므로 여러 사람이 공동의 문서를 작성할 수 있어 집단지성을 창출하는 대표적인 수단이 되었으며 위키피디아는 집단지성을 대변하는 결정체이다.

SNS는 포털이나 서비스에 의존하지 않고 이용자가 중심이 되어 상호작용하며 정보나 의견을 교환하고 경험을 공유하며 유대관계를 형성하고 의사결정에 활용하는 플랫폼에서 검색, 광고, 외부 웹사이트와 정보교류 등 그 기능이 확대되고 있다. 우리나라에서 개발된 카카오톡을 위시하여 트위터(twitter), 페이스북(Facebook), 미투데이(me2day), 토시, 마이스페이스(myspace), 싸이월드, 아이러브스쿨, 링크드인(LinkedIn), 베보(Bebo), 위치기반 SNS인 포스퀘어(Foursquare), 사진 위주의 보는 SNS인 핀터레스트, 조인(Joyn) 등 다양하다. 그러나 페이스북이나 트위터 등 외국산 SNS 서비스에 밀려 1990년대 후반 우리나라 대표적 SNS 서비스였던 싸이월드는 적자가 누적되면서 SK커뮤니케이션에서 분사하였고 네이버의 단문형 SNS인 미투데이, 다음커뮤니케이션의 요즘, SK커뮤니케이션즈의 C로그 등도 서비스를 접었다.

우리나라 기업 ㈜카카오가 개발하여 2010년 3월에 서비스가 개시되어 대표적 글로벌 서비스로 발전한 카카오톡은 IP기반의 스마트폰에서 구동되는 무료의 모바일메신저서비스이다. 애플 앱스토어나 안드로이드 마켓에서 다운로드 받을 수 있으며 일대일이나 그룹채팅이 가능하고 멀티미디어 자료도 서로 공유할 수 있으며 기본적으로 한국어, 영어, 일어가 지원된다. 네이버가 개발하여 2011년 6월 일본에서 첫 서비스를 시작한 또 다른 모바일메신저서비스인 라인(Line)은 무료 문자서비스에 음성 영상통화가 가능하고 게임이나 만화와 같은 디지털 콘텐츠를 제공한다. 외에도 2년 6개월 만인 2013년 11월 15일 가입자 3억 명을 넘어서는 빠른 성장으로 세계 230개국에서 서비스가 제공되는 중국의 위챗

(WeChat), 가입자 3억 명인 유럽의 와츠앱(WhatsApp), 그리고 북미 지역의 페이스북 메신저와 경쟁하고 있다.

2012년 12월 26일 국내 이동통신 3사는 카카오톡에 대항하여 서비스 조인을 개시하였다. 조인은 세계 이동통신사업자연합(GSMA) 개발한 국제표준기반 메시징 플랫폼 리치 커뮤니케이션수트(RCS) 기반의 차세대 통합 커뮤니케이션 플랫폼으로 채팅, 단문 메시지, 장문 메시지, 영상, 미디어, 파일전성 등이 가능하다. 왓츠업은 우크라이나의 가난한 시골에서 태어나 유태인의 박해를 피해 미국으로 이민 온 가난한 청년 얀 코움(Koum)과 미국인 브라이언 액턴(Acton)이 개발하였다. 2014년 초 페이스북은 전 직원이 50여명에 불과한 기업 왓츠앱을 노키아(MS의 72억 달러)와 모토롤라(구글의 125억 달러)보다 더 비싼 가격인 160억 달러(17조 2000억 원)에 인수하였다.

트위터는 UCC의 새로운 형태로 사용가능한 글자 수가 140자로 제한된 블로그형태를 갖는 서비스이며 미투데이는 글자 수를 150자로 제한하고 있다. SNS를 대표하는 페이스북은 시시콜콜한 일상생활까지 모두 올려 세계 누구와도 온라인상에서 소식을 나누고 친구가 될 수 있는 플랫폼을 제공한다. 페이스북이란 이름은 페이스북의 창설자 주커버그(Zuckerverg)가 다녔던 미국의 사립명문 필립스 아카데미(엑시터)의 재학생 사진첩 이름으로 하버드로 진학한 주커버그가 하버드에 재학 중인 친구들을 위하여 만든 온라인 사진첩에 붙인 이름이다. 온라인 사진첩이 폭발적인 인기를 얻어 그는 실리콘 벨리의 벤처사업가로 성장하였 세계적 갑부의 반열에 들었다.

SNS의 서비스도 다양해지고 있다. 친구를 자동 검색해 주고 친구를 맺어주고 사진이나 동영상을 게재하고 이야기를 공유하며 광고를 제공하고 있다. 특히 배너광고는 야후와 마이크로 소프트를 제치고 세계 1위로 성장할 정도이다. 스마트폰과 더불어 모바일 위치기반 서비스와 외부 웹사이트와의 정보교환을 위한 서비스에도 치중하고 있다. 청소년들은 페이스북을 통하여 자신의 커뮤니티를 형성하는 등 막대한 영향을 미치고 있으나 공시된 많은 내용이 섹스와 관련되기도 하여 염려도 있다.

2011년 3월 발생한 동일본 대지진과 쓰나미, 그리고 후쿠시마 원전사태 후 '오히려 신문도 방송도 보지 않는 것이 편하다', 'SNS만이 진실보도', 'SNS를 통해서 속속 공개되는 현장과 진상', 'SNS가 실시간 특종의 보물섬' 등과 같은 신문기사와 함께 SNS에 의하여 숨겨졌던 진실들이 속속 공개되었다. 일본정부는 처음에는 일본국민에게 해가 될 만한 위험은 없다고 강변하였으나 후쿠시마(福島)원전의 치명적 고농도 방사능 유출에 대한 생생한 영상, 30~40m의 대형 쓰나미, 야간에 대화재로 폐허가 된 케센누마(氣仙沼) 지역의 쓰나미(tsunami) 동영상 등 사건현장을 SNS가 실시간으로 보도하여 공개함으로써 20여일 후에는 손을 들고 항복을 선언할 수밖에 없었다. 트위터와 같은 SNS는 폐쇄된 이란에서 2009년 발생한 불공정한 대통령선거를 규탄하는 민주화 시위나 2011년 발생한 아랍의 민주화 시위를 폭발시킨 원동력이며 대규모 소요사태를 전 세계에 알리는 데 결정적 역할을 하였다. 반면에 SNS의 부정적인 역할에 대하여서도, 예를 들어 2011년 영국 런던 북부지역에 위치한 토트넘(Tottenham)에서 발생한 폭동사건에 있어서나 선거와 관련되어 다양하게 유포되는 유언비어 등 다양하게 언급되고 있다. 그럼에도 불구하고 SNS는 더 이상 인터넷상의 채팅공간에 머무르지 않고 세계 각지에 흩어져 있는 취재공간을 실시간으로 보도하고 독자로부터 피드백되고 다시 기사가 보도되는 쌍방향의 뉴미디어로 매우 큰 역할을 수행하고 있다.

그러나 2012년 5월 SNS의 대장주인 페이스북이 나스닥에 상장된 후 주가는 계속 떨어져 반 토막이 나고 실적은 부진하여 한편으로는 SNS사업 전반에 대한 우려도 꾸준히 제기되기도 하였다. 또한 많은 사람이 페이스북을 이용한다고 해서 그 것이 실제로 광고효과로 직결되느냐에 대한 의구심도 높다. 온라인 광고매출이 85%에 달하는 페이스북으로서는 모바일광고의 부상과 함께 차별화된 수익모델의 필요성이 더욱 절실하기도 했다.

어느 날 다윗 왕이 궁중의 세공에게 자신을 위해 큰 기쁨이나 큰 절망 중에도
용기를 줄 수 있는 글귀를 새긴 아름다운 반지를 하나 만들어 달라고 하였다.
세공은 명령대로 아름다운 반지를 만들었지만 적절한 글귀를 생각할 수 없어
고민에 빠지고 말았다. 세공인은 지혜롭다는 솔로몬 왕자를 찾아 기쁨을 절제하
고 크게 절망하였을 때 용기를 줄 수 있는 글귀를 달라고 도움을 요청하였다.
솔로몬 왕자는 말했습니다. "이 말을 써 넣으시오. '이것 또한 곧 지나가리라.'
승리에 도취한 순간 왕이 이 글을 보게 되면 자만심은 곧 가라앉을 것이고,
절망 중에 이 글을 보게 되면 이내 큰 용기를 얻게 될 것이오." 세공인은 매우
기뻐하며 반지에 그 글귀를 적어 넣었다.

인 공지능(AI : artificial intelligence)은 컴퓨터가 인간의 두뇌와 같이
지각하고 사고하며 지식을 표현하는 지능을 갖도록 하드웨어나
소프트웨어를 개발하려는 연구 분야이다. 구체적으로는 지각과 행동, 추
론과 판단, 문제해결능력, 학습능력 등을 갖는 컴퓨터를 구현하는 것을
목적으로 한다. 그러므로 인공지능에서는 컴퓨터 기반의 기호처리
(symbol processing), 지식기반시스템(knowledge based system), 지능로
봇(intelligence robot), 가상현실(virtual reality), 자연어 처리(NLP : natural
language processing), 음성인식, 감정인식(emotion recognition) 등의 연

구가 수행된다.

1956년 맥카시(J. McCarthy)가 '생각하는 기계'로서 인공지능의 개념을 처음으로 소개하면서 인공지능 분야의 초기연구가 시작되었다. 당시에는 사람이 일반적인 문제를 사고하고 해결하는 것과 같이 인간의 지능을 컴퓨터로 재현하여 인간과 같이 논리적 추론할 수 있는 컴퓨터를 만들려고 노력하였다. 그러므로 모든 유형의 문제를 해결할 수 있는 범용시스템을 구축하는 데 목적을 두고 일반적인 문제를 해결하기 위한 프로그램인 GPS(general problem solver)를 개발하려고 시도하였다. 그러나 컴퓨터가 인간과 같은 논리적 사고력을 보유하고 현실의 복잡한 문제를 해결할 수 있도록 하려는 이러한 시도는 곧 한계에 도달할 게 수 밖에 없게 되었다.

그 결과로 1960년대부터는 한정된 영역 내에서 주어진 문제를 해결하기 위한 연구가 수행되기 시작하였으며 하나의 예로써 휴리스틱(heuristic)을 적용한 문제해결에 많은 노력을 기울였다. 당시에는 10,120가지 대안을 갖는 체스게임을 잘하는 사람을 두뇌가 우수한 사람으로 인식하였고 인공지능을 연구하는 학자들은 이에 편승하여 체스게임을 잘하는 컴퓨터를 개발하기 위하여 노력하였다. 이러한 시도는 1990년대에도 많은 관심의 대상이 되었으며 IBM이 제작한 딥 블루(deep blue)는 1997년 세계 최초로 체스 세계 챔피언 카스파로프(G. Kasparov)를 이긴 컴퓨터가 되었다.

1970년대부터는 전문적 지식이 요구되는 특정영역의 비구조적인 문제에 대한 전문지식을 관리하고 활용하여 의사결정을 돕는 지식기반시스템에 대한 연구가 시작되었으며 컴퓨터가 인간의 언어인 자연어를 이해하는 자연어 처리, 인간의 음성을 인식하는 음성인식, 사물을 시각적으로 인식하는 기계시각(machine vision), 감정을 인식하는 감정인식, 그리고 원프로그램을 기계어로 자동적으로 번역하는 자동프로그래밍

(automatic programming) 등에 대한 연구도 수행되었다.

　1980년대 말부터는 컴퓨터의 학습능력에 대한 관심이 높아졌으며 이에 수반하여 인공신경망(artificial intelligence)에 대한 연구가 수행되었고 인공신경망의 적용을 위한 전위이론으로서 새로운 문제해결기법인 퍼지이론(fuzzy theory)과 유전자 알고리즘(genetic algorithm) 등이 개발되기 시작하였다.

　1990년대에는 인간의 두뇌를 구현하는 연산기법을 개발하는 데 더 많은 관심이 제공되고 시맨틱웹(semantic web), 지능형 에이전트(intelligent agent), 사례기반추론(CBR : case-based reasoning) 등에 대한 연구가 수행되기 시작하였다.

1. 지식기반시스템

지식기반시스템은 전문적인 지식이 요구되는 비구조적인 의사결정문제를 지원해 주는 인공지능기법으로 인간의 지식을 컴퓨터가 처리할 수 있는 형태의 일련의 규칙들로 모델화한 지식베이스(KB : knowledge base)를 기반으로 한다. 전문가시스템(ES : expert system) 또는 지능정보시스템(IIS : intelligent information system)이라고도 한다.

　인공지능 연구자들은 특정 전문분야에 있어서 전문가들의 지식이 매우 유효함을 인식하고 주어진 문제에 대하여 전문가의 지식을 관리하는 방법에 대하여 관심을 기울이기 시작했다. 1976년 스탠퍼드대학에서 감염성 질병을 진단하는 지식기반시스템인 MYCIN이 개발된 후 지식기반시스템은 인공지능과 경합되면서 독자적으로 발전하여 왔고 예측, 석유 및 광맥탐사, 법률상담, 신용평가, 투자자문, 제품 및 공정설계, 공정계획, 물리학, 컴퓨터 설계, 생산계획, 일정계획 등 여러 분야에 적용되어 왔다.

지식기반시스템은 지식베이스, 추론기관(inference engine), 설명기관(justifier), 지식관리부문(learning system), 사용자 인터페이스 프로그램으로 구성된다. 지식베이스는 특정 문제영역과 관련된 지식, 데이터, 규칙, 관계가 저장되며 지식은 'if-then' 규칙에 의한 조건과 결과의 관계로 저장된다. 추론기관은 뇌에 해당하는 기능을 수행하는 것으로 문제의 해결을 위해서 지식베이스에 저장된 지식의 사실과 규칙들을 조립하고 논리적으로 추론하여 결과를 도출한다. 설명기관은 어떻게 주어진 결론에 도달하였는지에 대한 추론과정을 제시하며 경우에 따라서는 추론된 결과의 정확성에 관한 정보도 제공되도록 설계될 수 있다. 지식관리부문은 지식표현방법에 적합하게 지식베이스를 만들고 수정·보완하는 기능을 수행하는 소프트웨어이다. 사용자 인터페이스 프로그램은 사용자와 지식기반시스템 사이에서 의사소통을 매개하는 프로그램을 말한다.

　지식기반시스템의 성패 여부는 지식베이스에 보유하고 있는 지식의 양과 질에 달려 있으나 지식을 획득하고 보완하는 일은 동태적 성격을 갖는 매우 어려운 일이다. 성공적인 지식기반시스템은 많은 전문가의 전문지식이 결집되고 체계화되어 개발되므로 지식기반시스템에 의하여 제공되는 지식은 전문가 개개인의 의견보다 더 우수하고 정확하며, 기분이나 감정에 영향 받지 않고, 피곤해하거나 지치지 않음으로써 일관성 있는 자문을 제공한다. 뿐만 아니라 적은 비용으로 쉽게 재생산되어 많은 사람이 시공간 구분 없이 영구적으로 사용할 수 있다. 전문가의 지식을 습득하고 정리하여 일련의 규칙들로 모델화하고 컴퓨터에 입력시키고 관리하는 사람을 지식관리자(knowledge engineer)라고 하며 지식관리자의 임무는 매우 중요하다.

지능의사결정지원시스템

데이터베이스와 모델베이스로 구성된 전통적인 의사결정지원시스템과 지식베이스로 구성된 지식기반시스템이 결합되어 비구조적인 의사결정을 지원하는 경향도 증대되고 있다. 기존의 의사결정지원시스템과 지식기반시스템이 결합되어 의사결정지원시스템을 통하여 의사결정을 지원할 뿐만 아니라 비구조적인 특정 영역의 의사결정문제에 대해서도 지식베이스를 기반으로 추론을 통하여 결론을 유도하고 이에 대한 설명을 제공하는 기능이 함께 제공되는 시스템을 지능의사결정지원시스템(IDSS : intelligent DSS)라고 한다.

사례베이스 추론

추론과정이 적용되는 또 하나의 인공지능기법으로 사례베이스 추론(CD reasoning : case based reasoning)이 있다. 지식기반시스템에서의 전문가의 지식과는 달리 기업이 과거에 습득한 유사한 경험이나 사례들로 구성된 조직지로 사례베이스를 구축하고 새로운 문제에 직면했을 때 현재의 문제와 유사한 과거의 사례나 경험을 검색하여 비교하고 차이점을 분석하고 문제를 해결하는 접근방법을 사례베이스 추론이라 한다. 이와 유사한 접근방법으로는 법관이 판결을 내릴 때 과거의 판례를 참조하는 것을 들 수 있다.

사례베이스 추론은 1980년대 초 예일대학 쉥크(R. Schank)의 'dynamic memory'에 기원한다. 사례베이스 추론의 단계를 기술하면 특정한 문제가 주어지면 사례베이스에서 적절한 사례를 검색하고(retrieve), 고려되는 문제의 해와 얻어진 사례를 연결시키며(reuse), 필요하다면 수정하고(revise), 성공적으로 적용되면 새로이 개발된 해법을 새로운 사례로 추가한다(retain)로 요약할 수 있다.

2. 시맨틱웹

웹에서의 지식기반시스템으로는 웹3.0에 해당하는 시맨틱웹을 들 수 있다. 시맨틱웹은 1999년 버너스 리(T. Berners-Lee)에 의하여 처음으로 명명되었고 웹3.0은 2006년 뉴욕타임스 기자 마코브(J. Markov)가 처음으로 사용하였다. 시맨틱웹은 사용자가 필요로 하는 의미를 컴퓨터가 이해하고 기술할 수 있는 웹으로 시맨틱웹을 기반으로 하는 웹을 웹3.0이라 한다. 시맨틱웹이 실현되기기 위해서는 가상공간에서의 정보자원이 컴퓨터가 이해할 수 있는 형태로 구성되어야 하며 컴퓨터는 정보자원의 의미를 이해하고 논리적으로 추론을 수행하여 상황에 맞는 정보를 제공할 수 있게 된다. 그러므로 웹1.0은 단방향의 일방적인 정보를 제공하고 웹2.0은 사용자가 정보를 생성하나 웹3.0에서는 컴퓨터가 상황에 맞는 정보를 제공하는 지능화된 맞춤형 웹을 실현한다.

예를 들어 웹1.0의 월드와이드웹에서는 '공사'라는 단어를 검색창에 입력하면 외교사절, 공군사관학교, 공공기업체, 조선시대 의정부 내의 부서, 공과 사, 건설공사 등 구분이 없이 '공사'라는 단어가 들어가는 모든 문서를 화면에 출력하며 이를 문서 웹(web of document)이라 한다. 그러나 시맨틱웹에서는 '공사'가 공군사관학교의 약자인지, 주택공사와 같은 기관의 이름인지, 건설공사를 의미하는지 등 데이터의 의미를 파악하고 지정하므로 이를 데이터 웹(web of data)이라 한다.

웹1.0이 HTML을 사용하는 데 반하여 시맨틱웹은 XML을 사용한다. XML은 월드와이드웹 컨소시엄(W3C)이 제안한 차세대 문서표준포맷이다. XML은 서로 다른 운영체제에서 정보교환을 할 수 있는 웹서비스(web service)를 위한 기반기술로서 표준화된 포맷을 제공한다. XML은 단어의 의미를 나타내는 태그를 부착하여 태그를 통하여 공사가 공군사관학교 약자인지 기관의 이름인지 건설공사를 의미하는지를 지정한다.

예를 들면 〈승용차 타입=소나타〉와 같이 표현한다. 그러므로 컴퓨터는 주어진 정보자원의 의미를 이해하고 스스로 데이터를 조작하고 운영할 수 있게 된다.

웹상에서 특정 정보자원들 사이에 체계적인 관계성과 연결성을 부여하고 정보 간의 연결과 추론을 수행하기 위해서 지식베이스와 유사한 형식으로 개념화되고 체계화된 온톨로지(ontology)가 적용되고 있다. 온톨로지란 물리적인 사물이나 추상적인 개념을 명세화하여 구체적인 체계를 부여하는 것이다. 식물의 종의 관계를 종, 속, 과, 목, 강, 문, 계로 체계화하는 것과 같이 공통된 속성을 개념화하여 그 속성에 의하여 정보를 탐색할 수 있도록 한다. 온톨로지를 기술하는 메타데이터의 하나로 RDF(resource description framework)가 있으며 RDF는 RDF triple, 즉 주어(subject), 술어(predicate), 목적어(object)의 체계로 자료를 기술하여 정보를 정의하며 자료에 대한 설명이나 관계를 제공한다. 예를 들어 '파우스트의 저자는 괴테이다'라고 하면 RDF의 자원의 관점에서 서술되는 주어는 파우스트가 되고 술어는 저자가 되며 목적어는 괴테가 되어 주어를 기술하기 위해서 필요한 특성과의 관계나 값을 기술한다. RDF는 온톨로지를 구축하기 위한 기반이 되고 온톨로지 내의 개체들은 RDF triple의 최소단위로 분해된다.

그러나 이러한 메타데이터를 일반인이 정의하고 사용하는 것은 결코 쉬운 일이 아니며 이에 대응하여 학계나 전문가 그룹이 합의하여 하나의 표준으로 온톨로지 어휘집(vocabulary)을 구축하였으며 일반인들은 상황에 맞게 사용할 수 있게 되었다. 이러한 어휘집으로는 2003년 처음 도입된 사람과 사람 사이의 관계를 명세화한 FOAF(Friend of Friend)나 2004년 온라인 커뮤니티 사이트들을 구조화시켜 속성별로 정보를 제공해 주는 SIOC(Semantically Inter-linked Online Community) 등이 있다.

월드와이드웹에서의 검색은 검색결과가 계속되면 검색이 끝나는 단방향의 단순검색이라면 시맨틱웹은 사용자와 검색서비스 간의 상호작용을 통해서 사용자가 원하는 정보를 얻을 때까지 탐사과정을 수행하는 쌍방향 맞춤형 검색으로 사용자가 원하는 의미의 적합한 정보를 얻기 위한 다양한 방법이 시도되고 있다. 현재까지 완벽한 의미의 시맨틱웹은 기술적으로 어려움이 있지만 특정한 분야를 대상으로 하는 등 충분히 잠재력이 확인되고 있으며 기존의 웹상에서 무질서하게 양적으로 존재하던 정보자원을 질적인 정보자원으로 변화시킴으로써 다양한 활용을 가능하게 한다.

지능형 에이전트

지능형 에이전트(intelligent agent)는 주어진 조건이나 환경에서 인간의 직접적인 개입이 없이 자율적으로 사고하고 행동하며 능동적으로 임무를 수행할 수 있는 컴퓨터 프로그램을 말한다. 이러한 지능형 에이전트는 주어진 특정 영역 안의 예측이 가능한 내용이나 반복적인 작업에 대하여 내장된 또는 학습된 지식베이스를 사용하거나 웹상에서 정보를 스스로 검색하여 결과를 제시함으로써 할당된 작업을 수행하거나 의사결정을 대신한다. 지능형 에이전트는 노우봇(knowbots), 소프트봇(soft bots), 소프트웨어 대리인(software agent) 등 다양하게 불린다.

컴퓨터 프로그램이 읽고 해석이 가능한 XML에 기반한 시맨틱웹은 지능형 에이전트가 실제로 적용되고 구현될 수 있는 대표적 도구이다. 특히 비즈니스 측면에서 지능형 에이전트는 XML에 기반하여 인터넷상의 콘텐츠들을 검색할 수 있다. 예를 들면 제품의 가격과 품질을 비교하여 소비자가 원하는 제품을 찾아 줄 수 있다. 전자상거래 환경에서는 주문자의 주문을 보유 중인 제품과 일치시켜 제품의 가용성을 확인하고 배달을 지시함으로써 거래를 성사시킬 수 있으며 구매자를 대신하여 상품 구매를 대신하거나 보다 더 저렴한 상품도 구매할 수 있다. 주인을 대신하여 가장 바람직한 여행계획을 수립하기도 하고 신용불량자를 검색하고 불량수표를 찾아내어 스스로 수표구좌를 관리하며 재고를 관리하는 등 다양하게 활용되고 있다.

웹4.0

미래에 예상되는 웹4.0은 다양하게 구축된 시맨틱웹 서비스를 활용하여 지능형 에이전트들이 협업하여 정보를 생성하고 작업을 수행하는 환경을 말한다. 웹2.0이 사용자 간의 협업을 의미한다면 웹4.0은 사용자의 비서인 에이전트, 즉 기계들 간의 협업을 의미하며 지능형 에이전트들의 개방, 참여, 공유를 특징으로 하여 조성되는 환경을 예견하고 있다.

3. 인공신경망

인공지능의 대표적 예인 지식기반시스템은 인간의 지식을 논리적으로 완전한 형태로 표현하고 처리하는 데 반하여 학습능력은 단순히 지식을 완전한 형태로 저장하고 처리하는 것만으로 실현될 수 없다. 예를 들어 사람이 개나 늑대를 구별하는 것은 매우 쉬운 일이다. 그러나 컴퓨터가 개와 늑대와 같은 시각적 영상을 정확하게 구별한다는 것은 매우 어렵고 복잡한 일이다. 인간의 뇌는 약 150억 개의 신경세포(neuron)와 각 신경세포는 약 일만 개의 연결점(synapse)을 통하여 다른 신경세포와 신호를 교환하고 학습함으로써 개와 늑대를 구별한다.

그러므로 이러한 문제는 지식기반시스템과 같이 'if-then' 형식의 완전한 형태의 지식의 저장과 처리만으로 해결될 수 없으며 방대한 양의 데이터를 이용하여 연속적인 연산작업과 수정작업을 상호작용으로 반복 수행함으로써 정확한 패턴을 찾아내는 학습능력을 실현함으로써만이 해결될 수 있다. 인공지능의 한 분야이면서도 독자적으로 분류되기도 하는 신경망은 인공지능의 한계였던 학습능력을 실현하기 위하여 뇌세포로 구성된 인간의 두뇌를 모방하여 하드웨어로 구현하고 인간처럼 합리적인 결론에 도달할 수 있도록 반복적으로 훈련과 학습과정을 거침으로써 만들어진 수학적 모형이다. 신경망은 주어진 입력에 대하여 이미 알고 있는 출력을 갖도록 반복적으로 과정을 수행하며 그 결과로 모형이 설계된다. 인공신경망은 기존의 순차적처리(sequential processing) 방식과는 전혀 다른 사람의 뇌세포를 흉내 낸 병렬처리방식의 인공신경망을 구축하고 이를 활용하여 분산된 여러 요소 간의 연결과 연산으로 지식을 표현하고 학습함으로써 학습능력의 형태로 인간의 지능 활동을 컴퓨터에 이식하려는 시도이다.

인공신경망 이론은 인공지능보다 먼저인 1943년 맥칼로(McCulloch)와 핏(Pitts)이 수행한 간단한 사각형 형태의 패턴을 인식하고 분류하는 연구에 기원한다. 1962년에는 로젠브렛(Rosenblatt)의 퍼셉트론(perceptron)이론으로 인간의 지능을 흉내 내어 사고할 수 있는 컴퓨터에 대한 기대가 높아졌으나 1969년 민스키(Minsky)와 페이퍼(Paper)가 단순한 논리조차 컴퓨터로 구현할 수 없다는 퍼셉트론이론의 결함을 제시하면서 연구가 중단되었다. 그러나 1986년 룸벨하트(D. Rumelhart)의 다중 퍼셉트론(multi-layer perceptron)이론으로 문제점이 해결되고 당시의 한계가 극복되면서 연구는 재개되었고 신경망구조와 알고리즘을 개발하기 위한 연구가 활기를 띄게 되었다.

신경망은 인간의 뇌세포의 연결과 같이 마이크로프로세서, 하드웨어, 소프트웨어 모듈로 구성된 여러 처리단위가 지속적으로 상호작용하는 고집적 병렬분산망을 형성하며 입력계층(input layer), 은닉계층(hidden layer), 출력계층(output layer)로 구성된다. 각 처리단위는 여러 처리단위와 연결되고 각각의 연결에는 가중치가 주어지며 지식은 처리단위 간의 연결 형태와 연결의 가중치로 표현된다. 예를 들어 초기 가중치는

임의의 난수에 의하여 무작위로 할당되고 자료가 입력되면 은닉계층의 여러 처리단위들은 수학적 공식에 의하여 산술적 과정을 거치며 가중 처리된 하나의 값을 산정한다. 이러한 처리과정은 결론에 도달할 때까지 여러 차례 반복되며 각 과정에 있어서는 바람직한 결론을 제시한 연결은 가중치를 높이고 그렇지 않은 연결은 가중치를 낮추는 학습과정을 통하여 각 처리단위 간의 연결강도와 가중치가 내부적으로 여러 번 수정되고 보완된다. 이와 같이 여러 번의 학습과정을 거쳐 결론에 도달하면 그 결과가 출력된다.

신경망은 결론에 도달하는 과정이나 결과의 신뢰성에 대해서는 전혀 제시할 수 없으며 동일한 문제에 동일한 결과를 제시하지도 못한다. 그럼에도 불구하고 신경망은 대부분의 경우에 상당히 정확한 결과를 제시하는 것으로 확인되고 있으며 학습능력에 있어서 인공지능보다 뛰어나며 의사결정을 지원하는 수단으로 경영, 공학, 의료분야 등에서 분석, 예측, 제어, 최적화 등 다양한 적용범위를 가지며 활용되고 있다. 패턴인식(pattern recognition), 기호처리(symbolic manipulation), 영상인식, 감정인식, 음성인식, 자연어 처리 등은 인공신경망의 대표적 연구분야이다. 또한 퍼지이론(fuzzy theory)과 유전자 알고리즘(genetic algorithm)은 인공신경망의 광범위한 응용에 적용되는 전위이론으로 활용되고 있다.

패턴인식

인간과 동물은 아무 어려움 없이 시각적으로 영상을 인식한다. 인간과 동물은 개와 고양이가 앉아 있을 때와 서 있을 때를 매우 쉽게 구분한다. 그러나 컴퓨터가 개와 고양이와 같은 영상을 정확하게 구별하고 해석한다는 것은 매우 복잡하고 어렵다. 이러한 것들은 지식기반시스템과 같이 'if-then' 형식의 완전한 형태의 지식의 저장과 처리만으로 해결될 수 없다.

개의 형상이 입력되면 컴퓨터의 신경망은 내부에 저장된 유사한 패턴 중에서 입력패턴과 가장 유사한 패턴을 찾아내는 연상작업을 수행한다. 컴퓨터는 입력된 개의 영상으로부터 특징을 추출하여 그와 유사한 개, 고양이, 여우, 늑대 등 패턴공간으로 연상을 수행하고 여우나 늑대로 잘못 분류되는 경우에는 가중치를 조정하고 수정작업을 반복한다. 이러한 반복과정을 통하여 마침내 컴퓨터는 가장 유사한 패턴으로부터 개임을 확인하고 정밀한 검사과정을 거쳐 개임을 인식한다. 이러한 학습과정을 통하여 수행되는 영상인식은 엄청난 계산과 이에 상응하는 컴퓨터의 능력이 요구된다.

패턴인식은 1960년대에 문자나 음성을 그 형태를 구분하여 검출하는 의미에서 처음 사용되어 현재는 다양하게 활용되고 있다. 오랜 역사를 갖는 문자인식이나 마크인식뿐만 아니라 최근에는 필기검색도 가능하다. 터치스크린에 글자를 쓰면 이를 저장된 다양한 필기정보와 비교해 가장 근접한 단어로 바꾸어 검색을 수행한다. 패턴인식은 영상인식기술과 함께 발전하였으며 현재는 음성, 지문, 홍채, 얼굴, 정맥, 손, 모습, 행동 등 신체가 담고 있는 다양한 생체정보를 복합적으로 활용한 생체인식시스템으로 발전되었다. 특히 9·11 테러사건을 계기로 생체인식시스템은 전자여권이나 신분증 등 신원확인을 위한 핵심기술로서 국가보안을 위한 중요한 수단으로 활용되기 시작하였다.

지문과 눈동자를 인식하여 사람을 구별하고 인간의 움직임과 신체 상태를 인식하여 인증에 활용할 정도로 그 기술은 안정을 찾아가고 있으며 지문, 홍채, 얼굴을 인식하여 자물쇠나 지갑을 열고 기기나 자동차를 작동시키는 것은 현실이나 영화에서 익숙한 장면이 되었다. 저장된 지문과 사용자 지문의 패턴이 일치하면 전기신호가 생성되어 잠금장치의 모터가 작동하고 지갑이 열리거나 작동하게 된다. 예를 들면 팬택이 2013년 8월 6일 출시한 지문인식 배가 LTE-A 스마트폰은 세계 최초의 지문인식 스마트폰으로 뒷면의 시크릿 키에 내장된 지문인식 센서를 접촉함으로써 실행, 화면 넘김, 이전 화면, 사진촬영, 전화수신, 음량조절 등이 가능하다.

홍채는 눈의 검은자 중에서 동공 주위에 있는 도넛 모양의 막으로 200개가 넘는 빗살무늬로 구성된다. 생후 18개월 후에는 완성되어 일생 동안 변치 않아 지문보다도 독특하고 지문과는 달리 비접촉인식이 가능하다. 지문은 아주 작은 확률로 서로 유사한 패턴이 존재하나 홍채는 사람마다 다르고 오른쪽 눈과 왼쪽 눈도 서로 다르며 안경이나 렌즈를 착용해도 정확히 인식된다. 적외선 카메라가 촬영한 홍채는 여러 지점들의 좌표가 홍채무늬라는 디지털 정보로 변환되어 인식된다. 정맥인식은 적외선을 이용한다. 적외선은 살과 뼈는 통과하지만 혈관은 통과하지 못하기 때문이다. 이미 스카트폰 등에서는 카메라를 이용하여 홍채를 등록하고 인식할 수 있는 정도까지 기술이 발전하였으며 인도정부는 2009년부터 신분증 발급에 홍채정보를 등록하도록 하고 있다.

얼굴인식은 얼굴의 전반적인 형태, 눈, 코, 입, 눈썹, 귀 등의 위치나 떨어져 있는 비율이 사람마다 다름을 이용하여 이들의 모양이나 서로의 거리가 측정된 후 수학적 알고리즘이 적용된다. 얼굴인식은 멀리서 테러범을 구별하고 일란성 쌍둥이를 가려낼 정도로 발전하였다. 인간의 행동거지나 움직임을 감지하고 인식하는 기술도 신원을 확인하는 데 활용된다. 걸음걸이, 서명하는 데 주는 힘의 압력, 키보드를 치는 손가락의 속도나 방법 등 다양하다. 예를 들어 2012년 출시된 삼성전자의 갤럭시S3에는 사용자의 동작, 얼굴, 눈동자의 움직임, 음성 등을 인식하여 자동으로 전화를 발신하고 휴대폰이 꺼지거나 약해지고 음성에 대답하는 등 다양하게 사용자의 편의를 돕고 있다. 동작인식게임도 출시되어 조이스틱 없이도 몸의 움직임으로 게임을 즐길 수 있어 흥미와 함께 운동을 대신하여 건강에 도움을 주고 있다.

그러나 이러한 생체인식시스템은 인권침해의 소지가 있어 엄격한 관리가 필수적이다. 예로써 행정중심복합도시인 세종시에서 스마트스쿨 구축의 일환으로 도입을 계획하였던 지문인식시스템은 2011년 11월 열린 국가인권위원회에서 인권침해의 소지가 있다고 결론지음으로써 철회되었다.

음성인식

음성인식은 컴퓨터가 음성을 인식함으로써 정보검색, 기기제어, 보안설정, 메일 등 서비스를 제공할 수 있도록 하는 기술이다. 음성은 인간에 종속적으로 억양이나 높낮이가 서로 다른 사람의 언어나 음성을 인식하기 위해서는 방대한 음성모델 데이터베이스와 충분한 연산능력을 필요로 한다. 서버의 데이터베이스에는 표준말, 사투리, 억양 등 다양한 음성 데이터가 저장되어 있어야 한다. 예를 들면 애플의 시리, 삼성전자의 S보이스, LG전자의 Q보이스 등 스마트폰에서 음성인식은 보편화되었고 나아가 간단한 심부름까지 수행하는 개인비서의 역할까지 수행하고 있다. 시리에 '사랑해'라고 하면 시리는 '우리는 그럴 수 없는 사이라는 것을 아시잖아요'라고 답한다. 사람이 음성으로 입력하면 스마트폰은 사람의 말을 부호화하여 디지털 신호로 바꾸어 전송하고 서버는 이를 음성모델 데이터베이스와 비교하는 과정을 수행하여 이를 인식한다. 음성인식에서 어휘와 주파수의 패턴을 비교하는 다양한 탐색과정이 상당한 발전을 이루었으며 NUI(natural user interface)의 하나로 활용되어 내비게이션, TV 채널 선택, 홈 네트워크, 로봇청소기, 세탁기 등 여러 분야에서 적용되고 있다. NUI란 인간이 손짓이나 음성과 같은 행동을 통하여 자연스럽게 기기를 움직이는 것을 말한다. 예를 들어 2013년 1월 LG전자는 5m 거리에서 리모컨 대신 음성으로 주요 기능을 작동시키는 에어컨 챔피언스타일을 출시하였다.

음성인식은 자연어 처리의 대표적인 적용의 예이다. 자연어 처리는 컴퓨터를 이용하여 인간의 언어를 이해하고 분석하는 것을 말한다. 다시 말하여 우리가 사용하는 언어나 대화를 컴퓨터가 그 의미 분석하고 처리하며 컴퓨터가 처리한 결과물을 사람이 이해할 수 있는 형태로 변환시키는 것을 말한다. 음성인식은 음성검색으로도 발달하고 있다. 포털에서의 음성검색은 이용자가 요구하는 검색어를 글자입력 대신 말로 대신하여 입력하면 데이터센터로 전달되고 텍스트 형태의 구문으로 변경된 후 수십억 개의 검색어와 대조되어 검색된다. 음성인식은 음악검색으로도 활용된다. 거리에서 흘러나오는 음악은 스마트폰을 통하여 데이터센터에 저장되고 음원과 비교되어 음원을 찾아낸다.

감정인식

사람의 감정은 자신조차 지각하기 힘든 것으로 감정적으로 백치나 다름이 없는 컴퓨터가 인간의 간정을 인식한다는 것은 더욱 어려운 일이다. 그러나 공상과학영화 아이로봇에서는 로봇이 인간의 목소리로 분노를 인식하고 AI에서는 사랑을 느끼는 로봇이 등장하는 것과 같이 인간과 교감할 수 있는 로봇을 개발하기 위한 노력이 계속되고 있다. 컴퓨터는 얼굴표정, 음성, 맥박, 체온 등을 바이오센서(bio-sensor)를 통하여 측정하여 감정 상태를 인식한다.

이와 같은 접근방법으로 컴퓨터가 인간의 감정을 100% 꿰뚫어 볼 수는 없을지라도 이러한 감정인식을 통하여 콜 센터(call center)에서는 고객의 목소리로 적절한 상담원을 연결해 주는 것과 같이 기업에서는 고객에게 고객 중심의 맞춤형 서비스를 제공하고 운전 중에는 자동차가 운전자의 졸리는 상태를 알아 대처하는 등 많은 응용에 기여할 수 있다. 예를 들어 2014년 러시아 소치 동계올림픽에서는 기차역 검색대에 바이브라이미지(VibraImage)를 설치하여 테러로 이어질 수 있는 감정의 기복을 미리 인지하여 테러를 방지할 수 있도록 하였다. 이 장비는 동영상 심리·감정 분석기로서 귓속의 몸의 균형을 담당하는 전정(前庭)기관에 의한 미세한 신체변화를 컴퓨터로 포착하여 영상으로 표현한다.

BCI

인간의 동작을 기기가 인식하여 동작하는 동작인식뿐만 아니라 인간의 생각으로 기기를 작동하게 하는 BCI(brain computer interface) 또는 MMI (mind-machine interface) 기술도 빠르게 구현되어 가고 있다. 인간의 뇌 신호가 이식된 전극에 전달되어 자신의 팔에 이식된 로봇 팔이 동작하는 것과 같이 초기에는 손상된 시각, 청각, 동작의 기능을 지원하는 기능에 국한되었으나 현재는 인간의 생각으로 게임을 하고 외부의 전자기기, 로봇, 자동차를 동작시키고 제어하는 등 다양한 분야에서 적용될 수 있는 단계에 도달하였다. 예를 들어 인간의 뇌파로 자동차를 운전하고 비행기의 비행경로를 원격으로 제어하며 인간의 두뇌를 해킹하여 정보를 탈취하고 손이나 눈동자의 동작으로 기기와 인터페이스를 수행할 수 있다.

4. 퍼지이론

일반적으로 우리에게 주어진 조건은 '예' 또는 '아니요'와 같이 명확하지 않다. 예를 들어 온도가 25도라고 하면 찬가, 시원한가, 따뜻한가, 아니면 더운가, 키가 177cm라면 키가 큰 것인가, 보통인가, 아니면 적은 것인가? 또는 '날씨가 어두워지면 불을 밝혀라'라는 지시를 받았다면 어느 정도 어두워져야 불을 밝힐 것인가? 이와 같이 퍼지이론은 '다소 가능성이 있다', '다소 가능성이 없다'와 같은 논리가 부정확하게 표현되는 불확실한 자료를 이용하는 규칙에 대한 이론으로 1965년 로피 자데(Lotfi

Zadeh)에 의하여 제시되었다. 퍼지이론은 깊은 이론적 배경을 갖고 있지는 못하지만 1986년부터 응용되기 시작하여 카메라, 엘리베이터, 세탁기, 지하철 제어장치 등 다양한 분야에 활용되고 있다. 앞으로도 많은 분야에 응용이 증대될 것이며 인공지능과 신경망 이론에도 효과적으로 활용될 것이다.

퍼지이론에서 퍼지정도(fuzziness)는 애매성의 정도를 의미하며 문제의 상황에 부정확함을 허용하고 부정확하게 표현된 논리와 애매한 지식을 몇 개로 범주화하고 멤버십 함수(membership function)를 이용하여 유연하게 처리한다. 예를 들어 몸무게는 '가볍다', '보통이다', 그리고 '무겁다'로 범주화되고 멤버십 함수는 '몸무게가 가볍다'는 45~65kg, '몸무게가 보통이다'는 55~80kg, '몸무게가 무겁다'는 70~90kg과 같이 부정확하고 중복되게 정의된다. 하나의 규칙은 '만약 실외온도가 높고 바람이 없고 실내온도가 덥고 건조하면 에어컨을 작동한다'와 같이 다양한 멤버십 함수의 결합으로 이루어진다. 또한 갑의 몸무게는 88kg, 을은 67kg, 병은 77kg이라 하자. 누구의 몸무게가 80kg 이상이냐 물으면 정확하게 대답할 수 있지만 무거운 몸무게를 가진 사람이 누구냐고 물으면 주어진 질문에 쉽게 대답할 수 없다. 그러나 퍼지이론을 적용하면 갑은 0.9, 을은 0.1, 그리고 병은 0.7이라고 가중치를 부여할 수도 있다.

5. 유전자 알고리즘

유전자 알고리즘은 1958년 찰스 다윈(C. R. Darwin)이 진화론에서 제시한 적자생존의 원리를 의사결정을 위한 최적화 이론에 접목시킨 일종의 열거알고리즘(enumeration algorithm)이다. 1950년대 말부터 연구가 시작되었으나 유전자 알고리즘으로 최초로 인정된 것은 1975년 홀랜드(J.

Holland)가 인공지능을 연구하는 과정에서 개발한 알고리즘이다.

모든 생명체는 환경에 적응하여 살아남기 위해 다른 생명체의 모습이나 행동양식을 학습하거나 모방하고 이에 관한 유전정보를 염색체(chromosome)를 통해 후손에 전달하는 과정으로 진화가 진행된다. 유전자 알고리즘은 이러한 진화과정을 많은 계산을 요하는 복잡성이 높은 문제를 해결하기 위한 알고리즘에 적용한 것이다. 유전자 알고리즘은 해를 0과 1의 조합으로 표현하고 최적의 해를 찾기 위해 모든 2진수의 조합을 열거하는 방법을 사용한다. 그 방법으로 초기해, 즉 제1세대인 부모세대를 무작위로 창조하고 성능평가함수에 의하여 이의 수행도가 산정된다. 주어진 해는 교차(crossover), 자기복제(replication), 역위(inversion), 추가, 제거, 돌연변이(mutation) 등의 유전자 연산과정에 의하여 새로운 해들로 진화되며 이들이 수행도가 다시 산정되고 수행도에 따라 새로운 염색체가 선택되거나 도태되어 유전정보가 후세에 전달되는 과정을 갖는다. 선택된 후보해들은 제2세대 부모해가 되어 다시 유전자의 교차, 자기복제, 돌연변이 등과 같은 적절한 진화과정을 거쳐 새로운 해로 변형되고 다시 수행도가 평가되는 과정을 반복한다. 유전자 알고리즘은 이러한 반복적 진화과정을 통해 문제해결에 적합한 최적해를 구하는 방법으로 매 세대마다 더 나은 해를 도출해 가는 최적화 알고리즘이나 최종적으로 얻어진 해가 최적해인가는 확인할 수가 없는 문제점을 수반한다.

경영전략과 경영정보시스템

제8장

일이 빨리 이루어지기를 바라지 말고
작은 이익에도 얽매이지 말라.
일을 빨리 끝내기를 바라다보면 완벽할 수가 없으며,
작은 이익에 얽매이다 보면 큰일을 이루지 못한다.

－공자

19 80년대에 들어서면서 경영과 기술환경의 변화는 더욱 빨라졌으며 경영환경의 증대되는 불확실성에 기인하여 기업경영에 있어서도 경영전략의 중요성이 부각되기 시작하였다. 그 결과로 경영정보시스템에도 경영전략의 개념이 도입되어 생성된 개념이 전략정보시스템(SIS : strategic information system)이다. 전략정보시스템은 경쟁전략의 관점에서 경쟁무기로 활용되는 경영정보시스템으로 경쟁전략의 구사를 지원하는 모든 정보시스템을 총칭한다. 그러므로 환경이 제공하는 기회와 위협을 대처하여 기업을 경영하고 제품과 서비스를 창출하는 데 있어 기업에게 비용우위(overall cost leadership)나 차별성(differentiation)을 제공하고 교섭력(bargaining power)이나 상대적 효율성(comparative efficiency)을 높임으로써 경쟁우위(competitive advantage)를 얻도록 지

원하는 모든 경영정보시스템은 전략정보시스템의 범주에 포함된다.

1. 경영전략

전략이라는 용어는 전쟁에서 승리하기 위해 장군이 수행하는 예술과 과학(the art of the general)이라는 의미의 군사용어에 그 기원을 두고 있다. 영어로 strategy는 그리스어의 stratos(army)와 agein(to lead)의 합성어인 strategos에서 유래하였다. 생존과 승리라는 명확한 목적을 추구하기 위해 지형이나 기후와 같은 환경이 제공하는 기회와 위협 속에서 병력, 장비, 기술 등 보유자원의 강점과 약점을 활용하여 상황에 따라 전술과 작전을 구사하는 전쟁은 기업 간의 경쟁과 매우 유사하다고 하겠다.

경영전략은 기업이 주어진 경쟁환경에서 장기적인 목적을 설정하고 설정된 목적을 달성하기 위해 희소한 경영자원을 효율적으로 배분하는 여러 가지 계획이나 정책을 포괄하는 개념이다. 그러므로 경영전략은 주어진 경쟁환경에서 경쟁우위를 확보하는 데 관련되는 의사결정을 총칭하며 산업구조, 경영자원, 경쟁자가 중요한 요소가 된다. 동태성과 다양성의 불확실성으로 특징지어지는 오늘날의 경영환경에서 기업이 전략적 우위를 확보하기 위해 전략적 사고와 전략적 경영으로 환경에 대처하고 경영활동을 수행하는 것은 매우 중요한 일이다.

손자는 전략을 삶과 죽음의 문제라고 강조했으며 '내가 승리할 때 사용한 전술(tactics)은 볼 수 있으나 아무도 보지 못하는 것은 승리의 모태가 되는 전략'이라고 하였다. 기원전 360여 년 전에 기술된 '손자병법'은 전략에 대한 세계적 고전으로 이미 오늘날의 전략에서 언급되는 목적, 환경, 자원, 의사결정에 대한 개념을 제시하고 있다. 이는 전쟁의 승패를 결정하는 요소로서 道, 天, 地, 將, 法의 다섯 가지를 제시했다. 도(道)는 기업의 사명, 비전, 목적을 나타내는 포괄적 개념을 의미한다. 천(天)

은 하늘, 기후, 낮과 밤, 날씨를 의미하며 경제적, 사회적, 정치적, 기술적 환경인 일반환경을 나타낸다. 지(地)는 지형, 즉 싸움이 벌어지는 장소로 지형의 높고 낮음이나 산과 강을 의미하므로 산업의 구조적 특성으로 대별되는 경쟁환경을 의미한다. 장(將)은 장군을 뜻하므로 경영자의 리더십으로 지도자의 역량, 자질, 품격을 포함하다. 그리고 법(法)은 정확한 의미를 파악하기 어려우나 성패를 결정짓는 기본적인 원칙, 조직구조, 관리프로세스, 구체적 전략을 의미하는 개념으로 해석할 수 있다. 그러므로 손자병법에서 제시된 전략의 개념이나 오늘날의 기업환경에서 적용되는 전략의 개념은 매우 유사하다.

이 외에도 전략의 개념의 기초가 되는 많은 병법서들이 있다. 시저나 알렉산더 등은 자신들의 병법서를 기술하였으며 서양의 전략의 아버지로 불리는 클라우제비츠(Carl von Clausewitz)도 '전쟁론(on war)'으로 불리는 병법서를 기술하였다. 전쟁론은 19세기에 나폴레옹과의 대결에서 꽃 핀 전략의 지혜와 전쟁철학으로 불후의 가치를 지닌 것으로 평가되고 있으며 오늘날 기업경영에 많은 시사점을 제시하고 있다. 이들은 모두 현재의 전략의 개념과 유사한 개념들을 제시하고 있다.

산업구조분석

1950~1970년대에 미국경제는 기업들의 지속적인 성장에 힘입어 꾸준히 성장하며 매우 안정되어 있었다. 그러나 1970년대 후반부터 경제환경은 급속히 변화했다. 1970년대 두 차례에 걸친 오일파동은 외부환경에 대한 신뢰와 예측의 정확도를 현저히 저하시켰으며 기술의 급속한 발전도 경쟁관계를 신속히 변화시켜 경제순환과정의 예측 자체를 불가능하게 하였다. 그 때까지 주로 적용되던 중장기계획은 그 유용성이 현저히 저하되었고 미국기업들은 시시각각으로 변화하는 외부환경에 더욱 신속히 대응해야 할 필요성을 느끼게 되었다. 그 결과로 외부환경의 변화에 신

속히 대응할 수 있는 전략적 분석과 전략적 사고능력의 중요성이 부각되기 시작하였다.

1980년 마이클 포터(M. Porter)는 경제학의 산업조직론을 경영전략에 도입하여 산업구조분석으로 명명하였다. 산업구조분석은 다섯 개의 경쟁세력인 경쟁자, 구매자, 공급자, 대체재, 진입기업으로 구성되는 경쟁환경에 의하여 결정되는 산업의 구조적 특성과 산업에서 기업의 위치가 산업에서의 기업의 활동과 성과를 결정한다는 것이다. 산업구조분석은 경쟁의 성격을 이해하고 산업의 매력도를 평가하여 성과를 높여가고자 하는 데 그 목적을 두고 있다.

그러나 산업구조분석은 급변하는 산업의 동태적 성격과 전략적 행동과 전략적 대응 등 기업 간의 동태적 상호작용을 너무 단순화하였으며 기업 간의 자원과 역량의 차이를 고려하지 않은 문제점도 내포하고 있다. 더욱이 외부환경을 분석하는 데는 좋은 대안일 수 있으나 실제적인 전략을 수립하는 데는 구체적인 대안을 제시하지 못한다. 예를 들어 산업의 집중도가 높으면 수익률도 높다는 것은 제시하지만 구체적으로 기업이 산업의 집중도를 높이기 위해서 무엇을 해야 하는지에 대한 구체적인 방법론은 제시하지 못하고 있다. 그러므로 기업은 산업의 동태적 성격을 이해하고 구조적 특성을 유리하게 유도하여 미래의 시장과 산업을 미리 예측하여 기회를 선점하고 점유율을 높여가도록 노력해야 할 것이다.

자원준거이론

1980년대에는 급속한 성장을 계속한 일본기업들이 세계적인 경쟁우위를 확보하게 되었고 구미기업들의 경쟁력은 상대적으로 저하되었다. 일본기업들의 구미기업에 대한 상대적 경쟁우위는 산업구조분석을 중심으로 한 기존의 외부환경에 근거한 경영전략에 대하여 회의를 갖게 하였다. 그 결과로 기업들은 기업의 내부환경에 대하여 관심을 갖기 시작하였고 기업의 구성요소는 무엇이며 어떠한 경영자원이 경쟁우위의 원천이 되는가에 대하여 관심을 갖기 시작하였다. 1984년에 웨너펠트(B. Wenerfelt)는 경제학자 펜로스(E.T. Penrose)의 기업론(theory of the growth of the firm)을 경영전략에 도입하고 경영자원과 핵심역량(core competence)을 기업의 경쟁우위의 원천으로 보는 자원준거이론(resource based perspective)을 제시하였다. 결과적으로 기업의 내·외적 환경이 경영전략의 핵심으로 부상하였으며 그 중요성이 날로 증대되어 가는 것은 매우 당연한 결과라고 할 수 있다.

경쟁전략의 주요요소

기업이 경쟁전략을 수리하는 데 고려해야 할 주요요소에는 산업구조(where you compete), 경영자원(who you are is as important as what you do), 그리고 경쟁자(whom you compete against)가 있다.

산업구조와 관련해서는 경쟁환경에 의하여 결정되는 산업의 구조적 특성과 주요성공요인을 파악하여 경쟁방식을 이해하고 제품종류, 구매자유형, 유통경로 등에 기준하여 시장을 세분화하고(segmentation) 세분화된 시장에서 산업의 매력도를 평가하여 표적제품시장을 선정하며 이에 대응하여 핵심고객층과 잠재고객을 발굴하여 제품의 상대적 위치를 결정하고(positioning) 제품의 특성을 도출(focus)해 내는 것이 중요하다.

제품의 상대적 위치와 특성이 도출되면 산업의 주요성공요인과 일치하고 시장에서 가치가 인정되는 희소한 역량이나 자원이 무엇인가를 파악하고 이를 발굴하여 핵심역량을 배양하고 제품이나 서비스의 가치가 고객에게 가시적으로 전달되어야 한다. 나아가 세분화된 고객을 대상으로 고객만족을 목표로 개인별 미시적으로 차별화된 서비스를 제공하는 고객관계관리를 통하여 고객의 가치를 높이고 장기적인 고객관계를 유지할 수 있도록 기업의 구조, 문화, 전략, 그리고 모든 프로세스가 고객 지향적이 되어야 한다.

경쟁전략을 수립하는 데 경쟁자를 분석하는 것도 매우 중요하다. 많은 기업은 경쟁기업을 정확히 분석하지 못함으로써 시장에서 실패하였다. 1970년대 일본기업이 미국의 자동차시장에 성공적으로 진출할 수 있었던 것은 일본기업이 미국기업을 사전에 철저하게 분석한 결과에 기인했다고 해도 과언이 아니다. 당시 미국기업의 최고 책임자들은 소형차는 수익성이 없다고 굳게 믿고 있었고 나아가 소형차 사업을 추진하는 것은 어리석은 일이라고 생각하였다. 그 결과로 일본기업은 소형차를 시작으로 미국시장에 성공적으로 진출할 수 있었다.

경쟁기업은 현재의 경쟁기업뿐만 아니라 미래의 잠재적 경쟁기업도 대상이 된다. 현재의 경쟁기업은 쉽게 파악될 수 있으나 미래의 잠재적 경쟁기업을 파악한다는 것은 쉬운 일이 아니며, 이를 위해서는 미래의 기술과 경영환경을 분석하여 경쟁의 성격을 예견할 수 있어야 하며, 미래가 제공하는 기회를 선점할 수 있어야 한다. 예를 들어 일본과의 경쟁에서 밀려 TV산업에서 철수한 미국기업은 기술의 다음 세대인 VCR 시장도 포기하게 됨으로써 미래의 잠재적 기술이 제공하는 모든 기회를 박탈당하게 되었다. 다수의 기업이 서로 경쟁하고 있는 경우에는 시장을 세분화하여 비슷한 경쟁우위를 가진 전략집단으로 분류하고 이에 따른 경쟁집단을 파악할 수도 있다.

경쟁기업의 분석은 경쟁기업이 가지고 있는 목적(what), 가정(why), 전략(how), 경영자원(with what)을 대상으로 한다.

먼저 경쟁기업이 추구하는 목적을 파악하는 것은 중요하다. 예를 들어 경쟁기업이 단기적인 수익률을 목표로 하는 경우에는 과도한 경쟁을 피하고 서로 공생하여 가능한 이익을 확보하고자 할 것이나 장기적인 시장점유율을 목적으로 하는 경우에는 이를 확보하기 위해 얼마간의 손

해도 감수할 것이기 때문에 이에 대응하여 기업이 선택할 방향도 다를 것이기 때문이다.

경쟁기업의 최고경영자가 보유하고 있는 제반가정을 파악하는 것도 중요하다. 이미 기술한 바와 같이 미국 자동차 산업의 최고경영자가 소형차에 대하여 가졌던 가정은 일본기업이 미국시장에 진출하는데 결정적인 여지를 제공하였다. 그 결과로 일본의 자동차 기업은 미국시장에서 소형차뿐만 아니라 중형차와 대형차로 시장을 확대할 수 있었다.

경쟁기업의 전략을 파악한다는 것은 경쟁기업이 실제 의도하는 전략을 파악하는 것으로 이는 경쟁기업이 대외적으로 표방하는 전략과는 차이가 있다. 그러므로 경쟁기업이 현재 추구하는 전략뿐만 아니라 미래에 계획하는 전략을 예측하는 것도 필요하다.

경쟁기업의 자원과 역량을 객관적으로 평가하는 것도 중요하다. 경쟁기업의 적대적 행동이나 움직임에 강력히 대응할 것이라는 의도나 시장신호를 전달하거나 공격적 대응을 하기 위해서는 막강한 자금력이나 높은 기술력이 필요하다. 또한 경쟁기업의 자금력, 기술, 이미지나 평판, 관리능력 등을 정확히 파악하지 않고 부적절한 전략을 수립한 경우에는 경쟁기업이 막강한 자금력으로 반격하는 경우 엄청난 피해를 당할 수 있다. 만약 경쟁기업에 밀려 주어진 산업에서 철수한다면 미래가 제공하는 잠재적 기술과 관련되는 모든 시장도 동시에 포기하는 결과가 초래된다.

경쟁기업의 목적, 가정, 전략, 자원이 파악되면 경쟁기업을 예측할 수 있어야 한다. 경쟁기업을 예측한다는 것은 경쟁기업의 행동을 예측할 뿐만 아니라 자사의 전략이나 전략의 변화에 경쟁기업이 어떻게 대응하여 행동할 것인가를 예측해야 한다. 예측된 경쟁기업의 행동에 대응하여 자사의 행동계획을 수립할 수 있고 나아가 경쟁기업이 자신의 전략을 오판하도록 유도할 수 있을 것이다.

전쟁사가인 하트(Lindel Hart)는 'The principle of war could, in brevity, be condensed in a single word, concentration'이라 하였다. 손자병법에 나오는 전기의 경마이야기는 이를 보완한다. 2천여 년 전 제나라 장군 전기는 공자들과 네 마리 말이 이끄는 수레로 경주를 하는 기사 경주 돈내기 노름을 즐겼다. 3조의 수레로 경주를 하여 그중 많이 이기는 자가 승리하였다. 어느 날 왕은 전기에게 게임을 또 청하였으나 그의 말이 왕의 말에 미치지 못하여 번번이 패하기만 한 전기는 내키지 않았으나 이를 거절할 수는 없었다. 이를 안 그의 식객 손빈은 전기에게 '장군이 같은 방식으로 경기를 하시면 결코 이길 수 없을 것입니다. 왕이 좋은 말을 출전시킬 때 장군도 좋은 말로 경쟁하려 하시니 지는 것이 당연합니다. 경기방식을 근본적으로 바꾸십시오.' 전기 왈 '어떻게 하란 말인가?'라고 묻자 '왕이 가장 빠른 수레를 출전시킬 때 장군은 가장 느린 수레를 출전시키고 왕이 중간 수레를 출전시킬 때 장군은 가장 빠른 수레를 출전시키고 왕이 가장 느린 수레를 출전시킬 때 장군은 중간 수레를 출전시켜 경주하십시오. 그러면 장군이 왕에게 2대 1로 승리하실 것입니다.'

협력전략

기업의 전략을 논의할 때 일반적으로는 경쟁전략에 대하여 많은 관심이 주어진다. 기업이 산업에서 성장하고 발전하는 데 있어 경쟁자는 매우 중요하다. 기업은 시장에서 경쟁에 대비하여 새로운 제품이나 기술로 시장을 개척하고 성장을 추구하지만 과도한 경쟁은 기업뿐만 아니라 산업 전체의 이익을 감소시킨다. 그러므로 기업은 단순히 경쟁만을 추구하는 것이 아니라 산업 전체의 이익을 위하여 경쟁자들과 경쟁과 협조를 병행하여 상호의존하면서 경쟁하는 코피티션(coopetition) 체제를 구축할 필요가 있으며 기업의 전략을 논의할 때 경쟁전략만이 아니라 협력전략도 함께 고려하는 것은 중요하다. Coopetition은 competition과 co-operation의 결합어로 경쟁과 협력을 동시에 함의하는 단어이다. 특히 같은 산업에서 서로 경쟁하는 경쟁기업들은 시장을 확보하는 데는 상호 협력하여 산업의 경쟁우위를 확보하고 시장을 분할하는 데는 선의의 경쟁을 함으로써 서로의 성과를 함께 높이고 동시에 높은 수익을 추구하는 것은 매우 중요하다. 정보기술은 기업이 시장에서 경쟁우위를 점하기 위해서 활용될 뿐만 아니라 경쟁자와 상호 의존하는 협력체제를 구축하여 산업 전체의 잠재이익을 확보하는 데도 활용된다. 전 세계 은행들이 공유하는 세계최대전산망인 시러스(CIRRUS)와 같은 ATM(automatic teller machine) 네트워크는 공동으로 활용되어 고객의 서비스를 높이고 EFT(electronic fund transfer) 등 은행 간 및 고객과의 거래를 원활하게 하여 산업 전체의 이익을 가져오는 좋은 예이며 전략적 제휴, 조인트벤처, 연구개발 컨소시엄 등 다양하게 활용될 수 있다.

2. 경쟁우위

경쟁우위란 기업이 경쟁자, 진입자, 대체재, 구매자, 공급자로 구성되는 시장에서 가격, 품질, 서비스, 경영관리능력, 기술, 또는 시간기반의 경쟁에서 우위를 확보하여 다른 기업과 비교하여 차별적 성과를 얻을 수 있는 결정적인 자원이나 역량을 갖는 것을 말한다. 기업이 보유하고 있는 자원과 역량은 서로 다르며 기업에게 차별적 성과(economic rent)를 제공하는 자원의 특성은 이질성과 비이동성으로 요약될 수 있다. 이질성이란 다른 기업이 보유하지 못한 희소성(rareness)과 가치(value)를 보유한 자원이나 역량으로 고객이 인지하는 제품이나 서비스로 실현됨(organization)을 의미하며 비이동성이란 이러한 자원이나 역량은 쉽게 구입할 수 없으며 모방이나 대체가 쉽지 아니하여야 함(imitability)을 의미한다. 결과적으로 경쟁우위란 실제적인 가치가 제공되고(substantial), 지속가능해야 하며(sustainable), 그러한 가치가 고객에게 가시적으로 전달되어야 함(be leveraged)으로 함축되어 표현될 수 있다.

기업은 경영자원이 서로 다르게 때문에 동태적 환경의 변화에 대응하는 방식도 서로 다르다. 경쟁우위는 기업이 보유한 핵심역량이 산업의 주요성공요인과 일치함을 의미하며 기업은 경영자원의 강점과 약점을 파악하고 산업의 특성과 기업을 성공으로 이끄는 데 핵심적인 영향을 미치는 요인을 파악하여 이에 부응하는 독특한 경영자원이나 핵심역량을 배양함으로써 경쟁우위를 확보할 수 있다. 핵심역량이란 1990년 프라할라드(C.K. Prahalad)와 하멜(G. Hamel)이 제시한 개념으로 기업이 경쟁기업에 비하여 절대적인 우위를 창출하게 하는 독특한 강점으로 쉽게 시장에서 구입하거나 모방하거나 또는 재생산될 수 없는 대체 불가능한 자원과 능력의 조합을 말한다.

바코스(Y. Bakos)와 트레이시(M. Treacy)는 기업의 경쟁우위는 협상력과 상대적 효율성에 의하여 결정된다고 하였다. 협상력이란 시장과의 협상에서 유리한 위치를 점할 수 있는 능력을 말하며 제품의 독특성(unique product features), 탐색비용(search related cost), 교체비용(switching cost)에 의하여 결정된다. 정보기술을 이용하여 시장과 공급자에 대하여 탐색비용을 낮추고 구매자의 교체비용을 높이며 제품이나 서비스의 독특성과 효율성을 높임으로써 협상력은 높아진다. 상대적 효율성은 기업의 내적 효율성과 조직간 효율성으로 구분되며 마찬가지로 정보기술을 활용하여 운영이나 의사소통 의사결정의 효율성을 높이면 상대적 효율성도 높아질 것이다.

포터 또한 경쟁우위의 기본이 되는 본원적 전략(generic strategy)으로 총체적 비용우위전략, 차별화 전략, 집중화 전략을 제시하였다. 비용우위전략은 생산성을 향상하고 생산단가를 낮추기 위하여 일련의 기능별

정책을 수행함으로써 산업 내에서 원가측면에서 우위를 달성하고자 하는 전략이며, 차별화 전략은 고객이 인식하는 제품이나 서비스의 특성을 차별화함으로써 기업에 대한 독특한 이미지를 형성하여 시장에서 우위를 달성하고자 하는 전략이다. 집중화 전략이란 전략 대상을 축소하여 특정 시장이나 특정 고객을 대상으로 비용집중이나 차별화 집중을 추구하는 전략으로 좋은 전략시장이나 특정 고객을 중심으로 공략하는 전략을 말한다.

정보기술은 기업의 환경을 급속히 변화시키며 기업환경의 변화는 정보기술의 활용을 더욱 요구하게 된다. 정보기술은 시공간 장벽을 제거하여 국가 간의 거래를 용이하게 함에 반하여 WTO(World Trade Organization)와 FTA(Free Trade Agreement)체제는 국가 간의 무역장벽을 철폐하고 각종 규제를 완화시켜 가고 있다. 더불어 국가 간의 자유로운 자본이동으로 투자장벽은 철폐되고 세계자본시장도 통합되었다. 자유로운 정보의 교환으로 글로벌 교육수준은 향상되었고 소비패턴은 동질화되었으며 구매수준도 높아졌다. 더욱이 거래비용의 감소는 국가 간의 시장구분을 없애고 글로벌 시장으로 통합시켰다. 증대되는 고정비와 연구개발비 또한 전 세계를 목표로 하여 글로벌 시장에서 판매되는 제품만이 보상을 받을 것이다. 그러므로 산업, 자본, 제품, 경제의 글로벌화는 기업이 글로벌 기회와 위협에 대비하여 전 세계적 브랜드, 명성, 서비스 등으로 글로벌 경쟁우위를 확보할 것을 요구하고 있으며, 기업은 전 세계를 하나의 시장으로 보고 통합적 전략에 의하여 글로벌 경제활동을 수행해야 글로벌 경쟁환경에서 도태되지 않을 것이다.

글로벌 경제체제에서 정보기술은 규모의 경제뿐만 아니라 범위의 경제와 연결의 경제에 의한 새로운 전략적 응용을 가능하게 하여 과거보다 더 많은 기회와 위협을 제공한다. 그러므로 기업은 경영을 혁신하고 전략을 전개하여 경쟁우위를 확보할 뿐만 아니라 미래의 산업과 시장을 미리 예측하여 경쟁적 위치를 미리 확보하는 데 있어서 정보기술은 지금까지와 마찬가지로 기업의 생존을 결정짓는 중요한 핵심기반기술로 활용될 것이다.

3. 기회탐색기법

이미 정의된 바와 같이 전략정보시스템은 주어진 산업에서 협력전략이나 경쟁전략을 구사하여 경쟁우위를 확보하고 유지하는 데 활용되는 경영정보시스템이다. 그러므로 어떠한 유형의 정보시스템이라도 전략적 관점에서 경쟁무기로 활용되는 경영정보시스템은 모두 전략정보시스템의 범주에 포함된다. 따라서 조직간 시스템을 통하여 다각화, 수직적 통합, 전략적 제휴, 조인트벤처, 그리고 가상기업을 제공하여 경쟁우위를 얻도록 지원하거나 교섭력을 높이거나 상대적 효율성을 제공하고 비용위위, 차별화, 또는 집중화를 지원하는 정보시스템은 모두 전략정보시스템의 범주에 속한다.

기업은 시장에서 끊임없이 전개되는 역동적인 경쟁과 경쟁세력 간의 동태적인 상호관계 속에서 성장과 쇠퇴를 계속할 것이며 어느 기업도 경쟁전략을 구사하지 않고는 경쟁우위를 확보하고 성장을 추구할 수 없다. 정보기술은 기업이 주어진 산업에서 경쟁전략을 구사하여 성공과 발전을 도모하는데 핵심기반기술이며 기업은 정보기술을 활용하고 나아가 핵심역량으로 발전시켜 경쟁우위를 확보하는 방안을 모색해야 할 것이다.

경영정보시스템을 전략적으로 활용하여 경쟁우위를 확보하기 위해 경영정보시스템의 전략적 활용 가능성에 대한 기회를 탐색하는 체계적인 접근방법이 필요하다. 본 절에서는 이와 같이 경영정보시스템의 전략적 활용기회를 포착하는 데 도움이 될 수 있는 기본적인 방법을 제시한다. 이러한 방법들은 기업이 정보기술의 전략적 가치에 대하여 충분히 인식하고 기업의 나아갈 방향을 설정하여 전략정보시스템을 구축하고 경쟁우위를 확보하기 위한 기회를 파악하는 데 도움이 될 것이다.

전략격자

기업에서 정보기술의 전략적 활용기회를 탐색하는 접근방법으로 전략격자(strategic grid)가 있다. 전략격자는 다각화된 기업의 포트폴리오 관리기법인 BCG 포트폴리오 매트릭스(Boston consulting group portfolio matrix)나 사업부 전략의 하나인 수명주기(life cycle)전략과 유사한 기법이다.

전략격자는 기업에서 경영정보시스템의 현재의 전략적 활용 정도와 미래의 전략적 중요성을 파악하고 그 정도에 따라 경영정보시스템의 미래의 전략적 활용방안을 제시하는 접근법이다. 이차원 공간에 현재의 경영정보시스템의 전략적인 활용의 정도를 한 축으로, 현재 개발 중인 경영정보시스템의 전략적 활용의 정도를 다른 축으로, 두 축으로 구분하고 경영정보시스템을 현재 및 미래에 갖는 전략적 중요성에 따라 지원(support), 전환(turnaround), 전략(strategic), 공장(factory)의 네 단계로 구분하여 제시한다.

지원은 경영정보시스템이 현재 전략적으로 활용되고 있지 않고 미래에도 전략적으로 활용될 가능성이 별로 없는 경우이다. 이러한 경우에는 경영정보시스템에 대한 관심이나 투자가 낮으며 정보마인드 확산을 위한 노력이나 경영정보시스템에 대한 지원을 기대하기는 힘들다. 전환은 현재의 경영정보시스템에 대한 전략적 중요성은 낮으나 전략적 활용의 중요성이 증대되고 있으며 이에 따라 활용방안을 모색하는 경우이다. 이러한 경우에는 정보마인드를 확산시키고 정보시스템에 대한 예산을 증대하며 다각적인 지원을 수행한다. 전략은 경영정보시스템의 전략적 가치가 충분히 인식되고 현재 널리 활용되고 있으며 미래의 활용을 대한 중요성도 충분히 인식되어 이를 위한 노력이 지속되고 있는 경우이다. 경영정보시스템이 전략적으로 중요한 자산이므로 많은 지원을 필요로 한다. 공장은 현재에는 전략적으로 활용되고 있지만 미래에는 전략적 중요성이 감소해 가는 경우이다. 엄격한 표준이 설정되고 통제가 요구된다.

전략격자는 기업의 경영정보시스템의 현재와 미래의 전략적 위치에 대하여 단순하고 명쾌한 결론과 단계별 대응방안을 제시하나 경영정보시스템의 전략적 측면을 너무 단순화한 문제점을 내포한다.

가치사슬

서로 다른 전략을 추구하는 기업은 조직의 특성, 자원, 핵심역량, 시장에서의 위치에 차이를 보이며 생산목표, 제품, 공정, 인력, 유통, 생산량과 품종, 아웃소싱(outsourcing) 등 모든 경영활동에 있어서도 서로 다른 정책을 추구하며 기업이 경영정보시스템을 전략적으로 활용하는 방법도 서로 다르다. 기업에서 수행되는 활동들을 분석하여 각각의 활동별로 전략적 활용기회를 체계적으로 포착하기 위한 목적으로 가장 널리 사용되는 방법이 가치사슬 분석(value chain analysis)이다. 가치사슬 분석은 기업에서 수행되는 경영활동을 체계적으로 분석하여 비용우위나 차별화 요소를 파악하고 핵심역량이나 가장 큰 경쟁우위의 원천을 제공하는 경영활동을 위한 경영정보시스템을 개발하고자 하는 데 활용되는 접근방법이다.

포터가 1985년 그의 저서 '경쟁우위(competitive advantage)'에서 제시한 개념인 가치사슬 분석은 근본적으로 기업을 제품이나 서비스에 가치를 창조하는 활동들을 수행하는 실체로서 '가치를 만들어 가는 틀'로 정의한다. 그러므로 제품을 제조하거나 서비스를 수행하는 데 요구되는 일련의 활동들을 가치창조 기능을 수행하는 가치활동(value activity)으로 보고 근본적이고 연속적인 가치활동들로 구성된 기업을 가치사슬이라 정의한다. 가치사슬에 있어서 가치활동은 5종류의 주활동(primary activity)과 4종류의 지원활동(support activity)으로 구성된다. 주활동은 핵심이 되는 기본업무로서 유입물류(inbound logistics), 작업(operations), 유출물류(outbound logistics), 마케팅 및 판매, 그리고 서비스로 구성된다. 지원활동은 주활동이 원활히 수행될 수 있도록 보조하는 활동들로 조직관리, 기술관리, 인력관리, 자재조달 등의 업무를 말한다.

가치사슬들이 상호 연계되어 가치활동의 상호관계가 공급자, 구매자, 시장 등 공급체인 전반으로 확대되면 이를 가치시스템(value system)이라 한다. 가치시스템 또한 조직 간 시스템을 통하여 상호 연결되고 공급체인상의 주체들이 서로 통합되어 효율성이 증진되고 연결의 경제를 제공할 뿐만 아니라 공급체인의 전후방을 통하여 지속적인 성장의 기회를 발굴할 수 있는 기회를 제공한다. 가치시스템을 기술적으로는 가치웹(value web)이라 한다. 가치웹은 더 고객지향적이고 효율적으로 제품과 서비스를 생산하여 적가의 제품을 적량 적시에 제공하기 위하여 정보기술을 이용하여 조달 및 배송에 있어서 기업 간의 상호조정기능을 더 강화함으로써 가치사슬을 조정하는 공동의 기업집단을 말한다.

정보기술은 주활동이나 지원활동의 수행방식을 바꾸고 상호작용하는 가치활동들을 효율적으로 상호 연계시켜 가치활동의 수행도를 높임으로써 비용을 줄이고 수익을 증대시킨다. 또한 고객과 공급자와의 관계가 더욱 곤고하도록 구축하며 운영의 효율성을 높여 경쟁우위를 확보하는 데 기여한다. 정보기술은 제품의 차별화를 통하여 탐색비용과 교체비용을 변경시키고 제품의 독특성을 제공하여 교섭력을 증대시키며 내적 효율성과 조직 간 효율성을 제공하여 비용우위가 가능하도록 하여 경쟁우위를 확보하는 데 기여한다. 기업이 경쟁우위를 통하여 시장에서

점유율을 증대시키고 규모를 확대하며 나아가 산업에서 다른 경쟁기업에 비하여 지배적인 위치를 확보한다면 다른 기업들은 더 경쟁을 자제하게 되어 경쟁강도는 저하되고 더 높은 제품가격이 형성되며 수익률은 더 높아진다.

가치활동은 물리적 요소와 정보처리 관련요소로 구성된다. 물리적 요소는 주어진 가치활동을 수행하는 데 요구되는 물리적 과업을, 정보처리요소는 가치활동의 목적을 달성하는 데 요구되는 자료의 수집, 처리, 전달과 관련되는 제반요소를 말한다. 이 중 특히 정보처리요소가 정보기술을 활용함으로써 더 높은 성과를 제공하는 것으로 알려지고 있다.

4. 전략적 활용

본 절에서는 정보기술이 가치사슬을 구성하는 가치활동이나 가치사슬에 적용되어 교섭력이나 상대적 효율성을 높이고 비용우위나 차별화 요소를 제공하여 경쟁우위에 기여하는 예를 보기로 하자. 여기에서는 주활동의 경우만을 보고 지원활동이나 다양한 경쟁세력에 적용될 수 있는 예들은 스스로 생각해 보자.

유입물류의 경우를 보자. 기업이 필요로 하는 적질의 자원을 적시에 적량을 적가에 안정적으로 공급을 받지 못할 경우에는 제품이나 서비스가 계획대로 생산되지 못하게 되어 특정수요의 상실, 서비스 미흡, 신용상실, 고객상실 등 심각한 경영상의 문제가 야기된다. 그러므로 정보기술은 공급자에 대하여 교섭력을 높이고 교체비용을 낮추도록 전략적으로 활용되어야 한다. 다양한 부품공급회사를 갖는 기업은 공급자들과 네트워크를 구성하여 공급자를 관리하고 유통채널의 확보에 따른 조직 간 효율성을 높이는 연결의 경제를 통하여 생산성을 높이고 납품에 있어서도 차별화를 통하여 경쟁우위를 추구한다. 공급자들이 제공하는 새로운 상품정보를 실시간으로 확보하여 가장 유리한 품질과 가격을 제공하는 제품을 구매할 수 있다. 모든 기술관련 멀티미디어 자료도 즉시 교환될 수 있도록 다양한 부품들과 공급자들과의 관계는 데이터베이스화되고 적시(JIT : just-in-time)생산시스템에 의하여 고객이 물품을 구매하는 즉시 공급자는 물품을 선적하고 재고량은 지속적으로 점검되어 자동으로 주문이 발주되고 배송이 조정된다. 배송과정은 추적되고 재고는 바로 보충되며 판매기록과 재고회전률에 대한 정보도 실시간으로 확보된다.

다음은 작업의 경우를 보자. CAD/CAM, CAE, CAPP, 유연생산시스템, 프로세스통제시스템, M2M, 품질통제시스템, 그리고 전사적 자원관리 등을 활용하여 설계, 제조, 생산, 통제 등 모든 과정에서 비용의 증가나 품질의 저하 없이 유연성과 생산성을 높이고 범위의 경제를 확보하며 제품의 리드타임을 단축시킨다. 항공우주, 자동차, 의류, 건물, 가구 등은 CAD를 디자인에 활용하여 훨씬 용이하게 양질의 디자인을 수행한다. 컴퓨터회사에 있어서 의사결정지원시스템은 고객의 다양한 요구에 부응하여 과거에는 숙련된 전문가만이 가능했던 고객 개개인의 요구사항에 부응하여 컴퓨터시스템을 스스로 최적으로 구성하여 설계하고 이에 따라 명세서(specification)가 작성되고 공정이 조정되어 바로 생산을 할 수 있도록 준비된다.

유연생산시스템은 다품종소량생산 체제에서 제품의 품질을 높이고 비용을 낮추며 나아가 유연성에 의한 범위의 경제를 제공한다. 과격한 노동운동이나 임금상승에 대응하여 대체재로 활용될 뿐만 아니라 불황기에는 퇴거장벽(exit barrier)을 낮추어 쉽게 불황을 극복할 수 있는 기회도 제공한다. 특히 호황과 불황의 변화가 심한 산업에서는 기업이 범위의 경제를 통하여 변화에 쉽게 대응할 수 있도록 함으로써 매우 중요한 전략적 기회를 제공한다. 프로세스통제시스템이나 M2M은 제조공정의 물리적인 프로세스를 자동적으로 통제하고 제조관련 정보를 제공함으로써 품질과 효율을 높인다. 자동화된 강력한 품질통제시스템도 품질을 보장하여 차별화를 제공한다.

유출물류의 경우를 보면 POS(point of sales)나 RFID시스템을 이용한 유비쿼터스 센서 네트워크를 통하여 고객에 대한 서비스와 재고관리를 용이하게 할 뿐만 아니라 제품별 판매기록, 수요동향, 재고회전율, 쇼핑 동선, 방문률, 구매품목 등과 더불어 추가적인 분석을 통하여 요인별, 시간별 매장혼잡도를 파악할 수 있으며 특정 고객집단의 구매패턴이나 상품별 선호도 등에 대한 근거 있는 정보를 확보한다. 보험업에서는 의사결정지원시스템을 이용하여 고객의 다양한 조건을 분석하고 보험 포트폴리오를 시뮬레이션(simulation)하여 고객에게 가장 적합한 보험상품을 제시한다. 금융업에서는 고객의 데이터마이닝을 통하여 연체가능성이 높은 부실고객의 특징을 도출하여 거래를 지원하는 등 미래의 위험부담을 줄인다.

마케팅 및 판매에 있어서도 정보기술은 매우 중요하다. 기업은 제품이나 서비스를 매개로 하는 고객과의 관계를 통하여 단기적으로 이익을 창출하고 중장기적으로 성장하고 쇠퇴한다. 구매자가 좋은 제품을 저렴하게 구매하고자 하는 것은 기업 간 경쟁의 원천이 된다. 그러므로 기업은 정보기술을 활용하여 고객의 의존도와 교체비용을 높여 교섭력을 증대시키도록 정보기술을 활용한다. 빅데이터나 데이터웨어하우스를 기반으로 하는 분석으로 고객의 욕구나 수요의 변화에 효율적으로 부응하여 새로운 제품이나 서비스를 개발하고 고객의 구매 잠재력을 활성화시키며 새로운 수요를 창출할 수 있으며 가장 이익잠재력이 큰 세분화된 고객집단을 도출하여 집중화 전략을 추구할 수도 있다.

인터넷과 모바일 기기 등 유무선 네트워크로 구성되는 가상공간을 활용함으로써 시공간의 제약이 없이 고객과의 접점이 증가되고 고객과 쌍방향 대화를 통한 개인화(personalization)된 일대일 맞춤형(customization) 마케팅이 가능해졌다. 그러므로 고객에게 다양한 서비스와 제품에 대한 정보를 즉시 제공하여 고객의 구체적인 구매 의사결정에 도움을 주고 재고관리 및 주문까지 대행함으로써 고객과의 관계가 강화되고 고객점유(customer share)를 확대할 수 있다. 고객에게 다양한 서비스가 제공되면 고객이 공급선을 변경하려고 하여도 새로운 시스템을 구축해야 하는 경제적 기술적 부담이 발생하고 적응을 위한 교육과 훈련이 요구되어 새로운 공급자로부터 제공되는 이점이 교체비용보다 큰 경우에만 공급선을 변경할 수 있다.

또한 USN과 M2M을 통하여 매장관리뿐만 아니라 배송추적 및 이력관리 등 유통의 전 과정을 효율적으로 관리한다. 철도회사와 화물운송회사들은 화물위치를 추적하는 USN을 구축하여 상품을 구별하고 재고를 파악하며 화물의 위치를 추적하고 화물의 상태를 파악하여 고객에게 화물에 대한 정보를 제공하여 고객의 궁금증을 해소시켜 주며 신속하고 정확하게 배달하여 비용을 감소시켜 준다. 항공회사는 네트워크를 이용하여 세계 어느 곳에서도 항상 비행기 예약이 가능하도록 하며 교통, 숙박, 관광을 포함하는 종합여행상품을 제공한다. 호텔업에서는 원격화상회의가 가능한 대회장을 구비하여 경쟁우위를 확보한다.

주활동의 마지막 단계인 서비스의 경우에도 정보기술을 활용하여 제품실패에 따른 기능적인 문제들을 예견할 수 있으며 기술자 데이터베이스를 활용하여 애프터서비스(after service)의 각 기능에 적합한 가장 가까운 위치의 기술자를 파악할 수 있으며 요구되는 부품들을 확보하는 데 도움도 받는다.

가치시스템에 있어서는 기업이 지역적으로 산재한 지점이나 제조공장을 갖는 경우 네트워크를 통해 멀티미디어 정보를 실시간으로 교환하여 연결의 경제성을 확보한다. 이러한 회사 네트워크는 전 세계에 지리적으로 분산된 모든 부서의 핵심성과지표를 시간대별로 실시간으로 종합비교하고 자동적으로 순위도 제공한다. 매출액을 위시한 영업활동, 고객만족도, 발주한 주문의 상태, 공급과 수요의 연결, 가격변동 등 실시간 정보도 제공하여 예외상황에 대한 경고와 처방에 대한 지원도 가능하다.

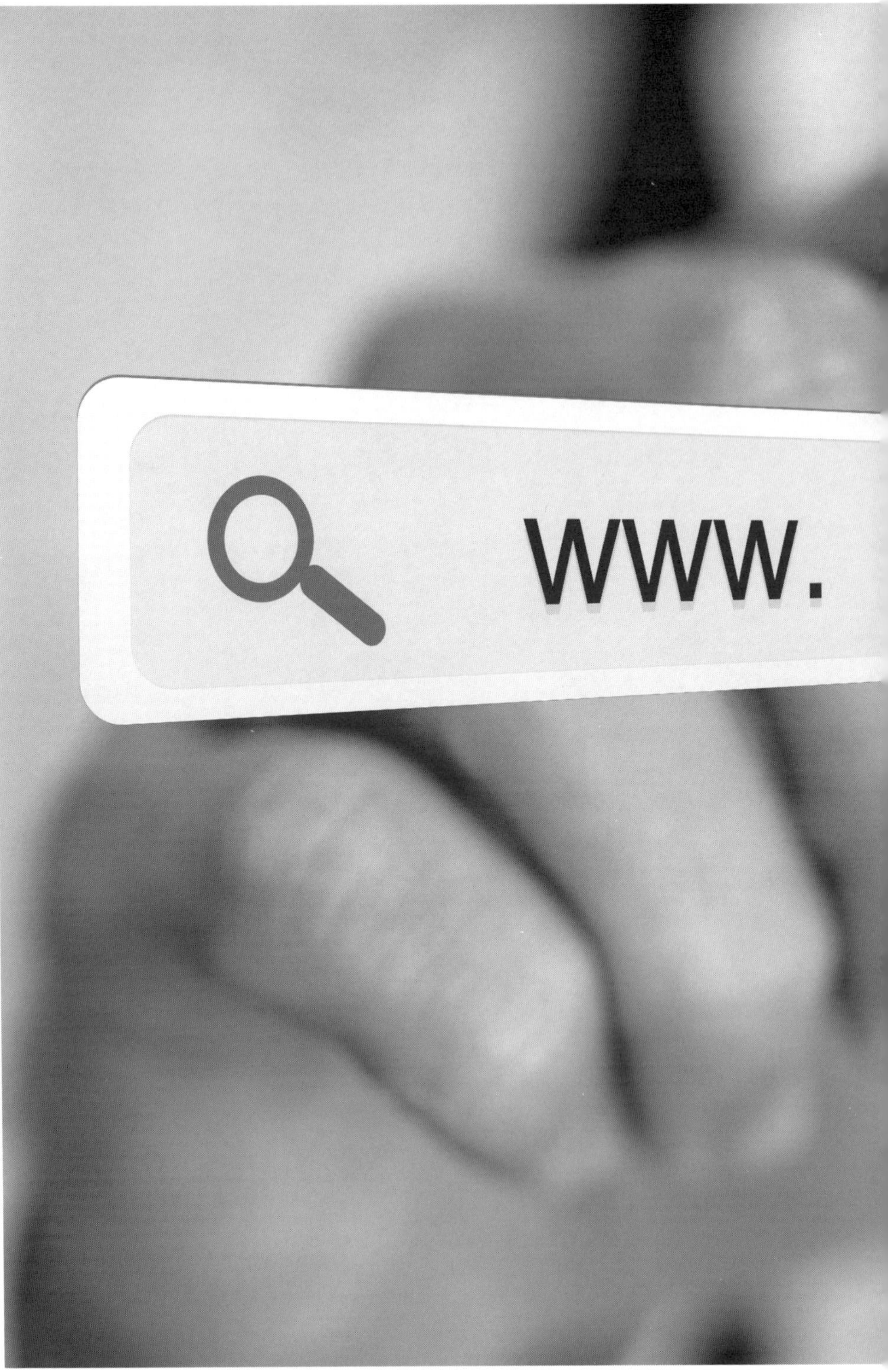
www.

PART 04

U-세상 U-비즈니스 Search

허물을 벗지 않는 뱀은 죽는다.

- 괴테[파우스트]

제9장

디지털 세상

梅一生寒不賣香

60여 년 전 정보기술과 함께 도래한 제5차 콘드라티예프파동 (kondratieff wave)은 우리사회의 많은 것을 빠르게 변화시켰으며 산업혁명에 의하여 형성된 기존의 산업사회와 그 핵심적 특성에 있어서 현저한 차이를 보이는 탈산업사회를 태동시켰다. 산업이나 고용측면에서 보면 대부분의 사회구성원이 정보의 생산, 가공, 유통과 관련된 산업에 종사하고 정보의 도달성의 측면에서 보면 사회구성원이 다양한 정보에 쉽게 접근할 수 있으며 자원측면에서는 정보가 노동이나 자본보다더 소중한 사회자본이 되어 그 역할이 현저히 증대되었다.

기술은 사회변화의 핵심 원동력으로 사회와 기술은 공동으로 발전하고 진화하며 국가사회 전반의 시스템을 변화시킨다. 정보기술은 시간과 공간의 장벽을 제거하여 기업 활동과 우리의 생활에 즉시성과 실용성을 제공하여 매우 적은 비용으로도 정보를 쉽게 교환할 수 있게 하므로 모든 사람은 세계 어느 곳에서도 실시간으로 정보를 접하고 전달할 수 있다. 산업사회에 존재하던 정보의 윤택성과 도달성의 반비례 관계는 더 이상 성립되지 않고 신뢰성 있는 양질의 정보가 더욱 많은 사람에게 공급된다. 그 결과로 인간의 욕구는 정신적·심리적으로 고급화되고 수요는 개별적 선택적이 되었다. 경제구조는 정보산업이 중심이 되는 서비스산업 위주로 소프트화되었고 경제활동의 범위는 전국적·세계적으로 확대되었다. 그러므로 대중사회, 대량생산, 대중교육 등이 기존 산업사회의 특징이라면 사회기능은 분화되고 욕구는 다양화되며 수요는 개별화되고 선택적이 되어 개별적 사회집단, 다품종 소량생산, 개별화된 통신체제, 선택적 교육, 서비스산업 중심, 핵가족제도를 갖는 개인 중심의 체제로 변환된다. 사이버 커뮤니티가 확대되었고 SNS와 소셜미디어가 중요한 역할을 수행하며 새로운 윤리적 사회적 문제들이 사회의 중요한 이슈가 된다. 정보와 기술력이 중심이 되는 사회는 더욱 촉진되어 정치, 사회, 문화, 경제, 국제관계, 생활방식의 모든 영역에서 정보를 기반으로 하는 재조직화가 진행되고 탈대중화, 탈대량화, 탈집중화, 탈동시화, 다양화, 분권화, 그리고 글로벌화 등의 변화가 수반되어 지식과 서비스의 생산성이 경쟁력을 결정한다.

정보와 지식의 접근은 더욱 용이해지고 공유지식은 확대되어 지식의 대중화가 실현되고 지식사회로의 패러다임의 변화는 더욱 가속화되고 있다. 그러므로 언제 어디서나 서로의 접속이 수월해지는 협업환경 (pervasive collaboration)이 조성되어 그 결과로 산업과 기업구조가 더욱 개방되고 글로벌 가상기업이 확대되며 국가 간의 교류도 더욱 활발해졌다. 자본과 제품의 글로벌화가 가속되어 글로벌 환경이 더욱 보편화되고 국가 간에는 글로벌 문제해결을 위한 유대의 필요성이 증대되어 글로벌 협력과 문제해결을 통해 국가 경쟁력이 높아지고 경제적 이익이 창출된다. 다양한 지역 및 민족적 요소들이 결합되고 자국과 외국의 문화가 융합된 새로운 문화도 생성되고 있다. 글로벌 개방화의 증대, 고령화, 여성의 경제활동의 증가에 따른 사회적 문제가 대두되고 다국적 미디어, 광고, 실버산업 등 새로운 산업의 기회도 증대되었으며 인도의 콜센터에서 보는 바와 같이 글로벌 아웃소싱도 증가한다.

1. 유비쿼터스 사회

유비쿼터스 컴퓨팅(ubiquitous computing)은 1988년 제록스팔로알토연구소의 마크 와이저(Mark Weiser)가 차세대 컴퓨팅 비전으로 제시한 '쉬운 컴퓨터'의 연구가 그 시초이다. 유비쿼터스 컴퓨팅은 조용한 컴퓨팅(silent computing), 착용식 컴퓨팅(wearable computing), 노매딕 컴퓨팅(nomadic computing), 퍼베이시브 컴퓨팅(pervasive computing)으로도 불린다. 'IT everywhere' 한 마디로 표현될 수 있는 유비쿼터스는 '언제 어디서나, 편재하다', 또는 '보편적으로 존재한다'는 의미의 라틴어 'ubique'에 그 기원을 두고 있으며 언제 어디서나 어떤 것을 이용해서라도 서비스를 받을 수 있는(4A : anywhere, anytime by anyone and anything) 새로운 정보기술 환경, 공간, 또는 패러다임을 의미한다.

유비쿼터스 컴퓨팅 환경은 내재성과 이동성으로 특징지어진다. 지금까지의 환경에서는 물리적 공간에 존재하던 기능들이 컴퓨터 속으로 들어가서 기능을 수행하게 됨에 반하여 우리가 존재하는 현실세계를 디지털화한 유비쿼터스 환경은 유무선 네트워크 접속이 가능한 초소형 RFID 칩, 센서, 스마트폰, PDA, 컴퓨터가 사람, 사물, 공간에 내재하고 컴퓨팅과 통신기능이 부여되어 물리적 환경이나 사물들이 지능화된 전자공간을 형성함으로써 우리의 삶 속에 깊숙이 존재하고 사람 대 사람, 사람 대 사물, 사물 대 사물 간의 다양한 응용과 서비스를 위한 통신을 지원하여 서로 정보를 교환하게 됨을 의미한다. 그러므로 유비쿼터스 환경에서는 가상공간이 아닌 우리가 생활하는 현실에 존재하는 벽, 식탁, 자동차, 교실 등의 사물에 우리가 지각하지 못하고 보이지 않는 컴퓨팅과 통신기능을 갖는 네트워크가 존재할 뿐만 아니라 우리가 지니고 다니는 옷, 모자, 시계, 안경 등에 다양한 기능을 갖는 소형 컴퓨터와 장치들이 존재한다. 이들은 우리의 인식과는 무관하게 유비쿼터스 컴퓨팅 환경을 구현하여 사용자는 일상생활 속에서도 언제 어디서나 현실세계가 가상세계와 연결되어 매우 쉽게 컴퓨터를 활용하여 의사소통, 정보교환, 정보처리, 정보공유를 하는 디지털 식스센스시대를 구현한다.

그러므로 개인은 기존의 휴대폰뿐만 아니라 모자, 시계, 안경, 옷, 반지 등과 같은 소지품 에 부착된 유비쿼터스 장비와 소형화된 착용용 개인용 컴퓨터를 휴대하여 언제 어디서나 인간의 오감을 넘어 가상세계를 통하여 정보처리를 할 수 있다. 나아가 제어, 판단, 저장, 통신 등의 기능이 결합된 스마트 센서를 이용하여 환경이나 상태를 인지하여 전송되어 적절한 통제가 시행되고 인체에 이식된 칩에 저장된 정보가 피부를 통하여 상대방의 피부나 수신기에 전송되어 신원확인 및 위치추적에 활용한다. 의복은 본래의 기능에 추가하여 스피커, 마이크, 칩 등이 부착되어 정보통신 기능이 부여되고 신체변화나 신체 상태를 점검하여 정보를 전달하며, 상황에 대응하여 기능을 수행함으로써 의료뿐만 아니라 군인이나 소방관 등의 위치와 상황을 모니터링(monitoring)한다.

유비쿼터스 센서 네트워크

유비쿼터스 센서 네트워크는 유비쿼터스 컴퓨팅을 실현하는 대표적 방법으로 RFID 시스템을 이용하여 주변의 상황정보를 실시간으로 인식하고 네트워크를 통하여 전송하고 처리하며 활용하는 네트워크이다. RFID 시스템은 전파를 이용하여 2.5cm에서 27m 거리 내의 정보를 인식하여 처리하고 전송하며 태그와 전파식별판독기로 구성된다. 작은 규모의 태그에는 위치, 제조장소, 제조일자 등과 같은 데이터를 저장한 칩과 데이터를 판독기로 전송하는 안테나가 내장되어 있으며 전파식별판독기는 안테나와 무선송신기를 갖는다. 판독기의 인식범위 안에 태그가 들어오면 태그는 활성화되고 데이터를 송출한다. 판독기는 태그에서 송출되는 데이터를 인식하고 해독하여 해독한 데이터를 중앙컴퓨터로 송출한다.

RFID 시스템은 유비쿼터스 센서 네트워크을 구성하여 다양한 산업에서 편리하게 활용되고 있다. 예를 들어 유통업체에서는 RFID 시스템과 M2M을 결합하여 음료성분의 조합 결정, 재고관리, 선적과 배송, 제품의 위치추적, 직원 데이터 관리, 고객에 대한 정보를 파악하는 데 활용하며 가축에 부착된 RFID 태그는 가축의 원산지와 유통경로에 대한 이력을 제공한다. 또한 주위의 사물, 온도, 습도, 압력 등을 감지함으로써 지진관측, 해일감지, 병력이나 장비의 이동, 생화학 오염 등에 다양하게 활용될 수 있다. 사람에게 부착된 태그는 미아를 찾고 노약자를 보호하며 재난발생 시에 신속한 구조를 가능하게 한다.

상황인식 컴퓨팅

상황인식 컴퓨팅은 1994년 시리츠(B. Schilit)와 타이머(M. Theimer)가 처음 사용한 것으로 다양한 센서나 기기를 통하여 얻어진 주위의 상황정보를 컴퓨터가 인간과 같이 적절히 처리하여 상황에 적합한 정보나 서비스를 제공하는 것으로 유비쿼터스 컴퓨팅이나 M2M 환경이 제공하는 핵심기술이다.

상황인식 컴퓨팅의 대표적 예로는 위치기반서비스를 들 수 있다. 위치기반서비스란 RFID, USN, GPS, 지리정보시스템(GIS : geographic information system) 등을 이용하여 사용자의 현재의 위치와 이동방향 등을 인식하여 주어진 시간과 장소에서 상황이 요구하는 지리정보를 제공하는 것을 말한다. 스마트폰의 광범위한 보급과 함께 가장 이해하기 쉬운 위치기반서비스는 스마트폰을 이용하여 주변의 편의점, 음식점, 영화관 등을 검색하면 사용자의 위치와 방향을 인식하여 도착하는 데까지의 필요한 길과 방향 등 다양한 정보를 증강현실(augmented reality)로 제공한다. 증강현실이란 건물, 도로, 사람 등 현실공간과 주변환경과 관련된 방향, 거리, 접근하는 방법 등이 메시지, 사진, 태그 등으로 표현된 다양한 가상정보가 하나의 영상으로 합성되어 실시간으로 구현되어 필요한 정보를 다감각으로 획득할 수 있는 가상현실이다. 증강현실은 스마트폰 기반의 위치기반서비스의 확대로 우리에게 이미 익숙한 서비스가 되었으며 교육, 산업, 문화, 교통 등 다양한 분야에서 활용되고 있다.

그 외에도 상황인식컴퓨팅의 예로서 스마트그리드나 텔레매틱스(telematics)가 있다. 텔레매틱스는 telecommunication과 informatics의 합성어로 자동차산업에 접목된 상황인식 위치기반서비스를 의미하며, 운전자에게 제공되는 내비게이션과 함께 실시간 교통정보, 인터넷, 이메일 등의 서비스가 실현된다.

공유경제

다양한 정보기술은 필요한 자원을 원하는 만큼 사용하고 사용한 만큼 비용을 지불함으로써 재래의 '소유'의 개념을 '이용'의 개념으로 변환하는 공유경제(sharing economy)를 실현한다. 예를 들어 자동차를 구매하기 보다는 필요할 때에만 단기적으로 이용할 수 있는 다양한 업종이 제공되고 있으며 수요자는 언제 어디에서도 시간 단위로 빌려 탈 수 있는 카셰어링(car sharing)을 통하여 그때그때 편리하게 자동차를 이용할 수 있다. 이러한 공유경제는 클라우드 컴퓨팅을 위시하여 방(kozaza.com), 주차장(parkingshare.kr), 자동차(greenca. co.kr, Zipcar, socar.kr 등), 악기(ourecho.co.kr), 의상(polup.co.kr), 무대 소품(twr.co.kr) 등의 대여에 다양하게 실현되고 있다.

u-정부

유비쿼터스 환경은 국가적으로도 u-정부로의 패러다임 변화를 수반한다. 2000년대 초반에는 이미 모바일 기술이 적용되어 정부의 서비스나 업무방식이 변하기 시작하여 SMS를 통하여 날씨, 교통, 의료, 구인 등의 정보를 제공하였고 모바일 기기를 통하여 정부의 홈페이지에 접근하고 이메일 등도 활용한다. 지난 10여 년간 우리나라 전자정부는 세계적 수준으로 발전하였다. 그 결과로 2012년 UN이 193개국을 대상으로 실시한 'E-Government Survey 2012'의 전자정부 발전지수에서 우리나라가 2년 연속 1위를 차지하였으며 2012년 미 브루킹스연구소도 전자정부 1위 국가로 평가하였다. 우리나라는 2012년 10월 전자정부 글로벌 포럼을 개최하여 서울 자유선언문을 채택하고 저개발국을 지원하기 위한 방안을 마련하였다.

u-정부의 공공부문 혁신 주요 정책과제는 유무선 · 모바일 · 유비쿼터스 기기가 통합되고, 센서와 태그가 접목된 USN으로 상황을 인식하고 지능화된 추론을 수행하여 실시간 상황인식정보를 제공하며, 서비스는 개인화되어 개인별 특성에 맞는 맞춤형 서비스(uniqueness)를 제공하며, 언제 어디서나 중단 없는 서비스가 구현되어 개방형 시맨틱 USN에 의한 서비스를 제공하는 정부 3.0을 지향하는 것이다. 우리는 우리의 경제 · 사회 · 정치 등 사회 전반에 존재하는 불확실성을 진단하고 종합적으로 미래를 전망하여 비전을 수립하고 사회적 합의를 도출하여 u-정부의 구현전략을 마련하여 실현시켜야 한다.

2. 제품

재품 특성

디지털 세상에서 제품의 중심은 하드웨어에서 소프트웨어로 이전하여 소프트웨어가 하드웨어의 경쟁력을 결정한다. 제품의 보이는 면은 철이나 플라스틱 같은 하드웨어이나 제품의 실제는 복잡한 소프트웨어들의 복합체이다. 그러므로 시장에서 인정되는 제품의 높은 부가가치는 새로운 지식과 아이디어에 의한 혁신만이 창출할 수 있으며 그 결과로 기업이 아이디어와 혁신에 의하여 핵심기술과 서비스 솔루션을 창조하는 것이 게임의 법칙이 되고 있다. 이해를 위하여 우리나라에서 생산되는 특정 승용차 한 대에는 컴퓨터 50여 대, 반도체칩 1,000여 개, 소프트웨어 1,200만 개 이상의 집합체로 차량용 웹브라우저, 실시간의 날씨정보, 음성과 문자메시지 전송, 내비게이션 연동, 애플리케이션 원격제어, 전장용 초소형 카메라 등 다양한 기능을 제공한다. 메르세데스-벤츠의 제작사 독일 다임러그룹은 2013년 운전자 없이도 자동차가 100km를 달리는 실험에서 성공했다며 2020년까지 자율주행자동차를 양산하겠다고 발표하였다. 2013년 아우디 역시 무인주차기술에 성공하였다. 이러한 기술들은 위성, 센서, 스마트폰 등의 내비게이션 등 기술의 융·복합으로 가능하다.

그런 의미에서 현재 우리나라의 전통적인 핵심제조업은 정체되거나 축소되어 이미 쇠락의 길을 걷고 있다고 할 수 있다. 우리나라 주력상품의 핵심 부품이나 소프트웨어는 대부분이 외국에서 수입되고 있으며 간판기업인 삼성마저 스마트폰 이후에는 대안이 떠오르지 않고 있는 것이 현실이다. 특히 우리나라 소프트웨어나 콘텐츠의 기술수준과 기반은 참담한 시장 부재상황으로 대부분을 해외에 의존하고 있다. 외국기업들도 전통적인 제조업에서 벗어나 소프트웨어 중심의 산업으로 재편되고 있다. 예를 들면 휴렛패커드는 기업의 중심을 소프트웨어로 변환하기 위해 PC산업에서 철수하고 EDS를 인수하였으며 SAP의 공동대표인 레오 아포테커(LeoApotheker)를 영입하기도 하였다. IBM은 노트북 사업부를 중국 레노버(Lenovo)에 매각하였고 애플은 소프트웨어만 자체개발하고 제품생산은 해외에 위탁하고 있다.

결과적으로 정보기술은 새로운 아이디어와 혁신을 제품화함으로써 제품의 특성을 변화시키고 더욱 높은 부가가치를 제공하며 새로운 아이디어와 혁신이 없는 기업을 도태시킨다. 예를 들어 보자. 1998년 모토롤라를 제치고 휴대폰 판매량 세계 1위에 올라 2012년 1분기에 세계 휴대전화 판매 세계 1위를 삼성에게 내 줄 때까지 15년 동안이나 휴대폰 시장을 지배한 노키아는 2013년 1분기에는 안방인 핀란드에서 마저 휴대전화 판매량에 있어서 삼성에게 밀렸으며 2013년 9월 2일 마크로소프트에 72억 달러에 매각되었으며 세계 모바일 시장은 애플, 삼성전자, 구글과 모토롤라 연합, 마이크로소프트와 노키아의 연합 4강 체제에 돌입하였다.

노키아는 2003년 국가경쟁력 평가에서 핀란드를 경쟁력 1위의 정보기술 최강국으로 올리는데 결정적 역할을 수행할 정도로 핀란드의 자존심이며 핀란드를 노키아 기업으로 불리게 한 슈퍼기업이다. 그러나 2011년 2분기에는 적자를 기록하며 모든 지역에서 매출이 감소하였고 영업 손실은 4억 9,000만 유로에 달하였다. 2007년 애플의 아이폰이 출시될 때에 노키아의 CEO 칼라스부오는 디자인이 투박하고 무겁고 두꺼우며 기능마저 지나치게 단순한 기존의 제품을 고집하며 자신들의 제품이 시장의 표준이라고 큰소리치며 방심했다. 그러나 애플과 삼성 등에 의하여 스마트폰 위주로 개편된 시장에서 노키아는 인원감축, 구조조정, 마이크로소프트의 전략적 제휴, 사용하기 쉬운 신형 스마트폰을 출시하는 등 위기를 타개하기 위한 다양한 제기 시도에도 불구하고 노력은 무위로 끝났으며 어려움에 봉착하게 되었을 뿐 아니라 결국 마이크로소프트에 매각되었다. 마이크로소프트는 노키아가 보유하고 있던 모바일 부문 특허도 인수하여 모바일 시장의 새로운 변화를 유도할 것으로 예상되었다.

냉장고가 홈자동화(home automation)의 중심기능을 수행하는 것과 같이 기존의 제품은 유무선 네트워크와 연결되어 새로운 부가적 기능을 수행한다. 제품에 지적능력이 부여되고 스스로 환경에 적응할 능력을 갖춘 지능형 제품의 활용도 증대되었다. 예를 들어 와이파이 기능이 내장되거나 카메라에 연결되어 냉장고 화면으로 스마트폰으로 전송된 동영상을 보고 방 안에서 노는 아이들을 살필 수 있다. 센서나 카메라가 부착된 청소기는 음성으로 작동하고 스스로 주위 정보를 파악하여 이동하고 청소하며 음성으로 작동하는 세탁기는 스마트폰으로 세제의 농도를 조절하고 세탁이 완료되면 메시지로 알린다. 자동차의 변속장치는 지능화 되어 지적능력이 부여되며 지저귀는 아이의 상태를 부모에 알려준다. 스마트폰이 영수증의 식품명을 인식하여 냉장고로 전송하고 냉장고에 저장된 식품은 목록, 유통기간, 보관 장소 등이 자료화되고 표시되며 개인별로 또는 냉장고에 저장된 식품 위주의 요리가 가능한 메뉴를 추천해 주고 선택된 메뉴는 조리방법, 조리시간, 온도에 대한 정보가 오븐으로 전송된다. 당뇨나 고혈압과 같은 특이사항을 입력하면 일별, 주별로 건강식단과 조리법도 제안해 준다. 전기밥솥은 스마트폰으로 죽, 밥, 찜 등 메뉴를 선택하여 취사하고 예약취사가 가능하며 고장이 나면 자동으로 점검하여 주는 기능도 보유한다.

고객과의 접촉은 항상 개방되고 사용자의 체감의 만족도를 높이는 것이 경쟁의 중요한 수단이 되었으며 고객의 영향력은 증대되어 프로슈머(prosumer)이나 고객의 욕구가 바로 수용되는 DIY(do it yourself)형 제품이나 서비스로 발전하였다. 불특정 다수의 사용자가 참여하여 만들어내는 데이터를 기반으로 제공되는 서비스인 크라우드 소싱(crowd sourcing)으로 유용한 서비스를 제공하는 경우도 다양해지고 있다. 크라우드 소싱은 군중(crowd)과 외주(outsourcing)가 결합되어 만들어진 단어이다. 크라우드 소싱에 의한 서비스는 사용자들의 능동적인 참여로 만들어 지는 서비스와 능동적 참여 없이 만들어지는 서비스로 구분된다. 그 예로 전자는 위키피디어를 후자는 내비게이션 서비스인 웨이즈(Waze)를 들 수 있다. 11억 달러에 구글에 인수된 웨이즈 내비게인션이 제공하는 서비스는 주행 중 GPS 기능을 가진 불특정 다수로부터 차량속도나 혼잡도와 같은 정보가 스마트폰을 통하여 수집되고 처리되어 목적지에 이르는 최적의 경로를 제공하고 교통사고나 경찰단속 등과 같은 특이한 환경도 알려준다. 크라우드 소싱은 많은 사람이 참여할수록 더 좋은 결과를 기대할 수 있다.

제품수명주기

특정제품군에 있어서는 제품의 수명주기가 매우 단축되어 빠른 속도로 새로운 제품이 출시되고 기존의 제품은 사장된다. 그 결과로 제품 고유의 도입기, 성장기, 성숙기로 표현되는 기존의 S곡선과 같은 제품수명주기는 매우 빨라지고 단축되거나 경우에 따라서는 도입기와 성장기가 합쳐지고 성숙기에는 접어들기도 전에 새로운 제품에 의하여 쇠퇴되고 사장된다. 그러므로 '허물을 벗지 않는 뱀은 죽는다(Faust)'는 말과 같이 지속적인 혁신을 추구하지 않는 기업은 쇠퇴할 수밖에 없다. 시장에서의 현재의 지위에 자만하고 혁신을 게을리 하는 기업은 스스로 혁신능력을 상실하는 초기 진입자의 불이익(first mover's disadvantage)이라는 덫에 걸려 '이카루스 패러독스(icarus paradox)'에서 벗어나기 힘들다는 것이다. 이카루스 패러독스란 깃털로 만든 날개를 밀랍으로 몸에 붙이고 하늘을 높게 날았으나 태양이 너무 가까워지자 밀랍이 녹아 바다에 추락해 죽은 그리스 신화의 이카루스를 풍자하는 이야기이다.

예로 스마트폰과 태블릿PC를 보자. 새로운 제품이 출시 된 지 몇 개월이 지나면 새로운 기능으로 무장한 진보한 새로운 제품이 줄줄이 쏟아지고 있다. 대표적으로 20년이나 휴대폰시장을 지배한 업계 1위의 기업 노키아(Nokia)는 제품수명주기에 대한 몰이해로 몰락을 자초하였다. 노키아는 핀란드를 2003년 국가경쟁력 평가에서 정보기술 경쟁력 순위 1위의 최강국에 오르게 한 슈퍼기업이며 핀란드의 자존심으로 핀란드는 노키아랜드로 불리게 한 국가적 기업이었다. 2007년 애플의 아이폰이 출시될 때 오랜 성공으로 자만한 노키아의 CEO 칼라스부오(O.P. Kallasvuo)는 디자인이 두껍고 투박하며 무겁기까지 하고 기능은 지나치게 단순한 자신들의 제품을 시장의 표준이라며 큰소리를 쳤다. 2008년에는 휴대폰시장에서의 점유율이 40%로 시장을 지배하였고 브랜드 가치는 세계 9위 기업이었던 노키아는 2011년 초에는 이미 휴대폰 시장에서의 점유율이 24%, 브랜드 가치는 81위로 추락하였으며 15년 만에 처음으로 적자를 기록하였다. 그 결과로 노키아는 인력을 감축하고 루마니아 클루지(Cluj) 공장을 폐쇄하였으며 3,500명을 감원하는 구조조정을 단행할 수밖에 없었다. 2012년 초에는 5분기 연속적자를 기록하고 주가는 15년 만에 최저수준으로 추락하였으며 국제신용평가사인 피치와 스탠다드앤드푸어스(S&P)는 노키아의 신용등급을 투기(junk)등급으로 강등했다. 또한 피처폰(feature phone)을 포함한 전체 휴대폰 순위에서도 14년 만에 2위로 밀려났다.

스마트폰과 SNS의 열풍을 고려하지 않은 게임 산업의 제왕 닌텐도도 자신들이 스스로 유행을 창조한다며 자신들의 게임만을 주장하다 2011년에 처음으로 영업 손실을 기록한 이후 계속되는 어려움에 처해 있다. 소니의 주력사업인 TV도 매출이 격감하고 적자가 연속되어 수조원대에 이르고 있으며 소니도 2008년에 적자를 낸 후 계속 적자행진을 이어갔다. 2012년 11월과 2014년 1월에는 국제신용평가사 무디스에 의하여 신용등급을 'Baa3'에서 'Ba1'(투자부적격)등급으로 강등 당하기도 했다.

더욱이 어떤 제품은 출시되자마자 포기된다. 예를 들어 마이크로소프트사가 2011년 4월 출시한 휴대폰 킨(Kin)은 시장의 부정적인 반응에 출시된 지 48일 만에 사업을 접었고 휴렛패커드의 태블릿PC 터치패드는 출시된 지 7주 만에 생산을 중단하였다. 제품이 출시되면 상품평은 SNS를 통하여 실시간으로 퍼지게 되고 가능성이 없다고 판단되면 기업이 많은 비용을 투자했다고 하더라도 사업을 포기할 수밖에 없기 때문이다.

경쟁자

특정 제품에 있어서는 경쟁자도 진화한다. 나이키를 예로 보자. 나이키 운동화의 경쟁자는 운동화에서 게임기, 데이터 디바이스, 플랫폼으로 진화하였다. 닌텐도가 출시한 게임기로 거실에서 운동을 할 수 있게 되자 운동화를 찾는 고객이 감소하게 되었다. 이에 대응하여 나이키는 운동화 밑창에 센서를 부착한 나이키플러스를 출시하여 거리와 속도를 기록하고 SNS를 이용하여 친구와 경쟁하게 하여 운동화를 게임기와 디바이스 그리고 미디어로 진화시켰다. 더욱 발전하여 운동거리와 운동시간과 같은 운동량을 측정하여 표시해 주고 일정기간의 계획과 실적을 비교하여 축하도 해주며 친구와 경쟁도 가능하게 하여 결과적으로 데이터회사가 중요한 경쟁자가 되었으며 이러한 기술은 진화하여 다양한 혁신적인 앱으로 경쟁하는 플랫폼사업으로 진화하였다. 그러므로 경쟁자와 더불어 나이키 자신도 토털 스포츠용품회사에서 디바이스회사, 데이터회사, 미디어회사, 플랫폼회사 등으로 다양하게 진화하여 왔다.

제품융합

제품의 또 다른 특징은 융합(convergence)으로 스티브 잡스는 '창조성이란 서로 다른 것을 연결하는 것'이라고 했다. 동일한 산업뿐만 아니라 타 산업과의 경쟁이 치열하고 산업 간의 경계가 허물어져 산업들이 액체처럼 용해되는 현재의 액체사회(liquid society)에서는 이종 산업 간의 협력과 창의적인 상호작용에 의한 차별화를 통하여 기업의 경쟁력이 확보될 수 있다. 이와 같이 서로 다른 영역이 합쳐져 하나가 되고 시너지 효과(synergy effect)를 발휘하는 것을 융합이라 하며 단순히 기술을 혁신하거나 경영을 혁신하는 것만으로 기업은 성장할 수 없으며 융합은 지난 몇 해 동안 기업이 경쟁력을 확보하는 데 필수적인 시대적 패러다임이 되었다. 융합은 제품과 제품, 제품과 서비스, 서비스와 서비스뿐만 아니라 기능과 기능, 기술과 기술, 산업과 산업, 학문과 문화 등 다양하게 실현되어 상승적 조합으로 새로운 창조적 가치를 창출하고 있다. 예로 제품과 서비스의 융합을 보면 승용차를 판매하는 기업은 승용차뿐만 아니라 할부, 보험, 유지보수 등을 함께 묶음상품(package merchandise)으로 판매한다. 골프패키지나 의료관광은 서비스와 서비스의 융합의 예이다.

애플은 아이폰, 아이패드, 아이팟을 상호연계 시키고 앱스토어와 아이튠즈의 콘텐츠 서비스를 통하여 거대한 생태계를 구성하여 융합을 실현하고 아이클라우드를 통하여 기기에 상관없이 자신의 콘텐츠에 접근할 수 있게 하였다. 애플은 자신들이 직접 앱(app : application)을 개발하지 않고 개발자들이 만든 앱을 앱스토어를 통하여 판매하며 자신은 판매가의 30%에 해당하는 수수료를 받는다. 앱의 판매량이 커지자 더 많은 개발자가 더 많은 앱을 개발하게 되고 소비자는 풍부한 앱이 있어 아이폰과 같은 기기를 더 많이 구입한다. 과거에 소비자는 자신이 선호하는 제품으로 PC, MP3, 휴대폰, TV 등을 각각 구입하였으나 근래에는 오히려 생태계에서 제공되는 서비스를 더 선호하게 되었다.

구글의 검색이나 마이크로소프트의 운영체제와 같이 자신의 전문영역에 치중하여 왔던 정보기술 기업들도 애플의 생태계에 생존을 위협받아 영역을 파괴하고 하드웨어, 콘텐츠, 광고, 소프트웨어, 브랜드, 클라우드 등 다양한 영역을 융합하여 생태계를 구축하려고 노력하여 왔으며 이를 위하여 다른 영역으로 진출하였다. 자신만의 전문영역에서는 절대적 경쟁우위를 가졌다고 해도 생존이 보장되지 않기 때문이다. SNS의 선두주자 페이스북은 음악과 영화 콘텐츠 유통에 나선 후 전용 스마트폰 개발에 노력하였다. 인터넷 서점 및 쇼핑몰 회사인 아마존도 태블릿PC 킨들 파이어에 이어 스마트폰 킨들 폰 개발에 힘을 쏟았다. 세계 최대 검색 업체인 구글은 SNS서비스인 구글플러스에 이어 모토로라를 인수하여 스마트폰 시장에 진입하였고 음악과 같은 콘텐츠 유통에도 치중하고 있다. 윈도, MS워드, 익스플로러 등 세계 최대 소프트웨어 기업인 마이크로소프트는 소프트웨어 강화를 내세우는 다른 기업과는 반대로 '하드웨어 없이 소프트웨어도 없다'는 모토를 세우고 노키아 휴대전화부문을 인수하여 하드웨어 역량을 강화하기 위해 심혈을 기울이며 다른 기업을 위협하여 왔다.

스마트폰은 컴퓨터, 휴대폰, MP3, 카메라, 녹음기, TV 등 다양한 산업이 융합되어 다양한 기능을 제공한다. 유무선이 융합되고 음성, 데이터, 이미지, 영상이 융합되며 단말기, 콘텐츠, 컴퓨팅이 융합되고 방송, 통신, 미디어가 융합되어 하나의 기기로 다양한 정보, 콘텐츠, 서비스를 하나의 서비스를 다양한 기기를 통해서 접근할 수 있게 되었다. AT&T의 PC, TV, 휴대폰에서 콘텐츠를 동기화하는 3Screen을 시발로 이를 태블릿PC, MP3, 게임기 등으로 확대된 N스크린은 2011년 서비스가 개시되었으며 시간, 장소, 영상규격 등에 구애받지 않고 하나의 영상 콘텐츠를 스마트폰, 태블릿PC, TV, PC 등 다양한 기기로 이어가며 보고 청취할 수 있는 서비스이며 영화, 음악, 책, 신문, 문서 등으로 확대되었다. 클라우드 컴퓨팅에 기반한 서비스를 활용하여 PC에 입력된 내용을 스마트폰과 같은 다른 모바일 기기나 단말기에서도 확인할 수 있다, 예를 들어 지메일(Gmail) 아이디를 사용하고 크롬 브라우저 시행하면 PC에 있는 내용을 스마트폰에서 확인할 수 있다. 또한 스마트폰이나 태블릿 PC와 TV를 함께 사용할 수 있는 기기들도 다양하게 출시되고 있다. 멜론, N 드라이브, Tving, 벅스, 다음 Cloud, LG U+Box, 구글 Docs 등이 이와 같은 서비스를 제공한다.

방송, 통신, 미디어, 정보기술의 융합은 새로운 디지털 기반의 미디어를 출현시키고 새로운 산업을 형성한다. 통신업자와 콘텐츠 분야는 서로 통합되고 콘텐츠 전달을 목적으로 하는 미디어 사업자는 콘텐츠 전달에서 콘텐츠 생산으로 사업영역을 확대하고 관심도가 높거나 인기 있는 '킬러콘텐츠'를 확보하고 이를 무기삼아 경쟁력을 확보하기 위해 노력한다. 조선일보의 tagstory.com이나 중앙일보의 patzzi.com 등은 경쟁력을 확보하기 위해 개발된 특화된 콘텐츠들의 예이다.

미국, 일본, EU 등 선진국들은 IT, NT(nano technology), BT(bio technology), CT(culture technology), ET(environment technology), ST (space technology), CS(cognitive science)의 융합기술혁신 환경을 조성하고 융합기술 생태계를 조성하여 융합기술을 통한 국가발전전략을 추진하기 위해 법적 제도적 기반을 마련하고 있다. 그 대표적 예를 보면 미국은 2009년 '미국혁신전략'에서 융합기술을 국가 최우선 3대 중점분야로 분류하여 집중적으로 지원하고 있으며, 일본은 제3기 과학기술 기본계획(2006~2010년)에 융합기술을 전략적 정책대응 연구부분으로 분류하여 지원하였고, EU는 Knowledge NBIC Project(2006~2009년)를 통하여 융합기술 발전전략을 수립하여 지원하였다. 우리나라도 국가과학기술위원회 주도로 국가융합기술지도를 작성하고 융합기술개발 추진전략을 수립하여 융합기술 육성을 위한 다각적인 노력을 수행하고 있다. 2010년 7월에는 IT융합 확산전략을 2012년 9월에는 IT융합 확산전략 2013-2017을 수립하였고 새로운 정부는 2013년 제시한 5대 국정 목표 중 핵심정책인 창조경제를 통하여 이를 집중 지원하고 있다.

특히 다양한 정보기술은 다른 산업의 제품이나 서비스에 부품 또는 모듈로서 내재화(embedded)되어 새로운 부가가치를 창출하는 것을 IT 융합이라 한다. IT융합은 디지털 혁신을 위한 기반이 되어 제품이나 서비스에 편리성, 안정성, 친환경성을 제공하여 제품과 서비스의 가치를 혁신하고 공정을 혁신하여 부가가치를 높이고 경쟁력을 창출한다. 예를 들어 자동차의 성능이나 경쟁력은 더 이상 기계적인 하드웨어가 결정짓는 것이 아니고 첨단 기능의 소프트웨어에 의한 정보와 오락에 의하여 결정될 것이다.

특허전쟁

제품과 관련된 기술특허는 매우 중요하며 세계 IT업계는 적도 동지도 없는 협력과 경쟁을 벌이고 있다. 예를 들어 지난 1995년부터 2005년까지 국내기업이 통신기술 특허와 관련하여 퀄컴사에게 지불한 로열티만 3조 원이 넘는 것으로 보도되었다. 특히 스마트폰산업에서는 특허 자체가 사업의 일부가 되고 있어 거의 모든 기업이 생존을 건 사상 유례가 없는 특허전쟁을 벌이고 있다. 특허청 통계에 따르면 2004년부터 2011년 일사분기까지 국내기업이 외국기업을 상대로 제소한 특허소송이 151건, 외국기업이 국내기업을 제소한 특허소송이 450건이 이른다. 애플은 모토로라, 노키아, 삼성전자, HTC, 코닥 등을 상대로 소송전쟁을 벌이고 있으며 애플과 삼성전자의 소송전은 2011년을 예로 보면 한국, 미국, 일본, 독일, 호주 등 18개국에서 25건의 소송으로 한 치의 양보도 없는 백병전을 벌였다. 스티브 잡스는 '삼성전자는 애플을 베끼는 카피캣(copycat)'

이라고 하였고 이에 대응하여 삼성전자의 신종균 사장은 '당한 만큼 갚아 주겠다'고 하였다. 마이크로소프트도 구글, 소니에릭슨, 모토롤라, 버라이즌, 삼성, LG, 보다폰, 도시바 등으로 구성된 안드로이드 기업군을 상대로 기술로열티 지불을 요구하는 소송을 제기하여 로열티전쟁을 벌였다. 페이스북 등 다른 기업들도 다양한 기업과 기술특허로 복잡하게 얽혀 직접적으로나 간접적으로 소송전을 치르고 있다. 이러한 특허전쟁은 스마트폰산업뿐만이 아니고 반도체, 메모리, LED를 위시한 다른 산업에서도 마찬가지로 수행되고 있다.

특히 일부 기업은 제품과는 무관하게 특허와 관련된 소송만으로 수익을 올리는 특허전문기업으로 의도적으로 특허를 장시간 방치하여 다른 기업이 특허를 침해하도록 유도한다. 이러한 특허전문기업은 거대한 자본을 바탕으로 특허를 사들여 보유하고 있다가 제품이 시장에서 성공하면 특허권을 침해했다고 소송을 제기하고 거액의 특허료를 청구하는 방식으로 기업을 사냥한다. 이렇게 특허소송을 전문으로 하는 기업을 특허괴물(patent troll)이라 한다. 이러한 특허괴물은 다수의 학자, 개발자, 변호사, 해커, 의사 등을 임직원으로 고용하고 대학과 연구소를 지원하며, 특허를 구입하고 분석하여 사업성이 있는 특허를 발굴하고 기업들과 협상이나 소송을 통해 특허사용료를 받아낸다. 대표적인 특허괴물인 인텔렉추얼 벤처스는 정보기술과 바이오 등 35,000건의 특허를 보유하고 기업들과 협상을 하거나 소송을 통하여 특허사용료를 받아낸다. 특히 특허괴물 록스타비드코(Rockstar Bidco LP)는 애플이 과반이 넘는 지분을 보유하고 있어 삼성전자 같은 우리나라 기업들은 심각하게 우려하고 있다.

그러나 한편 다행스럽게도 4세대 이동통신 LTE 특허와 관련하여 우리나라 기업과 연구기관이 미국 특허청에 등록된 LTE특허의 절반을 소유하고 있다. 미국 시장조사업체인 테크아이피엠(TechIPm)이 2013년

LTE 주요기술특허를 분석한 결과에 의하면 삼성전자와 LG전자가 각각 전체의 23%를 한국전자통신연구원(ETRI)이 2%를 차지한 것으로 조사되어 우리나라가 LTE 기술과 관련하여 특허를 선점한 것으로 나타났다. 특히 하드웨어 강자인 삼성전자는 2006년 이후 7년째 미국 특허등록 숫자에서 7년째 IBM에 이어 2위를 차지하고 있다.

삼성전자는 2014년 초에는 모바일 운영체제와 소프트웨어에서 절대 강자인 구글 및 사물인터넷의 강자인 시스코와 현재 보유 중인 특허뿐만 아니라 미래의 특허에 대하여도 특허공유(cross license) 계약을 맺음으로서 웨어러블이나 사물인터넷과 같은 스마트폰 이후의 시장을 대비하고 있다. 뿐만 아니라 삼성전자는 인텔과 함께 주도하고 보다폰, 스프린트, SK텔레콤, 화훼이, 파나소닉 등이 참여한 타이젠 연합을 통하여 안드로이드 운영체제가 아닌 삼성전자 최초의 독자적 모바일 운영체제인 타이젠(Tizen)을 개발하고 갤럭시기어2에 탑재하였다. 이는 구글과의 협력은 이어가되 지나친 의존을 피하겠다는 의지로 보인다. 카이젠은 스마트폰이나 태블릿PC만이 아니라 냉장고, 자동차, 에어콘, TV, 시계 등 모든 전자기기에서 사용되어 서로 연동될 수 있어 특히 사물인터넷 시대의 타이젠 생태계를 구성할 수 있는 운영체제로 여겨지고 있다.

현재까지도 2세대 3세대 휴대전화가 많이 사용되고 있어 우리나라 기업이 외국기업에 많은 로열티를 지불해야 함에도 불구하고 이러한 사실들은 앞으로 우리나라 기업들의 로열티 지급은 줄고 나아가 독립적으로 통신기술 및 스마트폰 이후의 기술을 확보할 수도 있을 것이라는 기대를 높여 주고 있다.

감성전쟁

제품에 대하여 소비자가 느끼는 감성이나 이미지도 매우 중요하다. 1960년대에 시작된 포스트모더니즘은 모든 영역에 영향을 주어 감성을 중요시하는 감성디자인이 제품설계에 있어서 필수적인 요소가 되고 있다. 승용차에서 감성을 자극하는 새로운 색을 개발하려는 색깔전쟁, 스마트폰의 경우에는 손아귀에 잡히는 감촉, 이동 중의 휴대성, 사용할 때의 편리성 등 감성적 요소를 만족시키기 위하여 두께전쟁이나 속도전쟁을 벌이는 것은 대표적 예이다. 승용차의 경우를 보면 현대차는 블랙베리, 블루베리, 기아차는 스노우화이트펄, 밀키베이지, 시그널레드, 카페모카, 한국GM은 밝은 회색, 삿포로화이트, 프라하블랙 등 그 이름도 생소한 색을 개발하여 제품화하고 있다.

스마트폰의 화면크기는 제한이 있을 수밖에 없으며 제조사들은 신소재를 개발하여 구성품을 교체하고 부품위치를 바꾸어 빈 공간을 줄이는 등 모든 기술을 총 동원하여 제품을 얇게 만들기 위해 노력하고 있다. 특히 IT기기의 핵심요소가 과거의 음성과 데이터가 아니라 동영상과 음악을 중심으로 하는 콘텐츠로 변화되면서 통화품질이나 해상도에서 이제는 멀티미디어 콘텐츠의 현실감을 높여 주는 음질이 매우 중요한 요소가 되고 있다. 특히 콘텐츠를 내려 받지 않고 바로 이용하는 스트리밍 방식의 일반화로 음질의 중요성은 더욱 가속화되고 있다.

제조환경

세계 경제는 장기불황과 경기침체로 성장잠재력은 오랜 동안 하락해 왔다. 우리나라의 경우도 심화되는 고령화 현상으로 생산인구가 감소하고 소득은 더욱 편중되어 왔으며 중산층이 감소하고 내수는 위축되며 투자가 감소하여 왔으나 성장은 고용을 동반하지 못하고 경기회복의 시점마저 불투명한 여러 가지 어려움에 직면하고 있다. 원화 강세에 따른 수출경쟁력 약화로 산업은 더욱 어려워지고 있으며 더욱이 산업구조의 고도화와 첨단제품의 기술력 한계로 시장의 불확실성은 증대되고 인접국과의 경쟁이 격화되고 있어 혁신적인 제품을 개발하지 못하면 우리의 제조업은 침체될 수밖에 없으며 설령 현 상태를 지속한다 하더라도 이윤은 매우 낮아지고 경쟁력 또한 상실할 수밖에 없다. 예로 스마트폰을 보자. 거대한 내수시장을 가지고 있는 중국은 기술적으로 우리와 거의 비슷해지고 있으며 그 성장세는 상상을 뛰어 넘어 가히 폭발적이다. 2013년 1분기를 예로 보면 세계 10위 기업 가운데 중국은 하웨이, ZTE, 레노버, 쿨패드 4개의 기업이 포함되어 있다. 이러한 기업들은 1년 전만 해도 통계에 잡히지도 않았으며 몇 년 내에는 삼성을 넘볼 정도로 급속히 성장하고 있다. 그러므로 아이디어와 혁신으로 고부가가치를 창출할 수 있는 생태계를 조성하는 것이 우리 산업에 있어서 매우 시급한 과제이다.

정보기술산업을 보면 우리나라는 대기업을 중심으로 스마트폰 기기와 디지털 TV 등 하드웨어 중심의 완제품으로 황금기를 누리고 있으나 중소기업을 중심으로 하는 소프트웨, 콘텐츠, 핵심 부품, 소재기술은 침체를 벗어나지 못하고 있으며 그 기반이 매우 취약하다. 그러나 정보기술산업은 그 중심이 하드웨어에서 소프트웨어로 변화한 지 오래이며 콘텐츠나 소프트웨어가 정보기술의 핵심 구성요소가 되어 경쟁력을 결정짓고 있다. 예를 들면 휴렛패커드(HP)는 오래 전에 PC산업에서 철수하였으며 2008년에는 EDS를 인수하였고 2010년에는 SAP 공동대표인 레오 아포테커(LeoApotheker)를 CEO로 영입하였으며 2011년에는 소프트웨어 회사인 오토노미(Autonomy)를 인수하였으나 큰 손해를 입었다. 인텔은 2012년에만 소프트웨어 회사를 11개나 인수하였다. 애플은 제품은 해외에서 OEM방식으로 생산하나 소프트웨어만은 자체적으로 개발하며 IBM은 노트북 사업부를 중국 레노버(Lenovo)에 매각하였다. 그러므로 우리 산업이 이러한 어려움을 헤쳐 나가기 위해서는 대기업 중심의 산업에서 탈피하여 대기업과 중소기업이 서로 협력하여 경쟁력을 함께 높여갈 수 있는 건전한 생태계를 조성하는 것이 매우 중요하다고 할 수 있다.

3. 마케팅

디지털환경에서 수행되는 거래에서는 공급자와 구매자의 접점이 가상 공간에서 형성되어 하루 세계 어느 곳에서도 24시간 시공간의 제약 없이 실시간으로 정보를 주고받고 거래할 수 있게 되었다. 그러므로 지금까지 기업에서 일방적으로 고객에게 제품을 공급하거나 또는 한 방향으로 수행되던 커뮤니케이션은 공급자와 수요자가 사이버공간에서 유·무선 통신기술을 활용하여 실시간으로 정보를 주고받는 관계로 변화하여 실시간 마케팅 활동이 가능해졌다. 그러므로 재래의 공급자 위주의 마케팅 활동은 고객과 장기적으로 지속적 관계를 유지하는 구매자 중심의 마케팅 활동으로 변화되었다.

재래의 전시중심의 공급자 위주의 일방적인 밀어붙이기식(push)의 마케팅 활동은 시공간의 제약이나 중계자가 없이 구매자와 공급자가 다양한 콘텐츠로 인터렉티브하게 직접 대응하는 직접 마케팅(direct marketing)으로, 고객의 욕구를 충족시켜 고객과 기업이 함께 발전하는 관계형 마케팅(relational marketing)으로, 데이터베이스에 기초하여 고객의 욕구를 분석하고 이에 기초하여 고객별로 차별화된 가치를 제공하는 개인화된 마케팅(one-to-one marketing)으로 변화하여 지속적인 고객과의 관계 속에 수행되는 끌어당기기식(pull)의 마케팅 활동으로 변화되었다. 또한 공급자와 구매자의 거래가 통신망을 통해 온라인상에서 이루어지므로 고객의 요구사항, 문의사항, 불만사항 등에 실시간으로 동적으로 대응하게 되었으며 재래와 같이 제품을 생산한 후 고객을 확보하는 것이 아니라 고객을 확보하고 고객의 기호에 맞게 제품을 생산하는 체제로 변화하였다. 그 결과로 재래와 같이 상품을 생산한 후에 고객을 확보하는 시장점유(market share)를 목적으로 하는 마케팅 활동은 고객의 기호에 맞게 상품을 생산하는 고객점유(customer share)를 목적으로 마케팅 활동으로 변화되었다.

재래의 제품 중심의 '제품(product)', 수익중심의 '가격(price)', 전시 중 심의 '유통(place)', 판매량 중심의 '촉진(promotion)'으로 이루어진 마케팅믹스 4P는 전자상거래에 있어서는 소비자 중심의 '고객(consumer)', 소비자 비용 중심의 '비용(cost)', 소비자 구매활동 중심의 '편의성(convenience)', 소비자와의 의사소통을 중심으로 하는 '커뮤니케이션(communication)'인 4C로 재정립되었다. 과거의 공급자 위주로 제품을 생산하여 소비자에게 판매하는 개념은 고객이 요구하는 제품이나 서비스를 생산하는 것으로, 가격정책을 통하여 공급자의 수익을 최대화하는 목적은 소비자의 비용을 최소화를 추구하는 방향으로, 전시나 노출을 통한 마케팅은 소비자가 구매를 편리하게 할 수 있는 방향으로, 그리고 판매량 증대시키려는 노력은 공급자와 소비자의 의사소통을 증대시키는 방향으로 변화하였다. 결과적으로 제품개발에 있어서 고객참여의 중요성이 증대되고 제품이나 서비스의 개발에 있어서 프로슈머로서의 기능은 DIY의 기능으로 역할이 증대되었다.

과거의 웹1.0은 일방적으로 정보를 제공하는 형태임에 반하여 사용자 기반의 참여문화나 집단지성으로 대변되는 웹2.0 환경은 개방성을 특징으로 사용자들이 일방적으로 정보를 제공 받지 않고 블로그나 SNS 등에 참여하여 스스로 정보와 네트워크를 창조하고 공유하여 사용자 중심의 콘텐츠 및 인터페이스를 제공한다. 그러므로 고객은 웹2.0이 제공하는 플랫폼을 통하여 고객 중심의 차별화를 실현하고 새로운 지식을 창출하며 다른 사람과 자유롭게 공유하고 이식할 수 있다. 그러므로 웹2.0에서의 환경은 기존의 클라이언트-서버 모델에 기반을 둔 정적인 웹이나 대중미디어에 의한 매스커뮤니케이션이나 대중광고에 의하여 지배되어 온 웹과는 그 성격이 근본적으로 다르며, 지금까지 숨어 있던 틈새시장의 차별화된 고객의 수요가 부각되고 이에 따라 시장의 중심이 이동하게 되어 기업들이 시장을 접근하는 데 있어서 새로운 전략적 방향을 필요로 하게 된다.

그러므로 기업과 소비자가 쌍방향의 커뮤니케이션을 통하여 기업뿐만 아니라 소비자도 마케팅의 주체가 되는 소셜미디어를 활용하는 소셜마케팅이 증가하고 있으며 모바일 휴대단말기를 통한 디스플레이광고나 동영상광고와 함께 앱 안에 탑재되어 소비자에게 노출되는 인앱광고(in-app ads)와 같이 플랫폼 특성을 고려한 광고도 활용되고 있다. 또한 기업은 온라인상에 떠도는 소비자의 의견을 수집 활용한다. 온라인상에는 기사, 게시판, 블로그, 포럼뿐만 아니라 이에 대한 댓글들이 넘쳐나고 있으며 이들을 '별들이 귓가에 윙윙거리는 소리'라는 의미로 버즈(buzz)라고 하며 소문을 뜻한다. 기업은 이들을 네티즌의 단순한 수다로 받아들이지 않고 진지하게 검토하며 기업의 정책에 활용한다. 이를 위하여 기업은 특별히 고안된 인터넷 검색엔진 프로그램을 설치하고 인터넷 공간에 떠도는 자사에 대한 글들을 수집하고 분석한다. 불특정 다수의 버즈인지 제품을 살 소비자의 버즈인지 판단하고 긍정적인 것과 부정적인 것을 구분하여 소비자의 상품평가에 대한 가치를 측정한다.

소비자들은 인터넷상에 떠도는 제품에 대한 평을 고려하고 신뢰할 수밖에 없으며 때론 한 명의 블로거(blogger)가 소비자가 제품을 구매하는 데 결정적인 영향력을 행사하기도 한다. 그 결과 일부 블로거는 블로그를 돈벌이 수단으로 생각하여 기업으로부터 금전적 대가를 받고 제품을 미화하고 공동구매를 주선하여 부당한 이익을 챙기고 각종 이권을 추구하기도 한다. 그 결과로 공정거래위원회는 경제적 대가를 받고 추천글을 올릴 경우 대가를 받은 사실을 소비자가 알 수 있도록 공개하도록 하는 등 필요한 조치를 취하고 있으나 수많은 블로그를 대상으로 실제적인 조사나 조치를 취하기에는 어려움이 많다. 또한 일부 기업은 아르바이트생을 고용하여 제품의 홍보에 도움이 되는 거짓 상품평을 올리기도 하며 기업들이 서로 좋은 상품평을 달아주는 품앗이를 하기도 한다.

파편과 같이 흩어지고 모여 있는 콘텐츠들을 분석하여 정보 이상의 정보를 제공해 주는 빅데이터도 마케팅 전략을 수립하는 데 요긴하게 활용된다. 뿐만 아니라 페이스북을 위시한 가상세계도 다른 사람과 교감하는 생활의 한 부분이 되면서 과거와는 달리 현실에서의 자아와 가상세계에서의 디지털 자아가 같은 생각 같은 사고를 하는 동일한 개체로 진화되었다. 그러므로 고객이 가상세계에서 남긴 행동의 흔적들은 고객에 대한 중요한 정보를 실시간으로 제공하고 있으며 마케팅 전략을 수립하는 데 좋은 정보를 제공한다. 이러한 방법들은 마케팅에 대한 새로운 접근을 요구함과 동시에 다양하고 방대한 정보를 효과적으로 수집하여 관리하고 분석할 수 있는 처리능력도 동시에 요구한다.

QR코드

QR(quick response)코드는 스마트폰을 이용한 맞춤형 광고수단으로 바코드를 대체하고 있다. 바코드는 1952년 조셉 우드랜드(J. Woodland)가 개발하여 특허로 출원하였으며 상품정보를 점과 선으로 표현하는 방법을 제공한다. 과거에는 직사각형 형태의 바코드만을 사용하였으나 현재는 제품과 연관된 다양한 디자인을 갖는 바코드도 사용되고 있다. 표현하고자 하는 정보의 양이 급속히 증가하면서 1990년대부터 인식속도가 빨라진 2차원의 인식코드인 QR코드, Maxi코드, Data Matrix, PDF417 등이 개발되기 시작하였다. 그중 대표적인 QR코드는 1994년 일본 덴소(Dense Wave)사가 개발하였으며, 별도의 인식장치 없이 스마트폰을 인식장치로 사용할 수 있어 다양하게 많이 활용되고 있다. 작은 공간에 대용량의 정보를 효율적으로 표현할 수 있으며 속도가 빠르고 보안성이 강하고 안전하다. 데이터의 오류의 정정이 쉽고 부분적 손상에도 쉽게 복원이 가능하다.

QR코드는 관광, 환경, 유통, 제조, 의료, 보안 등 다양한 분야에 활용되며 기업은 QR코드를 활용하여 다양한 정보를 효율적으로 전달할 수 있다. 필요한 애플리케이션을 설치한 후 스마트폰으로 QR코드를 찍으면 정보를 제공해 주는 홈페이지와 연결되고 인식되어 내장된 각종 정보와 이벤트가 제공된다. 그러므로 QR코드를 통하여 홈페이지와 광고동영상에 자동으로 접속하고 제품이나 서비스에 대한 정보를 제공받으며 가격과 품질 등 각종 자료를 서로 비교할 수 있어 타깃마케팅을 위한 좋은 도구로 활용된다. 광고물, 건물외관, 영화관, 지하철, 버스정류장, 포스터, 잡지, 박물관, 미술관, 행사장 등에 QR코드를 삽입한 광고물을 설치하여 QR코드를 통하여 동영상, 뮤직비디오, 예고편도 제공한다. 명함에 QR코드를 작성하면 스마트폰으로 쉽게 인식되어 전화번호나 연락처 등 인식된 정보가 스마트폰에 바로 입력될 수 있다.

4. 근무

모바일 또는 유비쿼터스 기술환경은 개개의 조직에 있어서도 새로운 조직문화를 조성하고 근무방식을 유비쿼터스화시켜 엔터프라이즈 모빌리티(enterprise mobility)를 높인다. 근무자는 언제 어디서나 업무를 볼 수 있다는 유목민 조직문화(nomadic culture)를 가지고 장소에 제약 없이 이동 중에도 업무를 볼 수 있는 엔터프라이즈 모바일(enterprise mobile)을 구현하게 되었다. 그러므로 스마트폰이나 모바일 기기를 이용하여 언제 어디서나 업무를 수행할 수 있는 유목민 컴퓨팅(nomadic computing)이 도입되어 원하는 시간과 장소에서 근무할 수 있는 모바일오피스, 재택근무, 스마트워크센터에서의 근무가 증가하고 있다. 직원들은 회사로 직접 출근할 필요 없이 필요한 현장으로 직접 출근하여 업무를 보거나 집에서 근무할 수도 있으며 스마트워크센터라는 외부의 전용시설에서 업무를 수행한다. 모바일오피스란 스마트폰이나 태블릿PC 등 개인정보 단말기를 활용하여 외부에서도 사무실과 똑 같이 업무를 수행하는 것을 말한다. 이와 같이 시간과 공간의 제약을 받지 않고 언제 어디서나 편리하게 근무할 수 있는 형태의 근무를 'work smart'의 의미를 내포하는 스마트워크(smart work)라고 하며 창의적이고 효율적인 업무를 수행하는 것을 추구한다.

이러한 원격근무(teleworking)는 무선 인터넷과 무선 랜의 발달로 개인정보단말기나 이동전화를 이용하여 회사전산망인 인트라넷에 접속하면서 가능해졌으며, 이렇게 엔터프라이즈 모빌리티를 가능하게 해 주는 하드웨어, 소프트웨어, 비즈니스 애플리케이션의 조합을 관리하는 것을 총칭하여 MDM(mobile device management)이라 한다. MDM은 모바일 기기 전체에 대하여 기업이 제어, 보안, 정책실행, 관리 등의 기능을 수행하였으나 스마트폰의 대중화와 함께 개인 모바일 기기도 업무에 활용하는 것을 허용하는 BYOD(bring your own device) 정책이 보편화되고 MDM은 직원들의 프라이버시를 침해하는 시대착오적인 관리형태가 되어 MDM 대신 MAM(mobile application management)이 대안으로 부상하였다. MAM은 기업이 암호화 과정을 통하여 업무와 관계되는 특정 애플리케이션만 관리하는 것을 말하며 개개인의 프라이버시와 보안이 함께 보호되면서도 엔터프라이즈 모빌리티의 성과의 최대화를 실현할 수 있는 접근을 추구한다. 그러나 BYOD는 관리나 보안에 문제점이 노출되어 기업이 복수의 단말기를 미리 선정하고 직원이 그중에서 선택하는 CYOD(choose your own device) 형태로 더욱 발전하여 내부 보안 및 정책을 관리하고 애플리케이션의 효율적인 업데이트를 추구할 수 있도록 개선되고 있다.

스마트워크에서는 직원들은 아침에 회사로 출근할 필요가 없이 스마트폰으로 상사에게 하루의 계획을 보고하고 일정계획에 따라 고객을 방문하고 현장에서 상품을 화면으로 직접 고객에게 설명하고 판매와 주문을 하며 재고와 고객정보도 관리한다. 지금까지의 유휴시간(idle time)이나 데드타임(dead time)을 생산시간으로 활용하게 됨으로써 시간낭비가 줄고 근무시간이 늘어나 생산성이 높아진다. 또한 상황이나 업무분석에 따라 언제 어디에나 접근이 가능하고 시장요구에 신속히 대응할 수 있어 효율성을 높인다. 모바일 오피스는 삼성전자, KT, CJ, 코오롱 등과 같은 대기업과 서울시와 같은 관공서, 그리고 이동통신회사. 보험회사, 정수기회사, 다단계 판매회사, 화장품회사, 학습지 교사 등 다양한 기업으로 확산되었고 스마트워크센터도 확충되고 있다. 특히 우리나라의 경우 수도권에 집중되어 있던 행정기관과 공공기관이 여러 지방도시로 분산 배치됨에 따라 지금까지의 업무처리 방식으로는 잦은 출장으로 업무의 공백과 비용이 증대하여 행정의 비효율이 크게 증가할 것이다. 그러므로 유연한 근무방식인 스마트워크의 도입을 통하여 협업환경을 확산시킴으로써 성과를 높일 수 있도록 하는 것이 매우 절실한 실정이다.

원격근무의 또 다른 형태로 u-헬스가 있다. 2013년 10월 미국의 온라인 진료업체인 아메리칸웰이 환자가 실시간 영상통화를 통하여 적절한 의사를 선택하고 진료와 약 처방을 받을 수 있는 스마트폰용 앱을 출시함으로써 본격적인 스마트 원격진료 시대를 열게 되었다. 미국에서는 44개 주가 원격진료를 허용하고 있으며 28개 주는 원격진료를 건강보험 혜택 적용대상으로 의무화하고 있다. 그러므로 환자는 24시간 제공되는 스마트 원격진료를 이용하여 야간이나 감기 같은 간단한 질병은 응급실을 찾을 필요가 없어졌으며 노인이나 거동이 불편한 환자는 매번 병원에 가지 않고도 즉시 또는 주기적으로 진료를 받을 수 있다.

스마트워크제도가 제공하는 유연한 근무환경은 출퇴근, 회의, 진료 등으로 발생하는 교통량과 시간을 감소시킴으로써 비용을 줄이고 주차

공간을 절약하며 이산화탄소의 배출량을 감소시켜 에너지와 환경문제를 돕고 여성근로자들의 임신이나 육아부담을 줄여 직장과 가정의 균형을 제공하기도 하며 저출산 고령화에 의한 노동인력 감소를 보완하며 외부에 산재한 협력업체와의 업무를 해결하는 데도 도움이 된다. 또한 원격근무와 더불어 원격학습이나 원격진료와 같은 e-work 또는 u-work의 형태도 증가할 것이다. 그러나 원격근무를 지원하는 조직문화가 없는 우리나라의 경우 상급자로부터 불이익을 당할 수도 있으며 이를 해결하기 위한 성숙한 조직문화의 정립도 필요하다.

5. 사생활

네티즌은 자신이 직접 만든 블로그와 UCC를 통하여 자신의 실명, 사진, 가족관계, 근황 등 개인정보를 낱낱이 공개하고 자신의 실생활에서 얻어지는 동영상을 직접 올려 자신의 사생활을 공개하며 이를 통하여 자신의 존재를 확인하고 자신을 홍보할 뿐만 아니라 심리적으로 위안을 받기도 한다. 반면에 인터넷에 의하여 만들어지는 각종 유언비어나 흑색선전, 괴담은 퍼 나르기를 통하여 복사되고 공유되어 다른 사이트로 급속히 퍼져나가고 확산되면서 피해를 유발하고 하나의 사회적 병리현상으로까지 발전하여 우려와 논란을 일으키고 있다. 인터넷을 이용한 인신공격, 악성루머, 거짓말, 비방과 비하, 모독과 왕따, 괴담과 헛소문, 퍼 나르기, 추천 수 조작, 무차별 방문, 홈페이지 다운시키기, 떼카나 집중적 이지메 등은 오랜 사회적 이슈가 되어 왔다. 이러한 공격의 희생양이 된 피해당사자는 오랫동안 우울증과 좌절감 등에 의한 엄청난 심리적 고통으로 자살에 대한 충동에 휩싸이거나 불법 의약품을 오남용하는 등의 유혹에 빠지기도 한다. 또한 사회적으로는 진실보다는 감성에 근거한 동질적 집단을 형성하여 이를 강화시켜 나감으로써 중요한 선거의 결과가 뒤집히거나 중요한 정책이 실현되지 못하여 엄청난 사회적·국가적 손실을 초래하기도 한다.

또 다른 심각한 문제는 사생활 침해이다. 예로서 스마트폰을 보자. 스마트폰이 제공하는 위치정보서비스는 지역별로 산재한 기지국이나 GPS를 통하여 제공되고 스마트폰과 기지국의 교신내용은 자동으로 저장된다. 그러므로 자신의 위치정보가 스마트폰의 위치정보로 분초단위의 시간대별로 자동적으로 수집되고 저장된다. 좀 더 특이한 경우를 예로 보자. 미국 캘리포니아에 위치한 캐리어 IQ(Carrier IQ)의 소프트웨어는 휴대폰에 탑재되어 사용자의 위치나 사용하는 앱에 대한 정보를 수집할 수 있어 프라이버시를 침해한다는 고객들의 항의를 받고 있다. 2012년 2월 뉴욕타임스는 iOS의 앱이 위치정보에 대한 권한이 부여받으면 사용자의 주소록이나 사진과 같은 개인정보를 쉽게 빼낼 수 있다는 기사를 게재하였으며, 이러한 문제점은 안드로이드 OS에서도 마찬가지로 발생하고 있다. 구글이 개발한 '3D 지도'와 애플이 개발한 '플라이오버(flyover)' 등 지도서비스는 지상에 있는 4인치 정도의 물체를 식별할 수 있어 얼굴을 구분하고 창문을 통하여 하는 일까지 엿볼 수 있어 사생활을 침해한다는 비난의 대상이 되었다.

'걸스 어라운드 미(girls around me)'라는 앱도 프라이버시 침해에 대한 논란에 불을 지폈던 앱이다. 위치기반인 포스퀘어와 페이스북 계정을 연동하고 있는 여성이 현재 자신이 있는 위치에서 일정범위 내에 들어오는 경우 그 여성의 위치정보와 개인정보를 함께 제공해 준다. 이러한 앱은 해당 여성의 개인정보와 위치를 허락도 없이 타인에게 노출시킴으로써 심각하게 사생활을 침해하는 경우로서 많은 비난과 함께 논란의 대상도 되었다. 왜냐 하면 오히려 자신의 신상정보를 앱에 등록하여 데이트 상대를 구하거나 함께 여행이나 취미생활을 할 동료를 구하는 앱도 증가하고 있기 때문이다. 자신의 위치정보가 수집되거나 타인에게 노출되는 것은 이동통신사에 자신의 위치정보를 수집하지 말라고 요구함으로써 차단할 수 있으나 근본적으로 개개인의 위치정보를 수집하거나 노출시키는 것은 개인의 사생활 침해로 위법이다. 나아가 문자메시지나 통화시간도 도청되거나 감시될 수 있다.

더욱이 개개인이 인터넷 공간의 여기저기에 흘리고 다닌 개인정보가 그대로 노출되고 기업이나 공공기관의 관심의 대상이 된다는 사실이다. 특정한 사이트를 방문하여 검색한 용어가 기록으로 남아 범죄의 단서가 되기도 하고 기업이 개인의 관심을 파악하여 마케팅을 수행할 수 있는 자료가 되기도 한다. PC, 모바일기기, 소프트웨어를 사용하거나 서비스를 제공받을 때에 사용자의 동의 없이도 인터넷 검색엔진이나 서비스 제공자들에 의하여 검색, 이메일, 음성질의, 스마트폰 통화 등과 관련된 개인정보가 데이터화되고 서버에서 수집 축적된다. 예를 들어 인터넷 추적회사의 클릭스트림(click stream) 추적 도구들은 고객이 방문한 웹사이트에 대한 정보, 방문시각, 방문한 구체적 페이지의 유형, 소요시간, 구입물품 등 데이터를 수집하여 로그파일에 저장하고 분석한다. 기업은 웹사이트 방문기록, 온라인 검색, 소셜미디어 소통기록, 위치정보 등을 활용하여 새로운 정보나 패턴을 파악하고 새로운 비즈니스 기회를 탐색한다.

2011년 영국 주간지 뉴스 오브 더 월드(NoW) 폐간사건은 뉴스 오브 더 월드가 부도덕한 도청으로 사생활을 침해하는 취재관행을 일삼아 온 것에 대한 들끓는 사회적 비난여론을 견디지 못한 결과이다. 뉴스 오브 더 월드는 미디어 제국인 뉴스 인터네셔널이 가장 먼저 인수한 신문사로 뉴스 인터네셔널의 대표적인 신문사였다. 뉴스 오브 더 월드가 제도적으로 시행해 온 부도덕한 도청의 예는 다양하다. 이라크와 아프가니스탄에서 전사한 병사, 납치되어 살해된 13세 소녀, 영국왕실의 윌리엄 왕자, 해리왕자, 보리스 존슨 런던시장, 영화배우 휴 그랜트, 축구선수

웨인 루니, 가수 조지 마이클 등을 포함하여 범죄 및 테러 피해자 가족, 해외 파병자 가족, 왕족, 연예인, 유명인, 범죄의 피해자들의 사생활이 적나라하게 도청당했다.

2013년 6월 CIA요원이며 NSA 보안컨설팅 요원이던 에드워드 스노든은 영국 가디언지 등 언론보도를 통하여 미국 국가안보국(NSA)이 정보수집도구인 X-Keyscore라는 프로그램을 이용한 공포의 프리즘(PRISM : planning tool for resource integration, synchronization and management)을 통하여 기존의 적대 국가는 물론 전통적인 우방 국가를 포함하는 전 세계를 대상으로 통화, 이메일, 컴퓨터, 휴대폰을 감청하고 인터넷 사용자의 거의 모든 활동을 실시간으로 모니터링하여 개인, 국가, 기업, 대학, 공직자 등의 기밀정보 수집활동을 해 왔다고 보도했다. 또한 영국 가디언지를 비롯한 언론은 2013년 10월 NSA가 한국, 독일, 프랑스, 일본, 인도 등 최소한 38개국 정상급의 통화를 도청하였다는 의혹을 추가로 제시하였다. 이러한 정보 수집은 베를린, 파리, 로마, 마드리드, 프라하, 제네바 등 전 세계 약 80개 곳에 조직과 지부를 두고 시행되어 온 것으로 보도되었다.

2007년 부시정부 때 개발된 프리즘은 구글, 페이스북, 야후 등 주요 IT기업의 서버컴퓨터와 인터넷, 이동통신 등에서 사용자 정보를 수집하고 분석하는 전산시스템으로 인터넷, 휴대전화 등에서 활용되는 모든 암호화 기능을 무력화시킬 수 있으며 백도어를 통하여 자유롭게 해킹할 수 있는 기술을 보유하였다. NSA는 해커, 기술자, 기업인, 상인 등의 핵티비스트(해커+액티비스트)으로 구성된 해킹 전문팀인 '맞춤형접속작전팀(TAO)를 통하여 전 세계 컴퓨터망을 극비리에 통제하고 해킹하고 있었으며 더욱이 빅데이터 분석기술이 발달함으로써 프리즘은 더욱 효과적으로 실효성 있는 정보를 얻을 수 있는 것으로 알려졌다. 이에 대하여 미국정부는 감시프로그램이 미국 본토나 국외에서 수십 건의 잠재적

테러공격을 방지하는 데 도움이 되었다고 증언하였으며 미국 국민은 여론조사에서 60% 이상이 테러를 방지하기 위해서라면 자신의 개인정보가 노출되는 것은 문제될 것이 없다고 하였다.

그러나 중국과 러시아뿐만 아니라 독일, 영국, 멕시코, 브라질 등 우방국 정상들의 통화를 엿듣고 2013년 3월 새 교황선출과정 중 추기경들의 전화통화를 도청하고 이메일 정보를 수집한 것으로 의혹이 제기되어 여러 나라와 외교적 문제를 유발하였다. 예를 들어 2013년 10월 벨기에 브뤼셀에서 열린 유럽연합 정상회의에서는 미국을 성토하는 성토장이 되었고 마틴 슐츠 유럽의회 회장은 미국-EU간 FTA협상이 유예되어야 한다고 주장하였다. 앙겔라 메르켈 독일 총리의 휴대전화는 2002년부터 10년 넘게 도청당해 왔으며 미국 오바마 대통령은 2010년 이러한 사실을 보고 받은 후 문자메시지까지도 도청하도록 지시했다는 의혹이 제기되어 미국은 곤혹을 치렀다. 지우마 호세프 브라질 대통령은 자신의 이메일 기록과 통화내용이 도청 당했다며 1995년 페르난도 엔히케 카르도조 전 대통령 이후 18년 만에 미국을 국빈으로 방문하는 것을 취소하는 것을 검토하도록 지시하는 등 크게 노하고 미국정부가 스파이 행위에 대해 충분한 해명할 것을 요구하기도 했다. 우리나라가 주미 한국 대사관의 도청사실을 확인해 줄 것을 미국정부에 요구한 것에 대하여 미국정부는 이를 사실상 시인한 것으로 보도되었으나 바티칸에 대한 도청만은 강력히 부인하였다.

문제는 어느 나라도 미국과 같이 타국의 정보수집문제에서 자유스러울 수 없으며 공공연하게 이를 수행하고 있다는 점이다. 이러한 와중에 한국도 싱가포르와 함께 다섯 개의 눈으로 불리는 영미권 첩보 동맹국의 일원으로서 환태평양 지역에 설치된 해저 광케이블을 이용하여 중국 등 아시아 국가들의 국제통화와 인터넷 접속내용을 도감청하는 것을 도운 것으로 보도되었다. 미국 역시 프랑스, 이스라엘, 한국 등 우방국의 경제스파이 행위에 골머리를 앓고 있다고 주장했다. 더욱이 미국은 다른 어떠한 나라보다도 엄격한 법률적 제한과 감독을 받는다고 여겨지고 있으며 러시아와 프랑스 등 다른 국가들도 해외 정보를 불법 수집한 것으로 의혹을 사고 있다. 그러나 특이한 점은 NSA까지도 세계 통신망과 단절된 북한만은 해킹할 수 없었으며 막강한 미국의 정보력도 북한의 내부사정에 대해 전혀 아는 것이 없다고 보도되고 있다. 덴마크 녹색혁명당, 노르웨이 의회 스노래발렌의원, 스웨덴 우메오대학 스테판 스발포르스 교수 등은 스노든을 노벨평화상 후보로 추천하였다.

문제는 정보기술이 국가차원에서만이 아니라 우리 모두의 사생활에 깊숙이 침투할수록 우리의 사생활은 누군가에게 의하여 침해되고 분석될 수 있음이 분명하다는 것이다. 그러므로 국가뿐만 아니라 개개인도 개인 정보 보호에 대한 필요성을 명확히 인식하고 이에 대한 권리를 강력히 요구해야 하며 각종 불이익이나 위해로부터 보호 받을 수 있는 정부차원의 대처와 법적인 방안도 필요하다.

6. 보이스 피싱

보이스 피싱(voice phishing)은 불법적으로 획득한 개인정보를 이용하여 전화를 걸어 피해를 입히는 전화금융사기이다. 치밀하게 계산된 현실감 있는 시나리오를 작성하고 가족, 공무원, 경찰 등 실제와 같은 상황을 연출하고 위조된 목소리로 전화를 걸어 다양하게 협박하여 겁을 주고 피해를 막기 위해 돈을 입금하라 하여 돈을 입금하면 곧 바로 출금해 간다. 발신번호를 가족, 은행, 검찰, 금감원 등의 전화번호로 조작하고 휴대전화에 띄우거나 가짜 홈페이지를 제작하여 활용한다. 가족, 금융기간, 경찰서, 우체국, 학교 등으로 사칭하고 사고가 났다거나 아이가 유괴되었다는 등 급박한 상황을 연출하며 통장은 대포통장을 사용한다. 2008

년부터 2013년까지 우리나라에서 보이스 피싱에 의하여 시민이 입은 피해금액은 4,000억 원을 넘으며 관련되어 검거된 범죄자도 5만 명이 훌쩍 넘는다.

보이스 피싱은 2006년 처음 발생한 후 피해건수와 규모는 지속적으로 증가하였고 수법은 발전하였으며 기업화되고 국제화되었다. 예를 들면 러시아에서 개인정보 해킹은 수행하고, 국내 사정을 잘 아는 국내에서 전반적인 기획이 이루어지며, 중국에 있는 콜센터를 이용하여 전화하고, 필리핀인이 국내에 입국하여 수금한다. 보이스 피싱은 전문가도 속을 만큼 정교하고 치밀하게 수행되어 매우 세심한 주의를 요하는 범죄로 발전하여 많은 사람이 피해를 입고 있다.

7. 나노세상

나노기술(nano technology)은 우리의 삶과 생활양식까지 변화시킬 새로운 기술로 인정되고 있으며 미국, 유럽, 일본 등 선진국들은 1990년대부터 나노기술 연구에 국가적 차원의 지원을 집중하고 있다. 난쟁이라는 의미를 갖는 고대 그리스어 나노스(nanos)에서 유래된 나노라는 단어는 $1/10^9$, 즉 10억 분의 1을 나타내는 단위이다. 1m의 10억 분의 1을 1nm(nano meter)라고 하며 머리카락의 1만 분의 1 정도의 크기로 원자 다섯 개의 크기이다. 그러므로 나노기술은 분자와 원자를 다루는 초미세 가공 기술로서 초미세, 대용량, 초경량, 초항균, 초유연성, 초정밀, 쉬운 복제 등의 특성을 갖는 새로운 물질을 만들 수 있다. 그러므로 환경, 의료, 에너지, 생명공학, 전자, 정보통신, 화학, 우주과학, 로봇, 그리고 바이오 등 거의 모든 산업의 기존 분야에서 활용되어 슈퍼섬유, 플렉시블 디스플레이, 휘어지는 키보드, 극소량의 에너지 소비, 박테리아 섬멸, 음식이 썩지 않는 포장지, 인체 친화적인 나노소재 등 고도의 효과와 경제성을 갖는 제품을 실현할 수 있는 핵심기반기술이다.

예를 보자. 구부리거나 휠 수 있는 플렉시블 디스플레이 기술은 차세대 디스플레이 기술의 핵심이다. 나노기술을 이용한 전자종이는 흡사 종이와 같이 편리하게 접어 휴대할 수 있으며 이메일, e-book, 인터넷, TV 감상 등 모든 기능을 수행할 수 있어 미래 정보기술의 상징성을 갖는 매우 중요한 기술이다. 더 나아가 전기적 신호를 이용하여 물리적 형태가 마우스, 시계, TV, 프로젝터 등 다양하게 변형할 수도 있으며 날씨와 온도에 따라 색깔도 변화한다. 또한 LCD, OLED 등과 접목되어 다양한 형태의 디스플레이를 가능하게 하여 스마트폰 등에 다양하게 활용된다.

적절하게 가공된 나노소자에 전류를 흐르게 하면 전류의 방향과 크기에 따라 저항의 강도가 변화하는 멤리스터(memristor)메모리도 곧 실현될 것으로 예견되고 있다. 2012년 5월 영국 유니버시티 칼리지 런던(UCL) 연구팀은 플래시메모리의 1,000분의 1의 전력만을 소모하면서도 데이터 처리속도는 100배 빠른 멤리스트를 이용한 메모리 기술을 발표하였다. 멤리스터란 메모리(memory)와 저항(resistor)의 합성어로 멤리스터메모리는 저장용량이 크면서도 연산속도가 빠른 비휘발성 메모리 반도체이다. 즉 멤리스터메모리는 비휘발성의 플래시메모리와 플래시메모리보다 속도가 10배 이상 빠른 D램과 같은 여러 종류의 메모리 기능을 통합한 특성을 보유하는 유니버설 기억장치(universal memory)이다.

다른 예로는 암세포를 스스로 자살시키는 나노스위치, 치료약물을 선택적으로 투여하는 데 이용되는 분자를 인식하는 나노자성입자, DNA칩 등에 사용되는 생체용 나노자성 복합소재, 인공장기 개발에 사용되는 나노소재 등이 있다. 21세기의 쌀로 불리는 또 다른 나노기술의 결과물인 탄소섬유는 금속소재를 대체하며 섬유라는 개념 자체를 바꾸어 가고 있다. 탄소섬유는 알루미늄보다 가볍고 강철보다 강하며 항공, 선박, 건축, 우주 등 다양한 산업에서 재료, 복장, 용품 등의 핵심소재로 사용되고 있다. 예를 들어 볼보자동차에서는 탄소섬유를 이용하여 배터리팩을 대체하는 배터리섬유를 개발하여 자동차의 무게를 줄였으며 보잉787 제트기에서 사용된 탄소섬유강화플라스틱은 비행기 무게를 1/4로 줄었으나 강도는 10배가 넘으며 전류를 흐르면 빛을 내는 OLED 섬유는 웨어러블 스마트기기를 빠르게 발전시킬 것으로 기대되고 있다.

나노탄소물질

이러한 나노기술을 가능하게 하는 나노물질로는 탄소나노물질이 있으며 현재까지 개발된 탄소나노물질은 플러린(fullerene), 탄소나노튜브(CNT : carbon nanotube), 그래핀(graphene)이 있다. 이 중 마지막으로 개발된 그래핀은 두께가 0.35nm인 6각형의 탄소원자가 연속적으로 연결되어 2차원적인 한 층을 구성하는 벌집모양의 투명한 나노물질로 현재 존재하는 물질 중 가장 뛰어난 물질로 다양한 산업에서 활용도가 높은 꿈의 신소재로 각광을 받고 있다. 가장 얇고 단단하고 투명하며 신축성과 유연성이 높고 열전도율과 전자이동도가 높으며 강철보다 200배 이상 강하며 구리보다 100배 이상 전기가 잘 통한다.

그러므로 그래핀은 높은 전도율과 얇은 두께를 활용하는 컴퓨터, 휴대폰, 터치패널, 태양전지, OLED, 이차전지, 자동차 등 다양한 산업에 응용되는 전략적 핵심소재로서 유연한 디스플레이에는 필수적인 소재로 예상되고 있다. 산화그래핀을 자석철에 입히면 비소가 잘 달라붙어 환경 분야에서도 중요하게 활용된다. 그래핀의 투명성은 태양전지로도 활용될 수 있는 가능성을 제시되고 있다. 2012년 삼성전자종합기술원은 전류의 흐름과 차단을 수시로 반복해야 하는 반도체 소자의 핵심 난제를 해결함으로써 그래핀을 활용하여 실리콘 반도체보다 속도를 100배 이상 획기적으로 개선하는 새로운 반도체 설계 구조를 개발하는 데 성공하였다. 생명과학과 융합된 나노기술이 암을 치료하고 유전자를 분석하는 등에 활용될 수 있는 것같이 BT, IT, CS(cognitive science) 등 다른 분야와 융합되어 고부가가치를 창출할 것이다.

1991년 일본 NEC 이지마가 탄소나노튜브를 발견하였으며 2004년 가임(Andre Geim)과 노보셀로프(Konstantin Novoselov)는 접착테이프를 이용하여 흑연으로부터 그래핀을 박리하여 그래핀을 처음으로 소개하였고 그 공로로 2010년도 노벨 물리학상과 화학상은 차지했다. 특히 2005년도에는 한국 사람인 컬럼비아대학의 김필립 교수가 세계에서 두 번째로 그래핀을 발견하였고 우리나라 홍병희 교수와 최재영 박사가 소량으로 생산되던 그래핀을 대량으로 형성하는 방법을 개발하여 다양한 분야에 용이하게 활용할 수 있는 계기를 마련하였다. 2013년 5월 21일 우리나라 산업통상자원부는 한국과학기술연구원(KIST)이 주관하고 산학연 41개 기관이 참여하는 그래핀 상용화 프로젝트를 착수한다고 발표하였다. 이를 위하여 정부는 향후 6년간 470억 원을 지원한다. 나노기술 확보는 특히 열악한 우리의 부품소재산업의 경쟁력을 확보하는 데 크게 기여할 것으로 인식되고 있다. MIT는 나노기술을 10대 유망기술로 미국 물리학회는 정보기술을 바꿀 가장 유망한 신소재로 선정하였다.

어느 일수돈장수의 어록(商人日記)

아침에 해가 없는 날이라 해도, 나의 점포는 문이 열려 있어야 한다.

하늘에 별이 없는 날이라 해도, 나의 장부엔 매상이 있어야 한다.

메뚜기 이마에 앉아서라도, 전(廛)은 펴야 한다.

강물이라도 잡히고, 달빛이라도 베어 팔아야 한다.

일이 없으면 별이라도 세고, 구구단이라도 외워야 한다.

손톱 끝에 자라나는 황금의 톱날을 무료히 썰어내고 앉았다면, 옷을 벗어야 한다.

옷을 벗고 힘이라도 팔아야 한다.

힘을 팔지 못하면 혼이라도 팔아야 한다.

상인은 오직 팔아야만 하는 사람, 팔아서 세상을 유익하게 하는 사람.

그렇지 못하면 가게 문에다 묘지(墓地)라고 써 붙어야 한다.

- 김연대

전자상거래(EC : electronic commerce)는 통신망인 네트워크를 기반으로 하는 조직 간 시스템을 구축함으로써 수행되는 디지털화된 상거래를 의미한다. 그러므로 전자상거래는 가상공간에서 인터넷이나 웹을 이용하여 전자적 방식으로 제품이나 서비스를 판매하고 구매하며 이러한 거래를 지원하는 견적서, 주문서, 발주서, 상품판매, 청구서, 대금결제, 전표 등과 관련된 모든 행위를 포괄적으로 정의하며 직접적인 상거래뿐만 아니라 마케팅, 광고, 조달, 생산, 수송, 재무, 서비스 등도 포함하는 개념이다.

전자상거래는 인터넷과는 무관하게 전자적 자료교환(EDI : electronic data interchange)이나 전자자금이체(EFT : electronic fund transfer) 등과 같이 효율적인 상거래를 위한 조직 간 시스템에 기원한다. 1960년대 국제 운송회사들은 운송서류를 신속하게 전달하기 위해서 전자문서를 표준화하기 시작했으며 1989년 미국 로렌스리버모어 국립연구소에서 전자상거래란 용어를 처음으로 사용하였다. 1980년대 중반 인터넷의 출현과 1990년대 월드와이드웹의 발명으로 인터넷의 사용이 용이해지면서 1994년 Netscap.com이 웹을 이용한 전자상거래를 처음 시작하였다. 기술은 급속히 발전하고 전자상거래가 필요로 하는 기술이 동일한 표준에 의존하여 누구나 쉽게 전자상거래 시장에 진입할 수 있게 됨으로써 전자상거래는 한 때 침체를 겪기도 하였으나 급속히 팽창하였다. 그 결과로 전자상거래는 디지털 경제라는 새로운 경제를 선도하며 급속히 성장하였고 제품, 금융, 교육, 관광, 연예, 음악, 뉴스, 비디오, 게임, 스포츠, 책 등 다양한 분야로 더욱 확산되어 글로벌 시장을 대상으로 범국가적 전자상거래가 수행되고 있다.

1. 전자상거래의 특성

초기의 전자상거래는 기업과 개인 간의 판매와 구매를 중심으로 하는 거래(B2C : business to customer)를 지원하였으나 고객, 협력업체, 정부 등과 전자적 커뮤니케이션 및 상거래를 수행하는 기업 간 거래(B2B : business to business), 소비자와 정부거래(C2G : customer ro government), 기업과 정부의 거래(B2G : business to government), 그리고 소비자들 간의 직접 상품거래(C2C : customer to customer)로 기능이 확대되었다.

B2B에서는 EDI, 자재판매, 공동구매, 공동개발, 공동생산, 금융결제 등의 거래가 수행되며 전자상거래의 대표적인 형태가 되었다. C2G와 B2G에서는 조달업무, 입찰, 수출입 통관업무, 인허가 업무, 세금징수, 공동의 데이터베이스 구축 등의 업무가 전사적으로 수행된다.

1980년대 중반 이후 인터넷이 확산되기 시작하면서 전자상거래는 인터넷을 기반으로 수행되었으며, 인터넷 기반의 기술을 활용함으로써 더욱 신속하고 효율적인 상거래를 제공하여 기업 내부의 프로세스뿐만 아니라 공급체인상의 공급, 생산, 판매행위를 최적화시켰으며, 전자쇼핑몰(electric shopping mall)을 통하여 상품판매를 중계(broker)하거나 경매(auction)하는 등 새로운 비즈니스 모델을 창출하였다.

이동통신의 휴대용 모바일 기기와 무선인터넷 기술의 발달과 함께 생성된 모바일 커머스(mobile commerce) 또는 m-커머스는 기존의 상거래와는 달리 이동 중에도 무선으로 인터넷이나 기업의 호스트 컴퓨터에 접속하여 비즈니스 활동을 수행하게 됨으로써 전통적인 유통구조를 해체하고 언제 어디서 누구와도(whenever, wherever, whoever) 전방위 상거래를 가능하게 하여 정보기술에 의한 새로운 시장을 창조하였다. 그 결과로 기존의 유휴시간이나 죽은 시간은 생산적 시간으로 전환되었고 언제 어디서나 상거래가 가능하게 되었다. 특히 위치와 관련된 특화된 제품정보나 서비스를 제공할 수 있는 위치기반서비스는 m-커머스에 있어서 매우 중요한 비즈니스 모델이 되고 광고를 위시하여 다양하게 응용되고 있다.

그러나 정보기술은 더욱 발전하여 유무선 통합, USN, 방송통신의 융합, 무선의 실시간 처리 등 다양한 기술과 네트워크가 모두 수용되어 컴퓨터가 사람, 사물, 공간에 내재하여 함께 존재하는 유비쿼터스 환경으로 발전하였다. 그러므로 모바일 기기에서 더 나아가 다양한 유형의 초소형 휴대장치, 센서, 칩, 무선인식 태그, 이를 기반으로 하는 네트워크를 활용하는 u-커머스(ubiquitous commerce)라는 새로운 상거래 환경으로 발전하였다. u-커머스는 유비쿼터스 컴퓨팅 환경에서 구현되는 새로운 상거래의 구현방식으로 우리가 생활하는 실제 현실에서 우리가 지각하지 못하는 사이에 컴퓨터와 네트워크가 존재하여 상거래를 성사시키고 의사소통, 정보교환, 정보공유를 가능케 한다. 물리적 공간에 존재하는 사람, 사물, 공간의 현실세계는 부가적인 정보를 갖는 웹기술로 실현되는 가상현실과 연결되어 하나로 합쳐진 증강현실을 활용함으로써 비즈니스 공간에 존재하는 상품, 진열대, 계산대의 연결체계가 모두 지능화되어 웹상에서 구현되고 현실과 웹이 상호작용하여 생산, 물류, 상거래가 통합되고 사람이 의식하지 않아도 자율적으로 유비쿼터스컴퓨팅 기능을 갖는 기기와 사물에 의하여 거래가 형성된다. 뿐만 아니라 고객과 상품의 실시간 상황정보를 활용하여 의사소통과 마케팅활동을 수행하는 유비쿼터스 상황인식 마케팅(ubiquitous contextual marketing)이 수행되고 과거에는 생각도 할 수 없었던 새로운 프로세스와 비즈니스의 혁신이 가능해진다.

페이스북과 같은 SNS의 사용의 급속한 증가는 e-커머스 대신 F-커머스(F-commerce)라는 새로운 거래도 유래시켰다. F-커머스의 F는 페이스북의 첫 알파벳을 의미한다. SNS를 통하여 광고를 하거나 상품과 거래에 대한 의견을 교환하고 마케팅을 수행하는 것은 그 파급효과가 매우 높아 효과적인 마케팅 수단으로 급부상하였다. 기업이 자사의 제품을 홍보하는 것보다 소비자의 구입후기가 소비자의 제품구입 의사결정에 더 많은 영향을 주기 때문이다.

전자상거래는 사이버공간에서 공급자와 구매자의 접점이 확대되어 세계 어느 곳에서 언제라도 쉽게 상품을 검색하고 구매할 수 있는 편재성을 제공하여 거래비용을 현저히 낮춤으로써 상거래에 있어서 많은 변화를 유도한다. 재래의 공급자에서 구매자로의 일방적인 단방향 커뮤니케이션으로부터 공급자와 구매자가 콘텐츠를 제공하고 제공받는 쌍방향 상호작용이 실시간으로 가능해짐으로써 사이버공간에서 공급자와 구매자가 형성한 실질적 관계에 기초한 실시간의 마케팅활동이 가능해졌다. 고객은 제품의 다양한 가격을 검색을 통하여 확인하여 더 저렴한 가격을 선택할 수 있으며, 공급자는 고객의 세분화를 통하여 특별한 고객에게는 더 많은 정보와 서비스를 제공할 수 있다. 특히 통신네트워크를 통하여 전달되는 디지털 상품(digital goods)이나 디지털 콘텐츠의 경우에는 추가적인 한계생산비용이 거의 들지 않아 가장 높은 비중을 갖는 생산비용이 훨씬 저렴해질 수 있다. 이러한 디지털 상품으로는 음악, 비디오, 신문, 책, 잡지, 소프트웨어 등을 들 수 있다.

또한 전자상거래는 거래, 결제, 또는 보고를 위하여 구조화된 문서를 전자적으로 주고받는 것으로 서로 다른 기업 간에 전자적으로 자료교환이 실현되기 위해서는 기업들 간의 문서의 포맷이 통일되고 구조화되어 디지털 형태로 전달될 수 있어야 한다. 그러므로 전자상거래에서의 기술표준은 국제표준이 사용되며 이종의 컴퓨터 간에도 쉽게 연결되어 시장으로의 진입비용이 절감된다. 이러한 전자적 자료교환을 구현하기 위한 국제표준으로는 UN/EDIFACT(EDI for administration commerce and transport), 미국표준으로는 ANSI X.12, 국내표준은 한국전자문서교환표준(KEDIFACT) 등이 있다.

또한 전자상거래는 고객접점인 통신망을 통하여 공급자와 구매자가 직접 연결되므로 중간 유통채널인 도매상이나 소매상 등이 필요 없게 되어 유통단계가 축소되고 고객과의 직거래가 이루어진다. 이와 같은 특성을 중계소멸(disintermediation)이라 하며, 중계소멸의 경우에는 매장이나 점포가 불필요하기 때문에 점포나 매장을 유지하고 재고를 유지하는 데 소요되는 비용뿐만 아니라 화재, 도난, 파손 등의 위험으로부터도 자유롭다. 중계소멸에 대응하여 중계자를 두는 경우에는 이를 재중계(re-intermediation)라고 한다.

고객이 전자상거래로 물건을 구입하는 이유는 가격이 저렴하고 시간이 절약되며 경품을 제공하는 등 다양한 이유가 존재한다. 그러나 제품을 직접 볼 수 없고 품질에 대한 확인이 불가능하므로 제품에 대한 풍부한 정보와 품질에 대한 확신을 제공하는 것은 매우 중요하다. 또한 교환, 환불, 애프터서비스 등의 문제에 대한 불편사항을 철저히 점검하고 개인정보가 유출되는 것이나 전자지불방식이 가지는 불신문제나 보안 등에 대하여 확신을 제공하는 체계적인 접근이 필수적이다.

LTE

온라인상에서 전자적 수단을 통하여 상거래가 이루어지는 반면에 소비자의 요구는 다양화되고 새로운 가치가 창조되는 환경이 유래되면서 특정한 욕구를 갖는 틈새시장으로서만 의미를 갖는 작은 소비자 집단(market segment)이 모여서 상당한 규모의 시장을 형성하는 새로운 산업에서 새로운 진화양상으로 떠오른 것이 LTE(long tail economics)이다. 기존의 대중시장에서 성립되던 20%의 제품이나 서비스가 시장의 80%를 점유하던 20/80법칙, 즉 파레토법칙(Pareto law)이 더 이상 성립하지 않고 작은 소비자 집단이 부각되어 소수의 고객을 확보한 매우 다양한 제품이나 서비스가 존재하고 이들이 파레토에서 매우 긴 꼬리(long tail)를 형성하며 상당한 매출 규모를 갖는 것을 말한다. 즉 LTE는 고려되지 못했던 많은 고객의 고유한 욕구에 대하여 새로운 관심을 유도하는 틈새시장의 고객화를 의미한다.

2. 비즈니스 모델

전자상거래의 특징은 다수의 공급자와 다수의 구매자가 인터넷에 기반을 둔 전자시장인 마켓스페이스(market space)를 접점으로 가상공간에서 온라인으로 거래를 형성한다는 것이다. 여기에서 마켓스페이스란 물리적인 공간인 마켓플레이스(market place)에서 수행되는 전통적인 상거래와 대치되는 개념으로 시공간의 제약이 없이 전자상거래가 수행되는 공간을 의미한다. 전자시장의 개념은 초기의 B2C 쇼핑몰에서 그 개념이 확대되어 마켓스페이스에서 공급기업과 구매기업들이 상호 연결되는 것을 말한다.

전자시장은 단면시장(one-sided market)과 양면시장(two sided market)으로 구분되며 단면시장은 공급자가 전자시장을 구축하고 다수의 구매자가 참여하는 공급자 중심의 전자시장, 구매자가 전자시장을 구축하고 다수의 공급자가 참여하는 구매자 중심의 전자시장이 있으며 양면시장은 채널의 가치사슬을 형성하는 중계자가 전자시장을 구축하고 다수의 공급자와 다수의 구매자가 참여하는 전자시장이 있다. 양면시장의 예로는 회원과 가맹점이 모두 고객인 신용카드사를 들 수 있다.

전자시장의 가장 기본적인 형태는 이숍(e-shop) 또는 온라인 소매상(e-tailer)이다. 이숍은 고객이 인터넷을 통하여 주문한다는 것 외에는 재래의 소매상과 동일하며 단일 공급자가 자신의 인터넷 주소를 가진 웹사이트를 이용하여 제품을 홍보하고 판매하는 가장 기본적인 비즈니스 모델이다. 소비자 간의 거래인 C2C를 지원하는 전자 벼룩시장(electronic flea market)도 있다.

전자쇼핑몰(electronic mall)은 여러 상품의 이숍을 한데 모은 것으로 하나의 인터넷 주소에서 동일한 인터페이스를 통하여 다양한 제품을 선택적으로 구매할 수 있도록 한 것이다. 경우에 따라서는 특정한 제품군에 특화된 B2B 전자시장으로 운영되기도 한다. 전자쇼핑몰의 운영자는 디지털 환경을 구축할 수 있도록 기술을 지원하고 제품을 진열하고 판매할 수 있도록 서비스와 플랫폼을 제공하며 방문자를 대상으로 한 광고로 수익을 추구할 수도 있다. amazon.com, enuri.com, interpark.co.kr, lotte.com, shopping.com, mkmall.com, exostar.com 등 다양하다.

넷 마켓플레이스(net marketplace)는 다수의 공급자와 다수의 구매자가 참여하는 단일 디지털 전자시장으로 소비자에게 더 저렴한 비용에 더 많은 선택의 기회를 제공하는 이점이 있다. 동일한 산업의 기업들을 대상으로 중계자가 공급자와 연결시켜 효율적으로 부품을 조달하고 상호간의 협업을 촉진하는 역할을 수행하기도 하며 e-허브로도 불린다. 고객이 이숍, 전자쇼핑몰, 넷 마켓플레이스를 이용하여 재화나 용역을 구매하는 것과 같이 전자적 수단으로 수행되는 구매를 전자구매 (e-procurement)라고 한다.

전자시장은 일반적으로 수직적 통합이나 수평적 통합에 의하여 제품계열을 형성하며 수직적 통합에 의한 제품계열을 다루는 전자시장을 보털(vortal : vertical portal)이라 하고 수평적 통합에 의한 제품계열을 다루는 전자시장을 호털(hortal : horizontal portal)이라 한다. 보털은 원자재에서 시장을 연결하는 공급체인상의 제품계열을 취급하며 반면에 호털은 생활용품이나 원자재와 같이 가공단계나 용도에 기준하여 다양한 제품계열을 취급한다. 보털과 호털을 결합하여 다양한 제품이나 서비스를 폭넓게 취급하는 전자시장을 메가마켓(mega-market)이라 한다.

전자경매(e-auction)는 사이버 공간에서 수행되는 경매로서 인터넷을 통하여 제품이나 서비스에 대한 정보를 제공하고 이에 대한 입찰공고를 하며 이에 참여하는 입찰자를 대상으로 입찰과정을 통하여 계약, 대금 결제, 배송이 이루어지며 거래수수료나 광고가 수입원이 된다. 제3자 시장(third party marketplace)은 오프라인 기업을 위해 인터넷 마케팅을 대행하는 것으로 광고뿐만 아니라 주문, 대금 지불, 물류 등과 같이 매매와 관련되는 모든 서비스를 제공하는 중계시장을 말한다. 전자경매로는 ebay.com, auction.co.kr 등이 제3자 시장으로는 fedex.com, accompany.com 등이 있다. 델(Dell)과 같이 오프라인 기업이 dell.com을 통하여 직접 판매하는 경우도 있다.

전자상거래는 정보전달을 위한 유무선 통신기기산업, 정보처리 및 운영산업, 전자오락과 문화, 홈자동화 산업, 그리고 컨설팅, 택배업, 신용카드 등 전자상거래를 지원하는 산업을 활성화시키면서 신산업분야의 고용증대와 기존 산업의 고용감소가 동시에 일어나는 다산다사의 고용구조를 증대시키며 발전하고 있다.

3. 소셜커머스

소셜커머스(social commerce)는 소셜커머스 업체가 제공하는 상품을 대상으로 구매의사를 갖는 사람들이 일정 수 이상 모이면 가격을 파격적으로 할인하여 상품을 제공하는 판매방식이다. 구매의사는 페이스북이나 트위터와 같은 SNS를 통하여 표현되며 소셜커머스는 소셜미디어와 전자상거래가 결합되어 불러 온 쇼핑혁명이다. 소셜커머스의 시초는 2008년 시카고에서 공동구매에 의한 할인비즈니스 서비스를 시작한 온라인 할인쿠폰업체 그루폰(Groupon)이며 리빙소셜, 구글오퍼스 등 다양하다. 국내에도 티켓몬스터, 그루폰, 쿠팡, 위메이크프라이스 등 그 수가 크게 증가하고 있으며 대규모 유통업체나 기업들도 장기적인 고객을 확보하기 위한 쉬운 홍보수단으로 소셜커머스를 활용하고 있다. 소셜커머스는 고객들이 서로서로 상품을 홍보하며 자발적으로 모이기 때문에 기업들은 높은 광고비를 지불하지 않아도 박리다매로 상품을 홍보할 수 있기 때문이다.

소셜커머스의 틈새서비스로 고가의 명품을 대상으로 가입된 회원들에게만 파격적인 할인가격으로 상품을 판매하는 길트, 트라스트, 프라이빗 라운지 등과 같은 소셜클럽서비스도 있다. 회원자격은 재력이 있고 충성도가 보장된 고객에게만 주어지며 기존 회원의 추천을 받거나 유명인을 초대한다. 소셜클럽서비스는 브랜드 이미지에 손상을 주지 않고 비밀스럽게 재고를 처리하는 하나의 수단이기도 하나 고객에게는 희소성과 신뢰성이 높은 좋은 기회를 제공하여 인기가 높다. 또한 소셜커머스 업체에 매일 등록되는 소셜커머스 상품을 고객들이 찾기 쉽게 모아 놓은 소셜커머스 모음 사이트도 그 수가 급팽창하고 있으며 고객들의 많은 관심의 대상이 되고 있다.

그러나 소셜커머스를 통해 구입한 제품이나 서비스가 질에서 차이가 나고 환불이 어렵고 피해가 발생해도 문제를 해결하기 어려운 경우가 많아 구매자의 세심한 주의가 필요하다. 기업들도 소셜커머스를 하나의 단기적 상술로 활용하여 판매수량을 조작하거나 허위로 구매후기를 작성하여 소비자를 속이기도 하며 할인율을 조작하기도 하고 질이 떨어지거나 위조상품을 판매하기도 한다. 정부는 소셜커머스 시장의 장기적 발전과 소비자를 보호하기 위하여 많은 노력을 기울이고 있으나 소셜커머스 업체도 스스로 소비자를 유인하기 위한 잘못된 관행을 근절해야 할 것이다.

4. 광고

웹사이트에 있어서 가장 큰 수익모델은 광고이다. 전자상거래에 있어서도 인터넷을 이용한 광고, 이메일, DMB, 신문잡지, 지하철 광고, TV, 그리고 다른 사이트로부터 검색엔진을 통한 링크 등 통신매체를 이용한 온라인 광고는 매우 중요하다.

인터넷 광고

온라인 광고의 대표적인 방법은 인터넷을 이용하여 이루어지는 광고이다. 인터넷은 세계 어느 곳에서나 하루 24시간 고객과의 쌍방향 커뮤니케이션이 가능하고 가상현실을 이용하여 다양한 멀티미디어 정보를 소비자가 이해하기 쉽도록 역동적으로 전달하는 장점을 제공한다. 뿐만 아니라 클릭스트림 추적 도구들을 활용하면 웹사이트를 방문하는 마우스 클릭에 대한 정보를 모으고 로그파일에 저장하여 방문자들이 어떠한 웹사이트와 페이지를 순차적으로 방문하고 머무르는 시간은 얼마이며 어떠한 제품을 구매하는지에 대한 정보를 추적하고 분석할 수 있다. 그러므로 개개인의 프로필을 구축하여 고객의 기호에 맞는 개인화되고 부가가치가 높은 광고를 제작하여 일대일 마케팅을 수행하여 고객 개개인의 특성에 맞는 상품과 서비스를 제공하고 더욱 차별화된 고객관리를 수행할 수 있다.

인터넷 광고의 일반적인 형태는 배너(banner)광고이다. 마치 현수막 모양을 닮았다고 하여 배너라고 표현하며 포털이나 홈페이지의 한 편에 그래픽 이미지, 애니메이션, 비디오 클립 등으로 홍보하고자 하는 내용을 표현하는 광고를 말한다. 웹사이트는 모든 공간을 광고계약에 따라 배너광고를 위한 공간으로 제공할 수 있으며 경우에 따라서는 일부 공간(spot)을 계약기간 만큼 임대하는 스폿 임대광고를 활용하기도 한다. 배너광고는 다양하게 실현된다. 키워드(key word) 배너광고는 전문분야의 특정상품을 광고하는 데 활용되며 검색 포털사이트에 광고비를 지불하고 다수의 키워드를 등록함으로써 수행된다. 특정 상품이나 서비스에 관심을 가진 방문자가 등록된 단어를 검색하면 관련 배너광고가 화면에 뜬다. 기업의 이미지나 신상품을 광고하는 경우에 많이 활용되는 랜덤(random)배너광고는 사이트 화면에 배너가 무작위로 나타나는 방법으로 제품에 적합한 사이트를 선정하고 적절한 시간대를 이용하여 적절한 횟수를 고려하면 많은 방문자에게 노출되어 매우 유용하게 활용될 수 있다.

반면에 웹사이트나 홈페이지에 접속할 때 조그만 크기의 창이 뜨고 이를 클릭하면 해당 내용으로 인도하는 스프래시 스크린(splash screen)을 활용하기도 하나 스프래시 스크린은 주로 기업이 홈페이지에 기업자체의 특별한 이벤트를 알리는 경우에 널리 사용된다. 이메일도 광고의 좋은 방법으로 많이 활용되고 있으며 확보된 고객명단을 대상으로 제품이나 서비스 광고를 전송한다. 최근에는 이메일 전문 마케팅 업체들이 존재하여 이메일을 대행해 주고 광고효과를 분석하여 제공하여 주기도 한다.

UCC 광고

웹2.0 시대에 부응하여 기존의 포털사이트뿐만 아니라 UCC 공유사이트를 이용한 배너 및 동영상 광고도 많이 활용되고 있다. 특정 UCC의 플랫폼을 임대하여 광고를 게재하거나 제품이나 서비스의 정보를 공유하고 이식하는 새로운 광고방법들이 활용되고 있다. 동영상 UCC의 입소문 마케팅(viral marketing)을 이용하여 고객의 아이디어를 수집하고 동시에 이들의 입과 입을 통해 상품을 알리는 효과도 기대할 수 있다. 이러한 광고모델은 전문가 수준의 아마추어가 제작한 UCC인 PCC(proteur created contents)가 활성화되고 UCC에 C2C 거래를 위한 오픈 마켓플레이스가 제공됨으로써 더욱 활성화되고 있다. 여기에서 proteur은 pro와 amateur이 합성되어 만들어진 단어이다.

특히 기업들이 자신들의 제품이나 서비스를 홍보하기 위해 직접 만든 상업적 온라인 동영상이나 이미지 콘텐츠를 SCC(seller created contents)라고 하며 근래에 광고에 획기적인 전기를 마련하고 있다. 이러한 SCC는 네티즌의 시선을 놓치지 않도록 엽기적인 소재, 유머, 패러디 등을 소재로 하고 일반적으로 선명하지 않은 화질을 갖거나 연예인이 아닌 주인공이 등장하여 일반인이 만든 UCC와 같이 보이도록 의도적으로 제작된다. 성공적인 SCC 동영상은 그 효과가 커 적은 비용으로 높은 파괴력을 가지며 기존의 배너광고 등의 효과를 감소시키는 결과를 제시하고 있다.

모바일 광고

스마트폰과 태블릿PC를 위시한 모바일 기기와 응용 소프트웨어가 다양화되고 이용은 폭발적으로 증가하였으며 TV와 같은 방송까지 모바일화되었고 4세대 이동 통신이 실용화됨으로써 모바일 인터넷의 사용과 영상 트래픽이 급증하였다. 결과적으로 모바일 기기를 이용하는 사람과 이용시간이 증가함으로써 모바일 기기를 이용한 인터넷 검색도 폭발적으로 증가하고 있다. 이에 부응하여 인간의 오감을 통하여 현장감과 몰입감을 극대화시켜 감성을 만족시키는 모바일 기기의 중요성이 강조되고 있으며, 사용자와 콘텐츠 또는 기기와의 원활한 인터페이스나 상호대화를 위한 UI/UX(user interface/user experience design)에 바탕을 둔 소비자 감성지향형 마케팅전략이 관심의 대상이 되고 있다. UI란 사용자가 편리하게 사용하고 의사소통하며 정보를 얻을 수 있는 매개체로서 화면과 같이 상호작용하는 시스템을 의미하며 UX는 사용자가 제품이나 서비스 그리고 기업과 상호작용하고 사용하면서 느끼는 총체적 감정이나 경험을 말한다. 재래의 입력방식과는 달리 공급자보다는 사용자 관점에서 사용자에게 직관적인 편의성이 제공되도록 다양한 입력방식이 설계되고 사용자의 감성이 만족되는 일관성 있는 현실감으로 사용자가 이를 사용할 수 있도록 하는 것이다.

모바일의 새로운 환경이 제공하는 편의성과 이에 수반되는 이동성과 즉시성은 모바일 기기를 통한 모바일 광고 또한 매우 중요한 광고수단으로 부상시켰다. 이러한 모바일 광고는 모바일 디스플레이에서 수행되는 키워드 검색광고나 배너광고가 있으며 가장 먼저 시작된 SMS도 개개인에 적합한 광고 메시지를 제공할 수 있는 이점이 있으며 위치기반서비스를 활용하여 필요한 시간과 위치에 기반한 맞춤형 타깃 광고도 가능하다. 전자지도(electronic map) 사용이 시간과 장소에 상관없이 보편화되면서 GPS와 GIS에 기반한 위치기반서비스 기술이 접목되어 원하는 위치나 건물에 건물명, 상호, 이미지, 음성, 영상 등 광고 콘텐츠를 매핑하여 광고가 제공되며 증강현실 등과 접목되어 그 효과를 배가시키고 있다.

SNS 광고

SNS에서 유래된 또 다른 신개념의 마케팅 전략은 팝업(pop-up) 상점이다. 이는 기업이 신제품을 출시한 후에 지금까지와 같이 TV와 신문과 같은 매체를 통하여 광고를 하고 불특정 다수의 고객을 대상으로 전국 매장을 통하여 유통시키는 것이 아니라에만 일정기간 임시로 팝업 매장을 개설하고 자사에 충성도가 높은 고정 고객들만이 먼저 알 수 있도록 제품을 홍보하고 판매하는 것을 말한다. 이러한 팝업 상점은 비용을 절감시키고 제품출시와 더불어 초기제품의 마케팅전략으로 활용되고 있다.

모바일 환경에서 친구관계를 이용하는 광고도 활용된다. 예를 들어 통합마일리지서비스 OK 캐시백과 모바일 메신저 카카오톡의 친구관계를 결합한 '포인트친구 애딩'은 일대일 타겟팅 광고로 친구관계를 기반으로 광고를 전송하고 경품, 쿠폰, 포인트 등을 제공한다.

옥외광고

도시의 상업지역이나 공원, 박물관, 공항 등과 같은 공공장소에는 항상 잠재적 고객이 많이 존재한다. 이러한 사실을 기반으로 새로이 부각되는 광고가 옥외(OOH : out-of-home)광고이다. 디지털화된 옥외광고는 LCD 나 LED 평면 스크린 디스플레이를 통하여 다양한 광고나 메시지를 이미지와 영상뿐만 아니라 소리와 같은 부가적 기능과 함께 제공하며 디지털 사이니지(digital signage) 시대를 유래시켰다. 네트워크로 연결된 관제센터에서 손쉽게 광고 내용을 교체할 수 있고 상황을 인식한 광고와 음향, 조명, 홀로그라프와 같이 다감각을 이용한 광고로 효과를 높이며 즉시성과 양방향성을 제공하여 옥외광고의 성장성은 매우 크다.

NFC(near field communication)는 스마트폰과 옥외광고판 간의 양방향 통신을 가능하게 하여 소비자를 식별한 맞춤형 광고를 가능하게 한다. NFC란 RFID 태그가 발전한 것으로 13.56MHz의 주파수를 이용하여 10cm 이내의 근거리에서 두 단말기가 접속하지 않고도 양방향으로 데이터를 전송할 수 있는 무선통신기술이다. 사물 간에 데이터를 주고받을 수 있는 기존의 블루투스나 지그비(Zigbee)와 같은 기술과의 차이점은 그 속도가 매우 빠르다는 것이다. 이를 맞춤형광고에 이용하기 위해서는 소비자를 식별할 수 있도록 개인의 인적사항, 취미, 기호 등에 대한 정보가 차별화되고 분류된 개인선호프로파일(PPP : personal preference profile)이 필요하다.

얼굴인식이나 동작인식에 의한 옥외광고도 유용하다. 예를 들어 서울 여의도 국제금융센터 빌딩 지하의 광고판은 광고판에 설치된 카메라가 광고판 주위의 사람들을 촬영하고 분석하여 성별과 연령에 따라 면도기나 화장품 등 다양한 광고를 내보낸다. 인천공항의 휘센 에어컨 광고판은 사람의 움직임에 따라 광고의 내용도 함께 변하고 색깔도 변한다. 디스플레이에 설치된 터치스크린을 만지면 새로운 영상으로 교체되는 디스플레이 장치도 활용되고 있다.

5. 유통

전자상거래에 있어서는 고객접점인 통신망을 통하여 공급자와 구매자가 직접 연결되므로 중간유통채널인 도매상이나 소매상이 없는 중계소멸로 유통단계가 축소된다. 그러므로 전통적인 상거래에 비하여 구매방식이 간단하고 유통구조가 단순하며 더 신속하고 낮은 비용으로 상거래가 이루어진다. 반면에 다양한 고객의 소량의 수요에 대응하여 과거의 대량배송 대신 소량배송이 일반화되고 빈도수는 훨씬 많아지게 되었다. 이러한 유통환경에서 중요한 것은 낮은 물류비용으로 고객에게 정확하고 신속하게 배달할 수 있는 높은 수준의 서비스를 제공하는 것이다. 음악이나 게임과 같은 특정 제품군에서는 과거 CD나 테이프로 유통되던 제품이나 서비스가 아이폰, 아이팟, 아이튠즈 등과 같은 플랫폼을 통하여 유통됨으로써 유통구조는 더욱 단순화되었다.

쇼핑몰의 경우에 있어서도 고객의 주문에 대응하여 공급자와 고객을 연결하는 합리적인 배송관리시스템을 구축하는 것이 필수적이나 특히 쇼핑몰 운영자에게는 이러한 배송관리시스템의 인프라를 독자적으로 구축하기에는 무리가 있다. 이러한 새로운 필요에 부응하여 등장한 것이 제3자 물류(TPL : third party logistics)이다. 기업은 재래에 자신이 담당하던 물류를 별도로 떼어내어 물류만을 담당하는 새로운 자회사(SPL : second party logistics)를 설립하여 물류를 담당하게 하거나 또는 수송이나 보관과 같은 유통만을 전문으로 하는 새로운 제3자 물류회사인 물류기업에 의뢰하게 되었다. 이러한 제3자 물류회사로는 FedEx, UPS, DHL 등이 있다. 이러한 물류기업은 인터넷을 기반으로 통합물류서비스를 제공할 수 있어야 하며 주문 독촉이나 주문변경과 같은 예상치 못한 변화에 대하여도 신속하게 대응할 수 있어야 한다.

6. 모바일카드

모바일카드는 스마트폰으로 수행되는 결제방법을 의미한다. 무선통신 기능을 갖는 스마트폰이 급속히 보급됨에 따라 지금까지 사용되던 플라스틱 신용카드를 스마트폰이 대체하여 스마트폰을 이용한 결제가 실용화되고 있다. 현재 많은 기업들은 NFC 기반의 모바일카드시장에 본격적으로 진출하여 모바일카드 실용화를 위한 기능들을 보완하고 인프라를 확산시키고 있다. NFC는 양방향의 전송으로 정보를 교환하고 자체적으로 연산을 수행하며 결제하고 정보를 조회할 수 있게 하므로 모바일카드 외에도 교통카드, 신분증, 열쇠기능 등에 사용된다. 그러므로 NFC를 기반으로 하는 스마트폰을 이용하면 스마트폰으로 결제가 가능하고 광고와 같은 정보도 수신할 수 있어 쌍방향 서비스가 가능하다.

만약 모바일카드가 실용화되면 모바일 지갑, 모바일 결제, 계좌이체, 인증, 모바일 쇼핑, 예약구매, 정보제공 등이 가능하고 하나의 스마트폰으로 여러 카드를 동시에 입력할 수도 있어 플라스틱 카드는 더 이상 필요 없게 된다. 이러한 모바일 결제는 QR 코드를 통하여 동작을 인식하고 터치(touch)를 통하여 결제를 할 수 있는 플랫폼으로도 발전하고 있다. 이해를 위하여 예를 들면 레스토랑에서 고객은 테이블에 부착된 QR 코드를 터치함으로써 NFC 기술을 통하여 원격주문을 하고 스크린에 표시된 결제방법을 동작인식으로 선택하고 모바일 결제를 수행한다. 또한 일부 국가에서는 국가 ID 카드시스템을 스마트폰에 내장할 계획을 발표하고 실행을 위한 준비를 하고 있으나 NFC 스마트폰에 신분증 카드를 내장하면 프라이버시와 인권을 침해할 수 있다는 우려도 높다.

국내에서는 신한카드의 신한스마트월렛, 금융결제원, 17개 은행이 공동으로 참여한 뱅크머니나 SK텔레콤의 스마트월렛 등과 같은 다양한 전자지갑이 선보이고 있다. 현재는 모바일 금융에 대한 비즈니스 모델이 확실하지 않아 카드 없이 스마트폰을 통한 입출금, 송금, 계좌이체, 비접촉 결제가 주요 비즈니스 아젠다(agenda)가 되고 있으나 앞으로 확실한 사업구도와 비즈니스 모델을 찾아내는 것이 매우 중요한 과제가 되고 있다.

보안

입은 재앙을 불러들이는 문이요(口是禍之門 : 구시화지문)
혀는 몸을 자르는 칼이로다(舌是斬身刀 : 설시참신도)
입을 닫고 혀를 깊이 감추면(閉口深藏舌 : 폐구심장설)
가는 곳마다 몸이 편안하리라(安身處處宇 : 안신처처우)

다계층(멀티-티어 : multi-tier) 클라이언트 서버 구조와 블루투스, 와이파이, 와이브로, LTE를 활용하는 무선 네트워크 등 다양한 구성요소로 이루어진 정보통신망이 발달함에 따라 컴퓨터 네트워크의 여러 지점에서 의도적으로 접근할 수 있게 되어 인터넷과 네트워크의 안정성은 더욱 취약해졌으며 소셜미디어의 발달은 개인정보에 대한 접근을 더욱 용이하게 만들었다. 그 결과로 네트워크와 경영정보시스템에 대한 불법적인 접근이 증대되었으며, 컴퓨터의 권한을 획득하여 작업을 지연시키고 방해하며, 정보를 탈취하거나 삭제하고, 악성 프로그램을 삽입하고, 다른 프로그램이나 컴퓨터에 복사시켜 파일을 감염시키며, 시스템을 파괴하는 등의 위험성이 증대되고 있다. 중요한 정보에 대한 해커(hacker)나 블랙햇(black hat)들의 공격과 정보파괴는 매우 중대한 사회문제를 일으키기도 한다.

인터넷을 이용한 불특정 다수 간의 거래인 전자상거래의 경우에 있어서 보안의 중요성은 더욱 크다. 인터넷 뱅킹이나 모바일 뱅킹을 통한 거래는 점점 증가하고 있으며 인터넷을 이용하여 대금을 결제하는 경우 개인식별정보 노출에 따른 자격도용, 비밀번호 가로채기, 신용카드 정보노출, 변조에 대한 위험성이 항상 존재하며 전자화폐를 사용하는 경우에는 대량의 위조나 복제의 위험성에 노출되어 있다. 그러므로 기업은 인가되지 않은 접속이나 불법사용을 막기 위해 인터넷과 내부 네트워크를 통과하는 패킷을 선택적으로 허용하는 방화벽(firewall)을 설치하는 등 다양한 방법으로 정보보안에 대한 노력을 기울이고 있다.

보안이란 자사의 정보시스템에 인가되지 않은 접근, 정보탈취, 변조, 파일감염, 시스템 파괴 등과 같은 불법적 침해를 방지하기 위한 정책, 절차, 그리고 기술적 제반 기준을 의미하며 방화벽이란 외부에서 기업이나 조직의 사설네트워크에 불법적으로 침입하는 것을 차단하기 위한 방법과 정책 및 이를 지원하는 물리적인 하드웨어와 소프트웨어를 총칭하는 단어로서 필터링(filtering)기법을 이용하는 다양한 차단기술들이 존재한다. 만약 방화벽이나 안티바이러스 소프트웨어가 없다면 외부의 불법적인 침입으로 우리가 사용하는 컴퓨터는 바로 사용할 수 없게 될 것이다. 바이러스란 프로그램과 프로그램이나 컴퓨터와 컴퓨터 사이를 이동하며 자신을 복사하여 컴퓨터의 동작을 저해하는 악성 프로그램을 말한다.

1. 해킹

1983년 9월 이미 밀워키에서는 414라고 불리는 20대의 젊은 컴퓨터광들이 60여 대의 대형컴퓨터의 암호를 알아내어 무단으로 침입하고 정부와 주요기업의 프로그램을 망쳐 놓는 사건이 발생하였다. 당시 미국의 국방장관까지 나서 컴퓨터의 안정성에 대한 검사를 명령하고 국방성과 CIA 의 고위관리들로 구성된 국립통신보안위원회가 소집되었다. 2008년 미국 대통령 선거에서는 공화당 부통령 후보 세라 페일린(Sarah L. H. Palin) 의 이메일 계정이 해킹되었고 프랑스 대통령인 니콜라스 사르코지와 그의 가족의 계좌는 단순히 재미를 추구하던 은행직원 150여 명에 의하여 수시로 해킹당했다. 심지어 2009년 영국 런던에서 개최된 G20 정상회담 에서 있어서는 이를 대비하여 작성된 우리정부의 대응전략과 이명박 대통령과 버락 오바마 미국 대통령의 통화내용까지 포함된 대외비 문서가 중국에 의하여 해킹당했으며, 우리나라와 미국은 모든 정보가 중국에 노출된 것도 모르고 발가벗겨진 채로 G20 정상회담에 참석하였다.

해킹이란 정보통신망의 방화벽을 불법적으로 통과하고 접근하여 악성코드를 감염시키고 나아가 악성코드나 해킹을 위한 경유지로 활용하며 홈페이지를 변조하거나 마비시키며 정보를 탈취하여 악의적으로 이용하는 등 유해한 영향을 끼치는 행위를 말한다. 예를 들어 전자상거래를 통하여 금전을 거래하는 홈페이지를 변조하거나 악성코드를 감염시키는 경우 여러 사람에게 금전적으로 피해를 주게 된다. 이렇게 해커의 공격에 감염되어 자동으로 악성메일을 전파하는 경유지로 활용되는 좀비컴퓨터를 봇넷(botnet)이라 한다. 최근에는 사물인터넷의 시대가 열리면서 냉장고와 TV 같은 스마트 가전기기도 피싱이나 스팸 메일 등을 전파하는 좀비 가전으로 활용되고 있으며 이와 같이 해킹에 이용되는 가전을 싱봇(thingbot : thing+robot)이라고 부르기도 한다.

제1차 세계대전 이후 1918년 풀란드의 암호전문가 아르투어 세르비우스(Arthur Scherbius)는 암호생성기인 에니그마(Enigma)를 만들었다. 이는 처음에는 상업적으로 이용되다 제2차 세계대전에서 나치 암호생성기로 사용되었으며 사이버네틱스라는 새로운 단어를 만들어 냈다. 이를 해독하기 위하여 영국의 알란튜닝은 1943년 암호해독용 컴퓨터 콜로

서스(Colossus)를 개발하였으며 알란튜닝은 최초의 해커로 알려지게 되었다. 1960년대에는 처음으로 MIT에서 해크(hack)라는 말은 사용되기 시작하였다.

2011년 한 해만 보더라도 불법적 접근으로 정보가 탈취되고 정보통신망이 마비되었으며 전자상거래, 사회시스템, 국가기관에 대한 정교한 사이버 공격이 수행되어 심각한 사회문제로 대두되었다. 국내에서만도 농협 본점 호스트 컴퓨터 운영시스템이 통째로 삭제되는 최악의 금융전산사고가 발생하였고, 4중의 보안시스템으로 최첨단의 보안수준을 자랑하던 네이트를 위시하여 현대캐피탈, 싸이월드, 엡손, 국회, G메일 등에 대한 해킹으로 성명, 주민등록번호, 전화번호, 주소 등과 같은 개인정보가 탈취되어 공개되고, 협박이나 불법 프로그램을 배포하는데 또는 범죄단체에 의하여 보이스피싱이나 스팸메일에 이용되어 금전적 이득을 추구하는 사건이 수시로 발생하였다.

1,900만 명의 고객을 갖는 농협의 경우를 보면 본점 호스트 컴퓨터의 운영시스템이 삭제되어 고객정보와 거래시스템이 마비되고 영업점 창구에서 직접 통장으로 거래하는 경우를 제외하고는 인터넷 뱅킹, 모바일 뱅킹, ATM을 통한 거래가 모두 중단되었다. 농협은 이를 복구하는 데 수일이 걸렸고 이는 최악의 금융사고로 기록되었다. 현대캐피탈의 경우에도 고객 전체 175만 명의 이름, 전화번호, 주소, 이메일 주소, 계좌번호, 비밀번호, 신용등급 등의 고객정보가 해킹을 당했으며 42만 명의 고객정보를 담보로 수억 원을 송금하라는 협박도 있었다. 다행스러운 것은 공인인증서 비밀번호 덕분에 돈이 빠져 나가는 실제 거래는 성사되지 않았다. 만약 공인인증서 비밀번호까지 해킹을 당했다면 사태는 매우 심각하게 발전했을 것이다.

국외에서도 소니, 미 공영방송 PBS, 시티그룹, 닌텐도, FBI, 미 상원, IMF, 미 중앙정보국(CIA), 세가(Sega), 더선(TheSun), 애플, 북대서양 조약기구, 영국의 중대조직범죄청(SOCA) 등이 해킹을 당하여 해킹의 대상은 다양하고 그 사정은 심각하다. 2011년 6월 미국 구글은 일부 특정인을 대상으로 개인정보와 비밀번호를 훔치는 조직적인 피싱(phishing) 행위를 적발했다. 심지어 2011년 6월 15일에는 해킹집단 룰스섹(Lulzsec)의 공격으로 세계 최고의 정보기관인 미 중앙정보국의 웹사이트가 차단됐다. 미 중앙정보국의 웹사이트를 차단한 룰스섹은 동일시간인 미 동부시간 기준 오후 5시 48분에 트위터를 통해 '탱고다운(tango down-CIA.gov)이라는 글을 남겼다. 탱고다운이란 목표물을 사살했다는 뜻을 가진 교전용어이다.

중국 산둥성 지난시에 근거를 둔 해커집단은 미국을 중심으로 여러 나라의 고위관리, 군인, 기자 등의 구글 이메일을 해킹했으며 이 중 아시아에 대한 해킹은 한국의 G메일이 주요 대상이라고 보도되었다. 실제로 중국의 해커집단이 한국 고위공무원의 이메일을 조직적으로 해킹한 사실이 밝혀지기도 했다. 구글은 전에도 해킹문제로 중국에서 홍콩으로 철수 당하기도 했으며 배후에는 중국 정부가 있다는 설이 분분하다. 반면에 2012년 4월 중국정부의 강력한 주민통제에 항의하는 어나너머스(Anonymous)는 중국정부, 관방기구, 무역그룹 등 중국의 485의 사이트를 해킹했다. BBC보도에 의하면 어나너머스는 '오늘은 웹사이트를 해킹했지만 내일은 당신들의 비열한 체제가 무너질 것이다'며 추가공격을 계속할 것이라는 문구를 남겼다.

세계의 대표적인 해커집단 어나너머스와 룰스섹은 2011년 6월 공동으로 트위터에 '인터넷을 통제하는 정부기관과 전쟁을 벌이자'고 선언하고 정부기관을 상대로 사이버 전쟁을 선언하고 해킹을 주도했다. 전 세계에 수천 명의 회원을 가진 어나너머스는 2003년 그림게시판 웹사이트인 '4chan'을 통해 결성된 것으로 알려지고 있으며 인터넷에서 언론의 자유를 쟁취하는 것을 목적으로 한다고 표방하며 유럽과 아시아 국가의 정보 웹사이트를 공격하고 있다. 어나너머스는 폭로 전문사이트인 위키리크스(wikileaks)의 어산지(J. Assange)를 지지하며 15명 정도로 구성된 핵심 리더들이 공격목표를 선정하고 통제하는 것으로 알려지고 있다. 해커집단 어나너머스로부터 독립한 룰스섹은 자신들은 정의를 위한 투쟁의 수단으로 즐겁게 해킹을 한다고 주장하였다. 룰스섹은 LOL(laughing at loud)의 인터넷 은어인 'Lulz'과 'security'의 합성어로 '보안을 비웃는다'라는 의미를 가진다.

재미있는 일은 어나니머스가 2013년 5월 12일 트위터(@AnoyOpsKorea)를 통해 자신들이 북한 조선의 소리 인터넷 홈페이지(www.vok.rep.kp)를 해킹했다고 발표하였다. 노동당 산하 대남기구인 반제민족민주전선, 김일성 방송대의 인터넷 홈페이지 우리민족강당, 북한 언론 조선중앙통신 www.kcna.kp 등에 대하여도 사이버 공격을 수행하고 중계하기도 했다. 김정은을 저팔계와 합성한 사진, 'wanted'라는 문구에 현상금 100만 달러를 걸고 백성이 굶주리는 동안 김정은은 미사일과 핵무기에 돈을 낭비하며 세계 평화를 위협하고 있기 때문이라는 설명도 첨부하였다.

20년 동안 정보, 기업, FBI, 군과 같은 주요기관의 주요정보를 해킹한 미국을 대표하는 전설적인 해커인 케빈 미트닉(Kevin Mitnick)은 1995년부터 5년간의 감옥에서의 투옥생활을 마친 후 미트닉 시큐리티 컨설팅이라는 보안컨설팅회사를 설립하였다. 그러나 설립한 지 한 달도 되지 않아 회사 홈페이지를 두 명의 해커가 해킹하였으며 그들은 케빈 미트닉을 조롱하는 글과 그림을 남겼다. 그만큼 보안은 어렵다. 실제로 우리나라 사이버테러대응센터는 '최근 잇따라 발생하고 있는 악성코드를 유포하여 사용자의 정보를 유출하는 것과 같은 해킹유형에 대한 완전한 차단책은 사실상 국내에는 없는 실정이며 이 같은 사고는 계속 발생할 수밖에 없는 구조'라고 밝힌 바 있다.

최근에 텔레뱅킹이나 인터넷뱅킹과 같은 비대면 거래가 현저히 증가하여 금융보안의 중요성은 더욱 중요해지고 있으며, 기업들도 이러한 해킹에 대비하여 보안에 대한 경각심을 높이고 보안을 점검하고 강화하고 있다. 일부회사는 방문객의 휴대폰, 노트북, USB, 녹음기 등의 사내 반입을 금지하고 소지물을 체크하며 심지어 방문객의 동선을 체크하고 있다. 반면에 기업은 오히려 해커를 고용하여 해킹에 대비하기도 한다. 애플은 2011년 8월 브라운대 재학생 해커 니컬러스 알레그라(Nicholas Allegra)를 인턴사원으로 채용하였다. 니컬러스 알레그라는 아이폰과 아이패드의 잠금장치를 해제하고 악성코드를 유포시킬 수 있는 해킹기술인 탈옥(jailbreak)을 개발하여 애플을 긴장시켰던 해커이다. 페이스북도 마찬가지로 대표적인 해커인 17세의 조지 호츠(G. Hotz)를 고용했다. 조지 호츠는 2007년 아이폰과 소니게임 플레이스테이션3를 해킹한 천재해커이다. 마이크로소프트도 자사의 게임 X박스를 해킹한 당시 14세인 제이크를 고용했으며 이러한 예는 확대되고 있다.

그러나 외부로부터의 해킹뿐만이 아니라 조직의 내부에서의 보안문제도 심각하다. 기업에 근무하는 직원들은 기업의 중요 정보에 쉽게 접근할 수 있을 뿐만이 아니라 내부 보안시스템의 허점을 이용하면 동료의 데이터베이스나 중요한 내부정보에도 쉽게 접근할 수 있다. 특히 최종사용자 컴퓨팅의 확산으로 대부분의 주요정보를 최종사용자가 관리하게 되었으나 최종사용자는 정보보안에 대한 인식이 부족하고 부주의한 오류로 주요정보를 쉽게 노출시킬 수 있음을 상기해야 한다.

2. 보안

외부의 위협으로부터 경영정보시스템을 보호하기 위해서는 접근통제(access control), 인증(authentication), 기밀성(confidentiality), 무결성(integrity), 부인방지(non-repudiation)의 기능이 만족되어야 한다. 접근

통제란 인가되지 않은 사람이 부당하게 접근하는 것을 통제하는 것으로 방화벽을 설치함으로써 부당한 접근을 막을 수 있다. 인증은 인가되지 않은 사람으로부터 정보를 보호하는 방법으로 정보통신의 경우에는 송신자와 수신자가 서로 확인할 수 있어야 하며 방법으로 공개키 암호화 기법과 비밀키 암호화 기법이 있다. 공개키 암호화 기법은 이메일을 사용할 때 ID와 비밀번호(password)를 사용하는 것과 같은 방법으로 공개키는 공개되고 비밀키는 비공개되어 송신자는 공개키만 알고 수신자는 자신의 비밀키를 이용하여 정보에 접근한다. 반면에 비밀키 암호화 기법은 송신자와 수신자 쌍방이 자신들만의 비밀키를 가지고 사용하는 방법이다. 기밀성은 허가되지 않은 사람이 정보를 획득하더라도 그 내용을 파악할 수 없어야 함을 의미하며 암호화(encryption)가 있다. 암호화 기기와 암호화 소프트웨어가 설치되어 송신하는 컴퓨터에서는 암호화되고 수신하는 컴퓨터에서는 복호화(decryption)되어 해독된다. 무결성은 전송과정 중에 정보가 부당하게 위조되거나 변조되는 것을 방지할 수 있어야 함을 의미하며 그 예로 패리티 비트(parity bit)를 활용하는 방법이 있다. 부인방지는 정보를 받고도 받지 않았다, 보내지 않고도 보냈다고 하는 분쟁을 해결할 수 있어야 함을 의미하며 그 방법으로는 디지털 서명이 있다.

이해를 돕기 위해 먼저 간단한 암호화 기법의 예를 소개하면 전치암호(transposition cipher), 환자암호(substitution cipher), 적암호(product cipher)가 있다. 전치암호는 문자배열을 전치하는 방법으로 예를 들어 'I miss you'를 3자리마다 전치하면 'Isomsuiy'가 된다. 환자암호는 알파벳의 자리수를 환자하는 방법으로 'I miss you'로 표현되는 문장을 알파벳의 세 자리 뒤에 오는 알파벳을 사용하여 환자하면 'L plvv brx'가 된다. 적암호는 1차로 전치를 하고 2차에는 다시 환자를 하여 이 중으로 암호화하는 형식이다.

월드와이드웹을 이용하는 인터넷 환경에서 클라이언트와 웹서버 사이의 통신에서 정보를 암호화·복호화하여 정보를 보호하고 보안솔루션을 제공하는 통신 프로토콜로는 SSL(secure sockets layer), S-HTTP (secure-HTTP), TLS(transport layer security) 등이 있다. 기존의 HTTP의 기능을 확장한 S-HTTP는 1994년 Rescorla와 Schiffman에 의하여 개발되었으며 HTTP를 사용하는 응용프로그램에 적용되어 그 적용범위가 제한적이다. 1994년 넷스케이프에 의하여 개발된 SSL은 ftp나 telnet 등 TCP/IP를 사용하는 응용프로그램에 적용될 수 있어 적용범위가 더 넓어 현재 많이 사용되고 있다. 마이크로소프트사와 넷스케이프 커뮤니케이션이 개발한 TLS는 SSL보다 더 강력하게 암호화를 실현할 수 있으며, 적용범위가 넓고 오류 메시지 처리기능도 개선되어 SSL을 대신하는 차세대 통신 프로토콜로 주목을 받고 있다.

암호화 기술은 음성이나 동영상 콘텐츠의 유통에 있어서 불법 다운로드나 불법복제를 방지하기 위한 디지털 저작권 관리(DRM : digital rights management)에서도 핵심기술로 이용된다. 암호화 기술은 암호키를 적법하게 사용할 자격을 가진 소비자만이 콘텐츠를 사용할 수 있도록 하는 기술이다. DRM이란 소비자가 음원이나 동영상과 같은 멀티미디어 콘텐츠를 불법적으로 유통하거나 사용하지 못하도록 하여 콘텐츠 제공자의 권리와 이익을 보호하는 시스템 기술을 총칭한다. 고객이 대금을 지불하면 콘텐츠 제공자는 암호화하여 콘텐츠를 제공한다. 이 경우 제삼자에 노출되기 쉬운 공개키 암호화 기법보다는 개인의 비밀키를 컴퓨터에 내장시켜 놓는 비밀키 암호화 기법이 선호되고 있다. 그러므로 제삼자가 콘텐츠를 불법적으로 획득했다 하더라도 다른 컴퓨터에서는 사용이 불가능하다. DRM은 암호화 외에도 사용자의 사용내용을 규정하는 사용규칙제어기술과 적절한 결제기술 등 복합적인 기술로서 완성된다. 여러 가지 기술에 기반한 다양한 제품들이 출시되고 있다.

3. 멀웨어

멀웨어(malware : malicious software)는 유해한 활동으로 컴퓨터나 네트워크를 위험에 노출시킬 수 있도록 의도적으로 제작된 악의적 소프트웨어를 총칭한다. 먼저 웹을 공격하는 멀웨어를 보자. 가장 위험한 멀웨어로 SQL 인젝션(injection), 웹 셸(web shell), 사이트 간 스크립팅(XSS : cross-site scripting) 스크립트를 들 수 있다. 세부적으로는 악성코드를 감염시키고 정보를 유출하고 시스템을 파괴하는 등 공격방법과 종류가 다양하여 일괄적으로 이야기할 수는 없지만 그 특징을 간략히 기술하면 다음과 같다. SQL 인젝션 공격은 웹 응용프로그램에 오류가 발생하거나 웹 프로그램을 통하여 주문할 때 데이터베이스에 접속하여 악성 SQL 질의를 하거나 악성 코드를 심고 정보를 탈취한다. 대부분의 웹 응용프로그램은 SQL 인젝션 공격에 취약하여 그 위험성이 높다. 웹셸은 웹서버에서 명령을 실행할 때 악의적인 원격코드가 웹서버로 전송되고 관리자의 권한을 획득하여 웹페이지의 소스를 열람하고 정보를 유출하고 악성코드를 삽입하여 감염시키는 등 다양한 방법으로 공격한다. XSS 스크립트도 사용자가 웹사이트의 특정 페이지에 접속할 때 XSS 공격코드가 삽입되어 특정 스크립트 명령을 실행시키고 악성코드를 감염시키거나 쿠키나 정보를 빼어 내가고 사용자가 원하지 않는 사이트로 이동시키기도 한다.

다음으로는 일반적인 멀웨어로 바이러스를 보자. 바이러스란 컴퓨터나 프로그램에 자신을 복제시키는 악성 소프트웨어를 말한다. 먼저 웜바이러스(worm virus)는 독립적으로 작동하여 프로그램에서 프로그램으로 또는 컴퓨터에서 컴퓨터로 자신을 복사할 수 있는 바이러스이다. 컴퓨터나 네트워크를 감염시켜 오작동시키고 작동을 중단시키며 재부팅을 할 수 없게 하거나 시스템 자체를 파괴하기도 하며 전염속도가 매우 빠르다. 반면에 컴퓨터 바이러스는 웜 바이러스와 같이 독자적으로 작동하는 것이 아니고 다른 프로그램이나 파일에 첨부되어 활동하는 악성 소프트웨어로 이메일이나 감염된 파일을 복사할 때 전이되며 메모리에 과도한 부하를 가하거나 프로그램을 다시 포맷시키고 오작동시키거나 파괴한다. 이러한 바이러스는 인터넷, 이동전화 등에도 빠르게 확산되고 있다.

자신을 복사하는 능력은 없으므로 바이러스라고 부를 수는 없지만 자체적으로 악의적인 프로그램도 있다. 먼저 그리스와 트로이와의 전쟁 신화에서 그리스인이 트로이인을 기만하기 위해 사용한 트로이목마에서 이름이 유래된 트로이목마는 신화에서와 같이 보기에는 전혀 해를 끼칠 것으로 보이지 않지만 프로그램 안에 악성코드가 들어 있어 일단 프로그램을 실행시키면 자료를 탈취하거나 삭제하는 등 피해를 입히는 악성프로그램이다. 스파이(spy)와 소프트웨어의 합성어인 스파이웨어(spyware)도 사용자의 허락 없이 은밀하게 설치된 소프트웨어를 말하며 정보를 유출시키거나 광고를 보여 주기도 한다. 분산 서비스 거부(DDos : distributed denial of service) 공격은 악성 소프트웨어에 감염된 좀비(zombie) 컴퓨터라고 불리는 수많은 컴퓨터를 동원하여 하나의 웹사이트나 컴퓨터를 대상으로 동시에 서비스를 요청함으로써 수많은 컴퓨터로부터 동시에 공격을 당한 컴퓨터는 정지되거나 작동이 불가능하도록 유도한다.

원래는 '골탕 먹이다' 또는 '속여 먹다'라는 뜻으로 자격을 도용하는 것을 의미하는 스푸핑(spoofing)은 IP주소를 속여 먹는 것으로 가짜 웹사이트로 사용자가 방문하도록 하여 고객 정보를 유출시키고 허위거래를 성사시킬 수 있다. 특히 개인정보(private data)와 고기잡이(fishing)의 합성어인 피싱은 스푸핑의 일종으로 가짜 웹사이트에 정보를 입력하게 하거나 가짜 메일이나 메시지로 기밀을 유출하는 신분 위장 절도(identity theft) 행위로 특히 금융기관이나 기업을 대상으로 많은 피해를 입히고 있다. '코를 킁킁거리다'는 뜻을 갖는 스니핑(sniffing)은 네트워크에 유통되는 내용을 해킹이나 도청하는 것으로 범죄행위를 발견하는 데 사용될 수도 있으나 범죄행위에 사용될 경우에는 치명적이다. 고래잡이를 뜻하는 훼일링(whaling)은 특히 핵심정보나 유명인사와 관련된 스니핑을 말한다.

4. 사이버 범죄

가상공간에서 일어나는 범죄를 총칭하여 사이버 범죄라 한다. 사이버 범죄는 사이버 공간상에서 일어나는 해킹, 저작권 침해, 불법 다운로드, 바이러스 유포, 메일 폭탄, 아이디 도용, 허위사실 유포, 비방, 성희롱, 사기와 절도, 명예훼손, 스토킹, 폭력, 마약거래, 사이버 도박, 성매매, 음란물 유포, 해적판 소프트웨어 유포, 불법복제, 사이버 명예훼손, 사이버 테러, 서비스 거부, 불법사이트 운영, 전자상거래 사기 등 다양하다. 이러한 사이버 범죄는 현실세계에서의 범죄와 마찬가지로 사회적으로 커다란 해악을 끼칠 뿐만 아니라 개인적으로도 큰 피해를 줄 수 있다.

이러한 사이버 범죄는 근절되어야 하며 사이버 범죄를 근절시키는 방법으로 다음을 들 수 있다. 먼저 여러 가지 기술적 방법이나 다양한 조치를 강구하여 사이버 범죄가 일어나지 않도록 미리 막는 방법이 있다. 다음으로는 범죄에서 얻는 이득보다는 손실이 크도록 처벌을 강화한다. 마지막으로 개개인이 인격적으로 성장하여 사회문화적으로 올바른 윤리의식과 사회의식을 갖도록 지도하고 교육시키고 성장시키는 방법들을 생각할 수 있다.

5. 사이버 전쟁

2013년 국정원은 국회 정보위 국정감사에서 김정은이 '사이버전은 핵, 미사일과 함께 인민군대의 무자비한 타격능력을 담보하는 만능의 보검이다'고 말했다고 언론이 보도하였다. 2011년부터 내외신은 북한이 전문적인 교육을 받은 30,000명에 달하는 해커들을 체계적으로 양성하고 있으며 정찰총국도 고도의 악성코드를 제작하고 추적을 피할 수 있는 1,000명의 해커를 보유하고 있으며 정찰총국 산하 사이버연구소를 중심으로 사이버 공격사령부가 창설되었고 국방부와 노동부 산하에도 1,700명으로 구성된 7개 해킹조직을 두고 있는 것으로 보도되고 있다. 이들은 101.106.25.105와 같은 중국 IP를 통해 국가기관이나 기업에 대하여 전방위적 사이버 공격을 수행하고 있다고 전하고 있으며 이 중 1,000여명은 중국, 동남아, 유럽 등지에서 무역회사 등으로 위장하여 활동하고 있다고 보도되고 있다. 실제로 북한의 사이버전 능력은 대량살상무기인 핵과 함께 우리보다 훨씬 앞 선 위협으로 고려되고 있으며 대한민국에 대하여 소리 없는 전쟁을 수행하고 있다.

2009년 7월에는 61개국에서 435대의 서버가 동원되어 미국과 우리나라 35개 주요기관을 목표로 하는 디도스 공격이 수행되었고 2011년 3월에는 70개국 746대의 서버가 동원되어 국내 40개 사이트를 대상으로 디도스 공격을 하였다. 농협 호스트컴퓨터의 운영시스템을 통째로 삭제하여 마비시킨 사건이나 2009년부터 육사출신 장성과 장교에 대한 정보를 계획적으로 빼가는 일, 주요 외교관을 대상으로 벌어진 해킹, 2012년 6월 중앙일보에 악성코드로 신문제작시스템을 삭제하는 해킹사건 등은 북한이 주도한 것으로 알려지고 있으며 북한 체신청이 빌려 쓰는 중국에 소재한 동일한 IP주소를 사용한 것으로 확인되었다.

2013년 3월 20일에는 KBS, MBC, YTN, 신한은행, 농협, 제주은행 등이 해킹에 의한 동시다발 장애가 발생하여 수 시간 동안 마비되었고 정부 민관군 합동대응팀은 해킹의 주범이 북한이라고 공식적인 조사결과를 발표하였다. 북한의 사이버 전쟁을 본격화하는 신호일 것이라는 우려와 함께 북한이 사이버전 능력은 핵과 같이 우리보다 훨씬 우세한 비대칭 위협으로 평가되어 더욱 심각한 문제를 제기하였다. 뿐만 아니라 6.25 전쟁 발발 63주년인 2013년 6월 25일에 다시 청와대, 국무조정실, 국정원 등 정부기관, 정당, 언론사 등 총 16개 기관의 홈페이지가 동시다발적으로 장애가 발생하였고 9시 30분에는 청와대 홈페이지 메인화면 상단에 '위대한 수령' 등의 붉은 문자가 떴으며 10시부터는 '통일 대통령 김정은 장군님 만세! 우리의 공격이 실현될 때까지 우리의 공격은 계속될 것이다' 등의 문구가 10분간 노출되었다. 2013년 7월 1일에는 경남일보, 영남일보, 사이버 독도 등 지방언론사, 대학, 기업이 사이버 공격을 받았다. 미래창조과학부는 6월 21일부터 7월 11일까지 발생한 사이버 공격이 북한의 해킹수법과 동일하다고 발표하였다.

더욱이 심각한 문제는 국내 인사가 북한 IT전문가와 협력하여 우리나라 컴퓨터를 실시간으로 모니터링하고 정보를 유출하고 북한의 해커로부터 넘겨받은 개인정보를 이용하여 불법 온라인 게임, 성매매, 증권, 도박 사이트를 개설하여 금전적 수입을 올리고, 불법 프로그램을 제작하여 배포하며, 나아가 사이버 공격을 수행하고 있다는 것이다. 이들은 중국에서 회사를 설립하여 운영하면서 김정일 국방위원장의 자금줄 역할을 수행하는 39호실 산하의 조선릉나도무역총영사 조선컴퓨터센터와 협의하여 김일성종합대학과 김책공대 출신 컴퓨터전문가 30명을 고용하고 사이버 공격이 가능한 불법 프로그램을 제작해 온 것으로 보도되고 있다. 북한은 향후 발생할지도 모르는 전쟁에 대비하여 한국의 주요 정부기관의 보안망을 무력화시키기 위한 사이버 공격을 통한 전쟁연습을 수행하고 있다고 언급되고 있다. 북한은 이미 미국의 태평양 사령부를 마비시키고 미 CIA에 필적할 만한 사이버 전력을 갖추고 있으며, 2011년 5월에 이미 미폭스뉴스는 북한이 태평양 사령부를 마비시키고 미국 내 국방관련 네트워크에 광범위한 피해를 줄 수 있는 능력을 보유하고 있다고 보도하였다.

2011년 8월 25일 미국 월스트리트저널(WSJ)은 중국 국영 중앙TV (CCTV) 7번 군사채널에서 7월 16일 20분 동안 보도된 '네트워크 폭풍이 몰려온다'라는 프로그램에서 중국 해커가 외국 인터넷 사이트를 해킹하는 내용을 7초 동안 반영하였다고 보도했다. 중국 외교부는 중국은 해킹 피해국이라고 주장해 왔으나 방영된 프로그램에 의하면 중국이 자신들의 해킹을 자인한 것이 되었다. 2011년 미국의 정보당국인 미 방첩집행관실도 중국과 러시아를 미국 경제에 결정적인 기밀문서와 기술을 사이버 공간을 통하여 수년간 빼내간 사이버 범죄의 주범이라고 구체적으로 지적하였다. 2013년에 미 국방부 산하 국방과학위원회 보고서는 중국이 패트리엇(PAC-3) 요격미사일, F-35 스텔스전투기 등 20개 이상의 첨단무기에 대한 설계도를 해킹하여 미국의 무기체계를 크게 위협하고 있다고 밝혔으며 미국 언론은 중국이 미국과 유럽기업의 지적재산권을 무단으로 해킹하여 재가공하여 미국과 경쟁하고 있다고 보도하였다. 미 사이버사령관은 미 전역에 대한 무차별 해킹이 역사상 가장 큰 부의 이동을 진행시키고 있다고 염려하였고 미국정부와 의회도 이에 적극적으로 대응할 것을 천명하였다. 2009년 G20 정상회담 대응전략을 기술한 우리나라의 대외비 문서나 우리나라 국회나 국회위원에 대한 해킹도 중국 소재 IP주소에 의하여 해킹이 이루어졌다.

미국은 2010년 국방검토보고서에 육지, 해상, 공중, 우주에 이어 사이버 공간을 제5의 전장으로 포함시켰다. 뿐만 아니라 국가안보를 위협하는 사이버 공격의 처벌을 강화하는 법안을 입법할 것을 예고하였으며, 2011년 7월 국방부 부장관 윌리암 린은 '21세기에는 비트나 바이트가 총알이나 폭탄처럼 위협적일 수 있다'며 사이버 전력을 강화하고 선제 공격을 핵심전략으로 하는 사이버 안보전략을 발표하였다. 더욱 향상된 적의 공격능력에 대응하기 위하여 미국방부는 2012년 5월 지금까지의 방어 중심의 사이버전을 공격으로 전환하기로 정책을 변환하고 외부로부터 국방부를 보호하는 것에서 적의 시스템을 교란하고 필요한 경우에는 파괴하는 것으로 방향을 수정하였다.

또한 서버와 도메인들로 얽힌 전 세계의 사이버 공간을 하나의 도면으로 표시하여 필요한 경우에 대처할 수 있는 디지털 전장 지도를 작성하고 긴급 상황에 빛의 속도로 사이버 공격을 수행할 수 있는 자동공격 시스템도 구축하고 있다. 예를 들어 국가안보국(NSA) 내의 맞춤형접근 작전팀(TAO)이 주도하는 지니(GENIE)작전은 각국의 네트워크에 멀웨어를 침투시켜 전산망에서 정보를 빼오는 작전으로 최우선 표적 적성국가인 러시아, 중국, 북한, 이란 등을 주 대상으로 한다. 또한 터빈이라는 해킹시스템은 수백만 개의 악성코드를 자동으로 조정하여 전산망을 파괴하는 등 적극적인 공격도 수행한다.

국가 간의 사이버 전쟁은 한 국가의 안보, 금융, 에너지 시스템을 붕괴시킬 수 있으며 이에 따라 본격적인 사이버 전쟁도 쉽게 예상할 수 있어 그 심각성은 매우 높다. 최초의 사이버 무기는 스턱스넷(stuxnet)으로 언급되고 있으며, 2011년 8월 8일 독일 슈피겔은 스턱스넷을 이스라엘의 모사드가 개발하고 미국 오바마 대통령의 명령으로 수행된 것으로 보도하였다. 2010년 6월 이란의 나탄즈 우라늄 농축공장과 8월 부셰르 원자력 발전소는 컴퓨터 바이러스에 의하여 전원이 차단되었고 원심분리기가 갑작스럽게 이상 작동으로 가동이 중단되었다. 보안업체에 근무하는 컴퓨터 바이러스 전문가 세르게이 올라센은 개발자를 추적한 끝에 이를 고도의 전쟁무기로 판단하고 이를 스턱스넷이라고 명명하였다.

실제로 이 공격은 미 국가안보국(NSA), 중앙정보국(CIA), 이스라엘이

이란의 핵개발을 저지하기 위해 '올림픽 게임'이라는 암호명으로 추진된 사이버 공격 프로젝트의 일환이라고 2012년 6월 워싱턴포스트지가 보도하였다. 이 프로젝트는 '플레임'이라는 악성코드 스파이웨이를 감염시켜 이란의 컴퓨터에 장기간 침투하여 정보를 빼내고 또 하나의 파괴용 악성코드인 스턱스넷으로 시스템을 마비시키는 방식으로 운영되었다. 2012년 5월 말 러시아 보안 전문가에 의하여 이란의 정유시설이 해킹 당한 사실을 밝혀지면서 플레임의 존재가 드러나고 사건의 전말이 밝혀졌다.

이란도 2011년에는 사이버보안국을 창설하여 사이버 공격과 방어를 위한 전력을 보강하고 2012년에도 10억 달러를 투자하여 사이버 역량을 강화하였다. 2012년 1월에는 이스라엘의 텔아비브 증권거래소, 엘알 이스라엘 항공사, 금융기관 등에 대한 사이버 공격을 수행하였으며, 2012년 9월에는 미국의 뱅크오브아메리카, 웰스파고, PNC파이넨셜, 서비시스 등이 계좌접근을 거부당하는 공격을 받았다. 또한 2012년 7월에는 컴퓨터 바이러스 공격으로 세계 최대 석유회사인 사우디 아람코의 컴퓨터 3만 대에 내장된 파일이 삭제되었다. 2012년 8월에는 카타를 국영 가스회사 라스가스가 공격을 받아 웹사이트와 이메일 서버가 마비되었다.

2012년 초에는 알카에다 웹사이트가 정체불명의 대상으로부터 디도스 공격을 받아 열흘이 넘게 접속이 불가능했다. 알카에다 웹사이트는 에멘, 파키스탄, 북아프리카 등 각국의 조직원들에게 서방에 대한 테러를 독려하던 수단이 되어 왔다. 8년 전 개설된 알카에다 사이트가 외부 공격으로 이렇게 장기간 접속이 불가능한 것은 처음 발생한 일로 알카에다는 서로의 소통이 어려워지고 정보 수집이나 조직원 모집 등에 심각한 타격을 받았을 것으로 알려지고 있다.

2007년 4월에는 전 세계 100개국에서 100만 대 이상의 좀비컴퓨터가 동원되어 3주간이나 에스토니아 대통령궁, 정부, 의회, 언론사 등 주요 기관의 전산망에 대하여 디도스 공격에 의한 사이버테러를 감행하여 국가기간망이 일주일 이상 마비되어 커다란 사회적 혼란을 겪었다. 소련에 의한 사이버 공격으로 추정되는 이 사건 이후 독일을 포함한 나토 7개국은 탈린에 사이버테러방어센터를 건립하였다. 이와 같이 사이버테러에 의하여 인터넷 망에 문제가 발생한다면 신용카드, 인터넷 뱅킹, 주식거래, 스마트폰, 이메일, 검색, 전기, 가스, 상하수도, 수도, 원자력, 전력, 철도, 병원, 교육 등 사회 모든 분야에 문제가 발생하고 커다란 사회적 혼란을 초래하여 사회 전 분야가 심각한 어려움을 겪게 된다. 그러므로 전 세계는 소리 없는 사이버 전쟁에 대비하여 사이버부대와 해커부대를 창설하고 다양한 사이버 전술을 구사하는 등 지속적으로 국가 차원의 사이버 전력을 신장하는 데 큰 노력을 경주하고 있다.

우리나라도 국정원 산하에 국가사이버안전센터(NCSC)를 두고 국가 공공기관을 대상으로 24시간 사이버 공격을 감시하고 있다. 방송통신위원회 산하 한국인터넷진흥원(KISA)에는 인터넷침해대응센터(KrCERT)를 두어 민간부분을 담당하여 해킹과 사이버 공격에 대응하고 있다. 그러나 특수요원만 3만 명이 넘고 사이버 전쟁 능력이 CIA수준으로 알려진 북한보다는 그 수준이 현저히 낮은 것으로 평가되고 있다. 미림대학과 김일성종합군사대학 등에서 사이버 요원을 계획적으로 양성하고 있으며 졸업생들은 정찰총국산하 사이버 전담부서에 배치되고 북한의 사이버 요원 중 1,000여 명은 중국, 동남아, 유럽에서 무역회사 등으로 위장하여 활동함으로써 국내 사이버 세계는 북한 해커들의 놀이터와 수익 창출원으로 전락하였고 우리나라 각종 기관은 악성 바이러스 유포나 해킹 등 하루에만 평균 2억 5,000만 회가 넘게 사이버 공격을 시도하고 있는 것으로 보도되고 있다.

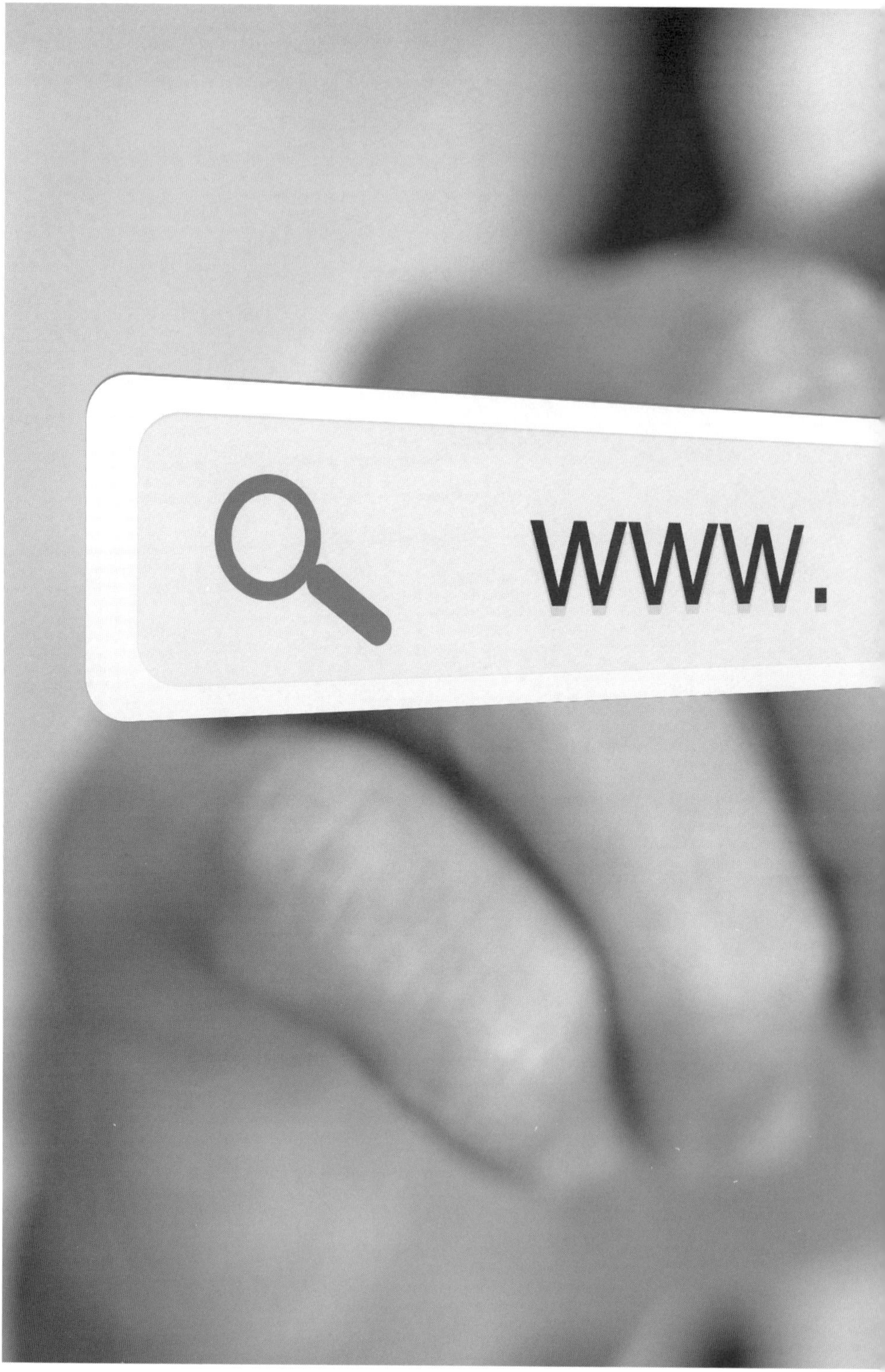
www.

PART 05

경영정보시스템 확보

Search

행복의 비결은
얼마나 갖고 있는가가 아니라
얼마나 자유로워져 있는가이다.

위에 견주면 모자라고
아래에 견주면 남는다.

경영정보시스템 계획

어떤 사람이든 추위, 배고픔, 목마름을 이기지 못하고,
불쾌한 일을 참고 견디는 힘이 없다면,
그는 결코 인생의 승리자가 될 수 없다.
그런 사람은 결코 빛나는 명성을 얻을 수 없을 것이다.
인내는 정신의 숨겨진 보배이다.
그것을 활용할 줄 아는 사람이 현명한 사람이다.

- 간디

경영정보시스템은 기업이 주어진 산업에서 경쟁전략을 지원하고 구사하여 성장하고 발전하는 데 필수적인 핵심기반시스템이므로 경영정보시스템을 조직의 사업 목적 및 전략과 일치하도록 개발하는 것은 매우 중요하다. 그러나 효율적인 경영정보시스템을 개발한다는 것은 결코 쉬운 일이 아니다. 경영정보시스템을 개발하기 위해서는 많은 사람이 참여하고 여러 기술이 복합적으로 적용되는 다양한 활동들이 요구되며 많은 시간과 비용이 소요되기 때문이다. 더욱이 효율적인 경영정보시스템의 개발여부는 경영정보시스템을 운영하고 유지하는 데 직접적인 영향을 준다. 그러므로 이 장에서는 경영정보시스템의 개발에 있어서 출발점이 되는 경영정보시스템 계획기능에 대하여 논의함으로써 경영

정보시스템의 개발과 관련되는 전반적인 상황을 인식하고 경영정보시스템을 개발하는 목적과 개발될 경영정보시스템의 프레임을 설정하는 것을 추구한다.

기업의 목표와 전략을 실현하는 도구로서 효과적인 경영정보시스템을 개발하고 확보하기 위해서는 먼저 정보시스템 계획(ISP : information system planning)을 수립하는 것이 필요하다. ISP는 처음에는 정보시스템 계획을 지칭하는 단어로 사용되어 왔으나 1980년대 이후 정보시스템의 전략적 활용이 강조되면서 정보전략계획(ISP : information strategy planning)을 지칭하는 용어로 대체되어 사용되었으며, 결국 경영정보시스템 계획은 정보전략계획으로 시작됨을 알 수 있다.

ISP는 경영정보시스템의 목적과 전략을 조직의 목적 및 전략과 일치시키는 과정을 말한다. 이는 조직의 장·단기 사업목적이나 전략의 방향과 일치하게 부서와 기능의 정보 요구사항을 지원할 수 있는 경영정보시스템의 개발을 위하여 중·장기적인 틀과 체계의 구축방향을 제시하여 일관되고 통합된 개발절차를 확립하는 데 지침을 마련하는 것이다.

ISP는 단편적 접근(piecemeal approach)이 아닌 체계적 접근(system approach)을 통하여 수행되어야 하며, 조직의 전략군과 일치하는 경영정보시스템의 구조와 내용을 설정하여 일관되고 타당성 있는 계획을 수립해야 한다. 즉 내외적 환경변화에 대응할 수 있는 경영정보시스템의 종합 청사진을 제시하고, 경영정보시스템 개발의 로드맵과 우선순위를 설정하며, 이에 기준하여 자원을 할당하고 통제할 수 있도록 한다. 이는 주요 시스템의 중복개발을 피하고 정보시스템의 통합비용을 줄이는 데도 기여한다.

경영정보시스템의 계획기능을 수행하는 데 활용될 수 있는 방법들은 다양하다. 이들의 예를 들면 BSP(business system planning)는 조직의 정보요구사항을 전사적으로 파악하기 위한 방법이며, EAP(enterprise architecture planning)는 정보시스템의 통합적 프레임을 제시하는 데 활용되며, 정보기술 거버넌스(IT governance)는 조직차원에서 정보기술과 경영정보시스템을 관리하는 데 적용되는 기본 틀을 포괄적으로 제시할 수 있고, 경영정보시스템 성장단계가설(stages of growth hypothesis)은 정보시스템 성정모형을 통하여 현재의 단계에서 다음 단계와 관련된 계획을 수립하는 데 활용될 수 있는 방법이다.

1. BSP

BSP는 1960년대 IBM에서 시스템을 구성하는 프로젝트 간의 관계를 파악하기 위하여 개발된 기법으로 조직 전체 관점에서 경영정보시스템의 마스터플랜을 도출하기 위한 구조적 기법으로 활용된다. BSP는 조직 전체에 대한 이해가 선행되어야 각 부서의 정보 요구사항을 명세화할 수 있다는 가정에서 출발하며 조직의 장·단기 정보 요구사항을 이해하고 명확히 분석하는 것을 목적으로 한다.

　BSP는 근본적으로 조직 전체를 조직, 직위, 업무 프로세스, 응용시스템, 그리고 데이터의 상호관계의 측면에서 파악해야 정보 요구사항을 파악할 수 있다고 전제한다. 여기에서 조직이란 기획실, 인사부, 영업부 등을, 직위란 사장, 전무, 부장 등을, 업무 프로세스는 계획, 조사, 예측 등을, 응용시스템이란 재고관리시스템, 인사관리시스템, 고객관리시스템 등을, 그리고 데이터란 재고DB, 인사DB, 고객DB 등을 의미한다. 그러므로 조직과 업무 프로세스를 분석하기 위해서는 조직/프로세스 행렬표를, 직위와 업무 프로세스를 분석하기 위해서는 직위/프로세스 행렬표를, 직위와 응용시스템을 분석하기 위해서는 직위/응용시스템 행렬표를, 업무 프로시스와 데이터를 분석하기 위해서는 업무 프로세스/데이터 행렬표 등과 같이 다양한 각도의 분석을 수행한다. 그러므로 BSP를 성공적으로 수행하면 조직체계와 정보시스템에 대한 포괄적인 구조를 파악할 수 있게 되며 그러한 의미에서 BSP를 전사적 분석(enterprise analysis)이라고도 한다.

BSP는 하향식 분석(top-down planning)과 상향식 구현(bottom-up implication)의 체계를 갖는다. 하향식 분석은 기업의 전략을 경영정보시스템의 계획으로 변경시키는 과정으로 조직의 사명, 전략, 그리고 현재의 기능이 파악된다. 이는 경영자들과 면담을 통하여 그들의 목표가 무엇인지? 어떻게 의사결정을 하고 있는지? 필요한 정보는 무엇인지? 어디서 어떻게 정보를 얻는지? 어떻게 정보기 이용되고 있는지? 등의 자료를 수집한다. 수집된 자료의 타당성을 분석 검토하고 면담을 통하여 파악하지 못한 내용을 추가로 파악한다. 수집된 자료들은 가능한 한 공식화, 계량화, 객관화되어 통합되고 분류되어 자료집단(data class)으로 재분류된다.

상향식 구현에서는 각 기능별 데이터 요구사항을 파악하고 응용시스템을 분석하여 현재의 정보구조의 취약점을 파악하면 이에 근거하여 경영정보시스템의 마스터플랜을 수립한다. 즉 분류된 자료집단을 기초로 하여 업무 프로세스 및 경영정보시스템 간의 관계가 설정되고 현재의 조직목표와 전략에 부합하는 새로운 조직의 정보구조(information architecture)를 정의하게 된다. 정의된 정보구조는 조직 전체의 관점에서 새로운 경영정보시스템의 체계를 구축하는 데 활용된다.

BSP는 현재의 조직을 다각적으로 이해하고 정보요구를 종합적으로 파악할 수 있으나 조직 전반에 대한 방대한 데이터를 파악하는 데 시간과 비용이 많이 소요되고, 얻어진 정보가 조직 전반에 대한 자료이므로 중요한 정보와 상대적으로 가치가 적은 정보를 분류하고 분석하는 데 어려움이 있으며, 정보요구가 미래보다는 현재에 치중되어 파악된다는 한계가 있다.

2. EAP

EAP에서는 경영정보시스템의 계획 대상을 경영정보시스템을 구성하는 정보기술, 데이터와 응용시스템, 그리고 정보관리로 구분한다. 여기에서 정보기술이란 하드웨어, 소프트웨어, 통신, 보안 등을, 데이터와 응용시스템은 정보기술을 전략적으로 활용하는 방안을 모색하는 방향으로, 그리고 정보관리는 경영정보시스템의 기능, 조직, 표준, 지침, 부서 간 협업, 성과측정 등과 같은 내용들을 지칭한다. EA(enterprise architecture)는 기업의 중요한 정보기술, 응용시스템, 업무, 정보, 정보관리의 구성요소를 파악하고 이들 간의 관계를 체계적 계층적으로 총괄하는 표준, 정책, 지침 등의 통합적 프레임워크를 의미한다. EA는 1980년 후반 미국 연방정부가 정보기술 조달 프로세스를 개선하려는 노력 중에 생긴 부산물로 존 자크만(J. Zachman)이 그 개념을 제시하였다. 1990년대 중반 이후에는 경영정보시스템의 계획 방법론으로 자주 언급되고 사용되고 있으며 조직의 전략적 목표와 연계된 정보기술을 효율적으로 관리하기 위해 정보기술을 획득하고 유지하고 진화시키기 위한 통합적 원리와 지침으로 정의되고 있다. 그러므로 EAP는 BSP에서 소홀이 다루어진 정보기술과 정보관리가 그 대상으로 포함되어 그 영역이 확장되었음을 알 수 있다.

EA의 특징은 비즈니스 환경과 경영정보시스템을 연계하여 경영정보시스템의 프레임워크를 정확히 파악하고 미래를 조명할 수 있게 한다. 그러므로 경영정보시스템을 보완하고 진화시키기 위한 새로운 정보기술의 필요성과 도입 여부를 신속히 판단할 수 있도록 하여 신속한 의사결정을 가능케 한다. EA는 비즈니스 환경의 변화에 수반되는 비즈니스의 변화에 따라 항상 수정되고 관리되어야 하며, 현재의 경영정보시스템의 프레임워크, 새로운 비즈니스 상황에서 요구되는 경영정보시스템의 프레임워크, 그리고 새로운 경영정보시스템의 프레임워크에 도달하는 데 요구되는 제반 계획과 절차를 파악하고 시행하는 데 유용하다. EA는 현재의 비즈니스의 운영을 지원하고 나아가 변화하는 비즈니스에 대응하여 요구되는 새로운 기술을 구현시켜 주는 전이과정을 관리할 수 있는 전략적 정보자산의 기반(strategic information asset base)으로 활용된다.

EA는 다양한 관점이 존재하나 기술 아키텍처(TA : technology architecture), 데이터 아키텍처, 정보 아키텍처, 응용 아키텍처, 비즈니스 아키텍처의 구성요소들이 통합되어 구축된다. 기술 아키텍처는 경영정보시스템의 기술전략의 기반이 되는 컴퓨터 하드웨어와 소프트웨어, 통신 등 정보기술 요소들의 기능적 특성, 성능, 표준, 전략을 정의한다. 데이터 아키텍처는 업무 프로세스에 정의되는 데이터 집합을 정의하고 데이터 사전, 고유 식별자, 속성 등을 파악하고 전략과 표준을 정의한다. 정보 아키텍처는 현재 사용하거나 계획 중인 정보시스템과 기술 플랫폼을 파악하고 전략과 표준을 정의한다. 응용 아키텍처는 비즈니스 기능을 지원하기 위한 응용시스템을 체계화하고 데이터와의 관계를 설정하며 전략과 표준을 정의한다. 비즈니스 아키텍처는 조직의 목적과 전략을 달성하기 위한 비즈니스 기능, 즉 업무를 분석 · 파악하여 비즈니스, 응용시스템, 정보기술을 연계하고 표준을 설정하고 체계화하며 전략을 설정한다.

EAP는 EA를 구축하는 과정이다. EAP 프로세스는 다양하게 언급되고 있으나 스피왝(S.H. Spewak)은 다음과 같이 네 단계를 제시하였다. 1단계는 EA를 구축할 때 참조해야 할 각종 원칙과 표준을 설정한다(what are the rules?). 2단계는 설문조사와 실사과정을 통하여 현재 상태의 비즈니스 아키텍처와 기술 아키텍처를 평가한다(assessment of what we are today). 도출된 현재 상황은 새로운 아키텍처를 구축하는 경우 가장 기본이 되는 기초 자료로 사용된다. 3단계는 지향하는 목표를 설정하는 단계로서 비즈니스 기능을 위한 기술 아키텍처, 데이터 아키텍처, 응용 아키텍처가 목표로 하는 미래의 상태를 설정한다(blue print of where we want to be). 그리고 마지막 4단계는 전 단계에서 수립된 계획을 실제로 구현하는 과정으로 비용을 분석하고 일정계획을 수립하며 응용시스템을 구현하는 구체적인 이행계획(the plan to get there)을 수립한다.

3. 정보기술 거버넌스

기업의 경영환경은 급속히 변화하고 있으며 기업환경의 변화는 정보기술의 활용을 더욱 요구하고 있다. 정보기술 또한 빠르게 진화하며 기업환경을 변화시켜 국가 간의 시장장벽을 없애고 글로벌 시장으로 통합시켰다. 자본, 산업, 경제는 글로벌화되었고 기업은 글로벌 기회와 위협에 대비하여 경영활동을 수행하고 있다. 이러한 글로벌 환경에서 글로벌 경쟁우위를 확보하는 데 있어서 정보기술은 핵심기반기술로서 전략적 중요성이 더욱 확대되었으며 이를 관리하고 운영하기 위하여 많은 비용과 노력이 필요하다. 그러나 체계적인 계획이 없는 무분별한 투자는 막대한 투자에도 불구하고 기업의 목적을 달성하고 전략을 전개하는 데 그 효과를 기대하기 어렵다. 그러므로 하나의 부서가 정보기술이나 경영정보시스템에 대한 책임과 권한을 부여받고 이에 대한 의사결정을 수행하고 투자하고 운영하고 관리하는 것 보다는 조직 전반의 차원에서 정보기술 지배구조의 체계가 구축되어야 한다.

최근에 많은 관심의 대상이 되고 있는 정보기술 거버넌스는 다양한 의미로 해석되고 있으며 정확한 정의를 제시하기는 어렵다. 그러나 거버넌스는 지배나 통치를 뜻하는 지배구조로 해석되고 통치와 관련되어 프로세스, 의사결정, 통제 등 전반적인 활동과 구조가 효율적으로 관리되는 것을 추구하는 의미를 내포하고 있다. 그러므로 정보기술 거버넌스는 조직의 목적과 전략을 유지하고 달성할 수 있도록 정보기술을 계획하고 개발하고 사용하고 통제할 수 있는 리더십, 조직, 의사결정, 프로세스를 통합적으로 지칭하는 포괄적 개념으로 해석될 수 있다. 정보기술 거버넌스는 정보기술이 기업의 목적을 달성할 수 있도록 정보기술의 전략을 결정하고 투자하고 운영하고 통제하는 전반적인 리더십, 조직구조, 의사결정, 활동, 프로세스의 기준이 되는 원칙이나 틀을 의미하며 이의 체계를 적절히 계획하는 것은 중요하다.

4. 성장단계모형

1974년 놀런(R. Nolan)과 깁슨(B. Gibson)은 경영정보시스템에 소요되는 비용에 대한 추세를 분석한 결과 경영정보시스템의 비용곡선이 S자 모양의 일정한 형태를 가지는 것을 알고 이에 근거하여 경영정보시스템의 발전단계를 4단계로 구성하고 경영정보시스템의 4단계 성장모형을 제시하였다. 그러나 4단계 성장모형으로는 경영정보시스템의 발전단계를 설명할 수 없는 부분이 있음을 발견하고 전략적 활용단계를 추가하여 6단계 성장모형으로 수정 · 보완된다.

경영정보시스템의 6단계는 도입, 전파, 통제, 통합, 데이터관리, 성숙으로 구성되며 도입단계와 전파단계는 합하여 혁신단계로, 통제단계와 통합단계는 합하여 통합단계로, 데이터 관리와 성숙단계는 합하여 전략적 활용단계로 분류된다. 도입단계에서는 비용절감을 목적으로 컴퓨터가 조직에 도입된다. 전파단계에서는 컴퓨터의 도입에 따른 새로운 시스템의 유용성이 입증되고 많은 응용시스템이 개발된다. 하드웨어와 소프트웨어의 비용이 증대되고 이에 따라 전산부서의 역할이 증대되며 이를 사용하기 위한 조직원들의 조직적 학습이 수행된다. 경영정보시스템의 유용성이 입증되면 통합단계로 진입한다. 통제단계에서는 무계획적으로 확산되어 온 경영정보시스템에 대한 종합적인 계획과 통제의 필요성이 인식되고 이에 따라 조직 차원의 경영정보시스템을 계획하고 통제한다. 통합단계에서는 경영정보시스템이 기업의 중요한 자산으로 인식되고 그 결과로 경영정보시스템이 조직 전체로 확산됨과 동시에 효율적이고 통합적으로 통제하려는 노력이 병행된다. 경영정보시스템의 전략적 활용이 강조되고 데이터 자원이 기업의 중요한 자원으로 인식되기 시작하면 전략적 활용단계로 진입한다. 데이터관리단계에서는 데이터베이스 기술과 경영정보시스템의 전략적 활용이 강조된다. 성숙단계에서는 경영정보시스템의 전략적 역할 수행을 위한 노력이 경주된다.

경영정보시스템의 성장단계모형이 경영정보시스템의 계획에 주는 의미는 다음과 같다. 모든 조직의 경영정보시스템은 반드시 성장단계의 각 단계를 거쳐서 다음 단계로 진입하는 순차적 성장단계를 가진다. 그러므로 경영정보시스템의 현재의 단계가 파악되면 주어진 성장단계를 진단할 수 있는 기준이 제시되어 다음 단계에서의 경영정보시스템과 관련된 계획을 세우는 데 도움이 되는 정보를 확보할 수 있다. 즉 과거와 현재의 성장단계를 파악하면 다음 성장단계에서의 비용, 자원, 인력, 성과, 통제, 사용자의 인식정도 등과 같은 여러 특성들을 계획하거나 유추하는 데 유용하다.

경영정보시스템 개발

하늘이 바라는 바를 하지 않으면서
하늘이 바라지 않는 바를 하면,
하늘도 또한 사람이 바라는 바를 하지 않고
바라지 않는 바를 한다.

ㅡ묵자

경영정보시스템을 개발하기 위해서는 전체 과정이 체계적으로 수행될 수 있도록 세부 절차가 수립되어야 하며 각 절차는 많은 사람과 여러 기술들이 복합적으로 요구되는 다양한 활동들로 구성되어 많은 시간과 비용이 소요된다. 경영정보시스템의 성공적 개발 여부는 경영정보시스템을 운영하고 유지하는 것뿐만 아니라 조직의 목적을 달성하고 전략을 추구하는 데에도 직접적인 영향을 주므로 경영정보시스템을 개발하는 데 적절한 개발방법을 선택하는 것은 매우 중요하다. 경영정보시스템은 사용자의 정보요구사항을 효율적이고 편리하게 만족시키고 업무의 생산성과 효율성을 높이는 데 기여해야 한다. 또한 시스템의 수정과 확장이 수월하고 오류를 발견하기 용이하고 신뢰성이 제공되도록 개발되어야 한다. 그러므로 이 장에서는 효율적인 경영정보시스템의 개발을 위한 방법론들을 제시한다.

경영정보시스템을 개발하는 데 가장 전통적인 방법은 시스템이론을 적용한 시스템개발수명주기(SDLC : system development life cycle)법이다. 그러나 경영정보시스템의 개발과정이 매우 복잡하고 다양하기 때문에 경영정보시스템의 개발과정을 보다 효율적으로 수행할 수 있는 방법들이 존재한다. 이러한 방법으로는 프로토타이핑(Prototyping)개발법, 주요성공요인법, 최종사용자 개발(end-user development), RAD(rapid application development)법, 객체지향법, 외주를 주는 방법 등이 있다.

1. 시스템개발수명주기법

시스템개발수명주기법은 경영정보시스템의 개발에 있어서도 일반적인 시스템 분석 및 설계에 적용되는 정형화된 단계들이 순차적으로 적용되는 접근방법이다. 전 단계에 수행된 활동을 기반으로 다음 단계에서의 활동들이 수행되며 활동이 수행된 후에는 이를 철저히 검토한 후 이를 기반으로 다음 단계로 진입하고 다음 단계의 활동을 수행한다. 폭포수에서는 물이 한 번 떨어지면 다시 위로 거슬러 올라갈 수 없는 것과 같이 시스템개발수명주기법에서도 특별한 경우를 제외하고는 주어진 단계에서 다시 그 이전 단계로 돌아가는 일이 없으므로 이를 폭포수(waterfall) 모형이라고도 한다.

시스템개발수명주기법은 단계는 시스템 조사(system investigation), 시스템 분석(system analysis), 시스템 설계(system design), 시스템 구축(system implementation), 시스템 유지 보수(system maintenance and review)의 순차적 단계들로 구성된다.

시스템 조사

시스템 개발의 첫 단계인 시스템 조사에서는 현존하는 경영정보시스템이 조직의 목적을 달성하는 데 주는 문제점이 무엇인지 파악하고 더 나아가 경영정보시스템을 이용한 전략적 기회를 추가적으로 탐색하는 단계이다. 그러므로 시스템 조사단계에서는 현재의 경영정보시스템과 관련된 기술, 운영, 조직, 경제성 등 제반 상황을 파악하고 제약조건을 검토하고 이를 토대로 새로운 시스템의 개발에 대한 당위성과 효과 등을 분석하여 경영정보시스템의 개선이나 개발에 대한 타당성을 판단하고 새로운 경영정보시스템의 기능을 정의한다.

시스템 분석

시스템 분석단계에 있어서는 시스템 조사단계에서 구체화된 문제점을 해결하기 위해서는 경영정보시스템이 어떠한 추가적인 기능을 가져야 하고 어떻게 구현되어야 하는가를 분석한다. 이를 위해서 경영정보시스템의 계획단계에서 파악된 조직의 정보요구사항을 명세화한다.

시스템 설계

시스템 설계단계에서는 시스템 분석단계에서 명세화된 정보 요구사항을 만족시키기 위한 경영정보시스템을 설계하는 단계이다. 필요한 정보 요구사항을 만족시키기 위해서 필요로 하는 시스템은 무엇이며 어떻게 작동해야 하는가를 구체화하고 이에 기반하여 수행되어야 할 입력기능, 처리기능, 출력기능을 구체적으로 파악하여 하드웨어, 소프트웨어, 프로세스 명세로 변환시킨다. 구체적으로는 입력, 처리, 출력, 데이터베이스, 사용자 인터페이스, 절차와 매뉴얼, 통제, 보안, 문서화, 교육훈련, 조직변화 등과 관련된 광범위한 내용을 포함한다. 처리과정을 설계하기 위해서는 처리과정을 분해(decomposition)하여 처리과정을 구성하는 독립적인 모듈(module)들을 파악해야 하며 그 결과로 프로그램 구조도(structure chart)와 데이터 사전을 얻는다. 문서화의 대상으로는 사용자 매뉴얼과 운영지침서 등이 포함된다.

시스템 구축

시스템 분석 및 설계단계가 완료되면 시스템 구축단계로 들어간다. 시스템 구축은 시스템 구현(system development), 시스템 평가(system eval-uation), 시스템 변환(system conversion)의 세 과정으로 구성된다.

시스템 구현에서는 시스템 분석 및 설계단계에서 설계된 내용을 기반으로 하드웨어, 소프트웨어, 데이터베이스 등을 확보하고 문서화하여 시험하며 구성원들에게 새로운 시스템에 대한 교육과 훈련을 실시한다. 하드웨어의 종류, 수, 용량 등을 검토하여 공급선을 결정하고 전산실을 준비한다. 전산실은 전압, 항온, 항습, 바닥, 조명, 방화, 자료보관함 등을 고려한다. 소프트웨어의 개발은 프로그램 구조도에서 하위 모듈별로 프로그램을 코딩하고 디바깅(debugging)하는 과정을 통하여 완성하고 상호 인터페이스를 고려하여 이들을 다시 통합하는 하향식 개발방식에 의한다. 프로그램 구조도를 구성하는 각 모듈별로 또는 소프트웨어 전체를 용역업체를 선발하여 외주를 주어 개발할 수도 있으며 경우에 따라서는 이미 완성된 패키지(package)도 구입할 수 있다.

시스템 평가는 전 단계에서도 이루어질 수 있으나 일반적으로는 시스템개발수명주기의 가장 마지막 단계로서 시스템 변환 직전, 직후, 또는 일정기간 동안 운영한 후에 정보시스템의 모든 요소에 대하여 점검하는 것을 의미한다. 설계사항에 부합되게 시스템이 구현되었는지, 하드웨어는 용량이나 속도가 적절하고 사용하기 편리한지, 소프트웨어는 사용자의 정보 요구사항에 적합하게 설계되어 있는지, 자료보관이나 백업자료가 적절한지, 시스템 무단접근 통제장치는 적절한지 등 전반적인 내용에 대한 평가가 이루어진다. 만약 시스템을 이행한 후에 평가가 이루어진다면 이는 경영정보시스템의 효율성 평가를 통하여 차후의 개발과정을 향상시키기 위한 내용들을 파악하는 것이 중요한 내용이 된다.

시스템 변환단계는 개발된 새로운 시스템을 실제 업무에 적용해 가는 과정을 말한다. 시스템 변환은 일시변환(direct cutover conversion), 병행변환(parallel conversion), 파일럿변환(pilot conversion), 단계별 변환(phased conversion)이 있다. 일시변환은 한 번에 새로운 시스템으로 변환하는 것으로 기존의 시스템과 새로운 시스템을 동시에 병행해서 운영하기 어려운 경우나 소규모 조직의 업무에 적합하다. 새로운 경영정보시스템을 일시에 도입하여도 성공을 확신하는 경우에도 일시변환을 할 수 있다. 병행변환은 기존의 시스템과 새로운 시스템을 얼마 동안 병행하여 사용하는 경우로 두 시스템을 동시에 사용하므로 비용이 수반되나 가장 안전한 방법이다. 파일럿 변환은 특정 부서나 특정 업무를 실험적으로 먼저 운영해 보는 경우이다. 그리고 단계별 변환은 업무별로 새로운 시스템으로 단계적으로 변환한다. 파일럿 변환이나 단계별 변환은 대상 업무들이 상호 연관이 있는 경우에는 곤란하다.

시스템 유지 및 개선

시스템 유지 및 개선은 새로운 시스템이 구현되고 변환되어 새로운 시스템을 사용자가 직접 업무에 이용하고 운영하는 단계를 말한다. 운영 중인 경영정보시스템은 주기적으로 평가되고 관리되어 문제점이 발견되면 수정되고 보완되어야 하며 새로운 환경에 대응하여 경영정보시스템의 기능도 지속적으로 검토되어 개선되고 발전되어 나가야 한다.

2. 시스템 분석 및 설계를 위한 구조적 방법들

'GOTO'를 사용하지 않는 것을 특징으로 하는 구조적 프로그래밍이 1960년대 후반 소개되고 이에 접목되어 1970년대 말에는 경영정보시스템의 설계를 위한 구조적 방법들이 등장하기 시작하였다. 이러한 구조적 방법들은 데이터와 관련된 프로세스를 모델링하는 가장 보편적인 방법으로 적용되었고 경영정보시스템뿐만 아니라 업무를 분석·설계하는 도구로도 널리 활용되어 왔다. 구조적 방법이란 단계적인 분석과정을 통하여 설계를 순차적 또는 체계적으로 구체화시킨다는 것으로 근본적인 접근방법은 divide & conquer 원리, 계층화 원리, 추상화의 원리, 정형화 원리를 특징으로 한다. 여기에서 divide & conquer 원리는 복잡한 시스템의 이해를 높이기 위해 시스템을 적절한 크기의 하위시스템으로 분할하는 것을, 계층화 원리는 각 하위시스템을 다시 몇 개의 하위시스템으로 체계적으로 계층화시키는 것을, 추상화의 원리는 이를 이해하기 쉬운 도표나 기호를 통하여 추상화하는 것을, 마지막으로 정형화 원리는 분석 방법 및 도구를 정형화하는 것을 의미한다.

구조적 방법론은 구조적 분석도구와 구조적 설계도구로 구분된다. 구조적 분석도구는 시스템 개발자와 사용자 간의 의사소통을 통해서 정보요구사항을 파악하고 그 구성요소를 상세히 문서화하는 데 활용되며 구조적 설계도구는 구조적 분석과정을 통해서 파악된 정보요구사항을 실현가능한 정보시스템으로 설계하는 데 활용된다. 구조적 분석도구로는 자료흐름도(data flow chart), 자료사전, 단위기능명세(mini-specification)가 있으며 구조적 설계도구로는 시스템 흐름도(system flow chart), 구조도(structure chart), 그리고 HIPO(hierarchy plus input/process/output)가 있다.

자료흐름도

시스템의 주요 기능을 분석하고 모델링하는 도구인 자료흐름도는 주어진 시스템에서 수행되는 활동이나 업무처리 절차를 파악하고 이러한 활동들이 어떻게 논리적으로 수행되고 연결되며 그 결과로 어떠한 데이터들이 발생하고 요구되는지를 분석한다. 그러므로 자료흐름도는 업무처리의 방침, 절차, 의사결정의 과정과 내용을 파악하고 프로그램 구조도를 작성하는 데 활용된다.

자료흐름도는 다음의 구성요소를 사용하여 가시적으로 모델링되며 각 활동의 내용, 활동 간의 연결, 활동의 입력과 출력을 표시한다.

- 외부실체(terminal)(□로 표시) : 시스템 경계 밖에 존재하는 실체로서 자료의 원천인 최초의 입력이나 자료의 목적지인 최종 출력을 의미한다.
- 프로세스(○로 표시, 컴퓨터에 의한 자동화된 처리는 ⊜로 표시) : 사람, 기계, 또는 컴퓨터에 의하여 수행되는 기능들의 처리과정을 의미하며 입력자료를 출력자료로 변환시키는 기능을 수행한다.
- 자료흐름(→로 표시) : 프로세스의 변환과정을 통하여 오고 가는 자료의 연관관계, 즉 자료의 종류와 통로를 의미한다.
- 자료저장소(data store)(=로 표시, 컴퓨터 저장은 ⊏로 표시) : 자료가 저장되는 저장소를 의미한다.

자료흐름도는 divide & conquer 및 계층화의 원리에 의하여 가장 간단한 형태인 배경도에서 시작하며 수준1 자료흐름도, 다시 수준2 자료흐름도와 같이 프로세스를 좀 더 세밀한 형태로 분할해 간다. 만약 더이상 분할할 필요가 없는 50자 내외의 원시코드로 표현이 가능한 원시기능(functional primitive)에 도달하면 분할을 종료한다. 이를 좀 더 자세히 설명하기 위하여 주문처리 프로세스를 예로 보자. 먼저 배경도에서는 프로세스인 주문처리시스템(○)을 중심으로 외부실체인 고객(□)과 공급자(□)가 자료흐름(→)을 통하여 쌍방향으로 연결되어 도시된다. 다음 수준1 자료흐름도에서는 주문처리시스템(○)은 주문접수(○), 상품발송(○), 대전결재(○)의 세 프로세스로 분할되어 그 기능이 도시된다. 다시 수준1 자료흐름도에서 하나의 프로세스인 주문접수(○)는 수준2 자료흐름도에서 주문(○), 재고확인(○), 주문입력(○), 백오더처리(○)와 같은 더 세분화된 기능으로 분할되어 도시되는 과정을 갖는다.

자료사전

자료흐름도는 데이터의 흐름과 저장소는 알 수 있지만 데이터의 구체적 항목이나 업무의 세부내용에 대해서는 정확한 항목을 제시하지는 않는다. 자료사전은 자료흐름도의 데이터의 내용을 상세히 표현하는 과정으로 자료흐름도에 표시되는 모든 프로세스와 그와 관련되어 요구되는 데이터 항목을 정의하여 모아 놓은 것이다.

이해를 위하여 하나의 예로서 주문명세를 자료사전으로 표현하는 방법은 다음과 같다. '주문명세＝주문번호＋주문일자＋(고객명/고객번호)＋1(제품번호＋수량＋가격)＋주문총액'과 같이 표시한다. 여기에서 ＋는 연속을, /는 선택을, 그리고 1(·)은 반복을 나타낸다.

단위기능명세

자료흐름도와 자료사전에 의하여 자료흐름과 자료항목이 파악되었으나 프로세스의 자료 변환과정도 구체화하는 과정이 필요하다. 단위기능명세는 원시기능의 프로그램 미니명세서로서 원시기능인 프로세스와 업무가 정의되면 구조적 영어를 사용하여 그 방침과 절차를 간단하고 명료하게 구체화하여 작성한다.

원시기능인 주문프로세스의 한 절차를 구조적 영어로 표현하면 다음과 같이 작성된다. 'IF 주문형태=특수 THEN 주문을 특수파일에 기록 ELSE 보통파일에 기록'

시스템 흐름도

자료흐름도가 프로세스, 즉 업무처리절차를 분석하고 설계하는 도구라고 한다면 시스템 흐름도는 시스템을 분석하고 시스템의 전산처리 절차를 설계하기 위해 작성된다. 시스템 전체 또는 부분적으로 수행되는 작업내용을 시스템의 흐름을 중심으로 종합적으로 도시화한 것이다. 즉 시스템을 구성하는 프로그램은 무엇이며 어떤 파일로 구성되며 프로그램에 입력되는 자료와 출력물은 어떠한 방법으로 처리되는가를 설계한다. 응용프로그램과 관련하여 파일, 입력자료의 이름, 자료의 처리절차, 출력자료의 이름, 처리된 정보의 배부, 다른 프로그램과의 관계, 정보저장의 전 과정이 도시화되고 각 처리과정에 있어서 단계별 작업내용 및 조건을 명확히 표시한다.

구조도

구조도는 구조적 프로그래밍을 작성하는 데 기본이 되며 단위 프로그램을 모듈로 세분화하고 모듈 간 상호관계를 표시하는 계층도이다. 여기에서 모듈이란 24줄에서 내외로 이루어진 실행이 가능한 서브루틴(subroutine)인 부프로그램(subprogram)을 말한다.

HIPO

단위명세를 통합하는 문서화 도구이며 설계수단으로 IBM에서 개발한 HIPO는 자료사전 및 단위기능명세를 근거로 프로그램의 하향식 구조를 나타내는 계층도이다. 기능별로 분해된 기능 사이에 어떤 관계가 있는지를 개괄적으로 계층구조 형식으로 도식화한 계층구조도(hierarchy diagram)이다.

3. 프로토타이핑법

프로토타이핑법은 적은 비용으로 짧은 시간에 경영정보시스템의 일부 실험모형을 개발하고 사용자의 평가와 요구에 의하여 수정·보완해 가는 경영정보시스템 개발법이다. 경영정보시스템을 개발하는 데는 사용자의 정보시스템에 대한 이해부족, 정보기술에 대한 지식부족, 정보요구사항 파악의 어려움, 입력, 처리, 출력과정에 대한 불확실성, 그리고 내외적 환경의 변화가능성 등 여러 문제점이 존재한다. 이러한 문제점을 해소·보완하기 위해서 초기 개발에는 핵심 하위시스템을 중심으로 경영정보시스템을 개발하거나 또는 전체 경영정보시스템을 요약한 견본 형태의 간단한 프로토타이핑(prototype) 형태로 경영정보시스템을 개발한 후에 사용해 가면서 새로운 기능을 추가하고 개선할 내용은 개선하고 불필요한 내용은 제거해 가는 과정을 통하여 적절한 형태의 경영정보시스템으로 완성해 가는 진화적 발전모형(evolutionary development model)이다. 그러므로 사용자들의 경영정보시스템에 대한 평가와 요구사항을 반복적으로 확인하는 충분한 피드백과정을 통하여 사용자의 요구사항과 시스템의 신뢰성을 검증받고 개선안이 분석되어 설계되며 평가과정을 통하여 정보시스템을 지속적으로 수정해 감으로써 완성된 경영정보시스템을 구현해 가는 방법이다. 프로토타이핑법으로 프로토타이핑 모형을 개발한 후 시스템 개발 수명주기법을 적용하여 본격적인 경영정보시스템을 개발할 수도 있다.

4. 주요성공요인법

MIT 슬론(Sloan)경영대학에서 개발한 주요성공요인법은 특히 최고경영
층의 필요정보를 충족시키기 위한 중역정보시스템이나 의사결정지원시
스템을 개발하는 데 효율적으로 적용될 수 있는 방법이다. 주요성공요인
이란 이미 기술된 바와 같이 기업이 주어진 산업에서 경쟁우위를 확보하
고 성공할 수 있도록 보장해 주는 제한된 수의 주요 요인을 의미하므로
주요성공요인법은 먼저 조직의 목표를 달성하는 데 요구되는 주요성공
요인은 무엇인가를 파악하고 이러한 주요성공요인을 통제하기 위한 정
보를 파악함으로써 기업이 핵심적으로 필요한 정보가 무엇인지를 파악
하고 그에 상응하는 경영정보시스템의 체계를 구현하는 방법이다.

주요성공요인법은 조직의 주요 정보는 조직의 목표를 달성하는 데 요
구되는 주요성공요인에 의하여 결정되어야 한다는 것이므로 기업이 목
적을 달성하기 위해서 요구되는 주요성공요인과 관련된 성과를 지속적
으로 측정하고 통제해야 한다. 그러므로 주요성공요인법에 의하여 정보
시스템을 개발하는 절차는 다음과 같다. 먼저 개인면담을 통하여 조직
의 목표를 파악하고 파악된 목표를 달성하기 위한 주요성공요인을 산
업, 기업, 기능부문, 그리고 개인차원에서 파악하고 조직차원으로 통합
한다. 다음으로는 파악된 주요성공요인의 성과를 평가하는 데 요구되는
항목을 설정하고 측정방안을 도출한다. 파악된 항목과 도출된 측정방안
을 기준으로 필요한 정보를 정의하고 필요정보에 의하여 경영정보시스
템의 체계를 수립한다.

주요성공요인법은 필요 정보를 파악하는 데 요구되는 절차가 간편하
고 매우 쉽게 적용될 수 있다. 그러나 조직의 모든 업무와 관련된 포괄
적인 정보 요구사항을 파악하는 것이 목적이 아니므로 그 자체로는 완
벽한 계획기법이 되지 못하는 기본적인 한계를 갖는다. 또한 면담을 통

하여 주요성공요인을 파악하는 과정 중에 의사소통 상의 오류가 발생할 수 있으며 산업, 기업, 기능부문, 그리고 개인의 각 단계에서 얻어진 주요성공요인을 기업 전체나 산업차원의 주요성공요인으로 통합하는 검증된 방법이 없다는 단점도 수반한다. 그러나 주요성공요인법은 프로토타이핑개발법과 마찬가지로 기업의 목적을 달성하는 데 시급히 필요한 주요성공요인 중심의 경영정보시스템 개발한 후 시스템 개발 수명주기법으로 기업 전반의 업무와 관련된 체계적인 경영정보시스템을 개선하고 보완해 나갈 수 있을 것이다.

5. 최종사용자 개발

정보기술이 발달하고 소프트웨어 기능도 다양화됨으로써 최종사용자도 4세대언어, GUI, 그리고 패키지 등을 활용하여 쉽게 검색하고 자신의 업무에 필요한 응용프로그램과 정보시스템을 개발할 수 있게 되었다. 최종사용자 개발은 최종 사용자가 직접 자신이 필요로 하는 정보시스템을 개발하는 방법으로 최종사용자가 자신의 정보요구사항을 도출하고 시스템을 분석하고 설계하므로 정보 요구사항이 응용프로그램에 그대로 반영되고 개발기간이 단축된다. 결과적으로 응용시스템의 정확성, 용이성, 적시성이 만족되며 융통성 있는 업무수행이 가능하여 최종사용자의 생산성을 높이는 데 기여한다.

그러나 최종사용자는 시스템을 분석하고 설계하는 기술과 품질인증 능력이 부족하여 최종사용자에 대한 교육이나 지원이 필요하며 이를 수행하는 전문 인력이 새로이 필요하게 된다. 최종사용자는 개개인이 독자적으로 정보를 획득하고 응용프로그램을 개발함으로써 조직차원에서는 불필요한 정보가 누적되고 같은 응용프로그램이 중복하여 개발될 수도 있으며 정보도용이나 유출과 같은 정보보안문제도 발생한다. 개발된 응용프로그램의 표준화와 문서화를 위한 통합적인 절차도 필요하다.

6. RAD법

RAD는 여러 가지 강력하고 효과적인 최신 개발기법이나 개발도구들을 적용하여 자동화를 지원하는 개선된 경영정보시스템 개발기법이다. RAD는 빠른 정보시스템의 개발을 위하여 JAD(joint application development)로 사용자 정보요구사항을 조속히 확보하여 초기 설계를 짧은 시간에 수행하며, CASE(computer aided system engineering)로 시스템을 분석하고 설계하는 과정의 문서화를 자동화하고, 프로토타이핑법으로 빠르게 정보시스템을 개발하며, 구조화된 4~5세대 언어를 사용하여 짧은 시간에 효과적으로 응용시스템을 개발한다.

　RAD는 기존의 전통적인 경영정보시스템의 개발방법의 어려움과 한계를 극복하고 기존의 방법보다 빠르고 수월하게 정보시스템을 개발하고자 하는 접근방법으로 부분적으로는 정보공학(information engineering)에서 적용되는 방법들과 혼용되어 언급되기도 한다. RAD를 적용하기 위해서는 경영자의 적극적인 지원과 개발팀의 성과에 대한 적절한 보상이 필수적으로 요구되며 주어진 시스템의 개발을 계획된 시간 안에 마치기 위한 기제(mechanism)가 필요하다. 그러므로 최고의 프로그래머로 구성된 전문가들의 팀이 필요하며 시스템의 개발주기 동안 최종사용자의 적극적인 참여가 필수적이다. 그러나 기업에는 일반적으로 RAD를 효과적으로 수행할 만한 전문가가 적으며 이를 양성하는 데는 많은 비용과 시간이 필요하다.

JAD

1970년대 말 IBM에서 개발된 JAD는 경영정보시스템의 개발자와 최종사용자가 구조화된 회의를 통하여 합동으로 시스템의 정보요구사항을 체계적으로 파악하고 초기 응용시스템의 개발에 활용하는 경영정보시스템 개발방법이다. 개발자와 사용자의 의사소통을 향상하고 그 결과로 사용자의 정보요구사항을 좀 더 효율적으로 파악하여 경영정보시스템에 반영하는 일관성과 신뢰성을 확보하기 위해 점진적으로 발전된 접근방법이나 이론적 기반이 취약하다는 문제점이 있다.

CASE

1970년대 초반 미시간대학에서 경영정보시스템을 개발하는 과정 중에 존재하는 여러 종류의 반복된 과정을 자동화하면 경영정보시스템을 개발하는 데 소요되는 시간과 비용을 절약하고 개발과정을 용이하게 할 수 있을 것이라는 아이디어가 제시되었다. 경영정보시스템의 구조적 분석 및 설계에서 요구되는 자료흐름도, 구조도, 시스템 흐름도 등 여러 가지 도식화 과정을 자동화 할 수 있는 도구가 1980년대 초 개발됨으로써 아이디어는 현실화되었고 구조적 분석 및 설계를 지원하는 CASE가 태동하게 되었다.

CASE는 시스템 분석, 설계, 프로그래밍, 그리고 유지 개선활동 등 개발과정 중에 존재하는 여러 종류의 반복적 과정을 자동화하여 시스템 개발의 효율성을 추구하는 기술들을 총칭하는 명칭이다. 다시 말하여 CASE가 시스템을 자동적으로 설계하는 것이 아니고 시스템 설계자가 시스템을 설계하나 CASE는 설계과정에 요구되는 정형화된 문서, 양식, 도표, 다이어그램, 보고서, 자동코드, 분석과 검사, 검증 등 반복적인 과정을 자동화하는 것이다. 예를 들어 CASE는 자료흐름도를 작성하는 다이어그램을 제공하여 자료흐름도를 작성하는 과정을 자동화하여 작성과정을 매우 용이하게 하고 자료흐름도가 작성되면 작성된 자료흐름도에 기초하여 자료사전을 자동으로 생성한다. 뿐만 아니라 자료흐름도의

한 프로세스가 변경되면 이에 따라 자료사전도 동시에 자동으로 변경된다. 그러므로 CASE의 목적은 반복적인 과정을 자동화하여 개발기간을 단축하고 개발의 효율성을 높이는 데 있다. 이를 실현하는 대표적인 패키지로는 CASE 툴이 있다.

7. 객체지향법

프로그래밍언어와 데이터베이스에서 적용되었던 객체지향의 개념은 경영정보시스템 개발에도 적용된다. 이미 다루어진 바와 같이 경영정보시스템 개발에서도 객체지향법의 핵심은 기존의 기능을 중심으로 하는 접근법을 갖는 구조적 방법론과는 달리 객체를 중심으로 한다는 것이다. 그러므로 객체지향법은 경영정보시스템의 분석 및 설계에 있어서 객체를 중심으로 하여 객체들 간의 관계를 기준으로 정보시스템을 개발하는 것이다.

객체는 하나의 독립적인 실체로서 데이터를 표현하는 상태와 그 상태에서 수행되는 프로세스인 활동을 정의하고 서로 연계된다. 재고관리시스템을 예로 보자. 기존의 기능 중심의 개발에서는 주문, 입고, 출고 같은 기능이 시스템을 개발하는 데 중심개념이 되는 것과는 달리 객체를 중심으로 하는 경우에는 자재, 관련문서, 공급업체와 같은 객체가 중심개념이 되어 시스템이 개발된다. 객체 중 하나인 자재의 경우에는 자재번호, 가격, 수량 등으로 표현되는 상태가 존재하고 입고 또는 출고라는 활동이 함께 정의된다. 상태란 그 객체가 갖는 속성들의 집합을 의미한다. 객체에 부속되는 상태에 대한 외부의 인터페이스는 제한되고 오직 객체 고유의 연산을 나타내는 활동, 즉 메소드에 의해서 만이 상태에 접근되고 수정이 가능하다.

기존의 기능 중심의 접근방법에서는 시스템 내에 하나의 변경사항이 발생하면 시스템의 많은 부분을 다시 구축해야 하며 그 구축과정이 매우 복잡하다. 그러나 객체지향법은 새로운 객체를 매 번 새로이 독립적으로 설계할 필요 없이 객체들의 집합으로 정의되는 클래스를 통해서 매우 쉽게 모형화함으로써 복잡한 현실세계의 문제들을 매우 쉽게 해결한다. 또한 내부에서 처리되는 과정에 대하여는 알 필요 없이 그 객체와 관련된 활동들을 통해서만 처리가 요구되고 문제가 해결됨으로써 문제의 복잡성이 현저하게 감소된다. 또한 객체를 중심으로 개발된 정보시스템은 현실세계의 객체와 클래스와 바로 연결되어 정보시스템의 전반에 대한 이해와 적응력을 높여 준다. 더욱이 객체지향법은 다른 프로그램에서 이미 만들어진 소프트웨어 객체를 재사용할 수 있으며 객체지향 데이터베이스가 더불어 생성되고 시간과 비용이 절약된다.

객체지향의 개념은 이미지, 사진, 동영상, 음성 등 기존의 숫자나 문자 중심의 재래의 접근방법으로는 다루기 곤란한 비구조화된 정보를 쉽게 다룰 수 있음은 전에 기술한 바와 같으며 특히 웹 기반의 경영정보시스템 구축에 적합한 방법으로 많은 관심의 대상이 되고 있다.

8. 외부 조달

정보기술은 급속히 발전하고 경영정보시스템이 필요로 하는 인력이나 자원은 더욱 복잡해지고 규모도 증가하여 경영정보시스템을 보존하기 위해서 요구되는 자원과 비용도 막대해졌다. 그럼에도 불구하고 경영정보시스템에 대한 투자의 효율성을 검증한다거나 이를 평가하는 일 자체가 매우 어려운 일이다. 기업은 인력, 자본, 시설, 기술 등 가용이 가능한 자원에 한계가 있기 때문에 항상 'make or buy'라는 의사결정에 직면해 왔으며 만약 내부조달비용이 외부조달비용보다 상대적으로 크다면 수행되는 업무의 일부를 외부에서 조달하는 방법을 채택함으로써 제한된 자원을 기업의 핵심역량에 집중할 수 있다. 그러므로 경영정보시스템에서 요구되는 응용소프트웨어를 패키지로 구입하거나 미리 프로그램된 소프트웨어 컴포넌트를 이용하는 등 외부원천에 의하여 확보하거나 개발이나 운영 자체를 제3자에 위탁하는 것도 중요한 대안으로 고려되어 왔다. 특히 회계처리, 급여, 재고관리 등과 같이 모든 기업이 공동으로 수행하는 표준화된 프로세스를 갖는 업무는 이미 프로그램된 응용패키지가 많이 이용되고 있으며, 이런 패키지들은 기업의 필요에 따라 일부 기능을 수정하거나 특화할 수 있는 기능도 제공하고 있다.

좀 더 세부적으로 보면 경영정보시스템을 외부에서 조달하는 아웃소싱은 경영정보시스템의 일부 또는 전부를 외부의 전문업체에 위탁하거나, 내부 기술력을 바탕으로 전문 자회사를 설립하고 자회사에 경영정보시스템을 위탁하거나, 또는 외부 전문회사나 자회사에 경영정보시스템을 매각하고 거래에 의하여 경영정보시스템의 기능을 담당하게 하는 방법이 있다. 또한 그 범위에 있어서도 경영정보시스템 모두를 통째로 외부 전문업체에 위탁하는 경우, 경영정보시스템의 계획이나 설계를 위탁하는 경우, 응용시스템의 개발이나 관리를 위탁하는 경우, 그리고 전산센터나 네트워크 등의 관리를 위탁하는 경우 등 다양한 형태를 갖는다. 예로서 전 세계적인 글로벌 기업인 P&G(The Procter & Gambles Cpmpany)는 HP(Hewlett Packard Company)에 경영정보시스템과 관련된 전 기능을 위탁했으며, 초기 영국의 국세청은 전산센터와 전산요원 2,100명 모두를 외부 전문업체에 위탁하였고, 코닥은 메인프레임은 IBM, 네트워크 관리는 DEC, 개인용 컴퓨터 부문은 비즈니스랜드에 위탁하였다.

전문화된 웹 호스팅 서비스(web hosting service)는 ISP(internet service provider)가 여러 대의 웹서버를 보유하고 그 일부를 기업에 대여해 주고 비용을 청구하는 서비스를 말한다. 웹 호스팅 서비스의 지원을 받는 기업은 웹사이트를 웹 호스팅 서비스에 의뢰하고 기업의 자체 도메인도 관리 받을 수 있다. 자체적으로 웹서버를 운영하기가 부담이 되는 중소기업이 주로 많이 활용한다. 또한 전문화된 응용서비스제공자(ASP : application service provider)는 통신망을 통해서 다수의 사용자에게 응용프로그램 및 서비스를 제공한다. 여기에서 서비스를 제공한다는 말은 응용프로그램을 패키지 형태로 판매하는 것이 아니고 일정한 금액을 받고 빌려주고 관리해 주는 것을 말한다. 그러므로 사용자는 비싼 응용프로그램을 구입할 필요가 없고 업그레이드를 위한 추가적인 비용도 필요로 하지 않으며 사용한 만큼 비용을 지불한다. 응용프로그램과 관련된 하드웨어와 네트워크 등 인프라에 필요한 기술지원도 동시에 제공한다. 웹애플리케이션 호스팅 서비스(webapplication hosting service)라고도 한다.

기업은 이러한 외부 조달을 통하여 급속한 환경과 기술의 변화에 대응하고 경영정보시스템의 품질과 경제성을 확보하며 외부 전문가에 의하여 미래의 정보기술에 대한 예측 가능성을 제공받을 수 있어 급변하는 기술환경과 기업의 정보요구의 변화에 대응하여 신속하고 유연하게 반응하고 나아가 기업의 내부자원을 기업의 경쟁력 향상에 집중할 수 있어 더 조속히 경쟁우위를 확보할 수 있는 기회를 제공받는다.

그러나 경우에 따라서는 예상치 못한 계약이나 추가적인 비용으로 비용이 지속적으로 증가하고 아웃소싱 벤더의 무리한 요구로 자체개발 보다 더 많은 비용이 들 수 있다. 아웃소싱을 위탁한 후에는 업체를 변경하거나 취소하기 곤란하고 위탁업체가 무성의하거나 무능력하거나 또는 계약을 위반할 경우에는 많은 손실이 발생할 수 있다. 기업이 자신의 경영정보시스템에 대한 통제를 상실하거나 정보를 통제하는 데 문제가 발생하는 심각한 도전에 처할 수도 있다. 기업의 정보를 위탁업체가 관할하므로 경영정보시스템과 관련된 기술이 종속되고 중요한 정보의 통제가 곤란하며 위탁업체에 대한 통제력마저 상실할 수 있어 결과적으로 의사결정의 자율성마저 상실할 수 있다. 위탁업체나 기술에 대한 신뢰성이 상실되고 외부 위탁의 효율성마저 판단하기 곤란해질 수 있어 아웃소싱은 예상치 못한 여러 문제점으로 어려움을 제공할 수 있어 세심한 주의가 필요하다. 이에 대응하여 업무의 성격이 전략적 중요성이 높고 전략적 위험도도 더불어 높은 경우나 추상적이고 비구조적인 경우에는 외부에 의뢰하는 것보다는 내부에서 개발하는 것이 중요한 정보의 통제력을 확보하고 불확실성에 조속히 대응할 수 있어 유리한 방법이다.

제14장 경영정보시스템의 조직

인생을 즐기며 살고 싶다면 즐거운 생각을 해야 한다.
성공한 인생을 살고 싶다면 성공하는 생각을 해야 한다.
사랑하며 살고 싶다면 사랑하는 생각을 해야 한다.
우리가 마음속으로 생각하거나 입으로 소리 내어 말하면 그대로
이루어진다.

-루이스 헤이(치유)

경영정보시스템은 조직을 구성하는 한 부분으로서 조직의 구조, 문화, 역사, 직무, 기술, 구성원은 각각 경영정보시스템에 영향을 주고 조직이 경영정보시스템을 어떻게 활용하는가에 따라 조직도 영향을 받는다. 경영정보시스템의 기능은 조직에 정보와 관련된 서비스를 제공하는 것이므로 경영정보시스템을 구성하는 제반 자원은 조직 차원에서 전략적으로 관리되어야 하며 경영정보시스템과 각 부서는 유기적으로 연관되어 업무가 처리되어야 한다.

1. 최고정보책임자

미국은 1996년 정보기술 관리개혁법(information technology management reform)을 제정하여 연방정부 각 기관이 반드시 최고정보책임자(CIO : chief information officer)를 임명하고 정보시스템 전반에 대한 책임소재를 명확히 하도록 규정하고 있다. 우리나라도 1998년에 대통령 훈령으로 행정기관의 정보화 책임관 지정 · 운영에 관한 지침을 마련하고 정부기관의 정보화 책임관의 임명을 의무화하였다. 민간 기업에서는 이보다 먼저 최고정보책임자를 도입하였다. 1990년 금호기업이 처음으로 최고정보책임자 직제를 도입한 이후 대기업에서의 최고정보책임자와 관련된 제도는 보편화되었다고 할 수 있다.

경영정보시스템의 역할은 갈수록 증대되어 단순히 사무업무의 효율성을 높이는 것뿐만 아니라 조직의 목적과 비전을 실현하기 위한 경영전략과 경영혁신의 무기로 그 역할과 중요성이 확대되었고 기업이나 공공기관 모두에 있어서 경영정보시스템에 대한 투자는 증대되었다. 그럼에도 불구하고 경영정보시스템의 성과는 측정하기 힘들고 그 성과도 매우 불확실한 것으로 인식되고 있다. 이러한 어려운 속에서 최고정보책임자는 급변하는 환경에 대처하여 조직 구성원의 정보마인드를 제고하고, 정보기술의 투자와 성과를 관리하며, 정보기술과 조직의 전략을 연계시켜 조직혁신을 선도해야 하고, 정보자원의 통합적 관리를 수행함으로써 그 역할이 매우 크다고 할 수 있다. 그러므로 조직은 최고정보책임자가 능력을 발휘하고 실질적으로 기여할 수 있도록 직함과 지위, 조직체계, 그리고 보고체계를 부여하고 지원해야 한다.

2. 경영정보시스템 조직

경영정보시스템은 조직의 제반 특성에 따라 다양하게 운영되며 경영정보시스템이 어떻게 운영되는가에 따라 그 성과도 다양할 수밖에 없다. 경영정보부서의 조직 내 위치와 지위는 최고경영진의 의지가 표현된 것으로 경영정보시스템의 기능과 역할을 결정하고 그 성과와 효율성에 영향을 준다. 경영정보부서가 집중화되어 기업이 하나의 경영정보부서만을 두고 운영하는 경우에는 경영정보부서는 하나의 기능별 부서로 존재하거나, 최고경영층 직속의 부서로 존재하거나, 또는 하나의 기능별 부서의 하위부서로 존재할 수도 있다. 반면에 경영정보부서나 기능이 분산된 경우에는 그 기능이 사용자나 생산, 마케팅, 판매, 재무 등과 같은 현업부서에 분산되고 각 부서별로 별도로 경영정보시스템과 관련된 기능을 운영한다. 실제적으로 많은 기업은 전술된 두 가지 조직형태를 절충하여 중앙의 경영정보부서와 부서별 경영정보업무를 함께 운영한다.

경영정보시스템의 집중화는 조직 전체와 관련되는 업무에 적합하며 전사적인 통합과 협업이 가능하여 전사적인 정보요구에 효율적으로 대응할 수 있다. 또한 경영정보 전문인력의 기술축적이 용이하고 자원과 기술에 대한 규모의 경제를 확보할 수 있으며 보안에도 용이하다. 그러나 사용자의 요구에 신속히 대응하기 곤란하다.

반면에 경영정보시스템의 기능을 분산하는 경우에는 관련 부서나 사용자가 직접 업무를 개발하고 통제하므로 커뮤니케이션 비용이 감소하고 기능별로 사용자 요구가 직접 반영되어 전문화의 이점과 함께 신뢰성, 신속성, 융통성이 확보된다. 또한 사용자가 직접 통제하므로 동기가 부여되고 적응성이 향상되는 이점도 수반한다. 그러나 중앙통제가 어렵고 기능들의 호환도 힘들어 이들을 효과적으로 통합시켜 주기 위한 별도의 추가적인 업무가 필요하고 이를 실현하기 위한 기술이 복잡하며 필요한 기술을 지원하는 데도 한계가 있다. 하드웨어, 소프트웨어, 자료의 중복투자가 발생하고 여기저기서 인지하지 못하는 사이에 비용이 증가하는 문제도 있다.

경영정보 부서의 집중화 분산화는 조직구조의 집중화와 분산화에 영향을 받기도 하고 정보기술의 발전과 관련되기도 한다. 하드웨어에 소요되는 비용이 매우 높은 경우에는 하나의 컴퓨터가 조직의 모든 기능을 수행하는 집중화의 형태를 가졌고 하드웨어가 소형화되고 저가인 경우에는 다수의 소형 컴퓨터가 업무를 분담하는 분산화의 형태가 적용되었다. 통신기술이 고도로 발달한 후에는 하나의 대형 컴퓨터에 모든 자료를 저장하여도 모든 부서는 통신망을 통하여 컴퓨터에 연결되므로 효율적으로 경영정보와 관련된 기능을 수행할 수 있어 집중화가 편리하게 적용될 수 있다.

1950년대 컴퓨터가 기업의 급료와 회계업무와 같은 자료처리에 활용되기 시작할 무렵에는 컴퓨터를 구입하는 데 소요되는 높은 비용과 기술적 한계로 하나의 메인프레임 컴퓨터에 다수의 비지능 단말기가 접속되었고 각 부서의 업무는 배치(batch)로 일괄 처리되는 중앙집중식 처리가 대부분이었다. 그러나 소프트웨어의 획기적 발달과 시분할 방식이 가능해지면서 1970년대부터는 일괄처리방식보다는 더 정교한 시분할방식이 사용되기 시작하였고 이에 따라 활용범위가 확대되고 부분적으로 분산화되어 최종사용자 컴퓨팅이 가능해졌다.

소형화, 저가화, 고신뢰성으로 특징지어지는 하드웨어와 소프트웨어의 급속한 발달로 1970년대 후반에 워크스테이션과 워크스테이션, 개인용 컴퓨터와 개인용 컴퓨터가 이어지는 분산화 방식이 도입되었고 1980년부터는 기존의 메인프레임 위주의 중앙처리방식을 대체해 가기 시작하였다. 또한 새로운 시스템을 설계하고 구축하는 데 소요되는 막대한 비용으로 인하여 메인프레임을 중심으로 구축된 과거의 낙후된 거래

처리시스템을 계속 사용하기도 하였다. 이러한 시스템은 레거시시스템
(legacy system)이라 한다. 정보기술은 더욱 발달하여 1990년대에는 분
산된 컴퓨팅 능력을 실질적으로 화학적으로 연계시켜 주는 클라이언트-
서버 구조와 클라우드 컴퓨팅으로 발전하였다.

그러나 한 편으로는 고도의 통신기술의 발달로 요구되는 중앙집중식
업무방식을 효율적으로 추구할 수 있게 되어 집중화 경향이 다시 증대
되고 경영정보시스템의 계획 및 설계, 정보기술 인력관리, 데이터 자원
관리 등 전사적 관점에서 관리되어야 할 통합적 성격의 업무들은 집중
화하여 집중화와 분산화의 절충형을 추구하고 있다.

3. 경영정보시스템 전문인력

경영정보시스템을 효과적으로 운영하기 위해서는 시스템 설계자, 시스
템 프로그래머, 응용프로그래머, 통신전문가, 데이터베이스 운영자, 자
료통제 및 입력 요원, 하드웨어 조작 및 관리 전문가, 유지보수 프로그래
머, 정보분석 전문가, 경영정보시스템 관리자 등 다양한 정보기술 전문
인력이 다수 필요하다. 더욱이 끊임없이 변화하는 환경에 대응하여 정보
기술 전문가의 직무내용과 업무요건도 빠르게 변화하고 있으며 이에 대
응하여 요구되는 능력 또한 더욱 다양해지고 전문화되고 있다.

특히 정보기술 전문가들은 조직의 모든 조직원 및 업무의 프로세스와
연계되어 업무를 수행해야 하므로 자신이 담당하는 전문분야의 전문지
식이나 기술뿐만 아니라 조직원들과의 인간관계, 의사소통능력, 프로젝
트 관리능력, 미래의 정보기술 예측능력, 경제성 분석능력, 문서화 능력
등 추가적인 능력이 필요하다. 기업은 정보기술 전문 인력이 기업의 비
전과 전략에 적합하도록 정보기술 전략을 수립해야 한다. 또한 미래지
향적 업무를 위한 동기가 유발되고 직무에 대한 만족을 느낄 수 있도록

정보기술의 전문 인력을 위한 장기적인 교육 계획을 수립하여 역량을 개발하고 발전시켜야 하며 이를 위한 기업차원의 노력과 지원이 필수적이다.

참고문헌

강길수, ISP 실패에서 배우기, CIO Magazine, 2005.7.

강선무, Future internet 동향과 전망, TTA Journal, 2007.봄.

강영준 외, 클라우드 컴퓨팅 기술동향, 주간기술동향, 1433, 2010.2.17.

강현지, 기업용 클라우드의 진정한 가치, LG Business Insight, 2011.8.17.

고영국, e-비즈니스 전자상거래, 정익사, 2001.

고응남, 정보통신 개론, 한빛미디어, 2005.

고창배 외, CRM 주요성공요인과 성과 간의 관련성에 대한 실증적 연구, 한국정보전략학회지, 7-1, 2004.

곽진 외, 해외 RFID 프로젝트 및 적용사례 분석, 주간기술동향, 1372, 2008.11. 12, pp.13-24.

권기덕, 스마트폰이 열어가는 미래, CEO Information, 741, 2010.2.3.

권순갑, 훈장들을 컴퓨팅 개념과 동향, 전자부품연구원 전자정보센터, 2003.

권지인, 국내외 모바일 애플리케이션 마켓 현황과 시사점, 방송통신정책, 21, 2009.

김관현 외, 아이패드 혁명, 예인, 2010.

김광용, 휴대 인터넷 서비스 기술의 오늘과 내일, 주간기술동향, 1281, 2007.1.

김도훈, Long Tail Economics와 그 실현도구로서의 IMS, 주간기술동향, 1287, 2007.3.

김민수, 김광수, 이용준, USN 미들웨어의 특징 및 기술개발 동향, 주간기술동향, 1284, 2007.2.

김병이, 신현문, 클라우드 컴퓨팅 생태계 및 정책방향, 전자통신동향분석, ETRI, 27-2, 2012.4.

김성근, 양경훈, e-business 환경의 경영정보관리, 문영사, 2001.

김성식, 유인선, e-비즈니스 : 입문에서 활용까지, 기한재, 2001.

김성언, 최재화, 데이터베이스 시스템, 학현사, 1998.

김성홍, 김진한, 공급사슬에서 IT 활용과 IT 성과가 협력성과에 미치는 영향, 정보화 정책, 13-4, 2006.겨울.

김수홍, 안기홍, 시맨틱웹 기반의 비교구매 에이전트를 위한 동적 웹온톨로지에 대한 연구, 한국지능정보시스템학회 논문지, 11-2, 2005.

김승현, 진승헌, 사용자 동의없는 개인정보 수집기술 동향, 주간기술동향, 2012.5.2.

김언수, 전략 I , 손자병법을 중심으로, 시그마인 사이트컴, 2002.

김언수, 전략II, 손자병법을 중심으로, 시그마인 사이트컴, 2002.

김영주, NFC는 어떻게 활용되나, DBguide.net. 2012.5.2.

김완석 외, 실시간 기업(RTE) 전략, 주간기술동향, 1280, 2007.1.

김완석 외, 실시간 기업 전략 적용사례, 주간기술동향, 1295, 2007.5.

김완석, 이용준, 정명애, 녹색 IT 융합 기술정책 동향, 주간기술동향. 1432, 2010.2.10,

김은주, 시맨틱웹, TTA저널, 87, 2007.

김은홍, 김화영, 경영정보학 개론, 다산출판사, 2006.

김은홍 외, 사용자 중심의 경영정보시스템, 다산출판사, 1998.

김인희, 한국교육혁신론 : 교육개혁의 새로운 패러다임을 향하여, 한국학술정보, 2008.

김재경 외, e-business, McGraw Hill, 2002.

김재범, 문병준, 인터넷 비즈니스, 경문사, 2000.

김재윤, 민병석, 유비쿼터스 컴퓨팅 비즈니스 모델과 전망, 삼성경제연구소, 2003.

김정빈, 마음을 다스리는 법 : 위빠사냐 명상, 둥지, 1997.

김정훈, 소셜 네트워크 게임 동향 및 플랫폼, 주간기술동향, 1501, 2011,6,24.

김진형, 소프트웨어 혁명, www.ktoa.or.kr, vol 59, 2012.

김철진 외, 글로벌 e-business 전자상거래, 학서당, 2002.

김태현, 21세기를 대비한 supply chain management 개념과 사례, 박영사, 1999.

김현수, 정보시스템 진단과 관리, 법영사, 1999.

김형민, 인터넷 사회와 사이버 경제, 한국게임산업개발원, 2007.

김형택, 증강현실의 활성화 및 마케팅 전략, 인터넷 & 시큐리티 이슈, 한국인터넷진흥원, 2010.

김홍남, 공개 소프트웨어와 임베디드 소프트웨어 산업, Information Industry, 2007.

남경두, 인터넷 창업 길잡이, 정보문화사, 2002.

남기찬, 아웃소싱의 4단계 관리전략, Information Systems Review, 1-1, 1999.

남기호 외, 스마트폰 보안 기술 및 솔루션 동향, 주간기술동향, 1429, 2010.

남상식, 윤종욱, 인터넷 마케팅과 광고, 한빛 미디어, 1999.

노형진, CALS 한국·외국 사례비교, 한국 언론자료간행회, 1997.

대홍기획, 스마트폰이 불러온 모바일 마케팅의 대변혁, 2010. 디지털 타임스.

류명재 외, BPM-프로세스 경영과 정보기술의 미래, Sigma Insight, 2003.

류석상, 유비쿼터스사회의 노동방식 변화와 전망, 한국전산원 U-전략팀, 유비쿼터스사회연구시리즈 16, 2006.

류승환 외, 상황인식 컴퓨팅 기술동향, 주간기술동향, 1435, 2010.3.3.

문대원, 장시영, 정보시스템 감리, 명경사, 1998.

문병주, 차세대 DVD 기술 및 시장 동향, IT 부품 정보, 주간기술동향, 1282, 2007.2.

문병주, 텔레매틱스 기술 및 시장동향, 주간기술동향, 1290, 2007.2.

문헌진, 최신 3D 기술 및 동향, 주간기술동향, 1441, 2010.4.14.

민승기, CRM 기술동향, 전자통신동향분석, 16-5, 2001.

박병호, CIM 생산전략혁신, 매일경제신문사, 1992.

박석천 외, IPv6 동향, 한국전산원, 2004.

박세환, 모바일 클라우드 컴퓨팅 산업 동향, 주간기술동향, 2012.5.2.

박세환, 4G-LTE 서비스 기술개발 동향, 주간기술동향, 2012.2.15.

박승창, 지속가능한 소셜 네트워킹 서비스(SNS)의 개발 방향, 주간기술동향, 2011.5.13.

박승창, 사물인터넷 융합기술의 사업화 동향, 주간기술동향, 2013.12.11.

박영태 외, SCM 도입의 활성화 방안과 발전전략에 관한 연구, 물류학회지, 13-2, 2003.

박재득, 송승익, 증강현실과 스마트 안경 기술 및 제품 동향, Keit PD ISSUE

REPORT, 12-6, 2012.6.

박정은, 유통혁신을 위한 유비쿼터스 IT 전략, 유비쿼터스사회연구시리즈, 23, 한국정보사회진흥원, 2006.12.

박종배, 스마트 그리드의 이해와 그 시사점, 주간기술동향, 1424, 2009.11.25.

박지현 외, DRM 기술 동향, 전자통신동향분석, ETRI, 제22권 제4호, 2007.8.

박진영, Web2.0 시대의 인터넷 사용자 행태의 변화, 통신시장, 2, 2006.

박찬욱, 데이터베이스 마케팅 : 고객 정보의 활용을 통한 기업 경쟁력의 강화, 연암사, 1996.

박혜진, 권수천, 모바일 웹2.0사업의 진화 및 향후 전망, 전자통신동향분석, 24-2, 2009.4.

박호경, 어떻게 효과적으로 IT 지배구조를 확립할 것인가. CIO Magazine, 2005.4.

박호경, IT 조직혁신, CIO Journal, 2002.1.15.

박흥국, 의사결정지원시스템, 경문사, 1997.

배현과 김연진, 지능형 로봇 기술 동향, 주간기술동향, 1443, 2010.2.17.

빅데이터 분석과 클라우드 B2B 검색에 진출하는 아마존, 주간기술동향, 정보통신산업진흥원, 2012.2.1.

서길수, 데이터베이스 관리, 박영사, 2000.

서동일 외, 유비쿼터스 사회의 사이버 공격 기술 동향, 주간기술동향, 1259, 2006.8.

서병국, 생산혁명, 법경출판사, 1990.

서영호 외, e-business 시대의 경영정보시스템, 한경사, 2007.

서의호, e전략정보시스템, 홍릉과학출판사, 2007.

성열홍, 미디어 기업을 넘어 콘텐츠 기업으로, 김영사, 2010.

성윤숙, 청소년 온라인 게임 몰입과정에 관한 문화기술적 연구, 한국청소년상담원, 2003.

손승희, 시스템 분석 및 설계, 도서출판 그린, 2002.

송명원, u-work 핵심 요소 기술 동향, 주간기술동향, 1415, 2009.9.23.

송민정, 스마트TV로의 진화에 따른 미디어 시장의 영향과 시사점, KT 경제연구소, 2010.6.

송복섭, 권수갑, 주파수 공유 기술동향, 주간기술동향, 1282, 2007.1.

송영근, 이경실, 국내외 LTE 서비스 전개 현황 및 특성, 주간기술동향, 정보통신산업진흥원, 2012.4.11.

송평중, 임선배, LTE-Advanced 표준 기술 동향, 전자공학회지, 36-1, 2009.1.

송현수, e-CRM 구축과 운영전략, 새로운 제안, 2001.

스티브 베이커, 왓슨 인간의 사고를 시작하다, 세종서적, 2011.

스티브 베이커, 슈퍼컴퓨터, 어떻게 인간을 제치고 퀴즈왕 됐나?, 이창희 옮김, 세종서적, 2011.

신동일, 감정인식 기술 동향, 주간기술동향, 1283, 2007.2.14.

신철, 알기 쉬운 정보전략계획 ISP, 미래와 경영, 2003.

심기명, 최신 웹 해킹 대응 및 개인정보보호 보안기술, 주간기술동향, 1312, 2006.9.5.

씨엔정보통신, 빅 데이터 처리기술, 2012.2.18.

안호천, 비즈니스를 리딩하는 전략이 필요하다, CIO Magazine, 2008.8.

어윤봉 외, 태블릿 PC가 가져올 산업환경변화, INSIGHT, 정보통신산업진흥원, 2010.

연세대학교 생산기술전략연구소, 우리나라 제조기업의 생산전략, 박영사, 1998.

오세근, 서비스 측면에서 본 UCC 패러다임, 주간기술동향, 1291, 2007.2.

오세근, 최근 모바일 시장의 주요 이슈와 스마트폰 열풍, 주간기술동향, 1440, 2010.4.7.

오세근, 최근의 모바일 오피스와 기업전략, 주간기술동향, 1447, 2010.5.26.

오세근, 최근 웹서비스 트랜드와 웹2.0B/M, 주간기술동향, 1275, 2006.12.

오세근, 최근 UCC 트랜드와 진화, PCC, 주간기술동향, 1282, 2007.2.

오세근, 최근 Wibro 추진 동향 및 전망, 주간기술동향, 1288, 2007.3.21.

오세근, e-비즈니스 트랜드와 BM, 주간기술동향, 1277, 2006.12.

오재인 외, 인터넷 비즈니스, 박영사, 2001.

오정현, 일본의 M-QR코드 활용현황 및 시사점, 한국정보사회진흥원, 2008.

윌리암 파워스(William Powers), 속도에서 깊이로(Hamlet's Blackberry, 2010), 임현경 옮김, 21세기 폭스, 2011.

우영환, 국내 모바일 광고 시장 흐름과 전망, www.ktoa.or.kr, vol 59, 2012.

유지은, UCC 비즈니스 모델, SW Insight 정책 리포트, 한국SW진흥원, 2007.3.

윤두영, 밀리미터파 개념 및 동향, 정보통신정책, 2006.8.

이강용 외, 류원, 소셜 TV 서비스, 주간기술동향, 2011.5.20.

이강찬, 시맨틱웹의 새로운 변화, 한국전자통신연구원 보고서, 2007.4.

이국희, 기업정보시스템의 평가를 위한 모형, 경영정보학연구, 2-1, 1992.6.

이동길, ERP 전략과 실천, 대청, 2002.

이만영 외, 전자상거래 보안기술, 생능출판사, 1999.

이범일, 혁신의 늪 : 혁신이 실패하는 8가지 이유, 21세기 북스, 1996.

이상일, 이동통신사업자들의 모바일 인터넷 사업 전략, 주간기술동향, 1388, 2009.3.18.

이석균, 정철용, 데이터베이스 시스템, 사이텍미디어, 2003.

이순철, 선진기업의 신 경영사례, Sigma Insight, 2003.

이승관, 창조적 융합기술 R&D 인프라 구축 정책 방안, 주간기술동향, 2012.6.27.

이승현 외, 스마트 미디어 시대의 콘텐츠 보호 기술 동향, 주간기술동향, 2012. 2.22.

이영곤, 이것이 모바일 비즈니스다, 도서출판 비비컴, 2002.

이영해, e-비즈니스 시대의 SCM 이론과 실제, 문영각, 2001.

이웅희, 디지털 시대의 기업전략, 삼성경제연구소, 2000.

이은민, PC 저장장치의 현황 및 전망, 정보통신정책, 19-2, 2007.2.

이재광, 주요 해킹기법과 대응 전략, Internet & Security Focus, 2013.4.

이재규 외 편저, 인터넷 환경의 지식시스템, 법영사, 2006.

이종학, 병법과 경영전략, 정음문화사, 1988.

이주영, 소셜 미디어 서비스 현황 및 활용, 초점, 25-9. 2013.5.16.

이주영, 클라우드 컴퓨팅의 특징 및 사업자별 제공 서비스 현황, 초점, 22-6, 2010.4.1.

이준기 외, 웹2.0 비즈니스 전략, sigma insight, 2006.

이준휘, 객체지향설계방법론에 대한 비교분석, 주간기술동향, 1259, 2006.8.

이충섭 외, 인터넷 전자상거래 운영전략의 결정요인과 기업성과에 미치는 영향, 정보화 정책, 14-1, 2007.봄.

이태공 외, 정보기술 아키텍처, 도서출판 기한재, 2000.

이혜정, 미래인터넷 추진 동향 및 시사점, 한국정보화진흥원 미래이슈 2009-01,

2009.5.27.

이홍, 유영택, 지식경영도입의 핵심성공요인 : 포스코 건설 사례를 통하여, 지식경영연구, 4-2, 2003.

이황규 외, 전자상거래 개념에서 쇼핑몰 구축까지, 이한출판사, 2000.

이효연, 강홍렬, 클라우드 개념의 불확실성, 제23권 제13호, 방송통신정책, 2011.7.

임규건 외, 디지털 경제시대의 e-비즈니스 경영(2판), 이프레스, 2007.

임규건 외 공역, e-business시대를 위한 경영정보시스템, 사이텍미디어, 2003.

자기정보통제권, 합법적 프라이버시 침해에 대한 대응, 주간기술동향, 2012.5.9.

장권혁, 김억수, 그리고 박수현, 개방형 모바일 플랫폼 동향, 주간기술동향, 1448, 2010.6.9.

장석은, IT 거버넌스 5-IT 전략 제대로 수립하기, CIO Magazine, 2007.9.

장선영, 미 온라인시장의 새로운 키워드 F커머스와 팝업 스토어, Kotra & globalwindow.org, 2012.5.2.

장세진, 글로벌 경쟁시대의 경영전략, 박영사, 2002.

장승권 외, 지식경영, 삼성경제연구소, 1997.

장형욱 외, 공급사슬구조에 따른 SCM활동과 경영성과에 관한 연구, 정보시스템연구, 15-2, 2006.

장재현, 플랫폼 천하평정을 향한 구글 애플 MS의 야망, LGERI 리포트, LG경제연구원, 2010.3.17.

전 세계 LTE 도입현황 및 전망, 한국인터넷진흥원, Trend report, 2011.4.21.

전략경영연구소, 경영전략과 삼국지, 21세기 북스, 1996.

전성현 외, 리엔지니어링 성공요인의 이원론적 분석, 경영정보학연구, 11-2, 2001.

전용진, 경영정보와 통신, 학문사, 1996.

전용진, 경영혁신과 정보기술, 학문사, 1999.

전용진, 정보통신과 기업경쟁력, 학문사, 1999.

전자상거래 지원센터, 전자상거래 기획, 2000.

전자신문, 왓슨, 2011.3.10. http://www.etnews.com

전종홍, 이승윤, HTML5 기반의 웹 플랫폼 기술 표준화 동향, 전자통신동향분석, 27-4, 2012. 8.

전지현, 동영상 UCC 현황 및 전망, 한국정보사회진흥원, 2007.

전황수, 모바일 증강현실, 주간기술동향, 1447, 2010.5.26.

정광석 외, u-work 기술 표준화 및 로드맵, 한국정보사회진흥원, 2008.12.

정경수 외, 경영정보시스템, 이프레스, 2006.

정대율 외, 정보시스템의 분석 및 설계, 컴원미디어, 2007.

정병권 외, 미래사회와 빅 데이터 기술, 주간기술동향, 2012.4.11.

정보통신부, 정보통신부감리기준, 정보통신부 고시 2004-72, 2004.

정보통신산업진흥원, 생각을 동작으로 실행시켜 주는 BCI 기술과 새로운 보안
   과제, 주간기술동향, 2012.9.12.

정보통신산업진흥원, 엔터프라이즈 모바일 플랫폼, MDM에서 MAM으로 이동,
   주간기술동향, 2012.6.27.

정상직, 사무자동화 응용실무, 형설출판사, 1997.

정영화, 전자상거래법, 다산출판사, 2000.

정우기, ICT 환경의 총체적 변화고찰, www.ktoa.or.kr, 59, 2012.

정인근, 의사결정지원시스템, 방한출판사, 1988.

정인철 외, IT 융합형 미래형 로봇 기술, 전자통신동향분석, 25-4, 2010.8.

정창덕, 전자상거래 이론과 실무, 한올출판사, 1999.

정한민, 성원경, 시맨틱 웹이 경제사회에 미치는 영향, 주간기술동향, 1372, 2008.
   11.12.

정휘웅, 김경선, 정한민, 감성분석과 브랜드 모니터링 기술동향, 주간기술동향,
   1396, 2009.5.13.

정휘웅 외, 시맨틱 검색 기술 동향, 주간기술동향, 1431, 2010.2.3.

조남재, 노규성, 경영정보시스템-전략적 비전 실현을 위한 접근법, 세영사, 1998.

조동성, 21세기를 위한 전략경영, 서울경제경영, 2001.

조동성, 전략평가시스템 2, 서울경제경영, 2001.

조동옥 외, 최신 정보통신 개론, 도서출판 그린, 2007.

조동훈, 전자상거래와 창업, 학문사, 2000.

조선형, 정보화 경영혁신, 하이테크 정보, 1996.

조원길, 전자상거래 입문, 두남, 2001.

지은희, Government 2.0, 웹2.0 시대의 공공서비스, SW Insight 정책리포트, 한

국SW진흥원, 2007.3.

진승헌, 인터넷 서비스 환경의 고도화와 디지털 ID 관리기술, 주간기술동향, 1261, 2006.7.

진황수, 차세대 신 성장 동력, IT-BT-NT 융합기술혁명, ETRI CEO Information, 2006.7.

차원용, 10년 20년 뒤 한국을 먹여 살릴 녹색융합기술, 주간기술동향, 1404, 2009.7.8.

천명중, 허명숙, 지식경영시스템, 한경사, 2005.

최규헌, 빅데이터 국내외 적용사례로 본 시사점, 주간기술동향, 2012.9.19.

최두진 외, 정영수, 정보문화 이슈 현안과 과제, KADO 이슈리, 09-01, 2009.

최민석, 하원규, 초연결사회로의 전환, 주간기술동향, 2013.12.18.

최생림, 제3시장에서의 현지경영전략, 박영사, 1998.

최승훈, 김효근, 기업의 e-transform 수준 평가모델 개발에 관한 연구, 경영정보학연구, 15-2, 2005.

최영호, 정보범죄의 현황과 제도적 대처방안, 한국형사정책연구원, 1998.

캐리어 IQ 사태, 통신환경 개선 vs 무단정보수집, Betanews, 2011.12.4.

클라우드 서비스 정보보호 안내서, 한국인터넷진흥원, 2011.10.

프랜시스 케언크로스, 거리의 소멸 & 디지털 혁명, 홍석기 옮김, 2008.

한국인터넷진흥원, 사이버 마약 I-doser, ISSUE ABC, 2009, pp.1-4.

한국인터넷진흥원, 웹2.0에서의 콘텐츠 기술, 2007.3.

한국인터넷진흥원, 웹2.0 이용자 참여관련 기술, 2007.1.

한국전산원, 2006 국가정보화백서, 2006.

한국전산원, 공공기관 정보화 추진전략과 방안, 1997.

한국전산원, 방화벽시스템 구축과 운영 : 방화벽 실무지침서, 1996.

한국전산원, 세계경제에 IT투자가 미치는 영향, 2006.7.

한국전산원, 전자상거래를 위한 보안기술 체계 및 요소기술에 대한 이해, 1999.

한국정보사회진흥원 정보화기획단 정책개발팀, IT신조어로 내다보는 정보사회 단면과 전망, IT정책연구시리즈, 09-02, 한국정보사회진흥원, 2009.3.31.

한국정보통신기술협회, 공공부문 전사적 아키텍처 프레임워크 표준, 2003.

한영미, 2012 UN 전자정부 발전지수 한국 1위, 글로벌 IT 트랜드, 한국정보화진

홍원, 2012.5.2.

한은영, 개인용 클라우드 서비스 경쟁 : 아마존, 구글, 애플, 동향, 23-10, 2011. 6.1.

허원실, 시스템 분석과 설계-효과적인 비즈니스 정보시스템 개발, 한빛 미디어, 2006.

홍관수 외, 벤처 창업과 성장전략, 박영사, 2001.

홍석보, 전략적 경영혁신기법, 학문사, 1999.

홍선영, 실패에서 배우는 글로벌 SCM 위기대응전략, CEO Information, 삼성경제연구소, 2013.5.

홍성도, 아웃소싱의 전략과 사례, 학문사, 1998.

홍일유, 디지털 기업을 위한 경영정보시스템, 법문사, 2005.

황주성 외, 한국사회의 방송 통신 패러다임 변화연구-총괄보고서, 정보통신정책연구원, 2008.12.

황주성, 유지연, 인터넷 활용의 변화양상과 요인분석, 정보화 정책, 14-1, 2007. 봄.

항하진, 21세기 디지털경영학, 경문사, 2004.

황현수, 소셜 네트워크서비스, REVIEW SK 네트워크, 2007.8.

행정자치부, 차세대 전자정부 추진계획(안), 2007.

황미녕 외, 시맨틱 소셜 네트워크를 구성하는 온톨로지 어휘 기술 현황, 주간기술동향, 2012.8.22.

CONEX, 글로벌 패션서비스 현황, 2012.8.16.

Hammer, M., 리엔지니어링 그 이후, 경향신문사, 1997.

KIPA, 6시그마 도입현황과 관련 솔루션 업체 동향, 2006.7.

KIPA, 해외 ERP시장의 경쟁구도 및 향후전망, 2006.12.

MaNair, C.J., 벤치마킹, 21세기 북스, 1993.

Miller, W.L., 4세대 혁신 : 지식경영 · 혁신경영의 통합전략, 모색, 2001.

Nonaka, I., 노나카의 지식경영, 21세기 북스, 1998.

NoSQL DB 인기도 조사, 하둡 진영과 몽고 DB의 경쟁양상, 주간기술동향, 2012.4.11.

QR코드 결재 선보인 마스터카드, NFC 결제확대 나선 비자, 정보통신산업진흥원, 주간기술동향, 2012.2.8.

Rowan, W., IT 혁명 : 전자상거래의 이상, 경연사, 2003.

Senge, P.M., 피터 센게의 제5경영, 세종서적, 1996.

Womack, J.P., 생산방식의 혁명, 기아경제연구소, 1991.

z클라우드 사례로 본 하이브리드 클라우드 동향, 주간기술동향, 정보통신산업
진흥원, 2012.3.7.

http://www.apple.com/iPhone/

http://news.economy.hankooki.com

http://news.hani.co.kr

http://news.khan.co.kr

http://news.ko.wikipedia.org

http://kr.news.yahoo.com

http://kukinews.com

http://media.daum.net

http://mediatoday.co.kr

http://news.chosun.com

http://news.donga.com

http://news.hankooki.com

http://news.inews24.com

http://news.jungang.com

http://news.kukinews.com

http://news.munwha.com

http://swuiwiki.webscience.org

http://www.bloter.net

http://www.cooning.kr

http://www.dt.co.kr

http://www.etnews.co.kr

http://www.etoday.co.kr

http://www.fnnews.com

http://www.it-times.kr

http://ittoday.com

http://www.mae.or.kr

http://www.mobizen.pe.kr

http://www.munhwa.com

http://www.national.com

http://www.newsweek.com

http://www.ohmynews.com

http://www.searchenginejournal.com/semantic-search-engines/9832 /,2009.

http://www.seoulfn.com

http://www.skyventure.co.kr

http://www.yonhapnews.co.kr

http://www.zdnet.co.kr

Adomavicius, G. and A. Tuzhilin, Personalization technologies : a process-oriented perspective, Communications of the ACM, 48-10, 2005.10.

Afuaf, A. and C.L. Tucci, Internet business models and strategy, McGraw-Hill, 2001.

Alavi, M. and D. Leidner, Knowledge management and knowledge management systems : conceptual foundations and research issues, MIS Quarterly, 25-1, 2001.3.

Ansoff, H.J. Corporate strategy, McGraw-Hill, 1965.

Anson, R. and B.E. Munkvold, Beyond face-to-face : a field study of electronic meetings in different time and place models, Journal of Organizational Computing and Electronic Commerce, 14-2, 2004.

Anthony, R.N., Planning and control systems : a framework for analysis, Cambridge, MA : Harvard University Press, 1965.

Apte, C. B. Liu, E.P.D. Pednault, and P. Smith, Business applications of data mining, Communications of the ACM, 45-8, 2002.8.

Aron, R., E.K. Clemons, and S. Reddi, Just right outsourcing : understanding and managing risk, Journal of Management Information Systems, 22-1, 2005.Summer.

Associated Press, Worm damage could have been reduced, 2004.5.

Bakos, J.Y. and M.E. Treacy, Information technology and corporate strategy : a research perspective, MIS Quarterly, 10-2, 1985.

Balogun, J. and V.H. Haily, Exploring strategic change, Prentice Hall, 2004.

Banerjee, S. and R.L. Kumar, Managing electronic interchange of business documents, Communications of the ACM, 45-7, 2002.7.

Barry, D.K., Web services and service-oriented architectures : the savvy manager's guide, Morgan Kaufman, 2003.

Barthelemy, A. and G. Premkumar, Understanding changes in belief and attitude toward information technology usage : a theoretical model and longitudinal test, MIS Quarterly, 28-2, 2004.6.

Becerra, Fernandez.I., A. Gonzalez, and R. Sabherwal, Knowledge management, Prentice Hall, 2004.

Bell, D., The coming of post-industry society, Basic Books, 1973.

Berghel, H., The discipline of internet forensics, Communications of the ACM, 46-8, 2003.8.

Berners-Lee, T., Weaving the web, Harper, 1999.

Berners-Lee, T, J. Hendler, and O. Lassila, The Semantic Web, Scientific American, 2001.

Berry, M. and G. Linoff, Mastering data mining : the art and science of customer relationship management, Wiley, 2000.

Bhatt, G.D. and V. Grover, Types of information technology capabilities and their role in competitive advantage, Journal of Management Information Systems, 22-2, 2005. Fall.

Birkinshaw, J. and T. Sheehan, Managing the knowledge life cycle, MIT Sloan Management Review, 44-1, 2002.Fall.

Boar, H.B., Practical steps for aligning IT with business strategy, John Wiley & Sons, 1994.

Boellstorff, T., Coming of age in second Life : An anthropologist explores the virtually human, Princeton University, 2008.

Booch, G. and W. Kozaczynsky, Computer-based software engineering, IEEE Software, 1998.

Booth, C. and S. Buluswar, The return of artificial intelligence, McKinsey Quarterly, 2, 2002.

Bose, I. and R. Pal, Auto-ID, Management anything, anywhere, anytime in the supply chain, Communications of the ACM, 48-8, 2005.8.

Brenner, S.W., U.S. cybercrime law : defining offenses, Information Systems Frontiers, 6-2, 2004.6.

Broadent, M., P. Weill, and D. St. Clair, The implications of information Technology infrastructure for business process redesign, MIS Quarterly, 23-2, 1999.June.

Brown, S.A., Customer relationship management, John Wiley & Sons, 2000.

Burtka, M., Genetic algorithms, The Stern Information Systems Review, 1-1, 1993. Spring.

Business Week, My virtual life, 2006.5.1.

Carr, N., IT doesn't matter, Harvard Business Review, 2003.5.

Cash, J., F.W. McFalan, J. McKenney, and L. Applegate, Corporate informaton systems management : text and cases, Irwin Homewood, 1992.

Cash, J.I. and B.R. Konsynski, IS redraws competitive boundaries, Harvard Business Review, 1985.3-4.

Cassidy, A., A practical guide to information systems process improvement, St. Lucie Press, 2003.

Cavusoglu, H., B. Mishra, and S. Raghunathan, A model for evaluating IT security investments, Communications of the ACM, 47-7, 2004.7.

Cegielski, C.G., B.J. Reithel, and C.M. Rebman, Developing a timely IT strategy, 48-8, 2005.8.

Chandler, A., A strategy and structure, MIT Press, 1962.

Chaudhury, A. and J.P. Kuilboer, E-business and e-commerce infrastructure,

McGraw-Hill, 2002.

Chaudhury, A. D. Mallick, and H.R. Rao, Web channels in e-commerce, Communications of the ACM, 44-1, 2001.1.

Chen, S., Strategic management of e-business, Wiley, 2001.

Christensen, C., The past and future of competitive advantage, Sloan Management Review, 42-2, 2001.Winter.

Christiaanse, E., Performance benefits through integration hubs, Communications of the ACM, 48-5, 2005.4.

Clark, R.C. & R.E. Mayer, E-learning & the science of instruction : Proven guidelines for consumers & designers of multimedia learning, Pfeiffer, 2007.

Congressional Research Service, Internet privacy : overview and pending legislation, 2005.5.16.

Cook, M.A., Building enterprise architecture, reengineering information systems, Prentice Hall, 1996.

Cooper, B.L., H.G. Watson, and D.L. Goodhue, Data warehousing supports corporate strategy at first american corporation, MIS Quarterly, 2000.12.

Couger, J.D. and R.A. Zawacki, Motivating and managing computer personnel, Wiley, 1980.

Cuneo, E.C., Web ads upend industry practices, Information Week, 2005.6.13.

Darby, C., The dollars and cents of security, Optimize, 12, 2002.10.

Date, C.J., Introduction to database systems, Addison Wesley, 2003.

D'Avanzo, R., H. von Lewinski, and L.N. Van Wassenhove, The link between supply chain and financial performance, Supply Chain management Review, 2003.11.

Davenport, T.H., Process innovation : reengineering work through information technology, Harvard Business School Press, 1993.

Davenport, T.H., Rethinking the mobile workers, Optimize, 2005.8.

Davenport, T.H. and J.G. Harris, Automated decision making comes of age, MIT Sloan Management Review, 46-4, 2005.Summer.

Davenport, T.H. and L. Prusak, Working knowledge : how organizations manage what they know, Harvard Business School Press, 1997.

Davern, M.J. and R.J. Kauffman, Discovering potential and realizing value from information technology investments, Journal of Management Information Systems, 16-4, 2000.Spring.

Davis, G.B. and M.H. Olson, Management information systems : conceptual foundations, structure, and development, McGraw-Hill, 1985.

David, J.S., D. Schuff, and R. St. Louis, Managing your IT total cost of ownership, Communications of the ACM, 45-1, 2002.1.

Davidson, E.J., Technology frames and framing : a socio-cognitive investment of requirements determination, MIS Quarterly, 26-4, 2002.12.

Day, G.S., Creating a superior customer-relating capabilities, MIT Sloan Management Review, 44-3, 2003.Spring.

DeFelice, A., On demand is in demand, Customer Relationship Management, 2005.7.

Deitel, H.M. and P.J. Deitel, and T.R. Nieto, E-business and e-commerce, Prentice Hall, 2000.

Deloitte Research, The power of the synchronization, Deloitte Research, 2005.

Dennis, A.R. and B.A. Reinicke, Beta versus VHS and the acceptance of electronic brainstorming, MIS Quarterly, 28-1, 2004.3.

DeSanctis, G. and R.B. Gallupe, A foundation for the study of group decision support systems, Management Science, 33-5, 1987.5.

Dhar, V. and R. Stein, Intelligent decision support methods : the science of knowledge work, Prentice Hall, 1997.

Dignan, L., RFID : hit or myth?, Baseline, 2004.2.

Donovan, J.J., Business reengineering with information technology, McGraw-Hill, 1994.

Dowling, G., Customer relationship management : In B2C markets, often less is more, California Management Review, 4403, 2002.Spring.

Drucker, P.F., The theory of business, Harvard business review, 1994.

Dutta, A. and R. Roy, Offshore outsourcing : a dynamic causal model of counteracting forces, Jpurnal of Management Information Systems, 22-2, 2005.Fall.

Dyche, J., The CRM handbook : a business guide to customer relationship management, Addison-Wesley, 2002.

Earp, J.B. and D. Baumer, Innovative web use to learn about consumers behaviour and online privacy, Communications of the ACM, 46-4, 2003.4.

Eckerson, W.W., Data quality and the bottom line, The Data Warehousing Institute, 2002.

Edgar, S.L., Morality and machines, Jones and Bartlett publishers, 2003.

El Sawy, O.A., Redesigning enterprise processes for e-business, New York : McGraw Hill, 2001.

eMarketer, Inc.(J. Grau), E-tailing's next lift, Optimize, 2005.7.

eMarketer, Inc.(N. Elkin), Mobile marketing and m-commerce : global spending and trends, 2005.2.

eMarketer, Inc.(N. Elkin), Wireless broadband : the future around the corner, 2005.5.

eMarketer, U.S. online sales lost due to privacy/security concerns, 2000-2006, 2005.11.23.

European Commission, European smart grids technology platform : Vision and strategy for europe's electricity networks of the future, 2006.

Fausett, L.V., Fundamentals of neural networks, Prentice Hall, 1994.

Fayyad, U., R. Ramakrishnan, and R. Srikant, Evolving data mining into solutions for insights, Communications of the ACM, 45-8, 2002.8.

Feeny, D.F., B.R. Edwards, and K.M. Simpson, Understanding the CEO/CIO relationship, MIS Quarterly, 16-4, 1992.

Feeny, D., M. Lacity, and L.P. Willcocks, Taking the measure of outsourcing providers, MIT Sloan Management Review, 46-3, 2005.Spring.

Fine, C.H., R. Vardan, R. Pethick, and J. E-Hout, Rapid-response capabilities in value-chain design, Sloan Management Review, 43-2, 2002.Winter.

Finger, P., Component-based frameworks for e-commerce, Communications of the ACM, 43-10, 2000.10.

Finkelstein, C., An introduction to information engineering : from strategic planning to information systems, Addison-Wesley, 1990.

FitzGerald, J. and A FitzGerald, Fundamentals of system analysis : using structured analysis and design techniques, Wiley, 1987.

Fjermestad, J. and S.R. Hiltz, An assessment of group support system s experimental research : methodology and results, Journal of the Management Information Systems, 15-3, 1998-1999.Winter.

Fleisch, E. H. Oesterle, and S. Powell, Rapid Implementation of enterprise resource planning systems, Journal of Organizational Computing and Electronic Commerce, 14-2, 2004.

Gallivan, M.J., V.K. Spitler, and M.K. Koufaris, Does information technology training really matter, Journal of Management Information Systems, 22-1, 2005.Summer.

Ganck, A.G. and T.A. Corbi, The Dawning of the automatic computing era, IBM Systems Journal, 42-1, 2003.

Gartner, Big data means big changes, 2011.12.

Gartner, Hyper cycle for emerging technologies, 2008.

Gartner, Market share : Mobile devices and smartphones by region and country, 3Q09, 2009.

Gartner, Virtual worlds : What to expect in 2009, 2009.

George, J., D. Batra, J.S. Valacich, and J.A. Hoffer, Object oriented system analysis and design, 2nd ed., Prentice Hall, 2007.

Ghosh, A.K. and T.M. Swaminatha, Software security and privacy risk in mobile e-commerce, Communications of the ACM, 44-2, 2001.2.

Gilson, B.J., J.T. Mentzer, and R.I. Cook, Supply chain management : the persuit of an consensus definition, Journal of Business Logistics, 26-2, 2005.

Giordano, S.M., Electronic evidence and the law, Information Systems Frontier, 6-2, 2004.6.

Global DRM market to reach US$2.5 billion by 2017, ABI Research, 2011.11.

Goldberg, D.E., Genetic algorithm in search, optimization, and machine learning, Addison-Wesley, 1989.

Gordon, L.A., M.P. Loeb, W. Lucyshyn, and R. Richardson, 2005 CSI/FBI computer crime and security survey, Computer Security Institute, 2005.

Gorry, G.A. and M.S. Scott Morton, A framework for management information systems, Sloan Management Review, 13-1, 1971.Fall.

Gosain, S., A. Malhortra, and O.A. El Sawy, Coordinating for flexibility in e-business supply chain, Journal of Management Information Systems, 21-3, 2004-2005.Winter.

Grants, J. and D. Reinsel, Extracting value from chaos, IDC Iview, 2011.6.

Grover, V., S.R. Jeong, W.J. Kettinger, and C.C. Lee, The chief information officer : a study of managerial roles, Journal of Management Information Systems, 10-2, 1993.

Hagel, J.I. and J.S. Brown, Your Next IT strategy, Harvard Business Review, 2001.10.

Hamel, G. and C.K. Prahalad, Competing for the future, Harvard Business School Press, 1994.

Hammer, M., Reengineering works : don't automate, obliterate, Harvard Business review, 1990.

Handfield, R.B. and E.L. Nichols, Jr. Introduction to supply chain management, Prentice Hall, 1999.

Hartley, D.E., Selling e-learning, ASTD, 2001.

Haykin, S., Neural networks : a comprehensive foundation, Prentice Hall, 1998.

Hirji, K.K., Exploring data mining implementation, Communications of the ACM, 44-7, 2001.7.

Hitt, L., D.J. Wu, and X. Zhou, Investment in enterprise resource planning : business impact and productivity measures, Journal of Management Information Systems, 19-1, 2002.Summer.

Hoffer, J., J. George, and J. Valacich, Modern systems analysis and design, 4th ed., Prentice Hall, 2005.

Hoffer, J.A., M.B. Prescott, & F.R. McFadden, Modern database management, Pearson Prentice Hall, 2006.

Holland, J.H., Genetic algorithm, Scientific American, 1992.7.

Hopper, M., Rattling SABRE : new ways to compete on information, Harvard Business Review, 1990.

Housel, T. and A.A. Bell, Measuring and managing knowledge, McGraw-Hill, 2001.

Housel, T. and E. Skopec, Global telecommunication revolution : the business perspective, McGraw Hill, 2001.

Housel, T.J., O.E. Sawy, J.J. Zhong, and W. Rodgers, Measuring the return on e-business initiatives at the process level : the knowledge value-added approach, ICIS, 2001.

Huang, G.T., The web's new currency, Technology Review, 2003.11.

Hui, K.L. and P.Y.K. Char, Classifying digital products, Communications of the ACM, 45-6, 2002.6.

Hulme, G.V., Dial V for virus, Information Week, 2004.12.6.

Ivari, J., R. Hirscheim, and H.K. Klein, A dynamic framework of classifying information systems development methodologies and approaches, Journal of Management Information Systems, 17-3, 2000-2001.Winter.

Ives, B. J.S. Valacich, R.T. Watson, and R.W. Zmud, What every business students needs to know about information systems, CAIS9-30, 2002.12.

Iyer, B., J. Freedman, M. Gaynor, and G. Wyner, Web services : enabling dynamic business networks, Communications of the Association for Information Systems, 11, 2003.

Jackson, P., Introduction to expert system, Addison-Wesley, 1990.

Jacobson, I., G. Booch, and J. Rumbaugh, The unified software development process, Addison-Wesley, 1999.

Jaiswal, M.P., Implementing ERP systems, Dataquest, 2003.6.30.

Jeffrey, M. and I. Leliveld, Best practices in IT portfolio management, MIT Sloan Management Review, 45-3, 2004.Spring.

Jessup, L.M. and J.S. Valacich, Information systems today, Prentice Hall, 2003.

Jeston, J. and G. Reynolds, Business process management, Elsevier, 2006.

Joshi, J.B., W.G. Aref, A. Ghafoor, and E.H. Spafford, Security models for web-based applications, Communication of the ACM, 44-2, 2001.2.

Jukic, B., N. Jukic, and M. Parameswaran, Data models for information sharing in e-partnership : analysis, improvements, and relevance, Journal of Organizational Computing and Electronic Commerce, 12-2, 2002.

Kalakota, R. and M. Robinson, e-Business2.0 : road up for success, Addison-Wesley, 2001.

Kalakota, R. and M. Robinson, M-business : race to the mobility, McGraw-Hill, 2001.

Kanakamedala, K. G. Ramsdell, and V. Srivatsan, Getting supply chain software right, McKinsey Quarterly, 1, 2003.

Kaplan, R.S. and D.P. Norton, The balanced scorecard : measures that driven the performance, Harvard Business Review, 70-1, 1996.

Kaplan, R.S. and D.P. Norton, Using the balanced scorecard as a strategic management system, Harvard Business Review, 74-1, 1996.

Kaplan, S. and M. Sawhney, E-hubs : the new B2B marketplaces, Harvard Business Review, 2000.5-6.

Keen, P.G. and M.S. Morton, Decision support systems : an organizational perspective, Addison Wesley, 1978.

Keen, P.G.W., Competing in time : using telecommunications for competitive advantage, Ballinger Publishing Company, 1986.

Keen, P.G.W., Information systems and organizational change, Communications of the ACM, 24, 1981.1.

Keen, P.G.W., Shaping the future : business design through information technology, Harvard Business School Press, 1991.

Keen, P.G.W., The process edge, Harvard Business School Press, 1997.

Kemp, J. & D. Livingstone, Putting a second life 'METAVERSE' skin on learning management systems, Proceedings of the second life community convention

2006 educator workshop, 2006.

Ken Blanchard, Effectiveness vs. Efficiency, Wachvonia small business, www. wachvonia.com. 2003.10.14.

Kendall, K.E. and J.E. Kendall, System analysis and design, Prentice Hall, 2005.

Kendra, K. and L.J. Taplin, Project success : a cultural framework, Project Management Journal, 35-1, 2004.

Kim, Y.J., R. Kishore, and G.L. Sanders, From DQ to EQ : understanding data quality in the context of e-business systems, Communications of the ACM, 48-10. 2005.10.

Kimball, R., The data warehouse toolkit, John Wiley, 1996.

King, W.R., P.V. Marks, Jr., and S. McCoy, The most important issues in knowledge management, Communication of the ACM, 45-9, 2002.2.

Kittinger, W.J. and C.C. Lee, Understanding IT-user devide in IT innovation, Communications of the ACM, 45-2, 2002.2.

Koch, C., Don't maroon security, CIO Magazine, 2005.5.15.

Koufaris, M., Applying technology acceptance model and flow theory to online customer behavior, Information Systems Research, 13-2, 2002.

Koulopoulos, T. and J. Champy, Building digital value chains, Optimize, 2005.9.

Krishna, S., S. Sahay, and G. Walsham, Managing cross-cultural issues in global software outsourcing, Communications of the ACM, 47-4, 2004.4.

Kroenke, D.M., Database processing : fundamentals, design, and implementation, 10th ed. Prentice Hall, 2006.

Lapointe, L. and S. Rivard, A multilevel model of resistance to information technology implementation, MIS Quarterly, 29-3, 2004.9.

Laudon, K.C. and C.G. Traver, E-commerce : business, technology, society, Addison-Wesley, 2006.

Laudon, K.C. and J.P. Laudon, Essentials of management information systems, Prentice Halll, 1999.

Laudon, K.C. and J.P. Laudon, Management information systems, managing the digital firm(9th edition), Pearson Prince Hall, 2006.

Lee, H., The triple - a supply chain, Harvard Business Review, 2004.10.

Lee, J., An end-user perspective on file-sharing systems, Communications of the ACM, 46-2, 2003.2.

Lee, J., K. Siau and S. Hong, Enterprise integration with ERP and EAI, Communications of the ACM, 46-2, 2003.2.

Lee, Y.W. and D.M. Strong, Knowing-why about data processes and data quality, Journal of Management Information Systems, 20-3, 2004.Winter.

Leidner, D.E. and J. Elam, The impact of executive information systems on organizational design, intelligence, and decision making, Organization Science, 6-6, 1995.11-12.

Leontief, W., The future impact of automation on workers, Oxford University Press, 1986.

Li, Q. & T. Shih, Ubiquitous multimedia computing, Chapman & Hall, 2009.

Lientz, B.P. and K.P. Rea, Start right in e-business, Academic, 2001.

Lilien, G.L., A. Rangaswamy, G.H. van Bruggen, and K. Starke, DSS effectiveness in marketing resource allocation decisions : reality vs. perception, Information Systems Research, 15-3, 2004.9.

Lloria, M.B., A Review of the main approaches to knowledge management, Knoeledge Management Research & Practice, 6, 2006.

Loo, A.W., The future of the peer-to-peer computing, Communications of the ACM, 46-9, 2003.9.

Madden, A.P., The business of blogging, Technology Review, 2005.8.

Magretta, J., Why business models matter, Harvard Business Review, 2002.5.

Mahadevan, B., Business models for internet-based e-commerce, California Management Review, 4204, 2000.

Malhotra, A., S. Gosain, and O.A. El Sawy, Absorptive capacity configurations in supply chain : gearing for partner-enabled market knowledge creation, MIS Quarterly, 29-1, 2005.3.

Maltz, E. and V. Chiappetta, Maximizing value in the digital world, Sloan Management Review, 43-3, 2002.Spring.

Mann, C.L., What global sourcing means for U.S. IT workers and for the U.S. economy, Communications of the ACM, 47-7, 2004.7.

Markillie, P., A perfect market, The Economist, 2004.5.15-21.

Martin, J. and C. McClure, Structured techniques : the basis of CASE, Prentice Hall, 1988.

McAfee, A., Do you have too much IT?, MIT Sloan Management Review, 2004. Spring.

McAfee, A., Will web services really transform collaboration?, MIT Sloan Management Review, 46-2, 2005.Winter.

McFadden, F.R., J.A. Hoffer, and M.B. Prescott, Modern database management, 8th ed. Prentice Hall, 2007.

McFarlan, F.W., Information technology changes the way you compete, Harvard Business review, 1984.5-6.

McGuiness, D., R. Fikes, J. Hendler, and L. Stein, DAML+OIL : an ontology language for the semantic web, IEEE Intelligent Systems, 17-5, 2002.

McKinsy, Big data : The next frontier for innovation, competition, and productivity, 2012.

McKnight, D.H. V. Choudhury, and C. Kacmar, Developing and validating trust measure for e-commerce : an integrative technology, Information Systems Research, 13-3, 2002.9.

Mears, R. and J. Salzetti, The new wireless enterprise, Information Week, 2000. 9.18.

Melford, R.J., Network security, Internet Auditor, 1993.

Mentzer, J.T., Supply chain management, Sage Publications, 2001.

Mercuri, R.T., Analyzing security costs, Communications of the ACM, 46-6, 2003.6.

Moraves, H., Robots, after all, Communications of the ACM, 46-10, 2003.10.

Morrison, M., J. Morrison, and A. Keys, Integration web sites and databases, Communications of the ACM, 45-9, 2002.9.

Motorola, Long-term revolution(LTE), A technical review, 2007.

Murphy, C., Top-line impact, Information Week, 2005.5.9.

Napier, H.A., P.J. Judd, O.N. Rivers, and S.W. Wagner, Creating a winning e-business, Course Technology, 2001.

National Research Council, The internet's coming of age, National Academy Press, 2000.

Neumann, S., Strategic information systems : competition through information technologies, Macmillan, 1994.

Newman, R., Enterprise security, Prentice Hall, 2003.

Nguyen, H.T. and E.A. Walker, A first course in fuzzy logic, CRC Press, 1999.

Nicopolitidis, P., G. Papademitriou, M.S. Obaidat, and A.S. Pomportsis, The economics of wireless networks, Communications of the ACM, 47-4, 2004.4.

Nidumolu, S.R. and M. Subramani, The matrix of control : combining process and structure approaches to managing software development, Journal of Management Information Systems, 20-4, 2004.Winter,

Nolan, R. and F.W. McFarland, Information technology and the board of directors, Harvard Business Review, 2005.10.1.

Nonaka, I.A., Dynamic theory of organizational knowledge creation, Organization Science, 5-1, 1994.

O'Keefe, R.M. and T. McEachern, Web-based customer decision support systems, Communications of the ACM, 41-3, 1998.3.

Overby, C.S., RFID at what cost?, Forrester Research, 2004.3.1.

Oz, E., Ethics for the information age, Dubuque, Brown, 1993.

Oz, E., Management information systems(3rd edition), Course Technology, 2002.

Panko, R.R., Business data networks and telecommunications, Prentice Hall, 2002.

Panko, R.R., Corporate computer and network security, Prentice Hall, 2004.

Paul, H., R. Mike, G. Mike, R. Michael, and G. Michael, Developing e-business system and architectures, Morgan Kaufmann, 2000.

Pearce, J.A., Competitive Strategy(5th edition), Irwin, 1994.

Peppers, D. and M. Roggers, Managing customer relationship : a strategic framework, John Wiley & Sons, 2004.

Phillips, J. and D. Foody, Building a foundation for web services, EAI Journal, 2002.3.

Piccoli, G. and B. Ives, Review : IT-dependent strategic initiatives and sustained competitive advantage : a review and synthesis of the literature, MIS Quarterly, 29-4, 2005.12.

Pierce, E.M., Assessing data quality with control matrices, Communications of the ACM, 47-2, 2004.2.

Pinker, E., A. Seidmann, and R.C. Foster, Strategies for transitioning 'old economy' firms to e-business, Communications of the ACM, 45-5, 2002.5.

Porter, M., Competitive advantage : Creating and sustaining superior performance, Free Press, 1985.

Porter, M., Competitive strategy, New York : Free Press, 1980.

Porter, M., Strategy and the internet, Harvard Business Review, 2001.3.

Porter, M. and V.E. Millar, How information gives you competitive advantage, Harvard Business Review, 63-4, 1985.

Praharad, C.K. and M.S. Krishnan, Synchronizing strategy and information technology, Sloan Management Review, 43-4, 2002.Summer.

Radhakrishnan, A., 9 Semantic search engines that will change the world of search, Search Engine Journal, 2009.

Ragowsky, A. and M. Stern, Hoe to select application software, Journal of System Management, 1995.

Ralph, M.S. and G.W. Reynolds, Fundamentals of information systems, Tomson Learning, Inc., 2003.

Rayport, J.F. and B.J. Jaworski, e-commerce, McGraw-Hill, 2001.

Roche, E.M., Managing information technology in multinational corporations, New York : Macmillan, 1992.

Roche, E.M. and G.V. Nostrand, Information systems, computer crime and criminal justice, Barraclough Ltd., 2004.

Ross, J.W. and P.Weill, Six IT decisions your IT people shouldn't make, Harvard Business Review, 2002.11.

Roush, W., Social machines, Technology Review, 2005.8.

Roush, W., The internet reborn, Technology Review, 2003.10.

Roy, C., E-tailing's nest lift, Optimize, 2005.7.

Russell, S.J. and P. Norvig, Artificial intelligence : a modern approach, Prentice Hall, 2002,

Sadeh, N., D.W. Hildum, and D. Kjenstad, Agent-based e-supply chain decision support, Journal of Organizational Computing and Electronic Commerce, 13-3 & 4, 2003.

Saint-Onge, H., The power of shared knowledge, Optimize, 2005.5.

San Jose Mercury News, Facebook spreads emotions among friends, 2011.6.4.

Sanchez, R., Knowledge management and organizational competence, Oxford University Press, 2001.

Schneider, G., Electronic commerce, Course Technology, 2000.

Schuff, D. and R. St. Louis, Centralization vs. decentralization of application software, Communications of the ACM, 44-6, 2001.6.

Schwalbe, Information technology project management, Course Technology, 2003.

Semantic Web User Interaction Group, Semantic search survey, Swuiwiki, 2007.

Senge, P.M., The fifth discipline : the art and practice of building learning organization, Doubleday, 1990.

Sewell, G. and J.R. Barker, Neitjer good, nor bad, but dangerous : Surveillance as an ethical paradox, Ethics and Information Technology, 3-3, 2001.

Shapiro, C. and H.R. Varian, Information rules, Harvard Business School Press, 1999.

Sheng, Y.P. P.P. Mykytyn, Jr., and C.R. Litecky, Competitor analysis and its defenses in e-marketplace, Communications of the ACM, 48-8, 2005.8.

Shisky, C., Here comes everyday : The power of organizing without organizations, Penguin Press, 2008.

Shukla, S. and F.F. Nah, Web browsing and spyware intrusion, Communications of the ACM, 48-8, 2005.8.

Simon, H., The new science of management decisions, Prentice Hall, 1977.

Singh, R., A.F. Salam, and L. Iyer, Agents in e-supply chains, Communications of the ACM, 48-6, 2005.6.

Sinha, A., Client-server computing, Communications of the ACM, 35-7, 1992.

Sircir, S., S.P. Nerur, and R. Mahapatra, Revolution or Evolution? A comprison of object-oriented and structured systems development methods, MIS Quarterly, 25-4, 2001.12.

Slone, R.E., Leading a supply chain turnaround, Harvard Business Review, 2004.10.

Smart, J.M., J. Cascio, and J. Paffendorf, Metaverse roadmap overview, 2007.

Smith, M.S., Spyware : background and policy issues for congress, Congressional Research Service, 2005.5.18.

Sommerville, I., Software engineering, Addison-Wesley, 1996.

Speier, C. and M.G. Morris, The influence of query interface design on decision-making performance, MIS Quarterly, 27-3, 2003.9.

Spewak, S., Ebterprise architecture planning : developing a blueprint for data, applications and technology, John Wiley & Sons, 1993.

Sprague, R.H. and E.D. Carlson, Building effective decision support systems, Englewood Cliffs, NJ : Prentice Hall, 1982.

Stair, R. and G. Reynolds, Fundamentals of information systems(4th edition), Thomson, 2008.

Stalk, Jr., J. and T.M. Hout, Competing against time, The Free Press, 1990.

Sultan, F. and A. Rohm, The coming era of 'brand in hand' marketing, MIT Sloan Management Review, 47-1, 2005.Fall.

Synnott, W.R., The emerging chief information officer, Information Management review, 3-1, 1987.

Talbot, D., The internet is broken, Technology Review, 2005.12./2006.1.

Tanriverdi, H., Information technology relatedness, knowledge management capability, and performance of multibusiness firms, MIS Quarterly, 29-2, 2005.6.

Tapscott, D. and A. Caston, Paradigm shift, McGraw-Hill, 1995.

Teo, T.S. and W.R. King, Assessing the impact of integrating business planning and IS planning, Information and Management, 30, 1996.

Thatcher, M.E. and J.R. Oliver, The impact of technology investments on a firm's production efficiency, product quality, and productivity, Journal of Management Information Systems, 18-2, 2001.Fall.

Thomas, J.P. and R.H. Waterman, In search of excellence, Profile Business, 2004.

Thompson, R., Why spyware poses multiple threats to security, Communications of the ACM, 48-8, 2005.8.

Timmers, P., Business models for business markets, Electronic Markets, 8-2, 1998.

Toffler, A., The third wave, Pan Books, 1981.

Toffler, A., Power shift ; knowledge wealth, and violence at the edge of the 21th century, Bantam, 1990.

Tumey, P.B.B., Activity-based management, Management Accounting, 74-1, 1992.

Tuomi, I., Data is more than knowledge, Journal of Management Information Systems, 16-3. Winter 1999-2000.

Turban, E. and J.E. Aronson, Business intelligence and decision support systems, 8th ed., Prentice Hall, 2007.

Turetken, O., D. Schuff, R. Sharda, and T.T. Ow, Supporting systems analysis and design through fisheye view, Communications of the ACM, 47-9, 2004.9.

UN Future Forum, 10 future web trends, 2007.

U.S. Department of Commerce, E-stats, 2005.5.11.

Varian, H.R., Technology levels the business playing field, The New York Times, 2005.8.25.

Venkatesh, V., M.G. Morris, G.B. Davis, and F.D. Davis, User acceptance of information technology : toward a unified view, MIS Quarterly, 27-3, 2003.9.

Volonino, L. and S.R. Robinson, Principles and practices of information security, Prentice Hall, 2004.

Wallace, F.T. and K.H. Michael, ERP : making it happen, John Wiley, 2001.

Wallace, M., The way we will be 50 years from today : 60 of the world's greatest minds share their vision of the next half-century, Thomas Nelson, 2008.

Wang, H. and C. Wang, Taxonomy of security considerations and software quality, Communications of the ACM, 46-6, 2003.6.

Ward, J. and P. Griffiths, Strategic planning for information systems, John Wiley, 1996.

Warkentin, M., X. Luo, and G.F. Templeton, A Framework for spyware assessment, Communications of the ACM, 48-8, 2005.8.

Watson, G.H., Strategic benchmarking, John Wiley & Sons, 1993.

Weber, R.A., Information systems control and audit, Prentice-Hall, 1999.

Webster, F., Theories of the information society, Routledge, 1995. ·

Weill, P. and J. Ross, A matrixed approach to designing IT governance, MIT Sloan Management Review, 46-2, 2005.Winter.

Weill P., M. Subramani, and M. Broadbent, Building IT infrastructure for strategic agility, Sloan Management Review, 44-1, 2002.Fall.

Weiser, M., What ever happened to the next-generation internet?, Communications of the ACM, 44-9, 2001.9.

Wellman, B., Designing the internet for a networked society, Communications of the ACM, 45-5, 2005.11.

Werbach, K., Using VoIP to compete, Harvard Business Review, 2005.9.

Westland, J.C., Preference ordering cash, near-cash and electronic cash, Journal of Organizational Computing Electronic Commerce, 13-3-4, 2003.

Whitten, J.L. & L.D. Bentley, Introduction to System analysis and design, McGraw-Hill, 2008.

Winer, R.S., A framework for customer relationship management, California

Management Review, 42-4, 2001.Summer.

Wolff, E.N., The growth of Information workers in the U.S. economy, Communications of the ACM, 48-10, 2005.10.

Wulf, V. and M. Jarke, The economics of end-user development projects, Communications of the ACM, 47-9, 2004.9.

Wyman, J., Technology myopia : The need to think strategically about technology, Sloan Management Review, 1985.Summer.

Xia, W. and G. Lee, Complexity of information systems development projects, Journal of Management Information Systems, 22-1, 2005.Summer.

Zack, M.H., Rethinking the knowledge-based organization, MIT Sloan Management Review, 44-4, 2003.Summer.

Zadeh, L.A., Fuzzy logic, neural networks, and soft computing, Communications of the ACM, 37-3, 1994.3.

찾아보기

※ 주제별 찾아보기

※ 인명별 찾아보기

저자 소개

김성철

서울대학교 공과대학(학사)

미국 컬럼비아대학교 산업공학(M.Phil., Ph.D.)

덕성여자대학교 학장, 기획실장 역임

한국경영과학회 부회장 역임

現 덕성여자대학교 경영학과 교수

[주요저서]

제조시스템 분석론(학문사, 1997)

OR/MS와 응용(시그마프레스, 2010)

진화하는 정보기술 변화하는 세상(시그마프레스, 2012)

경영 · 경제를 위한 기초수학과 응용(시그마프레스, 2012)

개념을 이해하는 기초통계학(시그마프레스, 2013)

생산운영관리(시그마프레스, 2014)